Eva Barlösius

Kämpfe um soziale Ungleichheit

Hagener Studientexte zur Soziologie

Herausgeber:
Heinz Abels, Werner Fuchs-Heinritz
Wieland Jäger, Uwe Schimank

Die Reihe „Hagener Studientexte zur Soziologie" will eine größere Öffentlichkeit für Themen, Theorien und Perspektiven der Soziologie interessieren. Die Reihe ist dem Anspruch und der langen Erfahrung der Soziologie an der FernUniversität Hagen verpflichtet. Der Anspruch ist, sowohl in soziologische Fragestellungen einzuführen als auch differenzierte Diskussionen zusammenzufassen. In jedem Fall soll dabei die Breite des Spektrums der soziologischen Diskussion in Deutschland und darüber hinaus repräsentiert werden. Die meisten Studientexte sind über viele Jahre in der Lehre erprobt. Alle Studientexte sind so konzipiert, dass sie mit einer verständlichen Sprache und mit einer unaufdringlichen, aber lenkenden Didaktik zum eigenen Studium anregen und für eine wissenschaftliche Weiterbildung auch außerhalb einer Hochschule motivieren.

Eva Barlösius

Kämpfe um soziale Ungleichheit

Machttheoretische Perspektiven

VS VERLAG FÜR SOZIALWISSENSCHAFTEN

VS VERLAG FÜR SOZIALWISSENSCHAFTEN

VS Verlag für Sozialwissenschaften
Entstanden mit Beginn des Jahres 2004 aus den beiden Häusern
Leske+Budrich und Westdeutscher Verlag.
Die breite Basis für sozialwissenschaftliches Publizieren

Bibliografische Information Der Deutschen Bibliothek
Die Deutsche Bibliothek verzeichnet diese Publikation in der Deutschen Nationalbibliografie;
detaillierte bibliografische Daten sind im Internet über <http://dnb.ddb.de> abrufbar.

1. Auflage September 2004

Lektorat: Frank Engelhardt

Der VS Verlag für Sozialwissenschaften ist ein Unternehmen von Springer Science+Business Media.
www.vs-verlag.de

Umschlaggestaltung: KünkelLopka Medienentwicklung, Heidelberg
Druck und buchbinderische Verarbeitung: MercedesDruck, Berlin
Gedruckt auf säurefreiem und chlorfrei gebleichtem Papier
Printed in Germany

ISBN 3-531-14311-5

Inhaltsverzeichnis

Abbildungsverzeichnis

Vorwort

Soziale Ungleichheiten sind ein wichtiges Forschungsthema, das der Soziologie bereits in die Wiege gelegt war. Schon die soziologischen Gründerväter haben sich mit der Frage beschäftigt, warum soziale Ungleichheiten zum Kennzeichen aller Gesellschaften gehören. Auch die Soziologen, die ihnen nachfolgten und zu Klassikern wurden, haben sich diesem Problem gestellt. Selbst diejenigen ihrer Enkel und Urenkel, die anfänglich davon überzeugt waren, dass die gesellschaftliche Unruhe, die von dieser Frage ausgeht, eingefriedet sei, weil in modernen Gegenwartsgesellschaften soziale Ungleichheiten von anderen Strukturen und Problemen überlagert werden, sind schlussendlich doch wieder zu diesem Urthema der Soziologie zurückgekehrt.

Obwohl soziale Ungleichheiten von Anfang an zum Grundbestand der Soziologie gehörten und sich ein großer Teil der soziologischen Forschung und Lehre mit diesem Problem beschäftigt, hat das Thema die Eigenart, zur Stellungnahme aufzufordern, nicht abgelegt. Diese umfasst die Fragen, wie die soziologisch beschriebenen Ungleichheiten zu werten sind, als gerecht oder ungerecht, als legitim oder illegitim, ob sie auszuhalten oder politisch auszugleichen sind etc. Nicht dass die Ungleichheitssoziologie jeweils offen zu diesen Fragen Position bezieht, im Gegenteil: Zumeist erledigt sie dies verdeckt, indem sie festlegt, welche Unterschiede ungleichheitswirksam sind und welche nicht. Dabei tut sie nichts anderes, als ihren wissenschaftlichen Aufgaben nachzugehen.

Jede Stellungnahme zu sozialen Ungleichheiten wie auch entsprechende wissenschaftliche Darlegungen rekurrieren auf normative Überzeugungen darüber, welches Ausmaß an gesellschaftlicher Bevorzugung und Benachteiligung tolerabel ist und welche Lebenschancen für alle Menschen garantiert sein sollen. Die normativen Erörterungen sozialer Ungleichheiten blicken auf eine viel längere Geschichte zurück als die soziologischen Analysen zu diesem Thema. Sie zeichnen sich aber auch durch ein anderes Selbstverständnis aus. Während die normativen Betrachtungen eindeutig Position beziehen, verstehen sich die soziologischen Darstellungen – bis auf wenige Ausnahmen – zuallererst als Objektivierungen und Erklärungen des Ungleichheitsgeschehens. Tatsächlich aber enthalten beide Betrachtungsweisen Elemente der anderen. Die normativen Diskurse fußen auf Beobachtungen der sozialen Wirklichkeit und die soziologischen Darstellungen greifen Gerechtigkeitspostulate auf – also normative Überzeugungen. Es ist deshalb eine Illusion, sie völlig voneinander trennen zu können.

Dies erklärt, weshalb die Ungleichheitssoziologie oft als die normative Seite der Soziologie angesehen wird. Wie immer man dies beurteilt – fest steht: Es ist für die Ungleichheitssoziologie unerlässlich, sich auf Gerechtigkeitspostulate zu beziehen, weil sie ansonsten überhaupt keinen Maßstab für gleich oder ungleich bestimmen kann. Die Verstrickung mit normativen Begriffen und Postulaten sollte ihr deshalb nicht vorgehalten werden. Stattdessen ist es überzeugender, an sie die Forderung zu richten, Gerechtigkeitsvorstellungen, andere normative Erörterungen, speziell aber die gesellschaftlichen und politischen Darstellungen und Skandalisierungen sozialer Ungleichheit als zentralen Bestandteil des Ungleichheitsgeschehens aufzufassen und systematisch zu erforschen. Demgemäß wird den Repräsentationen sozialer Ungleichheit in diesem Buch ein größerer Platz als üblich eingeräumt.

Trotzdem steht die klassische Frage nach den sozialen Ursachen der ungleichen Verteilung von Ressourcen und sozialen Positionen im Zentrum.[1] Obschon die Ungleichheitssoziologie auf eine lange Geschichte zurückblickt, gibt es ungelöste grundlegende theoretische Fragen, mit denen sie sich von Anbeginn und immer wieder neu beschäftigt. Nach der Einleitung werden zunächst einige dieser Fragen systematisch vorgestellt. Anschließend werden mit Blick auf diese Problembestände vier neuere ungleichheitssoziologische Theorien dargelegt.[2] Das Buch endet mit einem Ausblick, in dem auf der Grundlage der vier präsentierten Theorien die „alten und neuen Fragen" zu zwei übergeordneten Problemstellungen gebündelt werden: (1) Wie kommt die Abgestimmtheit zwischen sozialer Lage – den „objektiven" Lebensbedingungen – und Handlungs- und Verhaltensweisen – den „subjektiven" Lebensweisen" – zustande? (2) Besitzen Repräsentationen sozialer Ungleichheit gegenüber den Ungleichheitsverhältnissen, die sie darzustellen bzw. wiederzugeben vorgeben, ein gewisses Maß an Unabhängigkeit oder einen begründeten Eigensinn und folgen sie bestimmten sozialen Regeln? Für diese Problembestände gibt es wahrscheinlich keine dauerhafte oder gar endgültige theoretische Lösung. Wie es scheint, hat die Ungleichheitssoziologie diese als strittige Punkte und offene Problemstellungen in ihre Konzeption aufzunehmen und als solche auszuweisen. Damit steht sie vor der Aufgabe, Zwischenlösungen und Eselsbrücken zu entwickeln, die zwar die theoretischen Fragen nicht endgültig bewältigen oder dauerhaft tragfähige Lösungen anbieten, aber für die Forschungspraxis tauglich sind.

1   Zum Themenkomplex der „Repräsentation sozialer Ungleichheiten" habe ich ein eigenes Buch verfasst, das in Kürze erscheint.
2   Einen einführenden Überblick über die zentralen Theorien sozialer Ungleichheit hat jüngst Nicole Burzan in dieser Buchreihe vorgelegt (Burzan 2004). Der vorliegende Band baut darauf auf und vertieft einige der dort behandelten theoretischen Problemstellungen.

1 Ungleichheitstheorien und Sozialstrukturanalyse – eine Einführung

> „Ungleichheiten zwischen Gruppen und Individuen gehören zu den wiederkehrenden Kennzeichen menschlicher Gesellschaften. Warum das so ist, bleibt zu erklären."
> *Norbert Elias* (1990, S. 291)

Die Theorien sozialer Ungleichheit sollen erklären, warum sich überall dort, wo Menschen zusammen sind, in Schulen und Universitäten, Betrieben und Ämtern, Gemeinden, Städten, Regionen, Staaten und in der Weltgesellschaft, soziale Konstellationen herausbilden, die einige begünstigen und andere benachteiligen. Ihr Augenmerk richten diese Theorien auf die Genese und die Wirkungsweise ungleichheitsbegründender Verhältnisse. Die empirische Untersuchung der Folgen dieser Verhältnisse für die Lebenschancen von Gruppen und Individuen wird im Allgemeinen als Sozialstrukturanalyse bezeichnet. Ihre Aufgabe besteht primär darin, eine Gesamtansicht von der Sozialstruktur einer Gesellschaft zu erstellen.

Wie alle zentralen soziologischen Begriffe ist auch der der „sozialen Ungleichheit" umstritten und es konkurrieren verschiedene Definitionen miteinander. Trotzdem soll hier sogleich ohne theoretische Herleitung eine orientierende Begriffsbestimmung vorgestellt werden. Damit ist lediglich die Absicht verbunden, ein gemeinsames Vorverständnis zu erreichen, von dem in den nachfolgenden Kapiteln ausgegangen wird. Ausgewählt wurde die von Reinhard Kreckel entwickelte Definition, weil sie sehr allgemein formuliert ist und ihr keine engen theoretischen Vorentscheidungen zugrunde liegen. Sie lautet:

> „Soziale Ungleichheit liegt überall dort vor, wo die Möglichkeiten des Zugangs zu allgemein verfügbaren und erstrebenswerten sozialen Gütern und/oder zu sozialen Positionen, die mit ungleichen Macht- und/oder Interaktionsmöglichkeiten ausgestattet sind, dauerhafte Einschränkungen erfahren und dadurch die Lebenschancen der betroffenen Individuen, Gruppen und Gesellschaften beeinträchtigt bzw. begünstigt werden." (Kreckel 1992, S. 17)

Soziale Ungleichheit kann somit aus zwei Ursachen resultieren: erstens aus Unterschieden der Ausstattung mit materiellen Dingen, aber auch mit Versorgungsniveaus wie medizinischen und schulischen Einrichtungen, und zweitens daraus, dass soziale Positionen nicht für alle gleichermaßen erreichbar sind, weil sie beispielsweise die Zugehörigkeit zu exquisiten Cliquen voraussetzen. Nicht alle Unterschiede und Zugangsbeschränkungen sind ungleichheitsrelevant, sondern nur solche, welche eine gewisse Dauerhaftigkeit aufweisen und sich positiv oder negativ auf die Handlungsmöglichkeiten der Betroffenen auswirken.

Auch für den Begriff „Sozialstrukturanalyse" trifft das oben Gesagte zu: Er ist vieldeutig. Er reicht von einem weiten Begriffsverständnis, bei dem die Gesamtheit der relativ dauerhaften sozialen Beziehungen und Gebilde als Sozialstruktur begriffen werden, bis hin zu engen Festlegungen, die darunter die empirische Analyse sozialer Ungleichheit verstehen. Angewendet auf die obige Definition sozialer Ungleichheit heißt dies: die Analyse der Zugangsmöglichkeiten zu den allgemein verfügbaren und erstrebenswerten sozialen Gütern und/oder zu sozialen Positionen. In der Mehrzahl der Fälle wird dies durch eine empirische Erhebung ermittelt, die sowohl quantitativ als auch qualitativ ausgerichtet sein kann oder beide Methoden miteinander verbindet. Dieses enge Begriffsverständnis wird hier vorerst zugrunde gelegt.

Beide, Theorien sozialer Ungleichheit und Sozialstrukturanalyse, gehören zusammen, weil ansonsten die theoretischen Annahmen spekulativ und die empirischen Analysen punktuell bleiben. Es ist deshalb anzustreben, dass die Theorie die Empirie anleitet und umgekehrt die Resultate der Sozialstrukturanalyse in die Theorie sozialer Ungleichheit reintegriert werden. Nur so ist soziologisches Lernen möglich. Ein Zusammenspiel beider wäre ideal; es gelingt jedoch selten. So mögen aus theoretischer Sicht die Ursachen und Wirkungsweisen sozialer Ungleichheit klar und eindeutig sein. In der empirischen Praxis wird jedoch häufig der zuvor klare Blick von der Vielfalt und Übermacht sozialer Wirklichkeit getrübt. Und andersherum ist es oft erforderlich, das empirische Material so zu systematisieren – ihm manchmal geradezu „Gewalt" anzutun –, dass es Aussagen von theoretischem Belang liefert.

Schauen wir uns dieses Zusammenspiel bei einem prominenten Beispiel an: dem Begriff „Klasse" von Karl Marx. Als „abstrakter oder reiner Begriff" bildet er die Grundlage der Klassentheorie – Marx' Theorie sozialer Ungleichheit. Er stellt weiterhin das Fundament für die historisch-empirischen Analysen von Klassenverhältnissen dar. Dazu ist es allerdings notwendig, den abstrakten „Klassenbegriff" empirisch zu konkretisieren: ihm die typischen Klassenmerkmale eines Gesellschaftstyps zuzuweisen (Giddens 1979, S. 25-37). Aus klassentheoretischer Sicht stehen sich jeweils entsprechend ihrer Stellung zu den Produktionsmitteln zwei Klassen konflikthaft gegenüber. Im Kapitalismus sind dies Proletarier und Kapitalisten. In seinen historisch-empirischen Analysen des kapitalistischen Klassenverhältnisses relativiert Marx das strikt dichotome Modell: Er führt Mittel- und Übergangsklassen ein, beispielsweise den Mittelstand. Dieser besteht aus kleinen Industriellen und Kaufleuten, Handwerkern, kleinen Bauern, die, obwohl sie nicht zum Proletariat gehören, die Bourgeoisie mit dem Ziel, ihre „eigene Existenz als Mittelstand vor dem Untergang zu sichern", bekämpfen (Marx 1974, S. 472). Klassentheorie und Klassenanalyse stehen hier in einem Spannungsverhältnis, wobei die Theorie der empirischen Analyse die Forschungsrichtung weist und insofern führend ist.[3]

Eine beinahe entgegengesetzte Konzeption finden wir bei Theodor Geiger. Ausdrücklich in Abgrenzung gegen Marx' Klassenbegriff entwickelt Geiger am Anfang des 20. Jahrhunderts einen Schichtbegriff, der zuallererst in der empirischen Praxis angesiedelt ist. Der Schichtbegriff soll ihm dazu dienen, eine „Soziographie" der gegenwärtigen Gesellschaft zu erstellen, die sich darauf beschränkt, „Durchschnitts-, vielleicht Normaltypen" zu bilden, um so die Sozialstruktur empirisch-statistisch zu erfassen. Abstrakte „Idealtypen" zu konzipieren – darunter versteht er beispielsweise den Marx'schen Klassenbegriff – überlässt er der „allgemeinen theoretischen Soziologie" (Geiger 1932, S. III). Denn über den Klassenbegriff könne man theoretisch trefflich streiten, ohne dass man jemals zu einem Ergebnis gelange. „Falsch" würde er erst, wenn er „aus der Denkebene seines Ursprungs" in die Praxis überführt wird: wenn es „ans Rechnen geht" (ebd., S. 1). Deshalb räumt Geiger der Sozialstrukturanalyse, in seinem Fall der Schichtanalyse, Vorrang gegenüber einer primär theoretisch ambitionierten Ungleichheitssoziologie ein. Nur empirisch lasse sich entscheiden, ob ein Begriff „richtig" oder „falsch" sei.

Nun könnte man meinen, dass die Frage, in welchem Verhältnis Ungleichheitstheorie und Sozialstrukturanalyse zueinander stehen, der Vergangenheit angehöre und sich heute so nicht mehr stelle. Dem ist aber nicht so. Vielmehr wird diese Frage periodisch immer wieder von neuem diskutiert – insbesondere in Zeiten, in denen sich die theoretisch hergeleiteten Ungleichheitskategorien und -begriffe in den empirischen Studien als nicht mehr realitätshaltig erweisen. So kritisierte beispielsweise Helmuth Schelsky in den frühen 1960er Jahren, dass sowohl in der Soziologie als auch in der politischen Öffentlichkeit noch immer klassen- und schichttheoretisch argumentiert würde, obwohl die Bundesrepublik Deutschland sich längst zu einer „nivellierten Mittelstandsgesellschaft" gewandelt habe. Die ehemals scharfen klassen- und schichtspezifischen Ungleichheitslinien würden sich immer mehr verwischen und in Zukunft kaum mehr strukturierend wirken (Schelsky 1961). Durch soziale Nivellierung sei eine „verhältnismäßig einheitliche Gesellschaftsschicht", eine breite Mittelschicht, entstanden, weshalb von strukturierter sozialer Ungleichheit – in dem Sinne, dass die Lebenschancen ganzer Generationen durch die bestehenden Ungleichheitsverhältnisse bestimmt werden – nicht mehr gesprochen werden könne. Allerdings

---

3   Selbstverständlich werden diese nur auf Veranschaulichung zielenden Sätze Marx' Klassentheorie nicht gerecht.

hinke die Wahrnehmung und Bewertung sozialer Ungleichheit der realen Entwicklung hinterher: Während die Schichtungs- und Klassenstruktur schmelze,
bilde sich im „gesellschaftlichen Bewusstsein" diese Angleichung der Lebensverhältnisse noch nicht ab. Auch in den Theorien sozialer Ungleichheit und der
Sozialstrukturanalyse würden noch immer die klassen- und schichttheoretischen
Kategorien, sozialen Kohäsionsformen und politischen Konfliktlinien zitiert und
fortgeschrieben.

Die Diskussion über den Realitätsgehalt der Theorien sozialer Ungleichheit
brach in den frühen 1980er Jahren erneut los. Abermals schien sich die gesellschaftliche Realität von den etablierten Theorien entfernt zu haben und wiederum wurde der Abschied von den Klassen- und Schichttheorien gefordert. Bevor
diese Diskussionsphase ausführlicher nachgezeichnet wird, soll kurz das dahinter
liegende theoretische Problem angesprochen werden. Damit soll der Eindruck
vermieden werden, dass die regelmäßige Wiederkehr der Frage nach dem Verhältnis von Ungleichheitstheorien und Sozialstrukturanalyse einzig und allein
durch gesellschaftlichen Wandel ausgelöst würde – so als handele es sich im
Wesentlichen um ein forschungspraktisches Problem. Würden die Theorie und
die Sozialstrukturanalyse auf der einen Seite und die soziale Realität auf der
anderen Seite neu aufeinander abgestimmt, dann wäre das Problem des Ausei-
nanderdriftens behoben. Das ist aber keineswegs so, vielmehr handelt es sich um
ein grundsätzliches Problem, das immer vorhanden ist, aber nur in bestimmten
Zeiten – in solchen eines schnellen Wandels der Sozialstruktur – virulent wird.
Aber auch in Phasen einer scheinbar harmonischen Abstimmung ist es nicht
gelöst. Es tritt nur in den Hintergrund, weil die Forschungsergebnisse als stimmig mit den alltäglichen Erfahrungen und den Vorstellungen, die sich die Menschen von der sozialen Gliederung der Gesellschaft machen, wahrgenommen
werden: Sie scheinen lebensweltlich plausibel.

Worin besteht das grundsätzliche Problem? Die von der Ungleichheitssoziologie bestimmten sozialen Positionen und deren Zusammenfassung in einem Bild
von der Sozialstruktur decken sich nicht unbedingt mit den Vorstellungen, die
sich der Einzelne, aber auch kollektive Akteure und die Institutionen von der
sozialen Welt insgesamt und von ihrer Position im Besonderen machen. Da allerdings diese Bilder und Vorstellungen handlungsorientierend sind, wirken sie
auf das Ungleichheitsgeschehen zurück, indem die Individuen und Gruppen
durch ihr Handeln die Bilder und Vorstellungen von der Gliederung der Gesellschaft bestätigen und damit verstärken. Die Differenz zwischen der wissenschaftlichen Beschreibung und dem alltäglichen Wahrnehmen und Erfahren der Sozialstruktur kann deshalb nicht schlicht mit dem Argument, dass die Menschen
sich über die „wahren Verhältnisse" täuschen, beiseite gelegt werden.

Zwischen den von der Ungleichheitssoziologie festgestellten Gruppenzusammenhängen, seien es Klassen, Schichten oder Lagen[4], und den Gruppenerfahrungen, die Menschen machen und durch die sie sich einer bestimmten Gruppe zugehörig fühlen, besteht häufig eine erstaunlich große Differenz. Die Ergebnisse der Ungleichheitssoziologie gelten deshalb häufig als analytische Konstrukte, die mit der Art, wie sich die Akteure über die soziale Wirklichkeit verständigen, mal mehr und mal weniger übereinstimmen. Werden beispielsweise
Menschen verschiedener Einkommensgruppen gebeten, ihre Schichtzugehörig-
keit einzuschätzen, dann gelangt man zu Ergebnissen, die daran zweifeln lassen,
dass die von der Sozialstrukturanalyse gemessenen Ungleichheiten irgendetwas
darüber aussagen, wie die sozialen Gruppen ihre eigene soziale Lage beurteilen.
Bei der Einteilung in Einkommensquintile[5] ordnen sich aus den untersten Einkommensgruppen 42 Prozent der unteren und 40 Prozent der mittleren Mittelschicht zu. Aus dem dritten Einkommensquintil rechnen sich 32 Prozent der
unteren und 59 Prozent der mittleren Mittelschicht zu. Bei der höchsten Einkommensgruppe stufen sich 57 Prozent in der mittleren und 27 Prozent in der
oberen Mittelschicht ein. Addiert man die Selbsteinschätzungen der drei Mittel-
schichtsegmente, dann gleicht sich das Ergebnis noch weiter an: In der Mittelschicht sehen sich 86 Prozent der untersten Einkommensgruppe, 96 Prozent des
dritten Quintils und 98 Prozent der einkommensstärksten Gruppe. Dies ist zweifellos ein extremes Beispiel dafür, wie weit die Ergebnisse der Strukturanalyse
und die Selbsteinschätzungen auseinander liegen können.

Üblicherweise klaffen die wissenschaftlichen Klassifikationen und Sozialstrukturbeschreibungen und die Sicht der Klassifizierten ihrer eigenen sozialen
Position und der gesamten Sozialstruktur nicht so stark auseinander. Darum noch
ein weiteres Beispiel, um das Problem zu veranschaulichen. Aus der Armutsforschung ist bekannt, dass sich viele Betroffene mit der soziologischen Eingruppie-
rung als „arm" nicht identifizieren. Im Gegenteil, manche erleben diese Klassifikation sogar als Form der Deklassierung, durch die ihnen erst die soziale Position Armut zugewiesen wird. Umgekehrt ist auffällig, dass es Personengruppen
gibt, die ihre soziale Lage als „arm" bezeichnen, obwohl sie nicht unter die in der
Forschung gebräuchlichen Armutsdefinitionen fallen. Einmal wird somit die
„Gruppe der Armen" analytisch konstruiert, und ein andermal sind es die Akteu-

---

4 Der Begriff soziale Lage trat in den 1980er und 1990er Jahren immer häufiger an die Stelle des
   Klassen- und Schichtbegriffs. Er wurde von Gerhard Weisser entlehnt und an die Gegenwart
   angepasst. Weisser verstand unter Lebenslage den Spielraum, den die äußeren Umstände einem
   Menschen (einer Gruppe von Menschen) nachhaltig für die Befriedigung der Interessen bieten
   und die den Sinn seines Lebens bestimmen (vgl. Döring et al. 1992).
5 Es handelt sich hier um das äquivalent gewichtete Haushaltseinkommen nach der OECD-
   Skala; die Datengrundlage ist der Sozialwissenschaftliche Bus 1996. Ich danke Annett Schultz
   für die Berechnungen.

re selbst, die mit ihrer Selbstdarstellung als „arm" den ersten Schritt zur Formierung eines Gruppenzusammenhangs unternehmen.

Diese beiden Betrachtungsweisen desselben Ungleichheitsgeschehens sind genauer in den Blick zu nehmen, insbesondere unter dem Gesichtspunkt, welche es realitätshaltiger wiedergibt. In eine Frage gekleidet: Ist die so geschaffene Gruppe der Armen ein wissenschaftliches Konstrukt oder existiert sie tatsächlich? Oder allgemeiner gefragt: Sind die von der Ungleichheitssoziologie differenzierten Klassen, Schichten und Lagen analytische Konstrukte und statistische Artefakte oder entsprechen sie realen Gruppierungen?[6] Das grundlegende Problem besteht also gar nicht so sehr darin, dass in bestimmten Phasen die Ungleichheitstheorien sich von der sozialen Realität entfernen bzw. die Sozialstruktur sich so rasant wandelt, dass es nicht gelingt, die Theorien entsprechend schnell „anzupassen". Wäre dies der Fall, dann hätten wir es nur mit einem zeitlichen Hinterherhinken zu tun. Das hatte Schelsky im Blick. Er ging davon aus, dass die gesellschaftliche ebenso wie die wissenschaftliche Wahrnehmung des sozialstrukturellen Wandels meist zeitverzögert erfolgt und deshalb ein verspätetes oder nachträgliches Reagieren eher erwartbar denn verwunderlich sei. Um dem „time-lag" soziologischer Theoriebildung auszuweichen, wird häufig in der Sozialstrukturanalyse ein direkter Zugriff auf soziale Wirklichkeit gewählt und damit die Theorie zunächst beiseite gelassen. Derartige Analysen sind jedoch nur begrenzt aussagekräftig, da sie stark methodenabhängig und auf den Erhebungszeitpunkt beschränkt sind. Entwicklungen können sie kaum nachvollziehbar machen. Der Beharrungs-Effekt der Ungleichheitstheorien angesichts von sozialem Wandel macht die „historische Unstimmigkeit" verständlich, erklärt aber nicht das grundsätzliche Problem der Ungleichheitssoziologie. Es besteht darin, dass die theoretisch hergeleiteten Gruppenzusammenhänge selten mit den realen deckungsgleich sind.

Diesem Problem wollte Geiger ausweichen, als er beschloss, „Statistik als Gesellschaftslehre zu betreiben" (Geiger 1932, S. III). Damit trieb er absichtlich die Theorien sozialer Ungleichheit und die Sozialstrukturanalyse auseinander. Letztere sollte nicht theoretisch angeleitet, sondern empirisch-statistisch forschen, um auf diese Weise realitätshaltiger zu werden. Damit steht er für eine

---

6   Damit soll der Idee, dass jegliches soziale Geschehen sowieso bloß sozial konstruiert sei, und der Hoffnung, dass, wenn man sich über die Konstruktionsweise aufkläre, diese bereits ihre Wirkungsmacht einbüße, nicht das Wort geredet werden – im Gegenteil. Extreme soziale Ungleichheiten wie die Unterdrückung in Gewaltverhältnissen und massive materielle Entbehrungen – unabhängig davon, wie sie sprachlich klassifiziert werden – sind keineswegs nur soziale Konstrukte; sie finden real statt und sind damit wirkungsmächtig. Bei der Art, wie Menschen sich diese vergegenwärtigen oder rechtfertigen, greifen sie teilweise auf soziale Konstruktionen zurück; dies enthebt sie aber nicht ihres Wirklichkeitscharakters (siehe Hacking 1999).

bestimmte Richtung ungleichheitssoziologischer Forschung. Zugespitzt und sicherlich vereinfacht hat man offenbar zwei tendenziell auseinander strebende Richtungen zu unterscheiden:

(1) Eine Richtung der Ungleichheitssoziologie gibt eine theoretisch begründete Sozialstrukturanalyse und damit die analytische Konstruktion von Gruppen nicht auf, und dies trotz oder gerade wegen des möglichen und wahrscheinlichen lockeren „Deckungsverhältnisses" (Geiger) von wissenschaftlicher Sicht und der Art, wie die Subjekte die soziale Wirklichkeit sehen und ihrer Sichtweise gemäß handeln. Dabei werden die Subjekte „wie Dinge behandelt" (Durkheim) und nach bestimmten Regeln klassifiziert, um auf diese Weise zu einem „objektivierten Bild" von der Sozialstruktur zu gelangen. Mit den „bloß subjektiven Sichtweisen" will diese Richtung bewusst brechen, weil sie häufig vorgefassten Meinungen nachhängen oder parteiische Standpunkte vertreten würden.

Ein Beispiel, warum es notwendig ist, mit den „bloß subjektiven Sichtweisen zu brechen", haben wir wenige Seiten zuvor kennen gelernt. Wenn die überwältigende Mehrheit der Bevölkerung sich der Mittelschicht zurechnet, dann ist es die Aufgabe der Ungleichheitssoziologie, die Menschen über die wirkliche Sozialstruktur aufzuklären. Dies beweist, dass aus der direkten Beobachtung des sozialen Geschehens oder den Handlungsweisen der Subjekte die sozialen Strukturen nicht erschlossen werden können. Es ist deshalb notwendig, sie theoretisch zu bestimmen.

Fassen wir das Ganze konkreter: Diese Richtung der Ungleichheitssoziologie identifiziert jene sozialen Kräfte und Ressourcen, welche die Ungleichheiten strukturell bedingen, und betrachtet diese als „objektiv", sofern sie den Handlungsspielraum der Subjekte begrenzen. Beispielsweise werden Einkommen, Bildung, Erwerbsarbeit und Gesundheit als „objektiv" begrenzend bestimmt. Im zweiten Schritt – in der Sozialstrukturanalyse – gruppiert sie mittels der als „objektiv" angesehenen Indikatoren die Individuen zu Ensembles: Klassen, Schichten oder soziale Lagen. Es werden somit Einkommenshöhe, Bildungsabschlüsse, Erwerbsformen und Gesundheitszustände als benachteiligend und bevorzugend klassifiziert und bestimmten Personengruppen zugeordnet. Die so konstruierten Klassifikationen fassen Personen mit identischen oder vergleichbaren sozialen Merkmalen zu Gruppen zusammen und weisen ihnen eine gemeinsame soziale Position zu. Darüber, ob die derart konstruierten Gruppen sich selbst als Gruppen mit ähnlichen Eigenschaften und Interessen wahrnehmen, sagt diese Analyse nichts aus. Allerdings fußen Klassen- ebenso wie Schichttheorien auf der Annahme, dass ähnliche „objektive" Merkmale die Hervorbringung vergleichbarer „subjektiver" Merkmale begünstige. Konkret heißt dies: Eine so konstruierte soziale Gruppe sei eine theoretisch wohlbegründete, weil sie ermögliche, die Gesamtheit der Merkmale, die „objektiven" ebenso wie die „subjektiven", verständ-

lich zu machen und sie mit einer immerhin hohen Wahrscheinlichkeit vorauszu-
sagen. Dies gelingt jedoch nur, wenn die Prämisse stimmt, dass zwischen den
ungleichheitsträchtigen Strukturen und den Handlungs- und Wahrnehmungsweisen eine wie auch immer gestaltete Beeinflussung existiert.

(2) Eine andere Richtung der Ungleichheitssoziologie beginnt, um dem obigen
„Manko" zu entgehen, ohne große theoretische Vorentscheidungen damit, die
Sozialstruktur zu erforschen. Diese Richtung vertritt die Überzeugung, dass es
keines theoretischen Bruchs mit den sozialen Erfahrungen und Wahrnehmungen
bedarf, um die Sozialstruktur zu beschreiben und deren Genese nachzuvollzie-
hen. Im Gegenteil, die theoretische Konstruktion von Gruppen unterstelle, dass
die Handlungsweisen und Interaktionen irgendwie aus den Strukturen abgeleitet
werden könnten, dagegen sei zu beobachten, dass die individuellen und kollektiven Vorstellungen, die die Akteure sich von der sozialen Welt und ihrem Platz in
dieser machen, gänzlich anderen Kategorien folgen als den theoretisch bestimmten, selbst wenn es sich um theoretisch wohlbegründete Strukturprinzipien handelt. Wenn sich also die große Mehrheit der Bevölkerung der Mittelschicht zugehörig fühlt, dann kann man dies wie zuvor als „Täuschung" über die eigene
Lage kritisieren, aber dabei ist stets zu beachten, dass die Orientierung auf die
Mittelschicht die Vorstellungen und Ambitionen prägt, wie das Leben gerech-
terweise verlaufen sollte. Damit wird diese Orientierung jedoch praktisch bedeutsam und auf diesem Weg ungleichheitsrelevant.
    Aus dieser Perspektive macht es wenig Sinn, „theoretische Gruppen" zu
bestimmen, wenn dabei offen bleibt, ob es sich auch um praktische Gruppen
handelt bzw. der Übergang nicht erklärt werden kann. Deshalb beginnt diese
Richtung nicht mit einer theoretischen Festlegung der strukturierenden Prinzipien, sondern setzt bei den Subjekten an, die als Akteure – also als Handelnde –
begriffen werden. Durch diesen Begriffswechsel soll deutlich werden, dass es zu
untersuchen gilt, wie die Akteure die soziale Realität konstruieren und welche
handlungsmotivierenden Vorstellungen sie sich von dieser machen. Dementsprechend konzentriert man sich auf Verhaltens- und Handlungsweisen, Wahrnehmungen, Intentionen und kognitive Repräsentationen, wie sie den praktischen
Erfahrungen der sozialen Akteure unmittelbar zugrunde liegen. Damit tendiert
diese Richtung zu einer deskriptiven Beschreibung sozialer Unterschiede und
hängt einem interpretativen Paradigma an, welches dem erklärenden Paradigma
strukturierter sozialer Ungleichheit geradezu entgegengesetzt ist. Dies erklärt,
weshalb die Empirie hier eine größere Bedeutung hat: Sie liefert das Material zur
beschreibenden Systematisierung von Gruppenzusammenhängen.

Gewichtet man die beiden Richtungen, dann fällt auf, dass die zweite Richtung
innerhalb der Ungleichheitssoziologie bis in die späten 1970er Jahre nicht mehr

als eine Marginalie bildete. Das Verhältnis kehrte sich jedoch in den 1980er und frühen 1990er Jahren geradezu um, als die deskriptiv orientierte Ungleichheitssoziologie durch die kritische Diskussion des Realitätsgehalts der Klassen- und Schichtkonzepte Aufwind erhielt. Konsequenz war: Es wurden vermehrt Milieu- und Lebensstilstudien durchgeführt.

Während die Klassen- und Schichttheorien ihr Augenmerk auf Formen und Ausprägungen strukturierter sozialer Ungleichheit legten und damit die Dauerhaftigkeit sozialer Ungleichheiten hervorhoben, interessierten sich die Lebensstil- und Milieustudien primär für Prozesse der Entstrukturierung sozialer Ungleichheit und deren Folgen.[7] Demgemäss beschrieben sie die Subjekte als Akteure, die mehr oder weniger aus sozialen und ökonomischen Bindungen entlassen ihren Lebensstil wählen. Mehrheitlich ohne ausgiebige theoretische Vorüberlegungen wurden die Akteure Lebensstil- oder Milieugruppen zugeordnet. Ende der 1990er Jahre setzte eine erneute Kehrtwende ein: Die Strukturierungsthese gewann an Plausibilität zurück. Die Wende in Ostdeutschland und der Neoliberalismus haben diese Rückkehr begünstigt. Damit kehrten auch die Klassen- und Schichttheorien wieder zurück, wobei jedoch der Begriff soziale Klasse nicht mehr als grundlegende theoretisch hergeleitete Kategorie verwendet wurde, sondern – oftmals in Anlehnung an den anglo-amerikanischen Gebrauch von „social class" – als systematisch beschreibende Klassifikation.

Anlass für die knappe Gegenüberstellung einer auf die Strukturen gerichteten Ungleichheitssoziologie und einer, die ihren Blick auf die Sicht der Akteure konzentriert, war, zu zeigen, dass sich hinter dem Auseinanderdriften von Theorie und Empirie ein weiterer, ein theoretischer Konflikt verbirgt: Es ist der zwischen struktur- und handlungstheoretischen Ansätzen. Damit ist eine soziologische Grundsatzdebatte angesprochen, die hier nicht weiter ausgeführt werden soll, weil dies vom eigentlichen Thema wegführen würde.[8] Allerdings, darauf sei bereits jetzt hingewiesen, ist damit eine große Herausforderung an neuere Theorien sozialer Ungleichheit benannt: nämlich die Vermittlungsinstanzen zwischen Struktur und Handlung zu identifizieren. Wir haben es also mit zwei Fragen bzw. Gegensätzen zu tun: erstens dem Verhältnis von Theorie und Empirie und zweitens der Vermittlung von Struktur und Handlung. Im weiteren Verlauf kommt

---

7   Klassen- und Schichttheorien nur durch einen Bindestrich zu trennen wurde gebräuchlich, als die Lebensstil- und Milieustudien als Gegenpol etabliert wurden. Damit soll nicht der Eindruck erzeugt werden, als hätten sie schon immer harmonisch nebeneinander gestanden und wären nicht durch eine konfliktreiche Diskussion scharf voneinander getrennt gewesen.

8   Dieses Problem taucht jedoch in jeder hier vorgestellten Ungleichheitstheorie wieder auf, explizit bei Bourdieu, der mit seinem Habitusbegriff Handlungs- und Strukturtheorie verbinden will.

eine dritte Frage hinzu: In welchem Verhältnis stehen das tatsächliche Ungleichheitsgeschehen und die Repräsentation sozialer Ungleichheiten?[9]

Kommen wir nun zu der Kontroverse zurück, die die deutsche Ungleichheitssoziologie in den 1980er und den frühen 1990er Jahren beschäftigte und die hier den zeitlichen Ausgangspunkt bildet.[10] Es ist nicht notwendig, sie in der ganzen Breite wiederzugeben. Erstens ist sie gut dokumentiert[11] und zweitens interessieren hier vornehmlich die theoretischen Konsequenzen und nicht die Vielfalt der empirischen Ergebnisse.

Ausgelöst wurde sie, auch wenn nicht alle in die Kontroverse Verstrickte dies wahrnahmen, durch ein abermaliges „Auseinanderentwickeln von Forschung und Wirklichkeit", so Ulrich Beck in seinem programmatischen Aufsatz „Jenseits von Stand und Klasse", der als Vorstudie zur „Risikogesellschaft" gesehen werden kann (Beck 1983, S. 40; Beck 1986). Publiziert an prominenter Stelle, in dem von Reinhard Kreckel herausgegebenen Sonderband der Sozialen Welt „Soziale Ungleichheiten" (Kreckel 1983), ging von diesem Aufsatz eine Initialwirkung aus. Die dort wiederbelebten und teilweise neu eingeführten Begriffe wie Individualisierung, Diversifizierung und Entstrukturierung bestimmten alsbald die Ungleichheitsdebatte. „Unterhalb der Aufmerksamkeitsschwelle der Ungleichheitsforschung", so Beck, habe in den letzten drei Jahrzehnten – gemeint war der Zeitraum von den späten 1950er bis Anfang der 1980er Jahre – ein enormer sozialstruktureller Wandel stattgefunden. Zwar seien die Ungleichheitsrelationen konstant geblieben, aber trotzdem habe sich ein „Individualisierungsprozess von bislang unbekannter Reichweite und Dynamik vollzogen" und vollziehe sich noch immer (Beck 1983, S. 40f.). Es gäbe ein kollektives Mehr an Einkommen, Bildung, Mobilität, Recht, Wissenschaft und Massenkonsum, weshalb die Gesellschaft insgesamt eine „Etage höher gefahren" sei. In der „Risikogesellschaft" (1986) führte Beck für diese Bewegung die Metapher „Fahrstuhl-Effekt" ein.

Das quantitative Mehr wirke sich qualitativ aus: Klassen- oder Schichtidentitäten brächen weg und stattdessen setzten Prozesse der Individualisierung und Diversifizierung ein. Zwar existiere die vertikale Strukturierung weiterhin, allerdings kristallisierten sich gesellschaftliche Identitäten, soziale Assoziationen und Großgruppen vermehrt entlang von Unterschieden im Lebensstil heraus. Auch für die sozialen Kohäsionsformen, die kollektiven Akteure und die gesellschaftlichen und politischen Konflikt- und Spannungslinien gelte, dass sie sich immer

---

9   Unter Repräsentation sollen alle Formen der Darstellung sozialer Ungleichheiten verstanden
     werden. Eine Darstellungsform ist die Ungleichheitssoziologie selbst.
10 In anderen europäischen und den nordamerikanischen Staaten, also Gesellschaften mit einer
     ähnlichen Sozialstruktur, hat eine vergleichbare Kontroverse nicht stattgefunden.
11 Siehe beispielsweise Hradil (1987, 1992 und 1999).

weniger entlang struktureller sozialer Benachteiligungen sammeln. Dagegen täten sich neue Konfliktfelder auf, die keinen unmittelbaren Bezug mehr zu den sozialstrukturellen besitzen. Entsprechend zu diesen neuen sozialen Spannungsfigurationen bildeten sich nun Großgruppen, Interessenverbände und soziale Bewegungen, in denen sich Anhänger quer zu den sozialen Lagen, aber parallel zu den gemeinsamen Risikolagen organisieren.

Von den theoretischen Annahmen der Klassen- und Schichtkonzepte, die eine Veränderung der Ungleichheitsrelationen – ein Wachsen oder eine Nivellierung – als Voraussetzung für einen gravierenden sozialstrukturellen Wandel ansehen, setzte sich Beck explizit ab. Er hielt dagegen, dass auch eine allgemeine Verbesserung der Lebensbedingungen einen sozialen Wandel herbeiführe, wie empirisch zu beobachten sei. Dieser Wandel finde zwar nicht in der Vertikalen – den Ungleichheitsrelationen –, wohl aber in der Horizontalen statt – den Ungleichheitsvariationen.[12] Obwohl das Ausmaß der ungleichen Verteilung von erstrebenswerten Ressourcen unverändert bleibt und auch die Distanzen zwischen den sozialen Positionen sich nicht verkleinern, verändert sich das Ungleichheitsgefüge trotzdem grundlegend, weil Variationen in der Horizontalen entstehen. Individuen und Gruppen in gleichen vertikalen Positionen werden immer unterschiedlicher, was beweist, dass die strukturierende Wirkung von Ressourcen und Positionen nachlässt und der Handlungsspielraum der Individuen immer weniger von diesen vorstrukturiert ist. Damit lässt die Prognosefähigkeit der Klassen- und Schichtkonzepte erheblich nach. Die Variationen in der Horizontalen unterlaufen „das Hierarchiemodell sozialer Klassen und Schichten" und stellen seinen „Realitätsgehalt zunehmend in Frage". Die „Ungleichheitsfragen haben sich sozusagen ‚verkrümelt'" (ebd., S. 36). „Mit zunehmender Individualisierung schwinden die Voraussetzungen, das Hierarchiemodell sozialer Ungleichheit lebensweltlich zu interpretieren." (ebd., S. 55) Das wichtigste Wort in dem zitierten Satz lautet „lebensweltlich". Denn damit ist abermals das grundlegende Problem angesprochen, dass die theoretisch begründete Sicht sozialer Ungleichheit und die individuelle Wahrnehmung und Erfahrung der sozialen Wirklichkeit weit auseinander treiben kann. Und indirekt ist die Frage nach dem Verhältnis von Ungleichheitsgeschehen und der (soziologischen) Repräsentation sozialer Ungleichheiten berührt.[13] Damit sprach Beck kein neues Phänomen an;

---

12   Die Mehrzahl der Klassen- und Schichtkonzepte veranschaulicht die Sozialstruktur mittels der Vorstellung einer vertikal ausgerichteten Achse, der oben die sozial bevorzugten und unten die sozial benachteiligten Gruppen zugeordnet sind. Die neuere Sozialstrukturanalyse führte für die horizontalen Ungleichheiten eine waagerecht verlaufende Achse ein. Auf dieser werden jene Gruppen eingetragen, die sich sozialstrukturell unterscheiden, die aber in keinem vertikalen Verhältnis zueinander stehen, also nicht höher oder tiefer angesiedelt sind.

13   Dieser Aspekt ist von den Lebensstil- und Milieustudien nicht behandelt worden, was nicht zuletzt an ihrer Theorieferne liegt.

allerdings machte er das Auseinanderdriften zum Ausgangspunkt seiner Gegenwartsdiagnose.

Diese Kurzfassung genügt, um zu zeigen, dass die Individualisierungsdebatte in der Tradition von Geigers Kritik am Klassenbegriff und Schelskys Beanstandung des Klassen- und des Schichtmodells stand. Insofern ist auch sie im Spannungsgefüge der beiden oben skizzierten Richtungen zu sehen: Dem Paradigma der strukturierten sozialen Ungleichheit wurde das der Entstrukturierung und Verzeitlichung sozialer Ungleichheit entgegengestellt. Dass diese Debatte das Selbstverständnis der „herkömmlichen Sozialstrukturanalyse tief erschüttert" hat, darüber besteht weitgehende Einigkeit (vgl. Müller 1992, S. 9). Der bis dahin durchweg akzeptierte „Hintergrundkonsens", dass sich die Ungleichheitssoziologie vornehmlich mit vertikaler Ungleichheit beschäftigt und sich überwiegend für die Bedeutung von Klassen- bzw. Schichtungsverhältnissen in industrialisierten Gesellschaften interessiert, büßte viel an Selbstverständlichkeit ein. Allerdings hat auch der Überschwang, mit dem beinahe alle Formen strukturierter vertikaler Ungleichheiten beiseite gelegt wurden, im Laufe der Jahre an Überzeugungskraft verloren. Es besteht deshalb seit einiger Zeit innerhalb der Ungleichheitssoziologie Einigkeit darüber, dass gleichermaßen Formen der Strukturierung und Prozesse der Entstrukturierung zu betrachten sind.

Es macht hier wenig Sinn, die Kontroverse zwischen der klassen- und schichtorientierten „alten Ungleichheitssoziologie" und der lebensstil- und milieuorientierten „neuen Sozialstrukturanalyse" detailliert zu rekonstruieren. Es reicht, einige Aspekte herauszugreifen: „Lockerung" als Grundkonsens (1), Dominanz der Methoden (2), Erfolg als Gegenwartsdiagnosen (3) und mangelnde theoretische Erklärungskraft (4).

(1) „Lockerung" als Grundkonsens
Rekapitulieren wir, welchen Grundkonsens jene Ungleichheitssoziologen teilten, die im Großen und Ganzen der Beck'schen Analyse zustimmten und daraus die Konsequenz zogen, statt Schicht- nunmehr Lebensstilstudien durchzuführen. Lebensstil wurde in der „neueren Sozialstrukturanalyse" zu der zentralen Kategorie, an die sich viele, teilweise übergroße Hoffnungen knüpften. Allerdings war diese Kategorie von Anfang an damit belastet, dass wenig Einigkeit darüber bestand, wie „Lebensstile" zu definieren seien. Die Heterogenität der verschiedenen Lebensstilbegriffe war deshalb größer als die des Schichtbegriffs in der Vergangenheit. Eine Ursache für die vielen Begriffsbestimmungen war, dass es nur wenige theoretisch ausgearbeitete Definitionen gab und stattdessen die Mehrzahl der Lebensstilbegriffe unmittelbar im empirischen Gebrauch entwickelt wurde, weshalb ihre Verallgemeinerungsfähigkeit gering blieb. Die Definitionen umspannten eine große Bandbreite, die vom Lebensstil als „individuelles Gestaltungsprinzip" (Michalow 1994) oder als „abstrakte ästhetische Semantik

und Zeichensystem" (Schulze 1992) bis hin zu Begriffsverständnissen reichte, die sich dem herkömmlichen Klassen- oder Schichtbegriff näherten – so beispielsweise Müller, der seine Definition von Bourdieu herleitete und unter Lebensstilen „raum-zeitlich strukturierte Arten der Lebensführung" verstand, „die von materiellen und kulturellen Ressourcen, der vorherrschenden Lebensform und den Werthaltungen abhängen" (Müller 1992, S. 15).

Trotz dieser Heterogenität kann ein allgemein geteilter Grundkonsens identifiziert werden. Er lautet: Die von der Klassen- und Schichttheorie behauptete Homologie zwischen sozioökonomischen Lebensbedingungen und der Alltagspraxis sei lockerer geworden. Es könne deshalb nicht mehr davon ausgegangen werden, dass Personen in vergleichbaren sozialen und ökonomischen Verhältnissen voraussichtlich ähnliche Interessen haben, in gleicher Weise im Alltag handeln und vergleichbare politisch-ideologische Positionen vertreten. Mehrheitlich wurde diese Lockerung als historischer Prozess begriffen, der beispielsweise durch Massenkonsum, die allgemeine Hebung des Lebensstandards und die Expansion des Wohlfahrtsstaates ausgelöst worden sei.

Kein Konsens war jedoch darüber zu erzielen, inwieweit die „objektiven" und „subjektiven" Elemente entkoppelt seien. Die Antworten darauf umfassten entsprechend den vielfältigen Definitionen ein breites Spektrum und reichten von der Annahme einer Homologie bis hin zu der Behauptung, dass Lebensstile eine eigenständige, d.h. von der sozioökonomischen Lage unabhängige Vergesellschaftungsebene bilden würden. Diese Uneinigkeit verdeutlicht, dass auch die „neuere Sozialstrukturanalyse" abermals an die grundlegende theoretische Frage stieß: Wie sind Struktur und Handlung miteinander vermittelt?[14] Auch die „neuere Sozialstrukturanalyse" konnte zwei davon abgeleiteten Fragen nicht aus dem Weg gehen:

Auf individueller Ebene: Wie erfolgt die Abstimmung von sozialer Position und Praktiken, von „objektiven" Merkmalen und „subjektiven" Verhaltens-, Handlungs- und Denkweisen, von sozioökonomischen Lebensbedingungen und Lebensstil?[15]

Auf gesellschaftlicher Ebene: Wie kommt es, dass sich – trotz der großen Streuung der sozialen Positionen, der „objektiven" Merkmale, der sozioökonomischen Lebensbedingungen und ohne strategische Berechnung, ohne absichtsvolle Bezugnahme auf eine Norm oder eine direkte Interaktion – aufeinander abgestimmte Praktiken, gruppentypische Verhaltens-, Handlungs- und Denkweisen herausbilden und sich die Lebensstile einander angleichen?[16]

---

14 Dass sie überhaupt nicht aufeinander abgestimmt sind, wäre zwar denkbar, widerspricht aber der Mehrzahl der empirischen Untersuchungen.
15 Siehe die vierte These im nachfolgenden Kapitel.
16 Siehe die sechste These im nachfolgenden Kapitel.

(2) Dominanz der Methoden

Um sich der sozialen Wirklichkeit wieder zu nähern, verzichtete die „neuere Sozialstrukturanalyse" weitgehend auf große theoretische Auseinandersetzungen. Stattdessen konzentrierte man sich sehr erfolgreich darauf, die Erhebungs- und Auswertungsmethoden weiterzuentwickeln. Dies geschah durch die Ausweitung der erhobenen Dimensionen, die Hinzunahme qualitativer Erhebungsmethoden und durch neue Verfahren der Datenauswertung. Auf diese Weise gelang es, sinnliche und damit anschaulichere Strukturbilder zu entwerfen. Ein häufig dafür zu entrichtender Preis war eine bloße Deskription sozialer Ungleichheiten, weil die beobachtbaren Unterschiede und Ausdrucksformen oftmals direkt – also ohne Prüfung, für was sie eigentlich stehen – in die Strukturbilder aufgenommen wurden. So findet man umfangreiche Beschreibungen der Kleidung, der Zeitungslektüre, der Möbel, der Urlaubs- und Musikvorlieben etc. Außerordentlich selten erfährt man jedoch etwas darüber, ob und in welchem Maße diese Alltagspraktiken soziale Ungleichheit generieren bzw. Resultat von sozialer Bevorzugung oder Benachteiligung sind. Der in den Klassen- und Schichtuntersuchungen eingeführte Zwischenschritt, die Phänomene nach ihrem gemeinsamen sozialen Gehalt zu systematisieren, blieb oft aus. Es ist zu vermuten, dass dadurch die Vielfalt der Milieus und Lebensstile „methodisch" vergrößert wurde. Denn während die Klassen- und Schichtanalysen durch Abstraktionen die Vielfalt der Lebensverhältnisse und -praktiken reduzierten, galt es hier, das ganze Spektrum der Variationen „wirklichkeitsgetreu" wiederzugeben. Dabei wurde oftmals die Frage, ob diese überhaupt ungleichheitsbegründend sind, übergangen. Allerdings entgingen diese Studien damit auch dem Problem, soziologische Klassifikationen entwickeln zu müssen.

Im Grunde liefen viele Studien auf das „Sortieren von Phänomenen" hinaus, die in der Regel „keine realen Aggregate zutage" förderten, sondern „Ordnungslinien und nominale Abgrenzungen mit sehr unterschiedlich zugeschnittenen Sozialkategorien" erbrachten (Hradil 1992, S. 26). Dies lässt fragen, ob sie tatsächlich im Vergleich zu den Schichtanalysen realitätshaltigere Strukturbilder erstellten. Der Zweifel daran wächst, wenn man einbezieht, dass sie sehr unterschiedliche und vom Untersuchungsdesign extrem abhängige Ergebnisse erzeugten, die kaum miteinander verglichen werden konnten und deshalb solitär blieben. So war es beispielsweise kaum möglich, die fünf Milieus aus Gerhard Schulzes „Erlebnisgesellschaft" (Schulze 1992) in Beziehung zu den acht Milieus der Novak/Becker-Untersuchung (Novak/Becker 1985) und den neun Lebensstilgruppen der Gluchowski-Studie (Gluchowski 1988) zu setzen. Damit standen die Lebensstile der vielen Untersuchungen jeweils für sich, weil eine gemeinsame Basis weitgehend fehlte, die notwendig gewesen wäre, um deren Verallgemeinerungsfähigkeit und damit deren Objektivierungsgrad zu prüfen. Das Übergewicht des Methodischen hatte einerseits enorme Fortschritte erbracht, andererseits aber zur Folge, dass das theoretische Fundament brüchig blieb und dem Erklärungsgehalt vieler Studien enge Grenzen gesetzt waren.[17]

(3) Erfolg als Gegenwartsdiagnosen

Als Gegenwartsdiagnosen waren die neuen Studien außerordentlich erfolgreich. Sie trafen auf eine große gesellschaftliche Nachfrage nach aktuellen Bildern, neuen Begriffen und Versinnbildlichungen – solchen, die lebensweltlich anschlussfähig waren. So fanden Selbstbeschreibungen wie „Risikogesellschaft" (Beck 1986), „Erlebnisgesellschaft" (Schulze 1992), „Multioptionsgesellschaft" (Gross 1996) schnell Eingang in den journalistischen Sprachgebrauch. Ihre Botschaften wurden vom Marketing und anderen Zeichen- und Mythosproduzenten aufgenommen und breit popularisiert. Aber auch einzelne Begriffe wie Individualisierung, Lebenslaufmodelle und Stilisierung der Lebensformen diffundierten vom wissenschaftlichen in den alltäglichen Sprachgebrauch. Dieses gesellschaftliche Echo kann als Indiz dafür gelten, dass diese Sozialstrukturbeschreibungen hilfreich waren, die alltäglichen Wahrnehmungen und Erfahrungen von sozialer Ungleichheit zu versprachlichen und ihnen damit lebensweltliche Plausibilität attestiert wurde.

Vermutlich würde ein ausführlicher Rückblick auf die 1980er und 1990er Jahre zeigen, dass es im Wesentlichen die neuere Sozialstrukturanalyse war, die der Soziologie insgesamt wieder mehr Deutungsmacht verschafft hat. Insofern war sie erfolgreich dabei, die Kluft zwischen der wissenschaftlichen Beschreibung und den individuellen und kollektiven Vorstellungen von der sozialen Wirklichkeit zu verringern. Wenn dies nicht zu euphorisch klingt, könnte man sagen, dass durch sie die Soziologie – wenn man den gesellschaftlichen und politischen Widerhall zum Maßstab macht – Überzeugungskraft zurückgewann und die Frage nach der Sozialstruktur wieder zu einem einflussreichen Thema wurde.

(4) Mangel an theoretischer Erklärungskraft

Der empirische ebenso wie der außerwissenschaftliche Erfolg hatte jedoch ein Theoriedefizit zur Folge, das nachträglich die wissenschaftliche Anerkennung trübt, insbesondere nachdem die kurze Phase der Aktualität vorbei ist. Selbst von einigen Initiatoren der Neuausrichtung der Ungleichheitssoziologie, die das empirische Übergewicht nach den langen und teilweise theoretisch wenig ergiebigen Diskussionen begrüßten, wird dies beklagt. Seit einiger Zeit wird deshalb

---

17 Dies trifft besonders für jene Studien zu, die keinen historischen Bezug hatten. Und umgekehrt sind jene Milieuuntersuchungen von dieser Kritik explizit auszunehmen, die den Wandel der Milieus oder Lebensstile in einer langfristigen Perspektive zeigten (z.B. Vester et al. 1993).

gefordert, eine die vielfältigen Untersuchungen übergreifende Perspektive zu entwickeln, die die Ungleichheitssoziologie wieder an die allgemeine Gesellschaftstheorie bindet. Glücke dies nicht, dann wäre der „neueren Sozialstrukturanalyse" nur eine kurze Zeit beschieden, weil sie aufgrund ihrer Heterogenität, sofern diese nicht theoretisch begründet sei, ein hohes Maß an Zufälligkeit, vielleicht sogar an Beliebigkeit enthalte. Lässt man die jüngere Vergangenheit Revue passieren, dann kommt man zum Ergebnis, dass die Zeit der Lebensstilstudien abgelaufen ist.

Auf den Punkt gebracht: Gerade die empirischen Erfolge haben dazu geführt, dass nun theoretische Fragen und Unklarheiten wieder ins Zentrum rücken. Einige von ihnen zieht die Ungleichheitssoziologie seit ihren Anfängen als ungeklärte Problembestände mit sich. Andere sind neu dazu gekommen bzw. können nun präziser als zuvor formuliert werden. Werden diese alten-neuen Problembestände übergangen, nicht theoretisch bearbeitet und diskutiert, wird sich zukünftig die Erklärungs- und Interpretationskraft der Sozialstrukturanalyse noch weiter reduzieren. Es geht also augenblicklich darum, „Sozialstrukturanalyse" und „Theorien sozialer Ungleichheit" wieder enger miteinander zu verzahnen. Dazu ist es erforderlich, sich zunächst wieder intensiver mit der Produktion und Reproduktion von Ungleichheiten zu befassen.

Auf „klassische Theorien" kann dabei jedoch nicht zurückgegriffen werden, weil sie entweder durch sozialen Wandel „überholt" sind oder weil sie an theoretischer Erklärungskraft eingebüßt haben. Ein weiterer Grund ist, dass die Instanzen der Produktion und Reproduktion von Ungleichheit in unseren Gesellschaften komplexer geworden sind. Beispielhaft seien nur drei Instanzen benannt, die bislang ungenügend berücksichtigt wurden: Staat, Medien und wissenschaftliche Expertise und Beratung. So ist in modernen Staaten soziale Ungleichheit nicht nur Ergebnis gesellschaftlicher Machtverhältnisse, sondern sie ist immer auch staatlich verfasst und garantiert (vgl. Barlösius 1998; Kreckel 1992). Die Medien haben eine zentrale Bedeutung im Ungleichheitsgeschehen erlangt, weil von der Fähigkeit, soziale Benachteiligungen und Bevorzugungen zu benennen und öffentlich explizit zu machen, eine außergewöhnliche Macht ausgeht, die auf die Produktion und Reproduktion von Ungleichheiten zurückwirkt (vgl. Bourdieu 1985). Damit geht einher, dass wissenschaftlich generierte Repräsentationen sozialer Ungleichheiten zu einem immer wichtigeren Phänomen werden. So wurden in den letzten Jahren in den Auseinandersetzungen über soziale Ungleichheiten verstärkt Berichte, Kommissionen oder Enqueten eingesetzt.

Im weiteren Verlauf werden neuere theoretische Ansätze vorgestellt und diskutiert. Um zu vermeiden, dass dabei die alten-neuen theoretischen Problembestände übergangen werden, sollen zunächst einige „ungelöste Fragen" skizziert werden. Damit ist die Absicht verbunden, ein Register zu erstellen, welches die Darstellung der ausgewählten Ungleichheitstheorien anleiten soll.

2   Alte und neue Ungleichheiten –
   alte und neue Fragen

Obwohl bereits in der Einleitung einige alte und neue Problembestände angesprochen wurden, sollen sie hier nochmals erwähnt werden, um einen möglichst
umfassenden Überblick zu erstellen. Mit dem Begriff Problembestand sollen
grundlegende Aufgaben bezeichnet werden, mit deren Lösung sich die Ungleichheitssoziologie seit ihren Anfängen beschäftigt. Für die meisten hier aufgezählten Problembestände gibt es wahrscheinlich keine dauerhafte oder gar
endgültige Lösung. Die Ungleichheitssoziologie hat sie als strittige Punkte und
offene Fragen in ihre Konzeption aufzunehmen und als solche auszuweisen.

   Dies bedeutet, dass jede Ungleichheitstheorie und Sozialstrukturanalyse,
falls sie nicht insgesamt darauf verzichten will, Erklärungen anzubieten, was ja
ihr Ende wäre, mit diesen Problembeständen jeweils auf ihre Art umzugehen hat.
Sie steht vor der Aufgabe, Hilfskonstruktionen, Eselsbrücken und Provisorien zu
entwickeln, die zwar das theoretische Problem nicht endgültig lösen, aber für die
jeweilige Studie tauglich sind. Häufig werden jedoch derartige Überbrückungen
von Schwierigkeiten als endgültige Lösungen ausgegeben und auch als solche
zeitweise akzeptiert – bis dann, beispielsweise bei der Anwendung auf neue Ungleichheitsformen oder aufgrund des sozialstrukturellen Wandels, die begrenzte
Tragfähigkeit der vorübergehenden Antworten überdeutlich wird.

   Die Problembestände werden keineswegs dargestellt, um neue Lösungen
anzubieten, sondern nur, um sie zu benennen und die Aufmerksamkeit auf sie zu
lenken. Zumeist handelt es sich um wenig anschauliche Probleme, weshalb sie –
selbstverständlich nur, soweit dies sinnvoll ist – jeweils am Beispiel der Differenz zwischen Klassen- und Schichtkonzepten auf der einen Seite und Milieu-
und Lebensstilmodellen auf der anderen Seite erläutert werden sollen.

(1) *Welcher Zusammenhang zwischen den gesellschaftlichen Vorstellungen von*
     Gerechtigkeit und der Ungleichheitsforschung besteht, wird selten ausge-
     wiesen. Deshalb bleibt die gesellschaftliche Verstrickung der Ungleich-
     heitssoziologie oftmals im Unklaren.
Worin besteht diese Verstrickung? Innerhalb der Soziologie findet sich ein breiter Konsens darüber, dass das treibende Motiv, über soziale Ungleichheiten zu
forschen, die moderne Sicht von sozialer Gerechtigkeit ist, nämlich die Gleich-

heitsvorstellung aller Menschen. Damit ist die Ungleichheitsforschung tief in ethische Fragen verstrickt. So beginnt beispielsweise Amartya Sen sein Buch „Inequalitity Reexamined" mit den Fragen „Warum Gleichheit?" und „Welche Art von Gleichheit?", die er mit Bezug auf den philosophischen Diskurs über die „gerechte Gesellschaft" beantwortet (Sen 1992). Und Hans-Peter Müller sieht die „Existenzberechtigung" der Soziologie aus den Spannungen zwischen den Forderungen nach sozialer Gerechtigkeit und der gesellschaftlichen Realität hervortreten (Müller 1992, S. 20; Müller/Wegener 1995, S. 11). Eine strikte Trennung von Gerechtigkeitspostulaten und Ungleichheitsforschung sei deshalb nicht möglich, weshalb die Ungleichheitssoziologie den Gerechtigkeitsdiskurs immer mitführe.

Am deutlichsten lässt sich dies an den Definitionen von sozialer Ungleichheit ablesen, die sich häufig ausdrücklich auf gesellschaftliche Vorstellungen von gerecht und ungerecht berufen. So definiert beispielsweise Bernhard Schäfers soziale Ungleichheit als „jenen Zustand der sozialen Differenzierung, in dem die ungleiche Verteilung von ökonomischen und sonstigen Ressourcen, sozialen Positionen und Rängen als ungerecht angesehen wird" (Schäfers 1995, S. 366). Aber auch jene Definitionen, die andere Unterscheidungen einführen wie „beeinträchtigt" und „begünstigt", „benachteiligt" und „bevorzugt", „depriviert" und „saturiert", beziehen sich, wenn auch nicht offen ausgesprochen, auf Gerechtigkeitsvorstellungen.

Die Verstrickung der Ungleichheitssoziologie hat man sich stets zu vergegenwärtigen, weil die Gerechtigkeits- und Gleichheitspostulate selbst Ergebnis gesellschaftlicher Auseinandersetzungen und damit Teil des Ungleichheitsgeschehens sind. Sie sind gesellschaftlich umstritten, ja umkämpft, und zwar typischerweise entlang der Ungleichheitslinien. Aus diesem Grund hat die Ungleichheitssoziologie kritisch zu reflektieren, auf welchem „Hintergrundkonsens" über Gleichheit und Gerechtigkeit ihre Analysen aufbauen und welches Ungleichheitsspektrum sie damit abdecken. So abstrakt formuliert ist diese Aufforderung jedoch wenig hilfreich. Betrachten wir deshalb, wie der Zusammenhang von gesellschaftlichen Vorstellungen von Gerechtigkeit und Ungleichheitsforschung in die einzelnen Theorien und Modelle eingelassen ist.

Bei den Klassen- und Schichtkonzepten schwang die Gerechtigkeitsfrage stets offen mit – selbstverständlich bei den Klassentheorien stärker, weil sie dort den Ausgangspunkt der Analyse bildete. Die Mehrzahl der Schichtmodelle beschränkte sich darauf, wie Ulrich Beck es pointiert formulierte, sich an der „eingeführten statistischen Gleichverteilung" (Beck 1983, S. 38) als Gerechtigkeitsmaß zu orientieren und von diesem Maßstab soziale Benachteiligungen oder Bevorzugungen abzuleiten. Damit ist gemeint, dass bei den empirischen Untersuchungen soziale Gerechtigkeit dann als gegeben angesehen wird, wenn alle ungleichheitsrelevanten Güter, Ressourcen, Rechte und Anrechte weitgehend gleich verteilt sind. Daraus wird ein Maßstab für das Ausmaß sozialer Ungleichheiten konstruiert. Weichen die vorhandenen Ressourcen etc. bei bestimmten sozialen Gruppen stark von den durchschnittlich verfügbaren Mitteln und Chancen ab, dann wird dies im Allgemeinen als Beleg für soziale Benachteiligung oder Bevorzugung gewertet. Dies bedeutet, dass soziale Gerechtigkeit als Gleichverteilung operationalisiert wird.

Die Übersetzung von Gerechtigkeit in Gleichverteilung war stets gesellschaftlich und politisch umkämpft, nicht zuletzt, weil sie in sich die Forderung nach beträchtlichen Umverteilungen und sozialen Öffnungen barg, z.B. eine Verbesserung des Bildungszugangs, erleichterte Verfahren zur Erlangung der Staatsbürgerschaft, Durchsetzung von Gleichstellungspolitik. Gegenwärtig ist diese Operationalisierung des Gerechtigkeitsbegriffs besonders umstritten. An ihr wird kritisiert, dass Gerechtigkeit nicht egalitaristisch – also auf Gleichheit abzielend – zu verstehen ist, da eine solche Auffassung Gleichheit mit Allgemeinheit verwechselt. Gerechtigkeit ziele nicht auf Gleichheit, letztere sei „nur als Nebenprodukt" zu verstehen (Krebs 2000, S. 17; siehe auch Krebs 2002).

Die neuere Sozialstrukturanalyse, die ihr Augenmerk auf die so genannten „horizontalen Ungleichheiten" legte, schien sich der Verstrickung mit gesellschaftlichen Vorstellungen von Gerechtigkeit weitgehend entziehen zu können. Denn für die „horizontalen Ungleichheiten" sollte charakteristisch sein, dass sie zwar soziale Unterschiede hervorbringen, sich aber nicht in die ungleichheitsträchtige vertikale Achse einfügen, weil sie weder soziale Vorteile noch Nachteile mit sich bringen. Die „Umverteilung" der soziologischen Aufmerksamkeit von der Vertikalen zur Horizontalen legte die These nahe, dass sich die „Ungleichheitsfragen sozusagen 'verkrümelt'" hätten (Beck 1983, S. 36). Damit trat in den Lebensstil- und Milieustudien ein Motiv, das die Ungleichheitsforschung von Anfang an begleitete und von dem viele meinten, dass es ihren Ursprung bildete, in den Hintergrund: die Frage nach Gerechtigkeit.

Auch wenn diese Frage nicht mehr im Zentrum der „neueren Sozialstrukturanalyse" stand, so war sie jedoch keineswegs verschwunden oder bedeutungslos geworden, wie manche Untersuchung suggerierte. Vielmehr verantwortete sich die Ungleichheitssoziologie immer weniger vor ihr. War sie klassisch als Gleichverteilungsfrage behandelt worden, tauchte sie nun in die Frage gekleidet auf, wie Unterschiede, die Ausdruck und Ergebnis von Verschiedenartigkeit oder Vielgestaltigkeit sind, von Ungleichheiten, welche Bevorzugungen oder Benachteiligungen beinhalten oder generieren, getrennt werden können. Konkret hieß dies, zu fragen, welche Merkmale, Ressourcen und Strukturen soziale Unterschiede, aber keine Ungleichheiten hervorbringen oder zumindest nichts, was als Ungleichheit wahrgenommen wird: also die Frage, was der Vertikalen und was der Horizontalen zuzurechnen sei. Die Klassen- und Schichtanalysen beschränkten sich im Allgemeinen auf die Ungleichverteilung solcher Ressourcen und

Positionen, bei denen gesellschaftlicher Konsens bestand, dass diese ungerecht seien und Ungleichheiten verursachen.[14] Die neuere Sozialstrukturanalyse setzte früher an: Sie nahm die Unterscheidung in Ungleichheiten und Unterschiede mit in ihre Analyse auf.

Nicht alle Unterschiede werden als Ungleichheit wahrgenommen, manche nur in bestimmten Kontexten und zu bestimmten Zeiten. Menschen unterscheiden sich hinsichtlich Alter, Geschlecht und Aussehen, körperlicher und mentaler Gesundheit, ihrer intellektuellen Fähigkeit und in vielen anderen Merkmalen. Nur bestimmte Merkmale und Ressourcen gelten jedoch als ungleichheitsträchtig. Sie als solche zu identifizieren setzt voraus, die jeweils mit ihnen verbundenen Ungleichheitsrelationen aufzuzeigen – also zu demonstrieren, dass eine ungleiche Verteilung mit Vor- oder Nachteilen verknüpft ist. Geschlecht wird von einem Unterschied erst dadurch zu einer Ungleichheit, wenn sich daran soziale Bewertungen anschließen, die sich günstig oder ungünstig auf andere, und zwar auf ungleichheitsgenerierende Lebensbereiche wie Beruf, Bildung und Gesundheit auswirken. Gibt es derartige Folgewirkungen nicht, dann handelt es sich um Unterschiede beispielsweise im Auftreten und Aussehen und nicht um Ungleichheiten.

Falls jedoch Folgewirkungen existieren, diese aber nicht gesellschaftlich wahrgenommen werden, so sind diese Verschiedenartigkeiten trotzdem als Ungleichheiten wirksam. Sie können als latente Ungleichheiten bezeichnet werden. Dies trifft etwa für die Mehrzahl der so genannten neuen Ungleichheiten zu, die seit längerem existieren, die aber nicht als ungleichheitsrelevant wahrgenommen wurden, z.B. Alter, Familiengröße, Lebensform.

Die gesellschaftliche Verstrickung der Ungleichheitssoziologie besteht in diesem Fall darin, dass sie auf die gesellschaftliche Aufmerksamkeit gegenüber der ungleichheitsgenerierenden Wirkung von Unterschieden angewiesen sein kann. Bleiben wir beim Beispiel der Geschlechtsunterschiede. In vielen Schichtuntersuchungen fand das Geschlecht als ungleichheitsrelevantes Merkmal keine Beachtung. Es war die gestiegene gesellschaftliche Aufmerksamkeit gegenüber geschlechtsspezifischen Benachteiligungen, die die Ungleichheitssoziologie veranlasste, diesen Unterschied als Ungleichheit einzustufen. Die neuere Sozialstrukturanalyse griff häufig auf das gesellschaftliche Vorverständnis von Unterschieden und Ungleichheiten zurück und entwickelte selten eigenständige Krite-

---

14   Dies stimmt nicht für solche Ungleichheitstheorien, die soziale Schichten funktionalistisch interpretieren. Funktionalistische Ungleichheitstheorien betrachten soziale Schichten nicht als Ergebnis von Macht- und Herrschaftsprozessen: Sie entstehen daraus, dass knappe Ressourcen nicht gleich verteilt werden können. Dies wiederum spornt die Individuen an, durch Leistung möglichst viele der knappen Ressourcen zu erwerben. Soziale Ungleichheiten, die durch Leistungsdifferenzen entstehen, werden im Allgemeinen als gerecht und legitim angesehen.

rien, diese zu differenzieren. Damit blieb aber auch sie dem gesellschaftlichen
Gerechtigkeitsdiskurs verfangen, wenn auch weniger offensichtlich.

Fassen wir zusammen: Die gesellschaftlichen Vorstellungen von Gerechtigkeit „dirigieren" zumeist im Hintergrund die wissenschaftliche Aufmerksamkeit.
Damit baut die Forschung oftmals, wenn auch sehr vermittelt, auf unhinterfragten Ergebnissen gesellschaftlicher Auseinandersetzungen über soziale Ungleichheit auf, die zu analysieren ihre originäre Aufgabe wäre.

(2)   Die gesellschaftliche ebenso wie die soziologische Aufmerksamkeit gegenüber Ungleichheiten stellt sich nicht automatisch ein.
Zweifellos waren gesellschaftliche Veränderungen wie z.B. die so genannte
„Pluralisierung der Lebensstile" und damit verbunden der Aufschwung der Milieu- und Lebensstilstudien Auslöser dafür, neue Dimensionen sozialer Ungleichheit zu entdecken und empirisch zu erheben. Andererseits handelte es sich,
wenn die Geschichte der Soziologie nicht völlig aus den Augen gerät, selten um
eine Neuentdeckung und stattdessen häufig um eine Wiederentdeckung. Manche
sprechen von „soziologischen Versäumnissen". Und Michael Vester meint: „Das
Neue an ihnen (den neuen Dimensionen sozialer Ungleichheit, E.B.) ist, dass sie
erst in jüngster Zeit als gesellschaftlich und politisch relevante Probleme allgemein wirksam geworden sind." (Vester 1997, S. 165) Die Aufmerksamkeit gegenüber Ungleichheitsformen ist nicht automatisch vorhanden; sie muss erzeugt
werden. Es bedarf eines Impulses, dass übersehene oder wenig beachtete Benachteiligungen ins Zentrum rücken, untersucht und gegebenenfalls skandalisiert
werden. Dies gilt sowohl für die gesellschaftliche Wahrnehmung als auch für die
wissenschaftliche Erfassung.

Manchmal klafft zwischen beiden nur eine zeitliche Lücke, d.h. sozialstrukturelle Entwicklungen werden zeitlich verzögert wahrgenommen. Die Wahrnehmungs- und Bewertungsschemata aktualisieren frühere sozialstrukturelle Erfahrungen und Erwartungen, die an gegenwärtige und zukünftige gesellschaftliche
Entwicklungen oftmals nicht anschlussfähig sind. Dies hat mehrere Ursachen.
Einige sind bereits benannt worden. So begünstigen biographische und generationelle Erfahrungen eine gewohnheitsmäßige Wahrnehmung und lassen gegenüber neuen Ereignissen eine gewisse Unaufmerksamkeit entstehen. Es wird weiterhin in den eingeführten Kategorien und Klassifikationen gedacht und gesprochen, auch wenn diese nicht mehr geeignet sind, die realen Veränderungen angemessen wiederzugeben. So ist beispielsweise in der gegenwärtigen amtlichen
Statistik zur Erwerbstätigkeit die größte Gruppe mit beinahe 40 Prozent – nach
Wirtschaftsbereichen differenziert – der Sparte der „sonstigen Dienstleistungen"
zugeordnet. In der Sparte Landwirtschaft sind dagegen nur etwa sechs Prozent
anzutreffen. Dies zeigt, dass die amtliche Einteilung in Wirtschaftbereiche aus
der Zeit vor der Dienstleistungsgesellschaft stammt und ersichtlich noch nicht

einmal angemessen ist, um die Berufsstruktur der Industriegesellschaft zu erfassen (www.destatis.de vom 18.10.2002). Dem Wandel der Gesellschaft folgt somit keineswegs unmittelbar ein Wandel der kategorialen und klassifikatorischen Repräsentationen. Den Beharrungseffekt eingeführter, insbesondere institutionalisierter Kategorien und Klassifikationen kann man sowohl für die alltägliche Verständigung und Vergegenwärtigung der Sozialstruktur beobachten als auch für die ungleichheitssoziologische Erfassung.

Eine verspätete oder nachträgliche Wahrnehmung sozialstrukturellen Wandels ist zwar bedauerlich, aber kein grundsätzliches theoretisches Problem. Dagegen stellt die von Vester angesprochene Beobachtung, dass soziale Ungleichheiten und Unterschiede häufig erst dann die soziologische Aufmerksamkeitsschwelle erreichen, wenn sie zuvor die gesellschaftliche und politische Wahrnehmungsschwelle bereits überschritten haben, ein gravierendes „Erklärungsdefizit" dar. Es beinhaltet die Ungewissheit darüber, ob tatsächlich die markantesten ungleichheitsträchtigen Strukturen und Beziehungen dargestellt werden. Das Geschlechterverhältnis ist ein gutes Beispiel für die Entdeckung eines neuen Verhältnisses, das in Wahrheit ein altes ist. Aktuell gibt es sicherlich eine „Beobachtungslücke" bei der Benachteiligung von peripheren ländlichen Räumen, der Verteilung von Ungleichheiten zwischen den Generationen und den verschiedenen Haushalts- und Lebensformen.

Dies zeigt – ähnlich wie im vorangegangenen Punkt –, wie stark die Ungleichheitssoziologie auf die gesellschaftliche und politische Aufmerksamkeit in ihrer Analyse angewiesen ist. Es scheint beinahe so, dass in das Blickfeld der Soziologie Ungleichheitsformen erst dann geraten, wenn sie bereits kontrovers diskutiert werden, also die öffentliche Aufmerksamkeitsschwelle bereits überstiegen wurde. Dies bedeutet jedoch, dass die Betroffenen aus eigener Kraft oder durch Fürsprache bereits so viel Macht erlangt haben, dass sie ihre Benachteiligung öffentlich machen, für sie treffende und überzeugende Begriffe gefunden haben und einen Maßstab angeben können, der ihre Benachteiligung aus dem subjektiven Erleben herausholt, sie „objektiviert" und damit allgemein nachvollziehbar macht. Damit befinden sich die Betroffenen aber schon auf dem Weg, ihre Benachteilung zu skandalisieren und Instrumente zu ihrer Behebung zu fordern. Es ist ihnen möglich geworden, Unterschiede und Ungleichheiten als soziale Ungerechtigkeit öffentlich – gesellschaftlich wie politisch – anzuklagen. Man kann dies als Anfang betrachten, die Benachteiligung zu beenden.

Die Soziologie käme, falls sie ihre Aufgabe nicht nur im Nachvollziehen der Auseinandersetzungen über Ungleichheit sieht, sondern einen Diagnoseanspruch hat, zu spät. Wie es gelingen kann, diesen zeitdiagnostischen Anspruch zu realisieren und die Prognosefähigkeit zu verbessern, scheint zu wenig diskutiert.

(3) Ungleichheitssoziologie und Sozialstrukturanalyse greifen auf Vorverständnisse, Begriffe und Kategorien zurück, die Resultat gesellschaftlicher Klassifizierungsprozesse sind.

Ein alter Problembestand, der aus der Klassen- und Schichtanalyse bekannt ist und der ebenso bei der Lebensstilanalyse hervortrat, ist, dass viele soziologische Begriffe und Kategorien, mit denen jeder Einzelne sozialen Großgruppen zugeordnet wird, in sich die gesellschaftlichen Kontroversen über Höher- und Tieferbewertungen sowie Bevorzugungen und Benachteiligungen tragen – mit anderen Worten, dass sie in den Prozess der Herstellung und Legitimierung von Ungleichheit verstrickt sind. Damit ist eine ungleichheitssoziologisch bedeutungsvolle Eigenschaft von Begriffen und Kategorien angesprochen (Berger 1988/89). Sie dienen nicht nur dazu, soziale Wirklichkeit wahrzunehmen und zu bewerten, gleichermaßen motivieren sie zu sozialem Handeln und sind in Institutionen fest verankert. Genau daraus speist sich die Wirkungsmacht von Begriffen und Kategorien; sie sind Grundlage gesellschaftlicher Klassifizierungsprozesse und damit Teil des Ungleichheitsgeschehens, obwohl man meinen könnte, dass sie nicht mehr als das Produkt distanzierter Beobachtung sind. Besonders gilt dies für Klassifikationen, die staatliche Eingriffe reklamieren, etwa Armut oder die Festlegung „prekärer Lebensverhältnisse". Zu den umstrittensten Kategorien und Klassifikationen gehören ethnische und rassische Zugehörigkeiten.

Dem ungleichheitssoziologischen Bemühen um eine „Objektivierung" sozialer Wirklichkeit sind damit Grenzen gesetzt. Denn keineswegs kann die Ungleichheitssoziologie für sich in Anspruch nehmen, die gesellschaftlichen und politischen Auseinandersetzungen um Ungleichheit von einem neutralen Standpunkt aus zu beobachten, wenn sie dazu auf Begriffe und Kategorien zurückgreift, welche die von ihr Beobachteten im „Kampf um soziale Gleichheit und Gerechtigkeit" verwenden. Tut sie dies trotzdem, ohne sich zu vergegenwärtigen, wessen „sprachliche Waffen" sie nutzt, dann sind ihre „Objektivierungen" auf das Engste mit der Art und Weise der Herstellung und Rechtfertigung sozialer Ungleichheit verstrickt. Dies geschieht selten so offen wie in der Klassentheorie, deren ausdrückliche Absicht es ist, den Standpunkt der Beherrschten einzunehmen und für deren Interessen einzutreten. Wäre dies der Fall, dann würde es sich kaum um einen alten Problembestand handeln, denn diese Art der gesellschaftlichen Selbstpositionierung passiert nicht unbewusst und bleibt auch nicht im Verborgenen. Problematisch sind die unreflektierten Bezüge auf vorgefertigte Begriffe und Kategorien, die als Resultat gesellschaftlicher und politischer Auseinandersetzungen nicht erkannt, ungeprüft übernommen und als quasi neutrale bzw. objektive Darstellungen verwendet werden.

Bereits die Verwendung statistisch gebräuchlicher Unterscheidungen wie die in Arbeiter, Angestellte, Beamte und Selbstständige bedeutet, Klassifikationen zu nutzen, die Grundlage sozial- und rechtsstaatlicher Maßnahmen sind und deshalb soziale Gestaltungsmacht besitzen (Chenu 1994; Schultheiss 1996).[15] Noch stärker gilt dies für institutionalisierte Taxonomien und rechtliche Kategorien- und Klassifikationssysteme, etwa Bildungsabschlüsse, tarifrechtliche Begriffe und Unterscheidungen oder sozialrechtliche Termini. Werden sie in den empirischen Untersuchungen schlicht übernommen, wird der soziologische Blick in vorbestimmte Bahnen gelenkt. Zwar sind sie geeignet, nachzuzeichnen, mit welchen Differenzierungen staatliches Handeln legitimiert wird, aber eben nicht, die gesellschaftlichen Prozesse zu beobachten, die die Durchsetzung einer derartigen ungleichheitsgenerierenden und -verstärkenden Einteilung ermöglicht haben. Übernimmt die Ungleichheitssoziologie unreflektiert diese eingeführten Klassifikationen und macht sie zu den Ausgangskategorien ihrer Analyse, dann verbleibt sie in den durch die sozial- und rechtsstaatlichen Entscheidungen vorausgelegten Denk- und Argumentationsmustern. Dies heißt im Fall der obigen Einteilung, ein vermeintliches Berufsethos als Unterscheidungsmerkmal höher als die realen Einkommensunterschiede und Arbeitsbelastungen zu beurteilen. Denn die Arbeitssituationen der unteren Arbeiter, Angestellten und Beamten haben oftmals wesentlich mehr gemeinsam, als dies für die unteren und höheren Beamten, den Sachbearbeiter im Sozialamt und den Staatssekretär zutrifft. Werden die eingeführten Klassifikationen jedoch von der Ungleichheitssoziologie einfach fortgeschrieben, dann ignoriert sie ihre Aufgabe, die Macht von Klassifikationen zu analysieren, die doch ein zentrales Thema der Ungleichheitssoziologie sein sollte.

Die Crux, dass Kategorien nicht nur die sinnlichen Wahrnehmungen der Wirklichkeit begrifflich systematisieren, sondern auch an deren Herstellung beteiligt sind, kann die Ungleichheitssoziologie nur begrenzt aufbrechen. Diese Schwierigkeit besteht aber keineswegs nur für die Soziologie, weil es sich um ein grundlegendes erkenntnistheoretisches Problem handelt. Man könnte geradezu beliebig jedes Werk der europäischen Philosophie auswählen und würde mit Sicherheit Ausführungen zu diesem Problem finden.[16] Aber auch alle großen soziologischen Theoretiker haben sich damit beschäftigt. Bleiben wir bei einem Soziologen und schauen uns an, wie Georg Simmel dieses erkenntnistheoretische Problem ausgedrückt hat. Dies hat den Vorzug, es gleich soziologisch und nicht philosophisch formuliert zu bekommen: Den Übersetzungsschritt von der Philosophie zur Soziologie kann man sich damit sparen. In den ersten Passagen von „Soziologie" legt Simmel die erkenntnistheoretischen Grundlagen dieser Wissenschaft dar. Dort schreibt er: „Welcher Bezirk des äußerlich-anschaulichen Seins zu einer Einheit zusammenzufassen ist, das ergibt sich nicht aus seinem

---

15 Für sie gelten beispielsweise unterschiedliche Sozialversicherungssysteme, andere Einkommenstarife und Aufstiegschancen.
16 Einen Überblick über die Erkenntnistheorie im 20. Jahrhundert gibt Schneider (1998).

unmittelbaren und schlechthin objektiven Inhalt, sondern wird durch die Kategorien des Subjekts und von seinen Erkenntnisbedürfnissen her bestimmt." (Simmel 1992, S. 44) Was wir also unter einer Kategorie zusammenfassen, welche beruflichen Tätigkeiten und Arbeitsverhältnisse wir der Gruppe der Arbeiter, welche wir den Angestellten und Beamten zurechnen, dies mag sich zwar auf etwas „Zugrundeliegendes" (Aristoteles) beziehen, aber die soziale Wirklichkeit als Ausgangspunkt unserer Klassifizierungsanstrengungen wird durch diese Kategorien mitgeprägt. Bevor wir die Kategorien „Arbeiter" und „Angestellte" nicht entwickelt haben, wird das den vielen Tätigkeiten Gemeinsame und sie Unterscheidende nicht als Teil der Wirklichkeit wahrgenommen und zu einer Einheit zusammengefasst. Erst durch die Klassifikation nach begrifflich festgelegten Unterscheidungsmerkmalen lassen sich Gruppen mit gemeinsamen Eigenschaften fixieren.[17] Lassen wir diesen erkenntnistheoretischen Problembereich bis auf den Punkt auf sich beruhen, den auch Simmel betont: das Beteiligtsein des „Erkenntnisbedürfnisses" bei der Wahrnehmung der sozialen Wirklichkeit. In der heutigen Soziologie wird im Allgemeinen nicht mehr von „Erkenntnisbedürfnis" gesprochen, sondern ein „Erkenntnisinteresse" (Habermas) unterstellt, durch das die „wissenschaftliche Objektivierung" in bestimmte Bahnen gelenkt wird.

Es gibt eine Reihe von Vorschlägen, wie es der Soziologie insgesamt und der Ungleichheitssoziologie im Speziellen gelingen kann, die Crux aufzubrechen, dass ihre Kategorien und Klassifikationen an den Prozessen der Herstellung und Rechtfertigung von sozialer Ungleichheit beteiligt sind. Beispielsweise verlangt Pierre Bourdieu, „alle Formen der Objektivierung zu objektivieren", um nicht den interessengeleiteten Sichtweisen einzelner kollektiver Akteure aufzusitzen (Bourdieu 1993a, S. 57ff.). Reinhard Kreckel schlägt vor, die Kategorien und Klassifikationen als „Abstraktion der Abstraktion" zu begreifen und als Teil des Ungleichheitsgeschehens aufzufassen (Kreckel 1992). Dies klingt nicht nur ähnlich, sondern meint im Prinzip auch dasselbe. Knapp gefasst handelt es sich darum, dass die Ungleichheitssoziologie jene Begriffe und Kategorien, mit denen sich die Akteure über soziale Ungleichheit verständigen und die sie zur Veranschaulichung und Erklärung einsetzen, auf die darin enthaltene Perspektive – sozusagen auf das darin implizierte Interesse – hin zu untersuchen hat. In diesen Prüfprozess sind auch die in Institutionen verankerten Kategorien und Klassifikationen einzubeziehen, weil sie mit besonderer sozialer Gestaltungsmacht und Legitimität – symbolischem Kapital – ausgestattet sind. Dazu gehören etablierte Berufshierarchien, Bildungstitel, Prestigeskalen etc. Werden aus den darin inbegriffenen Einteilungen die Abstufungen für die sozialstrukturelle Zuordnung

---

17 Die Zusammenfassung der Wirklichkeit unter Kategorien bedeutet ihre Fixierung, weshalb durch die Kategorien ein gewisses Beharrungsvermögen in die Welt kommt.

gewonnen, dann bedeutet dies mehr oder weniger, die Instrumente der Herstellung und Rechtfertigung von Ungleichheiten zu verdoppeln. Dieser Schritt bleibt sehr nahe an der Ungleichheitsgenerierung und -begründung. Mittels der „Objektivierung der Objektivierung" bzw. der „Abstraktion der Abstraktion" soll ein Schritt weiter gegangen werden, um gegenüber dem Ungleichheitsgeschehen eine größere Distanz zu entwickeln und um sich aus der gesellschaftlichen Verstrickung ein wenig mehr zu lösen. Dazu werden die Instrumente der gesellschaftlichen Verständigung über und Legitimierung von Ungleichheiten, selbstverständlich auch in ihrer institutionalisierten Form, selbst zum Gegenstand der Analyse gemacht.

Aber auch dieser Weg ist nicht ohne Probleme. Denn wenn alle sprachlichen Repräsentationen sozialer Ungleichheit daraufhin untersucht werden, wie sie in das Phänomen involviert sind, dann stellt sich die Frage, welche Ungleichheitssemantik aus dieser Analyse herausgenommen und welche zur Untersuchung der Sozialstruktur – wenn man so will: der „dinglichen" Form sozialer Benachteiligung und Begünstigung – eingesetzt werden kann. Mit anderen Worten: Die „Objektivierung der Objektivierung" kann man immer weiter treiben und wird dabei dem sozialen Gehalt der Semantiken auf die Spur kommen, aber dies führt von den „harten Fakten" der Ungleichheit immer weiter weg und man steht in der Gefahr, das Ganze auf seinen Repräsentationscharakter hin zuzuspitzen und zu reduzieren. Somit hat die Ungleichheitssoziologie einen Weg zu finden, bei dem beides seinen Platz hat: die Analyse der Semantiken hinsichtlich ihrem ungleichheitsgenerierenden und -legitimierenden Gehalt und die statistische Analyse, die zum Teil auf eingeführte Kategorien und Klassifikationen, die ja nicht ohne Realitätsgehalt sind, zurückgreift und damit in der Lage ist, die Strukturprinzipien aufzuzeigen.

(4)   Das Verhältnis zwischen den „objektiven" Lebensbedingungen und „subjektiven" Lebensweisen ist unklar.
Die Ungleichheitssoziologie zielt darauf, zu erklären, ob eine und welche Beziehung zwischen den „objektiven" Lebensbedingungen – ganz allgemein als sozioökonomische Lage verstanden – und den „subjektiven" Lebensweisen besteht, worunter theorieabhängig Alltagspraktiken, Wahrnehmungs- und Denkweisen, Klassenbewusstsein oder schichttypische Verhaltens- und Handlungsweisen zusammengefasst werden. Die Klassentheorie, die Schichtanalyse und ebenso das Habituskonzept behaupten eine gewisse Abstimmung zwischen beiden Seiten. Wie diese zustande kommt und wie stark sie ausgeprägt ist, darauf geben die Ungleichheitstheorien jedoch unterschiedliche Antworten. Rufen wir uns einige beispielhaft ins Gedächtnis.

„Es ist nicht das Bewusstsein der Menschen, das ihr Sein, sondern umgekehrt ihr gesellschaftliches Sein, das ihr Bewusstsein bestimmt." (Marx 1981, S.

9) Auf dieser Prämisse basiert Marx' Klassentheorie. Die Abgestimmtheit zwischen der „objektiven" Lage und der Art, wie Menschen auf diese reagieren, ihr gemäß handeln und wie sie ihr gesellschaftliches Sein reflektieren, begriff Marx als ein weitgehend vorbestimmtes Verhältnis. Zwischen Sein und Bewusstsein, das sagt das Zitat deutlich, herrscht ein eindeutiges und einseitiges Bestimmungsverhältnis. Diese klare Bestimmung hat die Ungleichheitssoziologie in ihren weiteren Entwicklungsschritten immer wieder als theoretische, aber noch viel stärker als empirische Herausforderung aufgefasst und sich daran abgearbeitet. Denn selten konnte die enge und einseitige Abstimmung zwischen „objektiven" Lebensbedingungen, „subjektiver" Lebensweise, Mentalitäten sowie Lebens- und Weltanschauungen empirisch nachgewiesen werden. Trotzdem ging von der Gedankenkraft der Klassentheorie von Marx eine hohe Faszination und lebensweltliche Deutungsmacht aus.

Max Weber sah eine „gewisse Wahrscheinlichkeit", dass aus einer gemeinsamen Klassenlage, verstanden als ähnliche Lebenschancen, ein Klasseninteresse entsteht, welches auf subjektiv gefühlter Gemeinsamkeit beruht. Allerdings sei dies keineswegs eine universelle Erscheinung, sondern nur empirisch beobachtbar. Bereits damit setzt sich Weber von Marx ab (siehe Weber 1980, S. 177-180), noch grundsätzlicher jedoch dadurch, dass er neben der Klassenlage ein zweites Vergesellschaftungsprinzip stellt: die ständische Lage. Diese umfasst die Art der Lebensführung oder die negative Privilegierung in der sozialen Schätzung, die Erziehungsweise und verschiedene Prestigeformen. Die ständische Lage kann, muss aber nicht an der Klassenlage anknüpfen. „Aber sie ist nicht durch sie allein bestimmt." Und umgekehrt kann die ständische Lage eine „Klassenlage mit- oder sogar allein bedingen, ohne jedoch mit ihr identisch zu sein" (Weber 1980, S. 180). So ist die Lebensführungsart von „Neureichen" von ihrer Klassenlage – dem schnellen Erwerb von Reichtum – bestimmt und nicht Ergebnis eines lang andauernden Erziehungsprozesses. Umgekehrt hängt der verarmte Adel einem Lebensstil an, der seine finanziellen Möglichkeiten weit übersteigt. Weber wollte somit das Verhältnis von „subjektiven" und „objektiven" Elementen nicht als eindeutig aufeinander abgestimmt und von einer Richtung her zu erklären sehen.

Die Schichttheorie, sieht man ihren Entwicklungsweg von Theodor Geiger her, will die Frage nach der Abgestimmtheit von objektiven Merkmalen und subjektiven Elementen nicht mehr primär theoretisch erklären, sondern eine empirische Zuordnung entlang wahrnehmbarer Unterscheidungsmerkmale vornehmen. Das Verhältnis beider zueinander ist das einer typischen, statistisch nachweisbaren Entsprechung. Geiger spricht von einem „Deckungsverhältnis" zwischen sozialer Lage, im Wesentlichen eine Unterscheidung nach wirtschaftlichen Merkmalen, und Mentalität, der seelisch-geistigen Disposition und Haltung der Individuen. Der Grad des Deckungsverhältnisses – eine statistische Größe –

kann jedoch stark variieren. Damit nahm Geiger wie die Mehrzahl der ihm nachfolgenden Schichttheoretiker an, dass es eine „unmittelbare Prägung des Menschen durch seine Lebenswelt und die von ihr ausstrahlenden, an ihr gemachten
Lebenserfahrungen" gibt (Geiger 1932, S. 77). Üblicherweise wurde dieser Zusammenhang mit dem Begriff der schichttypischen Sozialisation bezeichnet. Die
Vermittlung zwischen beiden Seiten wurde selten theoretisch hergeleitet, allein
von der großen empirischen Stimmigkeit ging eine hohe Überzeugungskraft
aus.[18] Auch die Statusuntersuchungen, die die objektiven Lebensbedingungen
meist auf die Triade Einkommen, Bildung und Beruf verkürzten, interpretierten
die Beziehung zu der subjektiven Lebensweise, den Alltagspraktiken und den
Einstellungen ähnlich. Die Beziehung zu den wahrscheinlichen Lebens- und
Weltanschauungen, zu Gruppenbildungsprozessen, politischen Konfliktlinien
und Ideologien galt als wesentlich lockerer geknüpft.

Die neueren Sozialstrukturanalysen, die Milieu- und Lebensstilstudien, trie-
ben Geigers These von einer „typischen Entsprechung" und einem „Deckungsverhältnis" von sozioökonomischer Lage, Mentalität und Ideologie weiter voran.
Insgesamt wurde der soziokulturellen und subjektiven Seite der Sozialstruktur
mehr Eigenständigkeit und Eigenwert beigemessen. Ein Teil der neueren Sozialstrukturanalyse knüpfte dabei wieder an Webers These an, dass es sich bei den
objektiven Lebensbedingungen und der Art, wie Menschen ihr Leben führen, um
zwei eigenständige Vergesellschaftungspinzipien handeln würde, die allerdings
in einem sehr engen Wahlverwandtschaftsverhältnis stehen. Manche sahen das
Vorhandensein von zwei Prinzipien – ganz anders als Weber – jedoch als Ergebnis eines historischen Prozesses, sprich des sozialen Wandels der letzten Jahrzehnte an.[19] Um diesen Prozess markant zu charakterisieren und ihre Analyse
von den Schichtansätzen zu distanzieren, sprachen sie von Entstrukturierungs-
prozessen: der zunehmenden Entfernung des subjektiven Lebensstils von den
objektiven Lebensbedingungen. Einige behaupteten gar eine weitgehende Entkopplung von Lebensbedingungen und Alltagspraktiken und Einstellungen,
sprich dass letztere eine eigenständige Vergesellschaftungsebene, ein eigenständiges Integrationsniveau bilden (z.B. Michalow 1994; Hitzler 1994).

Bezogen auf Lebensstile würde dies bedeuten, dass die soziale Zuordnung
zu Lebensstilen tatsächlich nur nach subjektiven, im Wesentlichen kulturellen
Kriterien erfolgt und Strukturdaten unerheblich sind. Nun hat Peter A. Berger
gezeigt, dass die meisten Lebensstilstudien auf die Frage, wie die Lebensstile

---

18 Bourdieu versucht in seinem Habituskonzept die Homologie zwischen beiden Seiten theore-
     tisch zu begründen; siehe Kapitel 5.
19 Weber konzipierte dies dagegen theoretisch; für ihn tritt zu den Marktungleichgewichten, die
     die Klassenlage begründen, das Prinzip der ständischen Gliederung stets hinzu. Welches Ver-
     gesellschaftungsprinzip dominiert, ist eine historisch-empirische Frage.

sozialstrukturell zugeordnet werden können, folgende Kriterien nennen: Bildung, Geschlecht, Alter und Beruf. Dies sind allerdings konventionelle Merkmale der Schichtanalyse, weshalb nachzufragen ist, ob Lebensstile nicht als „Sekundärphänomene" der Schichtanalyse anzusehen sind (Berger 1994). Das Resümee lautet deshalb: Beim Verhältnis zwischen den Bedingungen (Strukturen) und der Ausgestaltung des strukturell begrenzten Handlungsspielraums sind viele Fragen offen und es sind weitgehend dieselben, die Geiger schon in den 1930er Jahren im Blick hatte. Wie das Verhältnis zwischen den als objektiv angesehenen Lebens- und Handlungsbedingungen und der als subjektiv betrachteten Alltagspraxis, Mentalität und den Lebens- und Weltdeutungen theoretisch zu fassen ist, wurde durch die neuere Sozialstrukturanalyse kaum deutlicher. Vielmehr könnte man dieser vorwerfen, dass sie eher die Unübersichtlichkeit vergrößert denn dazu beigetragen hat, diese aufzuhellen.

Es handelt sich deshalb um neue-alte Fragen: Stehen beide Seiten in einer soziologisch verallgemeinerbaren Weise in Verbindung und, wenn ja, wie und in welcher Wirkungsrichtung? Wenn es „zwischen Sein und Bewußtsein", so ein Buchtitel von Stefan Hradil (1992), eine Homologie gibt, wie kommt diese zustande? Inwieweit wirken subjektive Elemente, beispielsweise Orientierungsideen, auf die Lebens- und Handlungsbedingungen zurück? Die letzte Frage leitet über zu einem weiteren Aspekt.

(5) Kultur: Sinnbedürftigkeit und ideelle Orientierung oder symbolische Repräsentation sozialer Ungleichheiten

Keine andere Teilsoziologie hat die Ungleichheitssoziologie in den 1980er und 1990er Jahren so stark beeinflusst und teilweise umorientiert wie die Kultursoziologie.[20] Dies geschah mit der Absicht, die kultursoziologische Forschung mit der ungleichheitssoziologischen Fragestellung zu verbinden. Die Begründung dafür war, dass Kultur – beispielsweise in der Form von Lebensstil und Bildung – in modernen Gesellschaften zu einer Ungleichheitsdimension geworden ist. Um darauf angemessen zu reagieren, sollte die Kultursoziologie ihren Forschungsschwerpunkt verlagern: von den kulturellen Ideen hin zu den Alltagspraktiken und -ästhetiken (vgl. Müller 1989, 1994).

Zwar erlangte damit die Kultursoziologie eine größere Aufmerksamkeit, aber gleichzeitig hatte dies zur Folge, dass typische theoretische Problembereiche der Ungleichheitssoziologie nun auch hier auftraten. Dies traf speziell für den hier vorgestellten zu, also die Abstimmung bzw. Vermittlung von sozioökonomischen Bedingungen mit Alltagspraktiken und -ästhetiken, wenn man so will, der kulturellen Seite des sozialen Lebens. In Fragen übersetzt stellt sich

---

20   Deutlich zeigt sich diese Umorientierung im Untertitel von Gerhard Schulzes „Erlebnisgesellschaft", der „Kultursoziologie der Gegenwart" lautet (Schulze 1992).

dieser theoretische Problembereich so dar: Sind die kulturellen Anteile der Alltagspraktiken auf die sozioökonomischen Lebensbedingungen und Interessen oder auf kulturelle Ideen und Wertorientierungen zu beziehen? Oder aber sind sie im Spannungsbogen von Ideen und Interessen angesiedelt und insofern weder der „objektiven" noch der „subjektiven" Seite eindeutig zurechenbar? Bildet die in den Alltagspraktiken und -ästhetiken enthaltene Kulturalität eine intervenierende oder eine unabhängige und insofern erklärende Variable mit eigenständiger Prägekraft?

Die kultursoziologische Öffnung gegenüber ungleichheitssoziologischen Forschungsinteressen wurde wesentlich durch die Rezeption von Pierre Bourdieus Studie „Die feinen Unterschiede" (Bourdieu 1984) angestoßen. Aber auch die bundesdeutschen Thesen von der Pluralisierung und Individualisierung der Lebensformen haben einiges dazu beigetragen, dass Kultur verstärkt als Ungleichheitsdimension analysiert wurde. Die zunehmende kulturelle Stilisierung aller Lebensgebiete galt und gilt als Indiz dafür, dass seit einigen Jahren soziale Unterschiede immer weniger nur ökonomisch und stattdessen vermehrt auch kulturell hergestellt werden. Dies ist der Grund dafür, dass kulturellen Aspekten innerhalb der Sozialstrukturanalyse, insbesondere unter dem Signet Lebensstil, eine größere Aufmerksamkeit gewidmet wird. Damit wird Kultur vermehrt unter dem Aspekt der Produktion und Reproduktion von Ungleichheitsstrukturen betrachtet – also als ungleichheitsgenerierende und -verstärkende Dimension.[21]

Für die Kultursoziologie war dies eine ungewohnte Blickrichtung, zumindest in ihrer klassischen Variante, für welche beispielsweise die Namen Georg Simmel, Max Weber und Alfred Weber stehen.[22] Denn üblicherweise untersuchte diese kulturelle Phänomene aus einem entgegengesetzten Blickwinkel: nämlich die sozialen Wirkungen, die kulturelle Ideen entfalten können.

In den 1980er Jahren hat Rainer M. Lepsius die Programmatik der klassischen Kultursoziologie nochmals pointiert: Die Aufgabe der Kultursoziologie bestehe darin, „die Logik der Handlungsstruktur und die Logik der Sinnkonstruktion auf das Verhalten von Menschen zu beziehen" (Lepsius 1990, S. 31). Das klingt kompliziert. Mit Sinnkonstruktion waren jene kulturellen Ideen gemeint, die das metaphysische Bedürfnis der Menschen nach Sinn – ihre Sinnbedürftigkeit – befriedigen. Damit ist die tiefe anthropologische Verankerung der so genannten klassischen Kultursoziologie angesprochen, die den Ausgangspunkt der kultursoziologischen Forschung bildete. Am klarsten hat ihn wahr-

---

21 Kultur würde nicht mehr als „abgehobene Wertsphäre" verstanden oder in den „abstrakten Wertehimmel" gehoben, sondern sei in der „menschlichen Praxis" angekommen (Müller 1994, S. 67).

22 Müller stellte der klassischen die neuere Kultursoziologie gegenüber und parallelisierte so die Entwicklungen von Kultur- und Ungleichheitssoziologie (Müller 1994).

scheinlich Max Weber in seiner Religionssoziologie, die er als Teil der Kultursoziologie begriff, gekennzeichnet: Es sei eine „echt menschliche" Forderung,
„daß das Weltgefüge in seiner Gesamtheit ein irgendwie sinnvoller 'Kosmos' sei
oder: werden könne und solle" (Weber 1988, S. 253). In eine Frage übersetzt
lautet dieses kultursoziologische Programm: „Inwieweit lassen sich bestimmte
Elemente des sozialen Verhaltens und Handelns und seiner Organisation auf die
Eigenart bestimmter Ideen zurückführen?" (Lepsius 1990, S. 33). Die Ideen, die
die Kultur einer Zeit bestimmen, waren somit der Ausgangspunkt der klassischen
Kultursoziologie. Sie galt es zu identifizieren und ihre sozialen Konsequenzen zu
rekonstruieren.

Ungleichheitsrelevant – teilweise generierend, teilweise legitimierend –
werden kulturelle Ideen nach der klassischen kultursoziologischen Konzeption,
wenn sie zur sozialen Differenzierung eingesetzt werden, beispielsweise distink-
tiv oder in sozialen Schließungsprozessen. Dann reicht ihre Wirkungsmacht über
das Gebiet hinaus, auf welchem sie ursprünglich Gültigkeit reklamierten, weil
ihre Geltungsansprüche nun auch in anderen Bereichen verankert werden. Veranschaulichen wir uns diesen abstrakten theoretischen Gedanken beispielhaft:
Wenn die ästhetische Idee der „Neuen Sachlichkeit" die Sphäre der „reinen
Kunst" verlässt und in vielfältigen Variationen in den Alltag eindringt, indem
beispielsweise die Inneneinrichtung nach den Ideen der „Neuen Sachlichkeit"
gestaltet wird, dann kann das Festhalten bestimmter sozialer Kreise an antiken
Möbeln als Beleg für einen tradierten Lebensstil gewertet werden. Das kann,
wenn man einer am Zeitgeist orientierten Berufstätigkeit nachgeht, sogar mit
beruflichen Nachteilen verbunden sein. Bei routinisierten und habitualisierten –
also veralltäglichten – kulturellen Ideen besteht eine Brücke zwischen den Forschungsinteressen der klassischen und neueren Kultursoziologie.

Der Ansatz der neueren Kultursoziologie ist ein anderer. Sie interessiert
sich weniger für Kultur als eigenständige Wertsphäre, die von Ideen – Sinndeutungen – bestimmt wird, sondern nur für die Bereiche von Kultur, die Teil des
Ungleichheitsgeschehens sind. So hat beispielsweise Bourdieu verschiedenste
Gebrauchsweisen von Kunst und Kultur wie z.B. Essen und Trinken, Kleidung,
Vorlieben in Musik, Malerei und Kino untersucht und die Vielgestaltigkeit der
kulturellen Praktiken auf den sozial geprägten Geschmack zurückgeführt – also
nicht auf kulturelle Ideen.[23] Sinnbedürftigkeit und -generierung finden hier keine
Berücksichtigung; ob ihnen überhaupt eine Bedeutung zuerkannt wird und wenn
ja welche, bleibt unbeantwortet.

Werfen wir noch einen kurzen Blick auf die deutschen Lebensstiluntersuchungen, weil sie sich häufig nicht auf Alltagspraktiken und -ästhetiken be-

---

23 Sie auf kulturelle Ideen zurückzuführen, identifiziert Bourdieu als eine soziale Strategie, kulturelle Praktiken mit symbolischem Kapital zu verknüpfen.

schränkten, wie Bourdieu es tat, sondern auch Lebens- und Wertorientierungen in ihr Forschungsprogramm aufnahmen und damit wesentlich enger an den Gegenstandsbereich der klassischen Kultursoziologie heranrückten. Beide, die Alltagspraktiken wie auch die „klassische Sinndimension", wurden mit den gleichen Methoden analysiert. Damit verschoben die Lebensstiluntersuchungen nicht nur die Perspektive von den Ideen zu den Praktiken, sondern hoben tendenziell die Unterscheidung zwischen Alltagspraktiken und Sinndeutungen auf. Bei den Lesern hinterließ dies oftmals das dumpfe Missbehagen, dass zwischen den alltäglichen Praktiken des Kleidungs-, Möbel- und Essstils etc. sowie den Fragen von Glück und Unglück, Leid und Freude doch irgendwie ein Unterschied zu machen und nicht beides gleichermaßen auf soziale Ungleichheit zu beziehen sei. Soweit einige Differenzen in der Gegenstandsbestimmung.

Ein weiterer Unterschied ergibt sich daraus, wie die vorne gestellte Frage nach dem Verhältnis von sozioökonomischen Lebensbedingungen und Alltagspraktiken und -ästhetiken gesehen wird. Auch hier finden sich die beiden elementaren Positionen wieder, die wir bereits bei der grundsätzlicheren Fassung der Abstimmung von „objektiven" Lebensbedingungen und „subjektiven" Lebensweisen kennen gelernt hatten. Auf der einen Seite sind Auffassungen zu finden, die Alltagspraktiken, -ästhetiken und sogar manche Alltagsethiken eng an die sozioökonomischen Bedingungen heranführen, wie beispielsweise Bourdieu in seinem Habituskonzept. Auf der anderen Seite gibt es Vertreter, die zeigen, dass es Bereiche gibt, in denen Kultur eigenständige Prägekraft besitzt, insbesondere in der so genannten Hochkultur (z.B. Lamont/Fournier 1992).

Diese Vertreter identifizieren die Kultivierung von Unterschieden als Schaffen symbolischer Grenzen, die auch Rückwirkungen auf das Ungleichheitsgeschehen haben, obwohl dies nicht ihr originäres Anliegen ist. Ein Beispiel: Das Erlernen und Einüben von Toleranz gegenüber fremden Kulturen dient vorderhand der Verwirklichung ethischer Ziele. Wenn aber bestimmte soziale Gruppen – zumeist machtschwache Gruppen – mit dem bloßen Verdacht kultureller Intoleranz belegt werden, dann kann dies soziale Benachteiligungen zur Folge haben.

Für beide Standpunkte – die klassische und die neuere Kultursoziologie – gibt es gute Gründe. Das Verhältnis beider Kulturbegriffe und kultursoziologischer Konzeptionen zueinander ist jedoch ungeklärt. Lassen sich kulturelle Bereiche bestimmen, in denen Kultur mehr oder weniger Abbild sozialer Differenzierung ist, und solche, in denen Kultur eine eigenständige Wirkungskraft entfaltet, die aber mit der Zeit, insbesondere durch Prozesse der Institutionalisierung, zunehmend an soziale Milieus gebunden werden?

(6) Die theoretisch entworfenen gesellschaftlichen Großgruppen wie Klassen, Schichten oder Milieus sind selten deckungsgleich mit den realen Gruppenerfahrungen.

Ein weiterer alter Problembestand, den die Ungleichheitssoziologie schon lange mit sich trägt, soll hier nicht unerwähnt bleiben: Zwischen den theoretisch entworfenen gesellschaftlichen Großgruppen, seien es Klassen, Schichten, Lagen, Milieus oder Lebensstile, und den Gruppenerfahrungen, die Menschen machen und durch die ihnen gesellschaftliche Identität vermittelt wird, besteht oft eine Kluft. Denn die sozialstrukturell herauspräparierten Positionen decken sich nicht unbedingt mit den Vorstellungen, die sich die Einzelnen und ebenso kollektive Akteure und Institutionen über ihre eigene soziale Stellung, aber auch vom Aufbau der Sozialstruktur insgesamt machen. Diese Kluft ist keineswegs immer negativ zu beurteilen. Im Gegenteil, im Laufe der Geschichte der Soziologie wurde sie oftmals positiv als soziologische Aufklärung gesehen.

Der Graben zwischen den ungleichheitstheoretischen und sozialstrukturanalytischen Darstellungen und den gesellschaftlich kommunizierten Bildern und Vorstellungen, die Grundlage von sozialem Handeln sind, ist mal breiter und mal schmaler. Wie weit er ist, hängt davon ab, ob die soziologisch verwendeten Differenzierungsachsen mit den alltagsweltlichen Verständigungen über die Art der sozialen Positionierung korrespondieren. Ein Beispiel: Strukturanalytisch kann es sinnvoll sein, eine eingeführte Berufshierarchie, die Verdienst und berufliche Qualifikation kombiniert, zu verwenden. Bei der Wahrnehmung ihrer eigenen beruflichen Situation durch die Betroffenen mögen jedoch andere Kriterien wichtiger sein. Für eine Gruppe ist die ökonomische Lage des Betriebs und das Verhältnis von „alten" Normalarbeitsverhältnissen zu „neuen" prekären Beschäftigungsverhältnissen entscheidend. Für die zweite Gruppe bestimmen dagegen Stress, Arbeitszeit und Aufstiegsmöglichkeiten die Beurteilung ihrer beruflichen Lage. Und eine dritte Gruppe wendet ganz andere Bewertungsmaßstäbe an.

Während die wissenschaftliche Betrachtung die beruflichen Situationen nach sehr abstrakten und deshalb allgemein anzutreffenden Strukturprinzipien differenziert, gewinnen die verschiedenen Gruppen, wenn sie ihre berufliche Situation beschreiben, die Kriterien dafür aus ihrer jeweiligen Perspektive. Die Folge ist, dass es eine empirisch offene Frage ist, ob es sich bei den nach allgemeinen Strukturprinzipien konstruierten Gruppen gleichzeitig auch um „'soziale' Klassen im Sinne realer sozialer Großgruppen handelt" (Kreckel 1992, S. 144). Davon leiten sich zwei Fragen ab: Wie ist die Kluft zwischen der wissenschaftlichen „Objektivierung" der Ungleichheitsverhältnisse und deren gesellschaftlicher Wahrnehmung zu beurteilen? Relativiert sie den Realitätsgehalt der ungleichheitstheoretischen und strukturanalytischen Beschreibung?

Es handelt sich, wie schon gesagt, um einen alten Problembestand, den bereits Marx angesprochen hat. So schrieb er im 18. Brumaire über die französischen Parzellenbauern: Insofern sie „unter Existenzbedingungen leben, die ihre Lebensweise, ihre Interessen und ihre Bildung von denen der anderen Klassen trennen und ihnen feindlich gegenüberstellen, bilden sie eine Klasse. Insofern ein nur lockerer Zusammenhang unter den Parzellenbauern besteht, die Diesselbigkeit ihrer Interessen keine Gemeinsamkeit, keine nationale Verbindung und keine politische Organisation unter ihnen erzeugt, bilden sie keine Klasse." (Marx 1972, S. 198) Im ersten Fall ist die Klasse eine wissenschaftlich konstruierte Kategorie. Im zweiten Fall wird Klasse als Erzeugungsprinzip aufgefasst, das ein Ensemble gemeinsamer Wahrnehmungen, Bewertungen und Handlungsweisen hervorbringt; wenn man so will, eine „reale Klasse", insofern sich die Gruppe in ein Kollektiv transformiert. Theodor Geiger hat die beiden Klassenbegriffe so unterschieden: Die nach wahrnehmbaren Unterscheidungsmerkmalen bestimmte und mittels statistischer Verfahren erfasste Menge repräsentiert eine „Klasse als Klassifikationstypus". „Klasse als Kollektiv" meint ein Sozialgebilde, das als „solches eine bestimmte Intention bezielt, ist Begriff einer spezifischen Ganzheit" (Geiger 1932, S. 2).

Auf welche Weise und unter welchen Bedingungen sich aus der „Klasse als Klassifikationstypus", aber auch aus den wissenschaftlich konstruierten Schichten und Milieus Kollektive transformieren, die sich als „spezifische Ganzheit" erkennen lassen, hat die Ungleichheitssoziologie immer wieder beschäftigt. Einige Soziologen haben theoretische Begründungen für die relative Deckungsgleichheit beider „Klassen- und Schichttypen" angegeben, beispielsweise Bourdieu mit seinem Habitusbegriff, andere, so Geiger und die Mehrzahl der Vertreter der Schichttheorie, halten dies für ein ausschließlich empirisches Phänomen, welches keineswegs theoretisch vorausgesetzt werden kann.[24] Unabhängig davon, ob man ein theoretisches Bindeglied zwischen beiden Gruppenbegriffen sieht oder dies ausschließlich für einen empirischen Zusammenhang hält, kann es hilfreich sein, zwei Arten von Sozialräumen anzunehmen: einen der „objektiven Positionen" und einen der typischen Mentalitäten, Gruppenerfahrungen und kulturellen Orientierungen. Beide Räume können mehr oder weniger deckungs-

---

24   Man könnte meinen, dass es sich bei der Abstimmung zwischen den theoretisch entworfenen Gruppen und den Gruppen, denen man sich selbst als zugehörig betrachtet, sowie der Abstimmung zwischen den „objektiven" Lebensbedingungen und den „subjektiven" Lebensweisen im Prinzip um das gleiche Problem handelt, welches nur auf verschiedenen Ebenen angesiedelt ist: im ersten Fall auf der gesellschaftlichen und im zweiten auf der subjektiven. Diese Annahme unterstellt jedoch, dass es nur *ein* Scharnier gibt, welches die Abstimmungsprozesse auf den verschiedensten Ebenen hervorbringt. Dies ließe sich kaum anders als mit einer „prästabilisierten Harmonie" (Leibniz) aller gesellschaftlichen und subjektiven Äußerungen begründen – nach der Devise: Jeder folgt seinen eigenen Vorstellungen und Möglichkeiten, und dennoch stimmt er mit den anderen überein, weil alle Phänomene von einem System zusammengehalten werden. Dies kann so sein, muss aber nicht. Einzig die Empirie kann über die Richtigkeit dieser Annahme entscheiden. Deshalb wurden hier die beiden Ebene auseinander gehalten.

gleich sein und in einem homologen Verhältnis zueinander stehen, was jeweils empirisch zu prüfen wäre.

Es gab schon in den Geburtsjahren der Soziologie Versuche, diese beiden Räume voneinander getrennt zu sehen. So hat Georg Simmel in seinem Kapitel „Der Arme" mit zwei Armutsbegriffen gearbeitet (Simmel 1992, S. 512-555). Unter Armut verstand Simmel erstens eine Abstraktion von den konkreten Erscheinungen, die Ergebnis von Objektivierungsprozessen ist. Die Klassifikation Armut drückt ein gesamtgesellschaftliches Verhältnis aus, welches durch die zentralen Strukturprinzipien entsteht. Mittels eines solchen Armutsbegriffs, der beispielsweise in der Definition von Einkommensarmut operationalisiert ist, lässt sich die „Gruppe der Armen" konstruieren, zusammengesetzt aus jenen, die just unter diesen Klassifikationstypus fallen.

Der zweite Armutsbegriff nimmt die Beobachtung auf, dass jedes Milieu und jede besondere Schicht typische Bedürfnisse besitzt, denen nicht zu genügen arm zu sein bedeutet. So gibt es auch „arme Wohlhabende", die absolut im Vergleich zu vielen in der Bevölkerung genügend, aber relativ gesehen – nämlich im Vergleich zu dem sozialen Milieu, dem sie sich zugehörig fühlen – wenig besitzen. Ein solches Armutsverständnis könnte man als subjektiven Armutsbegriff bezeichnen. Auch dieser Begriff ist fest in soziale Kontexte eingebunden, weil er sich an milieu- und schichttypischen Vorstellungen orientiert, weshalb er nicht individualistisch und biographisch zu interpretieren ist.

So existieren gruppenspezifische Wahrnehmungs-, Bewertungs- und Handlungsweisen, die sich nicht aus dem ersten – dem objektivierten – Armutsbegriff herleiten lassen, weil sie relational – im Blick auf jene, die sozial nahe sind, der gleichen Schicht oder dem gleichen Milieu entstammen – entstehen. Auf diese Weise konstituiert sich die „Gruppe der Armen", die sich als ein Ensemble begreifen wird.

Diese Herangehensweise kann man verallgemeinern, um einige Verknotungen dieses Problembestands aufzuschnüren. Dies würde heißen, stets mit zwei Arten von Sozialräumen zu operieren: einen, der aus den „objektiven Positionen" konstruiert wird, und einen, den die Subjekte selbst erzeugen, indem sie sich mittels ihrer Wahrnehmungs- und Handlungsmuster den Raum der Ungleichheitsrelationen erschaffen. Dem ersten Raum unterliegt ein substanzielles Verständnis von Ungleichheit, insofern hier die Verteilung der strukturbildenden materiellen und immateriellen Ressourcen das Ausgangsmaterial bildet, um sozialstrukturelle Positionen zuzuweisen. Die so konstruierten Gruppen sind, das hatten wir gesehen, nicht unbedingt äquivalent mit den Gruppenerfahrungen, aber, und dies sollte man nicht unterschätzen, diese Vorgehensweise ist ein Hilfsmittel, die Sozialstruktur auch und insbesondere in ihrer „dinglichen" Qualität aufzudecken. Der zweite Raum dagegen basiert auf einem relationalen Verständnis von Ungleichheit, d.h. dass Ungleichheit immer in Beziehung zu Anderen erlebt, erfahren und bewertet wird, und dies könnte die Ursache der Abstimmung der Lebensweise und -praktiken sein.

Ein Grundproblem der Ungleichheitssoziologie, das Marx, Weber, Geiger und alle nachfolgenden Soziologen beschäftigte, ist, ein Modell dafür zu finden, wie die Beziehung oder Wechselwirkung zwischen den sozialstrukturell konstruierten Gruppen und der Wahrnehmung und Erfahrung sozial bedingter Gruppenzusammenhänge zustande kommt und gegebenenfalls funktioniert. Auch wenn sich die Begriffe dafür, die Beziehung zu charakterisieren, wandeln – heute spricht man beispielsweise nicht mehr von „Wahlverwandtschaft" oder „typischer Entsprechung", sondern vermehrt von „Homologie" oder „Entkopplung" – die Varianten selbst sind gleich geblieben: Sie reichen von einer engen Wechselwirkung beider Räume bis hin zu ihrer weitgehenden Entkopplung. Für den ersten Fall steht beispielsweise Bourdieu, für den zweiten Teile der Lebensstilsoziologie. Man könnte daraus schließen, dass sich eine eindeutige Lösung für dieses Problem nicht finden lässt und mehr als eine stetige Reformulierung nicht möglich ist.

(7)   *Welche Differenzierungsachsen den sozialen Raum strukturieren, ist weder empirisch noch theoretisch geklärt.*

Mit dem Begriff Differenzierungsachse und den synonym verwendeten Termini Gliederungs-, Teilungs-, Struktur- oder Organisationsprinzip – die ersten beiden stammen von Pierre Bourdieu (z.B. 1985), der dritte und vierte Ausdruck werden von Reinhard Kreckel (z.B. 1991, 1998) bevorzugt – werden die Regularien bezeichnet, nach denen die gesellschaftliche Zuteilung von Ressourcen und sozialen Positionen erfolgt, also soziale Bevorzugungen und Benachteiligungen zugewiesen werden. Dabei wird davon ausgegangen, dass die vielfältigen konkreten Erscheinungen sozialer Ungleichheit auf einige grundlegende Differenzierungsachsen bzw. Strukturprinzipien zurückzuführen sind und weiterhin, dass diese Prinzipien für alle, zumindest alle bedeutsamen ungleichheitsträchtigen Güter und Positionen gleichermaßen gelten – umgekehrt betrachtet, dass unabhängig davon, wo jemand sozialstrukturell angesiedelt ist, es immer die gleichen Achsen sind, die ihn genau an diese Position gebracht haben. Alltagssprachlich formuliert: Die Ungleichheit wird nicht zufällig oder beliebig erzeugt, sondern dem Ganzen liegt eine Systematik zugrunde. Dieses zu erkennen ist Aufgabe der Theorien sozialer Ungleichheit. Deshalb hängt deren Erklärungs- und Überzeugungskraft wesentlich davon ab, ob es ihnen gelingt, die vielfältigen Erscheinungsformen von sozialen Unterschieden und Benachteiligungen auf eine überschaubare Anzahl von Gliederungsprinzipien zurückzuführen, um so die Art der Strukturierung sozialer Ungleichheit durchschaubar zu machen.

Wahrscheinlich ging von der Marxschen Klassentheorie u.a. deshalb eine so große Faszination aus, weil sie die verschiedensten Erscheinungsweisen von Ungleichheit mit nur einem Strukturprinzip erklärte: der Stellung im Produktions-prozess. Max Weber führte bereits drei Achsen ein: Marktungleichgewichte, welche die Klassenlage festlegen, die ständische Gliederung (Lebensführungs-art), welche die Macht, auf die soziale Ordnung einzuwirken, begründet, und drittens die politische Machtverteilung, die Teilnahme- und Einflusschancen reglementiert. Die Schichttheorie beschränkte sich zwar zumeist auf die Bestim-mung des sozialen Status durch Einkommen, Beruf, Bildung, nannte aber stets noch andere wichtige Dimensionen wie Religion, Region, Haushaltsgröße.[25] Trotz der teilweise gravierenden Unterschiede zwischen den drei Modellen bestritten sie nicht die Dominanz der Ökonomie. Allerdings wichen sie stark darin voneinander ab, was sie vornehmlich als ursächlich für die ökonomische Strukturierung hielten: Marx das Privateigentum an Produktionsmitteln, Weber die Marktungleichgewichte und die Schichttheorie die hierarchisierte Berufs-struktur und das darin enthaltene Leistungsprinzip.

Nach der sozialstrukturellen Wende, gemeint ist der Abschied von Klasse und Schicht, wurde die Frage nach den Teilungsprinzipien kontroverser disku-tiert. Am Anfang dieser Umorientierung der Ungleichheitsforschung stand u.a. die Beobachtung, dass neue Differenzierungsachsen entstanden sind, die sich beispielsweise in deregulierten Arbeitsverhältnissen und der Zunahme von ris-kanten Lebensformen zeigen. Zudem schoben sich nun „alte" Teilungsprinzipien in den Vordergrund, die bislang von klassen- und schichtspezifischen Gliede-rungsprinzipien wie Einkommen, Bildung und Beruf überlagert worden waren. Dazu zählten beispielsweise Geschlecht, Alter, Nationalität, Ethnizität und Ge-sundheit. Diese Liste lässt sich ohne weiteres verlängern, beispielsweise um Region, Infrastrukturversorgung, Familienstand und Haushaltsgröße, Arbeitszei-ten und Freizeitmöglichkeiten, Charisma und Aussehen. Damit begann eine scheinbar unbegrenzte Vermehrung der Teilungsprinzipien.

Durch die Hinzunahme weiterer Differenzierungsachsen wurde das soziolo-gisch dargestellte Ungleichheitsgeschehen immer komplexer und komplizierter. Ein Grund für die gestiegene Unübersichtlichkeit war, dass das Verhältnis der verschiedenen Teilungsprinzipien zueinander zumeist unklar blieb. Bereits bei der Kombination von zwei Prinzipien – beispielsweise gesundheitliche und ge-schlechtsspezifische Differenzierung und Ungleichheiten – versagen viele theo-retische Erklärungsmodelle, und empirische Studien können abhängige und un-

---

25   In der Schichttheorie wie in der Ungleichheitssoziologie insgesamt wird statt von Achsen oder Prinzipien häufiger von Dimensionen gesprochen. Dahinter verbirgt sich mehr als eine sprach-liche Differenz; es handelt sich um ein anderes Konzept sozialer Ungleichheit. Die Dimensio-nen sozialer Ungleichheit beziehen sich auf besonders ungleichheitsträchtige Lebensbereiche, wobei die Lebenslage von Einzelnen oder Gruppen untersucht wird. Die Differenzierungsprin-zipien sollen dagegen jene Strukturen und Prozesse erfassen, die das Ungleichheitsgeschehen prägen, z.B. die Stellung im Produktionsprozess bei Marx.

abhängige Variablen geradezu beliebig variieren. Beim Geschlechterverhältnis ist gesundheitliche Ungleichheit sozial untypisch verteilt, weil Frauen, obwohl im Allgemeinen sozial benachteiligt, gesundheitlich eher privilegiert sind (vgl. Gerhardt 1991, S. 204f.; Maschewsky-Schneider 1997). So überlagern bei gesundheitlicher Ungleichheit die geschlechtstypischen Unterschiede teilweise die üblichen sozialstrukturellen Differenzen wie klassen- oder schichttypische Unterschiede. Zwar gibt es Überschneidungen und Kumulierungen, aber die Abweichungen dominieren, weshalb man vermuten könnte, dass es sich bei Gesundheit und Geschlecht um Differenzierungsachsen handelt, die keineswegs parallel, sondern zumindest teilweise quer zueinander verlaufen. Nun gibt es eine ganze Reihe anderer Ungleichheitsformen, für die in ähnlicher Weise gilt, dass sie relativ unabhängige Gliederungsprinzipien bilden, die sich in manchen sozialen Bereichen überschneiden und bei anderen kaum gegenseitig beeinflussen (vgl. Bourdieu 1985, S. 42). Wenn man jedoch empirisch nachweisen kann, dass es offenbar voneinander relativ unabhängige Teilungsachsen gibt, dann wäre auch die Gliederung der Gesellschaft je nach Strukturprinzip eine andere. Damit hätten wir es nicht nur mit einer Sozialstruktur zu tun, sondern mit mehreren – einige, welche ziemlich deckungsgleich sind und in enger Beziehung zueinander stehen, und andere, welche relativ unabhängig voneinander bestehen und sich kaum gegenseitig beeinflussen. Und in den Worten von Bourdieu gäbe es nicht nur einen sozialen Raum, sondern ebenso viele, wie Teilungsprinzipien existieren.

Das Ungleichheitsgeschehen wurde weiterhin deshalb komplexer und komplizierter, weil die Zusammenfassung der verschiedenen konkreten Erscheinungen von Ungleichheit zu Teilungsprinzipien mehr als eine Bündelung bedeutete. Sie beinhaltete stets auch die Behauptung darüber, welche Merkmale besonders einflussreich sind und welche eine geringere strukturierende Wirkung haben. So enthielt beispielsweise die zur Messung des sozialen Status übliche Triade aus Einkommen, Beruf und Bildung die Grundannahme, dass die Sozialstruktur im Wesentlichen durch die Erwerbsarbeit begründet wird. Die Zusammenfassung unterschiedlicher Ausprägungen sozialer Ungleichheit implizierte stets auch eine Hierarchisierung der Teilungsprinzipien. Wenn diese nicht mehr vorgenommen wird und die verschiedensten Strukturprinzipien gleichwertig nebeneinander stehen, dann kann aus der unbegrenzten Vervielfältigung eine relative Beliebigkeit erwachsen.

Daran schließt ein weiterer Punkt an. Nicht auf alle sozialen Lagen wirken sich die Teilungsprinzipien gleichermaßen aus. Es gibt einige Differenzierungsachsen, die sich in sozial benachteiligten Gruppen massiv auswirken, während bevorzugte sich damit besser arrangieren können. Umgekehrt findet man eine Reihe von Teilungsprinzipien, die primär in sozial privilegierten Gruppen sozial differenzierende Effekte entfalten. Für den ersten Fall kann abermals das Beispiel gesundheitliche Ungleichheit angeführt werden. Gesundheit und Krankheit wirken offenbar vorwiegend in den unteren sozialen Positionen als Selektionskriterien, während die oberen über Handlungs- und Gestaltungskapazitäten verfügen, die es ihnen ermöglichen, gesundheitliche Einschränkungen zu kompensieren. Diese sind jedoch weniger Eigenverdienst als vielmehr Ergebnis einer strukturellen Privilegierung, die erst „Coping"-Chancen eröffnet. Weniger bevorzugte soziale Positionen befinden sich dagegen durch Berufsstruktur, Arbeitsrecht und Sozialversicherungen in einem festgefügten Handlungskorsett, das für Bewältigungshandeln kaum Spielraum bietet (vgl. Gerhardt 1999).[26] Die entgegengesetzte Begebenheit kann man sich am Beispiel der ästhetischen Stilisierung anschaulich vergegenwärtigen. Eine verfeinerte alltagsästhetische Stilisierung der gesamten Lebensführung entfaltet ihr sozial differenzierendes Vermögen vorwiegend in höheren sozialen Lagen.

Auf theoretischer Seite sind immer wieder Bestrebungen beobachtbar, die verschiedenen Ungleichheiten auf eine oder mehrere Wurzeln zu reduzieren oder sie unter ein gemeinsames Dach zu bringen. Dies scheint mittels einer machttheoretischen Konzeption von Ungleichheit am besten zu gelingen. So haben beispielsweise Reinhard Kreckel, Pierre Bourdieu und Michael Mann die verschiedenen Strukturprinzipien einerseits hierarchisiert und andererseits als Variationen von Machtungleichgewichten systematisiert. Ob eine Systematisierung der gesellschaftlichen Teilungs- und Gestaltungsprinzipien nur theoretisch gelingen kann oder auch empirische Studien eine solche Systematisierungsleistung erbringen können, muss als offene Frage stehen bleiben.

Fassen wir zusammen: Die Frage nach den Differenzierungsprinzipien ist stets im Kontext einer „komplexen Konfiguration von Strukturprinzipien zu stellen. Ein eindeutiges Primat kann nicht vorausgesetzt werden" (Kreckel 1998, S. 33). Deshalb können die nachfolgenden Fragen nicht unbeachtet bleiben: Gibt es Kriterien dafür, welche Differenzierungsachsen wichtig sind und welche nicht? Wirken in allen „Feldern", „Systemen", gesellschaftlichen Teilbereichen die gleichen Prinzipien differenzierend? Kann man die verschiedenen Teilungsprinzipien hierarchisieren und zusammenfassen oder besitzen sie jeweils eigenständige Qualität?

(8)   Die Dimension der Zeit in der Ungleichheitssoziologie
Obwohl alle Theorien sozialer Ungleichheit mehr oder weniger explizit die Zeit als eine wichtige Dimension in ihre Argumentation einbauen, wird deren Bedeu-

---

26   Daraus könnte man folgern, dass es sich bei Gesundheit in Gesellschaften mit einem sozial allgemein zugänglichen Gesundheitssystem eher um eine Dimension sozialer Ungleichheit und weniger um ein Differenzierungsprinzip handelt. Für Gesellschaften ohne ausreichende Krankenversorgung dürfte dies umgekehrt sein.

tung – mit Ausnahme der generationellen und lebenslaufsoziologischen Konzepte (z.B. Mannheim 1928; Kohli 1985, 1986) – selten ausführlich dargestellt.[27] Grob und selbstverständlich nicht vollständig können drei häufig vorgenommene Zeitbezüge unterschieden werden. Erstens wird Zeit als Maßstab verwendet, um den Wandel bzw. die Stabilität der Sozialstruktur über einen bestimmten Zeitraum hinweg erfassen zu können. Bei diesem Zeitbezug, den man als epochalen oder historischen bezeichnen könnte, wird die Zeit, gleichgültig, ob es sich um Phasen großer gesellschaftlicher Kontinuität oder dramatischer Umbrüche handelt, als linear und regelmäßig verlaufend dargestellt. Sie wird also als ein gesellschaftlich unabhängiges Maß verstanden und als objektives Beobachtungsinstrument verwendet. Ein Beispiel sind die langen Zeitreihen, wie sie von der Sozialberichterstattung erstellt werden.

Zweitens wird die Zeit – aufgefasst als Einwirkungsdauer – häufig als unausgesprochene Vorbedingung für die strukturierende Wirkung von sozialen Ungleichheiten vorausgesetzt. Sowohl die Klassen- als auch die Schichttheorien fußen auf der Annahme, „dass es einer – freilich nur schwer bestimmbaren – Mindestaufenthaltsdauer bedarf, bis die für eine Schicht oder Klasse charakteristischen Arbeits- und Lebensbedingungen über ihre begrenzende und ermöglichende Wirkung hinaus auch eine bewusstseinsformende und einstellungsprägende Kraft entwickeln können" (Berger 1997, S. 85f.). Zeitliche Dauer wird hierbei unter dem Aspekt der Verfestigung sozialer Verhältnisse interpretiert. Je länger jemand sich in einer bestimmten sozialen Lage befindet, umso tiefer wirken die sozialen Strukturen auf seine Erlebnis- und Wahrnehmungsweise ein und umso unwahrscheinlicher wird es, dass er diese jemals verlassen wird. Ohne die Hypothese, dass die zeitliche Dauer eine eigenständige Qualität im Ungleichheitsgeschehen besitzt und diese in einer eindeutigen Tendenz zur Verfestigung und Stabilisierung sozialer Verhältnisse besteht, könnte die Strukturierungs- bzw. Abstimmungsthese der „objektiven" Lebensbedingungen mit den „subjektiven" Lebensweisen gar nicht schlüssig formuliert werden. Ähnlich wie beim epochal-beobachtenden Gebrauch wird auch bei dem Verständnis von Zeit als Vorbedingung für die dauerhaft prägende Wirkung sozialer Strukturen das zeitliche Geschehen als objektiv und geradlinig ablaufende Größe vorgestellt.

Es ist folgerichtig, dass die Entstrukturierungsthese, die behauptet, dass die verfestigten, über den individuellen Lebenslauf hinausreichenden Klassen- und Schichtverhältnisse sich auflösen, die Zeit ins Zentrum ihrer Argumentation stellt. Sie führt einen Zeitbegriff ein, der die Dauer des Lebensverlaufs zur Bezugsgröße machte. Wenn die sozialen Verhältnisse, in denen sich der Einzelne im Laufe seines Lebens befindet, nicht mehr von anhaltendem Bestand sind,

---

27   Es gibt jedoch in den letzten Jahren zunehmend Studien über die „freie Verfügbarkeit von Zeit" als Ungleichheitsdimension (z.B. Garhammer 2001; Rinderspacher 2003).

sondern oftmals nicht länger als eine Lebensphase bestehen, dann kann von diesen keine so stark strukturierende, die Lebensweise prägende Wirkung ausgehen – zumal die Ungleichheitsrisiken nicht mehr schichtspezifisch verteilt sind, sondern die gleichen Risiken in unterschiedliche soziale Positionen hineinreichen. Konsequent sprachen die Vertreter der Entstrukturierungsthese von einer Verzeitlichung sozialer Ungleichheit, die zur Folge hat, dass Ungleichheit auch immer seltener schichttypisch erfahren und verarbeitet wird. Das Resultat ist eine Individualisierung der Wahrnehmung und Bewertung von Ungleichheiten.[28]

Mit der Lebenslaufsoziologie entwickelte man ein theoretisches Konzept dafür, den zeitdynamischen Aspekt sozialer Ungleichheit angemessen erfassen und interpretieren zu können. Nicht mehr Klassen- und Schichtlagen seien zu analysieren, sondern die Strukturierung des Lebensverlaufs durch das sozialpolitisch institutionalisierte „Lebenslaufregime". Dieses impliziere zwei Strukturierungsweisen: die Verzeitlichung und die Chronologisierung des Lebensverlaufs (Kohli 1985).[29] Entsprechend seien Lebenslauf und Lebensalter als eigenständige gesellschaftliche Differenzierungsachsen aufzufassen, die immer mehr an die Stelle der klassischen schichtspezifischen Gliederungsprinzipien treten.

Kommen wir zu dem dritten innerhalb der Ungleichheitssoziologie verwendeten Zeitbezug, der in enger Beziehung zu der Lebenslaufsoziologie steht. Er bildet zu dem institutionalisierten Lebensverlauf, der „objektiven" Seite der lebenslaufspezifischen Ungleichheit, das „subjektive" Gegenstück – nämlich die biographische Zeit. Die biographische Zeit meint das Phänomen, dass der Einzelne sich die objektiven Zeitstrukturen subjektiv aneignet und deshalb beispielsweise die Dauer von Zeitabschnitten oftmals ganz anders wahrnimmt, als die Gleichförmigkeit der kalendarischen Zeit dieses abbildet. Aber auch Ereignisse, die entsprechend der objektiven Zeit eindeutig chronologisch nacheinander passieren, können subjektiv als sich gleichzeitig ereignend erlebt werden. So haben viele Studien nachgewiesen, dass die objektive Dauer von Lebensabschnitten – so wie sie soziologisch gemessen wird – oftmals mit der subjektiven Einschätzung nicht übereinstimmt, weshalb auch die strukturbildende Wirkung ganz unterschiedlich zu beurteilen ist. So mag sich aus sozialstruktureller Perspektive eine bestimmte Lebensphase als Verfestigung einer prekären Lage darstellen, während diese aus der subjektiven Perspektive als Übergangsphase wahrgenommen und eingeordnet wird (z.B. Ludwig 1996; Mädje/Neusüß 1996).

---

28 Die „dynamische Armutsforschung" beispielsweise hat diese These ausführlich für Sozialhilfeempfänger untersucht (zusammengefasst in Leibfried et al. 1995).

29 Verzeitlichung heißt, dass die Stationen des Lebensverlaufs stark an die Altersstufen gebunden sind (z.B. Schul- und Ausbildungszeiten). Chronologisierung meint, dass der institutionalisierte Normallebensverlauf chronologisch standardisiert ist: erst Ausbildung, dann Erwerbsarbeit, danach Familienphase usw. (vgl. Kohli 1985, 1986).

Diese Differenz wird noch dadurch verstärkt, dass die Wahrnehmungs- und Bewertungsmuster häufig stabiler und dauerhafter sind als die sozialen Verhältnisse, was dazu führt, dass letztere in einer Art und Weise erfahren und beurteilt
werden, die sich aus früheren Lebensphasen speist und damit dem realen sozialen Geschehen hinterherhinkt (siehe Bourdieu 1997a).

Neben dieser Verwendung der biographischen Zeit in der Ungleichheitssoziologie als individuelle Wahrnehmung und Konstruktion des eigenen Lebenszu-
sammenhangs gibt es eine zweite: die Zeit als generationeller Erlebniszusam-
menhang. Diesen Zeitbezug hat Karl Mannheim bereits am Anfang des 20. Jahrhunderts in die Soziologie eingeführt (Mannheim 1928). Er wollte darauf aufmerksam machen, dass das Merkmal, in die gleiche Epoche hineingeboren worden zu sein, in ihr aufgewachsen und gelebt zu haben, einen sozialen Zusammenhang eigener Art konstituiert. Dieser beruht darauf, dass unabhängig von
der sozialen (Klassen-)Lage, in der sich der Einzelne befindet, die Zugehörigkeit
zur selben Generation eine Angleichung der Erlebnisweise und der Überzeugungen generiert: also ähnliche Wahrnehmungs- und Bewusstseinsstrukturen. Der
klassenmäßigen wie der generationellen Lagerung – so Mannheim – sei eine
Tendenz auf jeweils typische Verhaltens-, Gefühls- und Denkweisen inhärent.
Beide – die klassentypischen wie auch die generationsspezifischen – Erlebnis-
weisen begünstigen Anpassungs- und Standardisierungsprozesse; welcher soziale Zusammenhang, der Klassen- oder der Generationszusammenhang, jeweils
den anderen dominiert, ist themenspezifisch.

Der letzte Punkt deutet an, welche theoretischen Probleme und Fragen sich
aus der Einführung verschiedener Zeitachsen in die Ungleichheitssoziologie
ergeben. Der erste Gebrauch von Zeit – als Beobachtungsinstrument – birgt keine große theoretische Schwierigkeit in sich. Dagegen resultieren aus den beiden
anderen Zeitbezügen einige zu diskutierende Probleme. Nur eines, allerdings das
grundsätzlichste, soll hier herausgegriffen werden. Soziale Ungleichheiten, unabhängig davon, mit welchem theoretischen Konzept gearbeitet wird, werden
üblicherweise als räumlich angeordnet analysiert und veranschaulicht. Dies gilt
für die Klassen- und Schichttheorien, die Ungleichheiten vertikal hierarchisieren,
ebenso trifft es auf die Milieu-, Lage- und Lebensstilstudien zu, die entlang von
zwei räumlichen Achsen – der Vertikalen und der Horizontalen – die Sozialstruktur vermessen. Die räumliche Systematisierung von Ungleichheiten setzt
voraus, dass ihnen eine gewisse zeitliche Konstanz unterstellt werden kann. Ansonsten müssten die räumlichen Veranschaulichungen im zeitlichen Verlauf
dargestellt und wie eine filmische Sequenz aufgebaut werden. Eine zeitliche
Sequenzierung jedoch lässt das räumliche Anordnungsprinzip in den Hintergrund treten.

Die Einführung kollektiver oder individueller Zeitachsen bringt somit die
Frage auf, welches Anordnungsprinzip das dominante ist. Soll die Ungleichheits-

soziologie vornehmlich Ungleichheitsphasen und damit den zeitlichen Verlauf darstellen oder ist es ihr erstes Interesse, Ungleichheitslagen zu identifizieren und diese räumlich anzuordnen? Nun könnte man meinen, dass es das Beste sei, beide Anordnungsprinzipien miteinander zu kombinieren, was einige Theoretiker ja auch tun, beispielsweise Pierre Bourdieu. Aber damit ist die innere Widersprüchlichkeit nicht aufgehoben. Denn die räumliche Anordnung bedeutet, vornehmlich die Merkmale und Ressourcen in den Blick zu nehmen, denen eine hohe Kontinuität eigen ist. Die Konzentration auf Ungleichheitsphasen dagegen lässt vorwiegend solche Ereignisse und Geschehnisse in der Vordergrund treten, die Ausdruck von Wandel sind. Man hat sich deshalb seines Forschungsinteresses zu vergewissern und nicht vorschnell eine Betrachtungsweise durch die andere zu ersetzen.

Mit diesen acht Punkten ist die Liste der Problembestände keineswegs vollständig. Es gibt eine Reihe weiterer ungeklärter Fragen, die aber an dieser Stelle nicht explizit ausgeführt werden. Dies hat verschiedene Gründe. Einer ist, dass manche von ihnen ein stabiles theoretisches und empirisches Fundament voraussetzen, das an dieser Stelle noch nicht vorhanden ist. Dazu gehören beispielsweise die Fragen: Welche Auffassung von Ungleichheit ist realitätshaltiger, die relationale oder die substanzielle, oder sind beide miteinander zu kombinieren? Welche Blickrichtung sollte die Ungleichheitsforschung einnehmen: die „objektivierende Zentral- bzw. Adlerperspektive", oder hat sie auch die „Pluralität der Perspektiven" zu berücksichtigen, und wenn ja, wie? Ein weiterer Grund ist, dass es viele Problembestände gibt, die sich bei näherer Betrachtung als Unterpunkte herausstellen. Diese wurden zu Gunsten der allgemeineren Problemstellung weggelassen. Ein zusätzlicher Punkt ist, dass sich innerhalb der Ungleichheitssoziologie derzeit gerade grundsätzliche Fragestellungen entwickeln, die aber noch nicht so weit zugespitzt sind, dass es möglich gewesen wäre, sie kurz und bündig vorzustellen. Dazu gehört die beginnende Diskussion über Mitgliedschaft als ein Strukturprinzip, welches sich aufgrund seiner Wirkungsweise nicht ohne weiteres den anderen hinzuaddieren lässt. Aktuell wird dies hauptsächlich bei den Themen Staatsbürgerschaftsrechte, Citizenship, Bürgerrechte diskutiert. Dazu gehört weiterhin die Diskussion über Inklusions- und Exklusionstheorien, die zwar augenblicklich noch auf die Armutsforschung konzentriert ist, die aber sicherlich zukünftig auf weitere Ungleichheitsformen ausgedehnt wird.[30] Nicht zu vergessen ist die in den acht Punkten auch nicht ausdrücklich angesprochene Frage, auf welches gesellschaftliche Gebilde die Ungleichheitsrelationen jeweils zu beziehen sind, auf die Nationalgesellschaft, größere Integrationszusammen-

---

30 Sie wird in dem Kapitel „Inklusion versus Exklusion – die systemtheoretische Perspektive" behandelt.

hänge wie die EU oder ganz im Gegenteil auf kleinteiligere Gruppen wie Ost- und Westdeutschland. Möglicherweise ist je nach Ungleichheitsform ein anderer Bezugsrahmen zu wählen. Wir sehen, es tun sich noch viele wichtige Felder auf. Einige werden in den nachfolgenden Kapiteln genauer betrachtet, andere müssen unberücksichtigt bleiben. Insofern stehen diese Ausführungen stets unter dem Vorbehalt der Begrenzung und Vorläufigkeit.

Die offenen Fragen und Probleme sollen exemplarisch im Rahmen einiger neuerer Theorien sozialer Ungleichheit behandelt werden. Was sind jedoch neuere Theorien? Die einfachste Antwort wäre, es sind die, welche in den letzten Jahren entstanden sind – also zeitlich die neuesten. Man könnte aber auch solche darunter verstehen, die zwar möglicherweise bereits vor einiger Zeit verfasst wurden, aber erst in den letzten Jahren rezipiert und angewendet wurden. Auch dieses Auswahlkriterium verlässt sich auf die Zeit. Nun sind zwar gesellschaftliche Entwicklungen zeitgebunden, aber die Soziologie sollte sich nicht auf dieses Maß verlassen, um die Angemessenheit und die Aktualität ihrer Theorien zu bestimmen. Sie tut dies im Allgemeinen auch nicht; die stetige Renaissance ihrer Klassiker beweist dies eindrücklich. Gerade weil es sich immer wieder von neuem lohnt, diese Theorien zu lesen, um Facetten heutiger Gesellschaften zu verstehen und zu erklären, sind sie Klassiker, und genau deshalb weisen sie über ihre Zeit hinaus. Das Alter der Theorien und ihre Rezeptionsgeschichte – zeitliche Maßstäbe – sind schlechte Ratgeber, um zu entscheiden, ob Theorien Erklärungskraft für die gegenwärtig soziologisch brisanten Fragen besitzen. So gibt es eine Reihe von Theorien, die schon, als sie erdacht wurden, ihrer Zeit hinterher waren. Nicht die Zeit, sondern ob sie in der Lage sind, Gegenwartsgesellschaften zu erklären, ist das einzig sinnvolle Kriterium, um neuere Theorien von überholten zu scheiden. Jedenfalls hat dies die Auswahl der Ungleichheitstheorien bestimmt, die auf den nächsten Seiten vorgestellt werden.

Daneben war für die hier getroffene Auswahl ein weiterer Punkt entscheidend: Die Ungleichheitstheorien sollten sich ergänzen, aufeinander aufbauen oder zumindest die gleiche Richtung weisen. Dies heißt nicht, dass sie sich direkt aufeinander beziehen, sich gegenseitig zitieren, die gleiche Begrifflichkeit verwenden oder sich auf dieselben Theorietraditionen berufen. Damit ist gemeint, dass ähnliche Fragen gestellt werden, sie vergleichbare theoretische Konzeptionen entwickelt haben oder diese leicht miteinander verknüpft werden können. Ausgewählt wurden: die Etablierten-Außenseiter-Figuration von Norbert Elias, die Zentrum-Peripherie-Metapher von Reinhard Kreckel und die Habitus- und Feldtheorie von Pierre Bourdieu.[31] Jeder, der sich nur ein wenig in der Soziologie auskennt, wird sofort kritisch anmerken, dass Ungleichheit in diesen drei Konzepten einen völlig unterschiedlichen Stellenwert besitzt. Dies ist nicht zu

---

31   Anschließend wird die systemtheoretische Sicht vorgestellt.

bestreiten und könnte gegen die getroffene Auswahl eingewendet werden. So hat die Ungleichheitsfrage in Elias' Werk insgesamt keine zentrale Bedeutung, es handelt sich um ein Randthema. Die Etablierten-Außenseiter-Figuration ist deshalb im größeren Rahmen der Zivilisationstheorie zu sehen. Reinhard Kreckel dagegen versteht sein Buch „Politische Soziologie sozialer Ungleichheit" (1992) ausdrücklich als Beitrag zur Ungleichheitssoziologie, den er allerdings in enger Verbindung zur Gesellschaftstheorie sehen möchte. Und Pierre Bourdieu will seine Habitus- und Feldtheorie als Gesellschaftstheorie, in deren Zentrum der Prozess der sozialen Strukturierung steht, verstanden wissen. Trotzdem passen – wie sich zeigen wird – die drei Konzepte zusammen, bestätigen und ergänzen sich teilweise gegenseitig.

Auch andere Trios, Quartette oder gar Quintette von Ungleichheitstheorien würden die beiden oben genannten Kriterien erfüllen, allerdings mit anderen theoretischen, empirischen und inhaltlichen Ausrichtungen. Der Auswahl just dieser drei lagen Vorentscheidungen zugrunde, präziser müsste es „Erkenntnisinteressen" heißen. Es wäre voreilig, diese im vorhinein, bevor die Ungleichheitskonzepte vorgestellt, ausführlich darlegen zu wollen. Erst im Zusammenhang mit der Darstellung kann dies passieren. Einige Aspekte können bereits jetzt im Rückgriff auf die vorangegangenen Ausführungen angesprochen werden. Stichwortartig aufgezählt sollten die Konzepte Folgendes leisten:[32]

- für das Problem der Vermittlung der „objektiven Lebensbedingungen" und „subjektiven Lebensweisen" eine eigenständige und tragfähige Lösung anbieten;
- der Zunahme der Strukturierungsprinzipien in der Sozialstrukturanalyse eine theoretisch-systematisierende Antwort entgegensetzen;
- die Benennung und die Strategien der Legitimierung von sozialen Ungleichheiten als Teil des Ungleichheitsgeschehens begreifen und in die Theorien mit einbeziehen;
- die institutionelle Verfasstheit von Ungleichheit, insbesondere in staatlichen und rechtlichen Institutionen, explizit untersuchen;
- wenn auch nicht ausdrücklich, so doch indirekt etwas zu der Grundsatzdebatte über die Reichweite und Grenzen der struktur- und handlungstheoretischen Ansätze beitragen und schließlich
- in ihren Arbeiten nicht nur theoretisch argumentieren, sondern auch die empirische Anwendung selbst explizieren, um einer weiteren Entfernung von Ungleichheitstheorie und empirischer Sozialstrukturanalyse entgegenzuwirken und sich um eine Vermittlung beider zu bemühen.

---

32   Die aufgezählten Aspekte treffen nicht auf alle drei Konzepte gleichermaßen zu; sie haben jeweils ihre Schwerpunkte.

Die lange Liste lässt zu Recht vermuten, dass die drei ausgewählten Theorien viele Grundüberzeugungen miteinander teilen und sich gegenseitig ergänzen. Dies hat den Vorzug, dass eine kohärente Antwort zu den oben aufgezählten Aspekten zu erwarten ist. Sie wird aber nur deshalb als in sich stimmig und überzeugend erscheinen, weil bei einer solcher Darstellungsweise andere Antworten, Einwände und kritische Nachfragen kaum zur Sprache kommen – schon gar nicht systematisch. Deshalb soll am Schluss als Kontrapunkt die systemtheoretische Sicht sozialer Ungleichheiten in ihrer aktuellen Fassung als „Exklusion versus Inklusion" von Niklas Luhmann vorgestellt werden. Auf diese Weise werden die Antworten und Lösungen von Elias, Kreckel und Bourdieu nochmals kritisch durchdacht.

3   Die ungleiche Verteilung von Machtchancen – die Etablierten-Außenseiter-Figuration von Norbert Elias

Norbert Elias ist als Theoretiker sozialer Ungleichheit weitgehend unbekannt. Sein Werk wird im Allgemeinen der „Zivilisationstheorie" und der „Wissenssoziologie" zugeordnet. Daraus Gewinn für die Ungleichheitssoziologie ziehen zu wollen, ruft sicherlich bei manchem Leser Stirnrunzeln hervor. Elias selbst ordnet jedoch eines seiner Bücher der Ungleichheitssoziologie zu: „Etablierte und Außenseiter", zusammen mit John L. Scotson verfasst und erstmals 1964 auf Englisch erschienen. In dem 1990 beigefügten Teil über „Weitere Facetten der Etablierten-Außenseiter-Beziehung" schrieb Elias zurückblickend, dass „eine spezifische Form sozialer Ungleichheit (...) im Mittelpunkt dieses Buches" stehe (Elias 1990, S. 291).[33] Er beschreibt Ungleichheitsverhältnisse, wie im Weiteren ausgeführt wird, als „Etablierten-Außenseiter-Figuration".[34] Das Spezifische der in dem Buch untersuchten Etablierten-Außenseiter-Figuration besteht darin, dass die Macht, andere zu stigmatisieren, zu einer Ungleichheitsquelle werden kann.

Das Besondere dieser sozialen Benachteiligung erschließt sich leichter, wenn man sich zuvor vergegenwärtigt, was Elias ganz allgemein unter sozialer Ungleichheit versteht und worin er deren Ursache sieht. Ungleichheiten – darüber besteht für ihn kein Zweifel – sind Folge ungleicher Machtverteilung. Dies gilt für alle Formen sozialer Ungleichheit und bestimmt ihre strukturelle Gemeinsamkeit. Ökonomische, militärische, rechtliche, kulturelle und alle weiteren Benachteiligungs- und Unterdrückungsweisen haben somit eine gemeinsame Wurzel: Machtdifferenzen. Was sie unterscheidet, sind die jeweils usurpierten Machtmittel und -quellen: Produktionsmittel, Waffen, Rechtsprechung, kulturelles Kapital, Wissen, soziale Kohäsion etc. Daraus entstehen die verschiedenen Formen sozialer Ungleichheit.

---

33 Alle weiteren Zitate von Norbert Elias aus „Etablierte und Außenseiter" (1992) werden nur per Seitenzahl, Zitate aus andere Werken Elias' weiterhin vollständig nachgewiesen.

34 Obwohl sich Elias kurz vor seinem Tod gegen das Etikett „Figurationssoziologie" aussprach und stattdessen sein Werk als „Prozeßsoziologie" bezeichnete, wird hier der Begriff „Figuration" verwendet, weil Elias ihn im Zusammenhang mit der „Etablierten-Außenseiter-Beziehung" benutzt hat (vgl. Engler 1989, S. 747). Zum Figurationsbegriff siehe auch Barlösius (2003).

Die Verfügung über Produktionsmittel, darin stimmt Elias Marx nachdrücklich zu, gehört zu den wichtigsten Machtmitteln. Aber Marx irre mit seiner Annahme, dass die ökonomischen Verhältnisse die einzig bedeutsame Wurzel sozialer Ungleichheit seien. Ein gravierendes „Übergewicht des Ökonomischen", das „alle sonstigen Bedürfnisse in den Schatten" stellt, bestehe nur dort, wo Menschen um ihr Existenzminimum ringen müssten (S. 29). Eine solche gesellschaftliche Randstellung sei jedoch nicht nur Resultat ökonomischer Ausbeutung, vielmehr ergebe sie sich aus einer extrem verschobenen Machtbalance. Erst diese ermögliche eine massive ökonomische Unterdrückung.

Für Elias existiert zuallererst ein Machtungleichgewicht zwischen einzelnen Menschen oder Menschengruppen, welches dann Diskriminierungen und Bevorzugungen auf den verschiedensten Lebensgebieten nach sich ziehe, z.B. eine massive ökonomische Unterdrückung. Diese diene jedoch häufiger der Stabilisierung stark unausgeglichener Machtbeziehungen, als dass sie diese erst hervorbringe, wie üblicherweise von der Ungleichheitssoziologie behauptet wird. Die Ökonomie schiebt sich bei der Analyse der Ungleichheiten stets in den Vordergrund, weil sie die Lebensbasis bildet. Alle anderen Formen sozialer Ungleichheit erscheinen dann als nachgeordnet oder aber als Folge der vorrangigen ökonomischen Ungleichheit. Elias fordert deshalb, „die Suche nach Unterschieden in der Struktur verschiedener Gesellschaften (...) nicht auf ökonomische Eigentümlichkeiten" zu beschränken (S. 307). Denn einerseits wirken sich Machtunterschiede in den einzelnen Lebensbereichen je unterschiedlich aus und andererseits variiert je nach Ausmaß des Machtungleichgewichts das Verhältnis der einzelnen Formen sozialer Ungleichheit zueinander. So treten andere, nicht-ökonomische Spannungen und Konflikte desto deutlicher ans Licht, je kleiner die Machtdifferenziale werden. Die Machtunterlegenen leiden dann nicht mehr vorwiegend an ökonomischer oder physischer Unterdrückung, sondern empfinden nun umso „schärfer den Stachel ihrer sozialen Unterlegenheit" (S. 29). Genau betrachtet schließt sich Elias Marx nur darin an, dass Machtdifferenzen die Ursache aller Ungleichheiten seien, also die vielfältigen Formen sozialer Bevorzugung und Benachteiligung diese gemeinsame Basis besitzen. Marx' Primat des Ökonomischen lehnt Elias dagegen ab.

Ähnlich konsequent lehnt er es ab, die menschlich-gesellschaftlichen Integrationsebenen[35] als jeweils voneinander getrennte, weitgehend autonom funktionierende Sphären zu betrachten. Er dringt darauf, dass die Soziologie mit einem Modell einer zu- oder abnehmenden Funktionsdifferenzierung und Integrierung zu arbeiten hätte. Dies bedeutet konkret für das Thema soziale Ungleichheit, nicht nur und vornehmlich die ökonomischen Chancen in den Blick zu nehmen –

---

35 Darunter fasst Elias die verschiedenen übereinander angeordneten Formen des Zusammenlebens wie Familie, Betrieb, Staat etc.

also die sozialen Spannungen und Konflikte zwischen den Schichten und Klassen –, sondern „das Problem der Machtverteilung über die ganze Länge und Breite, also auf allen Stockwerken, allen Integrationsebenen der vielstöckigen industriellen Staatsgesellschaften" zu untersuchen (Elias 1978, S. 156). Damit will Elias deutlich machen, dass die gesellschaftlichen Auseinandersetzungen auf verschiedensten Ebenen stattfinden und sich dort jeweils als Etablierten-Außenseiter-Figuration niederschlagen: zwischen Klassen und Schichten, Regierenden und Regierten, Lehrern und Schülern, Kunstschaffenden und -erwerbern etc.[36] Die Ähnlichkeit der Machtungleichgewichte auf den verschiedenen Ebenen bildet das gesellschaftliche Band zwischen den differenzierten Bereichen. Insofern bestehen zwischen den verschiedenen Ebenen interdependente Beziehungen, die einen größeren Verflechtungszusammenhang herstellen. Die Verflechtung bedingt, dass weder ein Bereich gänzlich aus dem Ungleichheitsgeschehen herausgenommen ist, noch ein Bereich einen anderen völlig dominiert. So macht Elias an vielen Stellen darauf aufmerksam, dass die wirtschaftliche und politische Verflechtungssphäre nicht voneinander zu trennen sind (Elias 1982, S. 437).

3.1 Machtbeziehungen

Macht gehört nach Elias zum normalen Bestand aller menschlichen Beziehungen. Überall, wo Menschen zusammenkommen, soziale Gruppen aufeinander treffen, gibt „es immer kleinere oder größere Machtproben" (Elias 1978, S. 76). Dies ist keineswegs spielerisch gemeint. Im Gegenteil, Elias ist davon überzeugt, dass Macht ein konstitutives Element jeder sozialen Beziehung und damit auch der gesamten gesellschaftlichen Organisation darstellt. Sowohl direkte menschliche Kontakte – also Face-to-face-Beziehungen – als auch gesellschaftliche Institutionen, die aus längeren und oftmals vermittelten Handlungsketten bestehen, gründen auf Machtverhältnissen oder werden durch diese zumindest grundlegend geprägt. Zwar spricht er stets davon, dass Macht eine Struktureigentümlichkeit und ein integrales Element aller menschlichen Beziehungen bildet, und vermeidet damit jede absolute Formulierung.[37] Allerdings nennt er kein anderes gleichgewichtiges Charakteristikum, weshalb man die Soziologie von Elias als machttheoretische Konzeption von Gesellschaft verstehen kann; auch wenn er vermeintlich relativierend formuliert: „Das Problem der ‚Macht'" sei „eines der Zentralprobleme der Soziologie" (ebd., S. 97). Betrachtet man den Gesamtzu-

---

36 Diese Konzeption ähnelt sehr Bourdieus Feldtheorie. Dies sei hier nur angedeutet; ausführlicher siehe Kapitel 5.

37 In einem Interview wenige Monate vor seinem Tod hat Elias seine soziologischen Forschungsinteressen so zusammengefasst: „Mich [interessierten] nicht so sehr Wissens- und Ideologieprobleme (...), sondern die Grundfragen der Machtbeziehungen." (Engler 1989, S. 743)

sammenhang seines Werks, dann gibt es keinen Zweifel: Macht ist die für ihn grundlegende Kategorie.

Wenn man soziale Ungleichheit als ein Phänomen der Machtverteilung (Weber) innerhalb der Gesellschaft begreift, dann handelt es sich dabei für Elias keineswegs um ein Randthema, sondern repräsentiert ein zentrales Anliegen seines Forschens. Allerdings wendet er sich der Frage nach dem Ursprung von Ungleichheiten nicht so zu, wie es in der Soziologie üblich ist. Weder ordnet er das Thema entsprechend der etablierten Vorgehensweise einem soziologischen Teilgebiet zu, noch schneidet er den Gegenstand so zu, dass er in die Schublade „Soziale Ungleichheit und Sozialstrukturanalyse" passt. Sozialstrukturbeschreibungen, die die Ressourcenverteilung schicht- oder klassenspezifisch für einen bestimmten Zeitpunkt erfassen, liegen ihm völlig fern. Vielmehr interessiert ihn, wie sich das Schichtgefüge langfristig wandelt, welche Mechanismen den Wandlungsprozessen zugrunde liegen und wie sich diese in den Gesamtzusammenhang des gesellschaftlichen Entwicklungsprozesses eingliedern.

Warum Macht in allen zwischenmenschlichen Beziehungen eine so herausragende Bedeutsamkeit erlangt, soll nur kurz ausgeführt werden. Mit dieser Frage beschäftigt sich Elias vorwiegend in seinen zivilisationstheoretischen Arbeiten, so im „Prozeß der Zivilisation" (Elias 1981, 1982) und in der „Höfischen Gesellschaft" (Elias 1983). Dort zeigt er, auf welche Weise Gesellschafts- und Persönlichkeitsentwicklung zusammenhängen. Während die Kontrolle der gesellschaftlichen Beziehungen im Wesentlichen über Macht erfolgt, werden die Affekte und das Verhalten des Einzelnen hauptsächlich durch fremd- oder selbstauferlegte Verbote und Sanktionen – sprich Zwänge – kontrolliert. Macht und Zwang gehören somit zusammen; sie bilden das Scharnier, welches Gesellschafts- und Persönlichkeitsentwicklung miteinander verbindet. Als drittes Element, das Menschen zu kontrollieren haben, treten „die außermenschlichen Geschehenszusammenhänge" hinzu (Elias 1978, S. 173). Macht über die äußere Natur gewinnen die Menschen durch die Entwicklung von Technik. Auch bei der Naturkontrolle handelt es sich nicht um einen eigenständigen, von der gesellschaftlichen und persönlichen Entwicklung abgetrennten Prozess. Sie ist ebenfalls in den Gesamtprozess – den Prozess der Zivilisation – eingebettet. Elias nennt die drei Elemente – Kontrolle der gesellschaftlichen Zusammenhänge, der „Naturereignisse" und jedes Einzelnen über sich als Individuum – die „Triade der Grundkontrollen" (ebd.). Das Ausmaß der auf den drei Gebieten durchgesetzten Kontrollchancen gibt nach Elias Auskunft über den Entwicklungsstand einer Gesellschaft.[38] Deshalb umfasst seine Machttheorie alle Aspekte des

---

38   Die beiden letzten Grundkontrollen wurden der Vollständigkeit wegen erwähnt und um darauf hinzuweisen, dass Elias sich eher als Menschenwissenschaftler denn als Soziologe im engeren Sinn verstand.

menschlichen Lebens: die gesellschaftlichen, die psychischen und ebenso die natürlich-technischen der Naturkontrolle. Beim Thema soziale Ungleichheit interessiert jedoch vornehmlich die Kontrolle gesellschaftlicher Prozesse; die beiden anderen Grundkontrollen – die Natur- und Selbstkontrolle – können hier in den Hintergrund gerückt werden.

Unter Macht in gesellschaftlichen Beziehungen versteht Elias nicht den bloßen Besitz von Ressourcen, sondern die Fähigkeit, soziale Beziehungen nach seinen eigenen Zwecken ausrichten und kontrollieren zu können.[39] Ressourcen können dabei jedoch als Machtmittel fungieren. Entscheidend ist allerdings das Vermögen, die sozialen Verhältnisse so einzurichten, wie es den eigenen Ideen und Interessen entspricht. Erst ein solcher Gebrauch der Güter im gesellschaftlichen Beziehungsgefüge, nicht einzig ihr Besitz, macht sie zu Machtmitteln. Mit einem auf den ersten Blick sinnwidrigen Beispiel, dem Potlatsch, gelingt es, dies zu veranschaulichen.

Es war Marcel Mauss, der den Potlatsch durch seine großen Studien über den Gabentausch in den Kultur- und Sozialwissenschaften bekannt gemacht hat. Der Potlatsch fand hauptsächlich in so genannten archaischen Gesellschaften statt. Er war Bestandteil einer feierlichen Zeremonie, in welcher rivalisierende Clans, Stämme oder Familien mit Gaben und Geschenken überhäuft wurden, um so die Gegner herauszufordern, zu demütigen oder zu verpflichten. Die beschenkten Rivalen durften das ihnen gemachte Geschenk nicht zurückweisen und aus der Annahme erwuchs für sie eine Pflicht: Sie mussten mehr zurückzugeben, als sie erhalten hatten. Damit gerieten sie in ein Dilemma: Entweder sie erklärten sich für besiegt, weil sie das von ihnen erwartete Gegengeschenk nicht machen konnten, oder sie nahmen die Herausforderung an und schenkten mehr zurück, als sie zuvor bekommen hatten.

Es handelte sich somit beim Potlatsch um eine Machtprobe im Elias'schen Sinn, in der es darum ging, dem Gegenüber „den Rang abzulaufen". Beherrscht wurde das Geben und Nehmen vom „Prinzip der Rivalität und des Antagonismus" (Mauss 1978, S. 17). Keineswegs wollten sich die Rivalen mittels des Gabentauschs verbrüdern; ganz im Gegenteil: Ihre zwischengesellschaftliche Machtbeziehung wurde auf die Probe gestellt. Reichtümer und andere wirtschaftlich nützliche Dinge zu verschenken scheint oberflächlich betrachtet dem Ziel, Machtüberlegenheit zu gewinnen oder zu erhalten, regelrecht zuwiderzulaufen. Dies war aber, wie wir gesehen haben, nicht der Fall. Beim Potlatsch resultiert Machtüberlegenheit nicht aus dem Anhäufen von Gütern oder der Fähigkeit,

---

39   Ein derartiger Machtbegriff findet sich ganz ähnlich bei Max Weber: „Unter ‘Macht’ wollen wir (...) ganz allgemein die Chance eines Menschen oder einer Mehrzahl solcher verstehen, den eigenen Willen in einem Gemeinschaftshandeln auch gegen den Widerstand anderer Beteiligter durchzusetzen." (Weber 1980, S. 531)

diese möglichst effektiv zu mehren. Sie erwächst daraus, die Empfänger zum Schenken zu nötigen – die Gabe als Machtmittel.

Macht – das zeigt das Beispiel – bezieht sich auf das Vermögen, soziale Beziehungen nach eigenen Ideen und Interessen ausrichten zu können. Damit handelt es sich um einen relationalen und keinen substanziellen oder objektivistischen Begriff.[40] Theorien sozialer Ungleichheit, die nur die Verteilung von Ressourcen wie Bildungsniveau, Einkommen, Gesundheit und Gruppenzugehörigkeiten wie ethnische Herkunft, Nationalität oder Religion bestimmen, versagen laut Elias dabei, die Machtverhältnisse zu erfassen. Um das Ungleichheitsgeschehen zu verstehen, ist zu analysieren, wie diese Ressourcen und Zugehörigkeiten als Machtmittel eingesetzt werden.

Überall dort, wo zwischen Menschen eine „funktionale Interdependenz" besteht, entstehen Machtungleichgewichte, so beispielsweise zwischen Herren und Sklaven, Eltern und Kindern, Professoren und Studenten, Arbeitgebern und Arbeitnehmern. Weil beide Seiten in einem Funktionszusammenhang zueinander stehen oder sie „in irgendeinem Sinn einen Wert" füreinander besitzen, ist keine Seite völlig machtlos oder absolut herrschend (Elias 1978, S. 77). Vielmehr hat man sich ihr Verhältnis zueinander als das von einem Machtstärkeren zu einem Machtschwächeren vorzustellen. Der Herr braucht die Arbeitskraft des Sklaven, ohne die er seine Lebensweise nicht aufrechterhalten könnte. Das hilflose Baby ist für seine Eltern nicht nur Belastung, sondern bereitet ihnen auch Freude und Genugtuung. Boykottieren die Studenten die Universität, dann fehlen den Professoren die Adressaten und sie können nur schwer den Zweck ihres beruflichen Tuns begründen. Auch die Machtbeziehung zwischen Kapital und Arbeit, mit der sich die Ungleichheitssoziologie bislang am ausgiebigsten beschäftigt hat, ist durch „funktionale Interdependenz" charakterisiert.

Um den Tatbestand der „funktionalen Interdependenz" bildlich zu veranschaulichen, spricht Elias von einer Machtbalance.

> „Das Konzept einer Machtbalance erlaubt (...) die begriffliche Erfassung von Schattierungen und Abstufungen in der Verteilung der Machtgewichte zwischen menschlichen Gruppen." (Elias 1986, S. 427)

Eine Machtbalance kann schwach bis stark aus dem Gleichgewicht geraten. Ausbalanciert ist sie selten. Selbst bei einer extremen Verschiebung des Gleichgewichts zu Gunsten einer Seite bleibt die Balance insofern bestehen, als beide Seiten aufeinander angewiesen sind und die Gewichtsverlagerung sich wieder umkehren kann. Zerbricht die Balance, dann löst sich die Beziehung zwischen

---

40   „Die Definition von Macht als Interdependenzbeziehung bedeutet die Abkehr vom objektivistischen Machtbegriff: Macht ist demnach ein Beziehungsgefüge zwischen mindestens zwei Polen – Menschen oder Menschengruppen." (Hammer 1997, S. 49)

beiden Seiten auf. Übertragen auf gesellschaftliche Prozesse heißt dies: Die Machtbeziehung ist beendet und die Beteiligten stehen in keinem gesellschaftlichen Verhältnis mehr zueinander.

3.2 Etablierten-Außenseiter-Beziehungen

Im Anschluss an eine Gemeindestudie, die Elias zusammen mit John L. Scotsen um 1960 in einer kleinen englischen Vorortgemeinde durchgeführt hat, entwickelte er die Theorie der „Etablierten-Außenseiter-Beziehungen". Die Gemeindestudie diente ihm als eine Art „empirisches Paradigma", um daraus eine „Schablone" der gemeinsamen Struktureigenschaften von „Etablierten-Außenseiter-Figurationen" zu schneiden, die auf andere und komplexere Figurationen des gleichen Typs leicht angewendet werden kann (S. 10).[41]

In der untersuchten Gemeinde trafen Elias und Scotsen auf zwei scharf voneinander getrennte Wohngebiete.[42] Auffällig war, dass die Gruppe aus dem einen Viertel imstande war, die aus dem anderen Bezirk „als minderwertig abzustempeln" und dieser „ein Stück weit selbst das Gefühl der Minderwertigkeit" einzuflößen (S. 10). Die erste Gruppe mied jeden Kontakt mit den von ihnen stigmatisierten Bewohnern und hielt sie zudem von wichtigen Ämtern und Positionen in der Gemeinde fern. Dies gelang ihnen, obwohl beide Gruppen sich sozialstrukturell – gemäß den üblichen Kriterien wie Beruf, Einkommen, Bildung, Wohnsituation etc. – kaum voneinander abhoben. Beide Gruppen gehörten zur Arbeiterklasse. Auch bezüglich Nationalität, ethnischer Herkunft, Hautfarbe oder Rasse gab es keine Differenzen. Der einzige bedeutsame Unterschied zwischen den beiden Wohngebieten war, dass die des einen Alteingesessene waren und schon seit Generationen in Nachbarschaft lebten, während die des anderen Bezirks Zugezogene waren, die noch nicht so lange nebeneinander wohnten. Im Mittelpunkt dieser Gemeindestudie stand deshalb die Frage, auf welche Machtmittel die Alteingesessenen zurückgreifen konnten, um für sich einen höheren Rang zu reklamieren und die Neuankömmlinge zu stigmatisieren.

Klassische ungleichheitssoziologische Theorien versagen dabei, diese Frage zu beantworten, weil die von ihnen herangezogenen Kriterien wie ökonomische Benachteiligung, ethnische oder andere ungleichheitsgenerierende Differenzen in

---

41 In Weber'schen Begriffen könnte man von einem Idealtyp sprechen.
42 In der Gemeinde existierten tatsächlich drei Zonen: ein kleines bürgerliches Wohngebiet, ein Viertel mit alteingesessener Arbeiterbevölkerung und eine neue Siedlung mit Zugezogenen, die wie die zweite Gruppe der Arbeiterklasse angehörten. Elias und Scotson interessierten sich hauptsächlich für die beiden letzten Gruppen, weil sie an deren Beziehung zueinander die Etablierten-Außenseiter-Figuration paradigmatisch demonstrierten.

diesem Fall nicht wirksam waren. Was die beiden Gruppen unterschied, war die Fähigkeit der einen, sich als Etablierte aufzuspielen und die anderen in eine Außenseiterposition zu drängen. Elias war überzeugt, dass es sich hierbei um einen allgemeineren sozialen Mechanismus handelt, hinter dem sich eine häufig verkannte Form sozialer Ungleichheit und eine besondere Form der „Etablierten-Außenseiter-Figuration" verbirgt. Etabliert sind nach Elias jene, die aufgrund einer zu ihren Gunsten verschobenen Machtbalance andere erfolgreich als Außenseiter behandeln und ihnen so eine nachteilige Position zuweisen können, ohne dass diese in der Lage sind, sich gegen diese Behandlung zu wehren.

Das Machtungleichgewicht in der Etablierten-Außenseiter-Figuration entsteht daraus, dass es einer Gruppe gelingt, ihr „Selbstwertgefühl" auf Kosten der anderen Gruppe zu steigern, indem sie dieser als „minderwertig" angesehene Eigenschaften zuschreibt. Für Elias repräsentiert sich darin ein „universalmenschliches Thema": „Fast alle Menschengruppen, so scheint es, neigen dazu, bestimmte andere Gruppen als Menschen von geringerem Wert als sie selbst wahrzunehmen." (S. 292) Mit anderen Worten: Es lässt sich immer wieder beobachten, dass machtüberlegene Gruppen von sich glauben, dass sie „im Hinblick auf ihre menschliche Qualität besser als die anderen" seien und so die von ihnen Abgewerteten dominieren (S. 7).[43]

Dies kann zu Zwecken der Ungleichheitsgenerierung, aber auch -legitimierung passieren. Im ersten Fall wird die Behauptung „menschlicher Überlegenheit" als Machtmittel eingesetzt, um andere in wenig attraktive Positionen zu zwingen bzw. sie von aussichtsreichen fernzuhalten, so geschehen in der von Elias und Scotson untersuchten Gemeinde. Beide Bewohnergruppen befanden sich in einer ähnlichen sozialstrukturellen Lage. Erst durch die Stigmatisierung gerieten die Neuankömmlinge in eine schlechtere Position – mit der Folge, dass die Machtbalance zwischen beiden Gruppen aus dem Gleichgewicht kam. Im zweiten Fall der Ungleichheitslegitimierung rechtfertigt die Abwertung nachträglich eine extreme Benachteiligung, beispielsweise eine massive ökonomische Ausbeutung oder die Verweigerung eines gleichberechtigten rechtlichen Status. Dabei werden bereits in Randpositionen verwiesene Bevölkerungsgruppen mit weiteren Erniedrigungen bezüglich ihrer Lebensweise überzogen, um sie so als anomische Minderheit zu brandmarken. Ein Beispiel ist die im 19. Jahrhundert geläufige Titulierung der englischen Arbeiterklasse als „The Great Unwashed" – die einen unerträglichen Gestank ausdünsten würde. Die beiden Fälle bezeichnen paradigmatisch zwei extreme Varianten der „Etablierten-Außenseiter-Figuration". Tatsächlich bestehen die meisten empirischen Beispiele dieser Figuration

---

43   Elias verwendet, um die Gruppenbeziehungen anschaulich zu machen, die Bezeichnungen „Wir- und Sie-Gruppen".

aus einer Kombination von ungleichheitsgenerierenden und -legitimierenden Aufwertungen und Abwertungen.

Elias' Satz, dass die Etablierten die Außenseiter als „Menschen von geringerem Wert" ansähen, provoziert. Er durchbricht ein Tabu, weil er der Gleichheitsvorstellung aller Menschen widerspricht und das Überlegenheitsgefühl selten so unverhohlen artikuliert wird. Vielmehr ist es üblich, andere Begründungen anzugeben, etwa geschlechtsspezifische Differenzen, kulturelle und ethnische Unterschiede, mentale Ursachen, religiöse Besonderheiten, rassische Eigenarten etc. Diese verschiedenen Argumente folgen nach Elias alle demselben Muster: Andersartigkeit, egal worin diese besteht, wird als Minderwertigkeit angesehen. Diese Abwertung gesellschaftlich durchzusetzen, ihr breite Zustimmung zu verschaffen und sie zur einzig gültigen Sichtweise erheben zu können setzt Machtüberlegenheit voraus. Es ist also eine Machtfrage, welche Eigenschaften als höher- und welche als minderwertig bewertet werden.

Bevor die Quellen dieser Macht identifiziert werden, soll zuvor das obige Begründungsverfahren genauer unter die Lupe genommen werden, weil es selbst in den Sozialwissenschaften verbreitet ist, mit einem Bündel von Differenzen zu argumentieren, um die Genese von Ungleichheiten zu erklären und von der Machtfrage, die den Stigmata zugrunde liegt, abzusehen. Im Wesentlichen gibt es zwei Unterscheidungsweisen, auf welche sich diese Auslegungen beziehen: äußerliche Merkmale und kollektive Identifikationen. Als äußerliche ungleichheitsrelevante Merkmale werden besonders häufig geschlechtsspezifische, ethnische und rassische Eigenarten genannt. Die sich auf natürliche Unterschiede stützenden Begründungen tendieren dazu, Ungleichheiten biologistisch herzuleiten. Die zweite Gruppe bilden kollektive Identifikationen wie nationale und regionale Eigenarten, religiöse Besonderheiten oder generationenspezifische Erfahrungs- und Erlebniszusammenhänge. Hier werden lange bestehende, über Generationen gewachsene Unterschiede behauptet, die dauerhaft die Mentalität und den Habitus prägen würden und nicht durch bloßen Willen zur Disposition gestellt werden könnten, weshalb sie stabile Unterschiede und Ungleichheiten verursachen würden.

Nun ist jedoch bemerkenswert, dass mit denselben äußerlichen Merkmalen und kollektiven Identifikationen in einigen Fällen Benachteiligungen und in anderen Bevorzugungen gerechtfertigt werden. Mal wird ein markantes Gesicht oder eine bestimmte Hautfarbe als fremd und wenig attraktiv und ein anderes Mal als apart und reizvoll wahrgenommen. Für kulturelle Unterschiede gilt dies ähnlich. Werden sie als typisch französisch, englisch oder nordamerikanisch identifiziert, dann zollt man ihnen Respekt; gelten sie dagegen als typisch für eine von der Mehrheitsgesellschaft diskriminierte Minderheit, beispielsweise Migranten, so werden sie mit großer Wahrscheinlichkeit abgewertet. Elias kritisiert deshalb an Begriffen wie „rassisch" oder „ethnisch", dass sie Begründungen für soziale Ungleichheit nennen, die von deren Ursprung, nämlich den Machtunterschieden, wegführen. Sie tun so, als seien die äußerlichen Merkmale und die kollektiven Identifikationen selbst Ressourcen, über die zu verfügen soziale Vorteile und Nachteile mit sich bringt. Tatsächlich ist jedoch die gesellschaftliche Bewertung dieser Kennzeichen entscheidend dafür, ob aus ihnen Nutzen gezogen werden kann oder mit ihnen Einschränkungen verbunden sind. Deshalb ist zu untersuchen, welche Gruppen ihre Bewertungen gesellschaftlich durchsetzen können. Dies ist bekanntlich eine Frage der Macht. Während es sowohl im Alltagsdiskurs als auch teilweise in der wissenschaftlichen Auseinandersetzung üblich ist, die Unterschiede zwischen den Menschengruppen substanziell zu deuten, sollen sie mittels der Etablierten-Außenseiter-Figuration relational interpretiert werden. Auch hier setzt Elias an die Stelle substanzieller – verdinglichender – Kategorien relationale Ausdrücke, die die sozialen Beziehungen charakterisieren.

3.3   Innere Kohäsion und soziale Kontrolle als Machtquellen

Wie gelingt es nun einigen Gruppen, kollektive Identifikationen oder gemeinsame Normen, auf die sie ihr Überlegenheitsgefühl gründen, hervorzubringen und verbindlich zu machen? Zwei auf das Engste miteinander verbundene Machtquellen sind nach Elias zu diesem Zweck besonders effektiv: der Grad der inneren Kohäsion von Gruppen und die Fähigkeit, soziale Kontrolle über die eigenen Gruppenmitglieder auszuüben. Beide – Kohäsion und Kontrolle – befördern die Gruppenintegration und den Organisationsgrad. Damit steigt die Machtrate gegenüber solchen Gruppen, die diese Ressourcen nicht besitzen. Ein großer innerer Zusammenhalt und eine hohe interne Kontrolle ermöglichen es, Kräfte zu bündeln, und lassen die Konfliktfähigkeit steigen. Umgekehrt führt eine geringe Gruppenkohäsion und wenig Kontrollmacht zur Kräftezersplitterung und mindert das Vermögen, Konflikte auszutragen. Es ist speziell der größere Gruppenzusammenhalt, von dem sich zumeist auch die soziale Kontrolle herleitet, der etablierte Gruppen in eine machtüberlegene Position bringt. Entsprechend kann eine Gruppe mit geringer innerer Kohäsion kaum Widerstand entgegensetzen, wenn sie in eine Außenseiterposition getrieben wird. Es fehlt ihr die Fähigkeit, ihre gemeinsamen Interessen zu formulieren und eine positive kollektive Identität zu entwickeln, die das Fundament für einen festeren Zusammenhalt bilden könnte.

Darauf aufmerksam gemacht zu haben, dass sozial benachteiligte Gruppen auch deshalb benachteiligt sind, weil ihnen der Einblick in die Gemeinsamkeit ihrer sozioökonomische Lage fehlt und sie deshalb auch nicht für ihr Gruppeninteresse streiten können, ist nicht das Verdienst von Elias. Dies gehört zum soziologischen Basiswissen. Zudem trifft es für jede Form sozialer Ungleichheit zu und charakterisiert somit nicht das Besondere der Etablierten-Außenseiter-Figuration. Dieses besteht vielmehr darin, dass ein kollektiv gesteigertes Selbstwertgefühl, wenn man so will, eine ähnliche ideelle Ausrichtung, dazu beitragen kann, die Gruppenkohäsion zu erhöhen. Gleichzeitig zwingt eine derartig überhöhte kollektive Identifikation dazu, die innere soziale Kontrolle auszuweiten, um die strikte Einhaltung der gruppenspezifischen Normen zumindest einigermaßen zu garantieren. Den Außenseitern wirft man dagegen vor, diese Normen zu missachten und den Anforderungen an die kollektive Identität nicht zu genügen.

Dadurch entsteht ein ausgeprägtes Gruppencharisma, welches dazu beiträgt, eine Wir-Gruppe zu formieren und die Nicht-Dazugehörigen als Sie-Gruppe zu bezeichnen. „Überall sind das Gruppencharisma, das man sich selbst, und die Gruppenschande, die man Außenseitern zuweist, komplementär" (S. 185). Über ein Gruppencharisma verfügt diejenige Gruppe, die sich selbst über eine andere stellt; damit ist also nicht nur ein Zusammengehörigkeits- und Wir-Gefühl mit der „eigenen" Gruppe gemeint, sondern immer auch eine Abwertung der „fremden" Gruppe und die Übertragung einer Gruppenschande verbunden.

Nun könnte man meinen, dass alle Macht auf der Seite der Etablierten angesiedelt sei. Dies stimmt aber nur auf den ersten Blick. Denn die Etablierten-Außenseiter-Figuration ist nur dann stabil, wenn es den Etablierten durch internen Gruppendruck gelingt, dass die eigenen Mitglieder sich dem selbst auferlegten Verhaltenskanon dauerhaft unterwerfen. Wenn nicht, dann droht die Machtbalance zu Gunsten der Außenseiter zu kippen. Insofern sind es eigentlich die Außenseiter, die indirekt die Etablierten zwingen, eine strikte innere soziale Kontrolle auszuüben, womit sie Macht auf die Gruppe der Etablierten ausüben. Andererseits fördert die stetige Inspektion der eigenen Gruppenangehörigen – eine Form der Machtausübung nach innen – eine Angleichung der Wahrnehmungen und Bewertungen, ja des gesamten Lebensstils. Dadurch wird die Chance vergrößert, bevorzugte soziale Positionen mit einem hohen Machtgehalt für die eigenen Gruppenmitglieder zu reservieren. Diese Privilegien wiederum festigen den internen Zusammenhalt. Genau dies macht den Kern einer Etablierten-Außenseiter-Figuration aus:

> „Eine Gruppe schließt eine andere Gruppe von Macht- und Statuschancen aus, so daß sie diese Chancen für sich zu monopolisieren vermag. Der Ausschluß kann nach Grad und Stärke variieren, er kann total oder partiell, stärker oder schwächer sein." (S. 305)

3.4   Die Macht zur Stigmatisierung

Die soziale Vorrangstellung der Etablierten und ihr Gefühl menschlicher Höherwertigkeit gegenüber den Außenseitern kann auf unterschiedlichen Machtmitteln basieren. Ein besonders effektvolles Machtmittel ist die Fähigkeit, machtschwächere Gruppen zu stigmatisieren. Denn indem diesen eine Gruppenschande angehängt wird, kann im Gegenzug das eigene Gruppencharisma gesteigert werden.[44] Elias spricht stets von Stigmatisierung und weniger vom Stigma selbst. Er will so deutlich machen, dass Stigmatisierung nicht durch irgendein äußerliches Merkmal ausgelöst wird, sondern es sich um einen sozialen Prozess – eine bestimmte Figuration – handelt, bei dem den weniger Mächtigen eine Gruppenschande aufgedrückt und ihnen der Glaube an die „menschliche Höherwertigkeit" der Stärkeren aufgedrängt wird.

In Elias' Ausführungen über den Prozess der Stigmatisierung wie an so vielen Stellen seines Werks führt er einen verdeckten Dialog mit anderen soziologischen Theorien. Und wie üblich spricht er auch hier nicht aus, welche Theorien der Stigmatisierung er kritisiert. Ganz allgemein konstatiert er, dass ihm im Gegensatz zu anderen Kollegen der bloße Hinweis auf „die Natur des Vorurteils bzw. des Stigmas" als Grund für Herabsetzungsprozesse nicht hinreicht: Oft heiße es, „daß Menschen als einer anderen Gruppe zugehörig betrachtet werden, weil sie eine andere Hautfarbe haben. Aber die zentrale Frage ist eher, wie es geschah, daß man sich in unserer Welt daran gewöhnt hat, Menschen mit einer anderen Hautfarbe als einer anderen Gruppe zugehörig wahrzunehmen." (S. 50) Diese Frage bleibe in der Regel in den soziologischen Studien ungeklärt.

Eines der einflussreichsten und wichtigsten Bücher über „Stigma" (1990) hat Erving Goffmann geschrieben. Schauen wir uns kurz an, was Goffman unter Stigma versteht, um Elias' Begriff der Stigmatisierung genauer fassen zu können. Goffmann untersucht hauptsächlich, wie der Untertitel seines Buchs „Über Techniken der Bewältigung beschädigter Identitäten" deutlich ausdrückt, wie die Betroffenen mit dem Stigma umgehen; Elias interessiert sich dagegen vornehmlich für den Prozess der Stigmatisierung als Machtausübung. Nach Goffman bezeichnen Stigmata Abweichungen vom Normalen, die gesellschaftlich zutiefst diskreditieren. Stigmatisiert werden jene, die „in unerwünschter Weise anders sind, als es gesellschaftlich akzeptiert" ist (Goffman 1990, S. 9). Im Wesentlichen lassen sich drei Stigmata unterscheiden: „Abscheulichkeiten des Körpers" wie körperliche Deformationen, individuelle Charakterfehler wie Kriminalität sowie phylogenetische Stigmata wie nationale, rassische oder religiöse Eigenarten. Träger dieser Merkmale werden von vollständiger gesellschaftlicher Aner-

---

44   Neben Stigmatisierung sind Schimpf- und Lobklatsch Mittel, das Gruppencharisma zu vergrößern. Diese wirken jedoch eher unterschwellig, sind weniger verfestigt und werden im Allgemeinen nicht von der gesamten Mehrheitsgesellschaft praktiziert. Deshalb können sie zur Machtstärkung beitragen, aber kaum die ursprüngliche Ursache einer Machtdifferenz sein. Für Stigmatisierungen sieht dies anders aus, sie können sehr wohl ungleichheitsgenerierend wirken (vgl. Paris 1993).

kennung ausgeschlossen und es werden ihnen weitere negative Eigenschaften zugeschrieben, die mit dem ursächlichen Merkmal oder dem tatsächlichen Verhalten nichts zu tun haben. Zum Anlass von Stigmatisierung werden bei Goffman Attribute, deren „Besitz dem Individuum tatsächlich bewiesen werden kann" (ebd., S. 10). Insofern haben für Goffman Stigmata eine substanzielle bzw. objektivistische Basis: Sie benennen ein überprüfbares Anderssein. Der Maßstab dafür leitet sich von der gesellschaftlich gebräuchlichen Unterscheidung in Normalität und Abweichung her und greift somit auf einen gesellschaftlichen Grundkonsens zurück. Von Stigmatisierung sind demnach jene betroffen, die sich nicht den gesellschaftlichen Normen und Werten fügen, gleichgültig welche Position sie im gesellschaftlichen Machtgefüge innehaben. Damit ist das Stigma ein Instrument, um Normalitätserwartungen durchzusetzen und die Gesellschaft vor anomischen Prozessen zu bewahren, also die bestehende soziale Ordnung zu stabilisieren.

Elias begreift Stigmatisierungsprozesse anders. Erstens sind diese für ihn Teil des Machtgeschehens und zweitens handelt es sich bei den Besonderheiten, auf die sich Stigmata beziehen, um soziale Konstruktionen.

Zum ersten Punkt: Die Unterscheidung von normal und abweichend, um zu erklären, was zum Stigma wird, bleibt nach Elias mit dem gesellschaftlichen Geschehen der Stigmatisierung verfangen. Denn diese Unterscheidung rechtfertigt, aber erklärt nicht, weshalb bestimmte Menschengruppen stigmatisiert werden. Vielmehr gilt es nach der „Soziodynamik der Stigmatisierung" zu fragen, d.h. nach den sozialen Voraussetzungen, unter denen eine Gruppe einer anderen eine Gruppenschande aufzudrücken und ihr eigenes Selbstbild zu idealisieren vermag. Und dies ist für Elias eine Frage der Macht. „Eine Gruppe vermag eine andere nur so lange wirksam zu stigmatisieren, wie sie sicher in Machtpositionen sitzt, zu denen die stigmatisierte Gruppe keinen Zugang hat." (S. 14) Die Stigmatisierung kann einen sich selbst verstärkenden Mechanismus auslösen, wenn das aufgeprägte Schandmal in das Selbstbild der machtschwächeren Gruppe übergeht und auf diese Weise lähmend wirkt. Dadurch gerät die Machtbalance zwischen den Etablierten und den Außenseitern noch weiter aus dem Gleichgewicht. Falls sich allerdings das Machtgefälle verringert, dann können die Außenseiter zum Mittel der Gegenstigmatisierung greifen bzw. das ehemalige Stigma in eine positive Selbstbezeichnung verkehren. Beginnt die Gegenstigmatisierung zu stechen oder wird die positive Verwendung eines ehemaligen Schandmals auch von der Etabliertengruppe respektiert, dann kann dies als Zeichen einer Machtverschiebung gewertet werden.

Zum zweiten Punkt: Das Besondere des Stigmas ist, dass, obwohl es sich ursprünglich um ein soziales Vorurteil handelt, es in den Vorstellungen der Stigmatisierenden eine materielle Qualität annimmt. Es wird verdinglicht: Hautfarbe,

Rasse, Geschlecht, sexuelle Praktiken, religiöse Überzeugungen, kulturelle Eigenarten etc.; diese äußerlichen Merkmale und kollektiven Eigenarten werden als Ursachen für die Stigmatisierung angeführt. Damit erhält das Stigma objektiv nachweisbare Eigenschaften, teilweise sogar natürliche, weshalb seine soziale Genese nicht mehr durchschaut werden kann. Nicht dingliche, tatsächlich wahrnehmbare Unterschiede bilden den Ausgangspunkt für Stigmatisierung, sondern im Machtkampf nutzen die Stärkeren die Waffe der Stigmatisierung, um ihre Überlegenheit zu beweisen, und konstruieren dabei Unterschiede, die sie negativ bewerten. Um ihren Vorurteilen Beweiskraft zu verleihen, weisen sie diesen oftmals einen dinglichen Charakter zu. Damit führt Elias einen relational bestimmten Begriff ein: Stigmatisierung drückt eine soziale Beziehung aus und leitet sich nicht von substanziellen Eigenschaften des Stigmatisierten her. Beispiele für stigmatisierende Bezeichnungen sind: Nigger, Judenjunge, Kümmeltürke, Makkaroni, Schwuler, Lesbe, Kanake. Bei den Begriffen Schwuler und Lesbe kann man beobachten, dass diese in den letzten Jahrzehnten von einer herabsetzenden Bezeichnung durch die Mehrheit der Heterosexuellen in eine positive Selbstbezeichnung verkehrt wurden, was beweist, dass hier die Etablierten-Außenseiter-Figuration zu Gunsten der ehemals Stigmatisierten verschoben wurde.

Stigmatisierung ist nur eine Machtquelle unter vielen; Elias spricht vom „polymorphen Charakter der Machtquellen" (S. 97). Die wichtigsten sind ökonomische und politische Macht, insbesondere dann, wenn sie auch physisch durchgesetzt werden. Zur Stabilisierung einer Etablierten-Außenseiter-Figuration bedarf es neben der Stigmatisierung weiterer Machtmittel. Obwohl Herabsetzungsprozesse allein keine verlässliche Machtquelle sind, stellt Stigmatisierung eine nicht „zu unterschätzende Waffe in den Spannungen und Konflikten in einer Machtbalance" dar (S. 19). Dies gilt insbesondere dann, wenn – wie in der untersuchten Gemeinde – sich die Gruppen bezüglich ihrer ökonomischen und sozialen Mittel kaum unterscheiden und sich deshalb von ihrer Ressourcenausstattung her nahe sind. In solchen Fällen kann gegenseitige Stigmatisierung ungleichheitsbegründend wirken.

Ansonsten wird Stigmatisierung eher zur Rechtfertigung einer stark verschobenen Machtbalance genutzt. Sie dient den Machtstärkeren dazu, die Machtschwächeren zu der Überzeugung zu bringen, dass sie nicht zu den „Auserwählten" gehören, dass sie „schimpfliche, minderwertige Menschen seien". Hier zeigt sich die Analysekraft der Etablierten-Außenseiter-Figuration. Im Gegensatz zu dem verbreiteten additiven Konzept von Ungleichheit kann man damit den kumulativen Effekt der verschiedenen Benachteiligungen untersuchen. Elias vertritt die These, dass sich die Machtgefälle auf den verschiedenen Ebenen gesellschaftlicher Integration in ihrer jeweils spezifischen Eigenart kumulieren, als ökonomische, politische, soziale oder kulturelle Ungleichheit. So schlagen sich die Machtunterschiede zwischen den Klassen und Schichten ökonomisch, zwischen Regierenden und Regierten politisch nieder und im Nahverhältnis können sie in der Form der Stigmatisierung ausgetragen werden. Es sind die gleichen Gruppen, die sich ökonomisch, politisch, sozial und kulturell in den machtschwächeren bzw. -stärkeren Position befinden. Dieses Zusammenwirken der verschiedenen Machtbalancen bezeichnet Elias als Mehrstöckigkeit der Etablierten-Außenseiter-Figuration: Je nach gesellschaftlicher Integrationsebene kommen andere Machtquellen zum Zuge und jeweils reflektiert sich darin die grundlegende Machtdifferenz. Eng und geradezu unausweichlich sind für Elias ökonomische und politische Machtungleichheiten miteinander verzahnt. So schreibt er am Schluss von „Über den Prozeß der Zivilisation": Die Interdependenz zwischen den „ungeordneten oder geordneten Monopolen der physischen Gewaltausübung und den wirtschaftlichen Konsumtions- und Produktionsmitteln" ist „unaufhebbar. (...) Beide zusammen bilden das Schloß der Ketten, durch die sich die Menschen gegenseitig binden, ohne dass eines je die eigentliche Basis und das andere lediglich einen 'Überbau' darstellt." (Elias 1982, S. 436f.)

Damit setzt sich Elias ausdrücklich von Marx ab.[45] Aus den Verflechtungen zwischen den verschiedenen Sphären resultiert ein die Machtdifferenzen verstärkender Effekt, weshalb die Etablierten-Außenseiter-Figuration auf den verschiedensten Ebenen der gesellschaftlichen Integration wiederzufinden ist.

3.5 Anwendungen der Etablierten-Außenseiter-Figuration in der Soziologie

Die Etablierten-Außenseiter-Figuration hat bislang kaum Eingang in die Ungleichheitssoziologie und Sozialstrukturanalyse gefunden. Allerdings ist zu beobachten, dass sie immer häufiger angewendet wird, um Benachteiligungsverhältnisse zu veranschaulichen und zu erklären, die sich nicht mit den üblichen Kategorien wie Milieu, Schicht oder Lage fassen lassen, weil bei diesen Ungleichheiten nicht ökonomische, sondern andere Gründe als ursächlich angesehen werden. Dazu zählen ethnische, nationale, religiöse oder geschlechtsspezifische Benachteiligungen. Diese resultieren aus gruppenspezifischen Machtgefällen, die mit dem Modell der Etablierten-Außenseiter-Figuration beschrieben werden können, da sie auf Abwertungsprozessen basieren – so die typischen Machtungleichheiten zwischen ethnischen Mehrheits- und Minderheitsgesellschaften, religiösen

---

45 Dies entspricht beinahe der „Komplizenschaft von Feld und Habitus", die Bourdieu behauptet. Er zeigt, dass eine Homologie zwischen den Machtpotenzialen, die aus der sozialstrukturellen Position resultieren, und der erreichbaren Stellung in den einzelnen sozialen Feldern besteht (siehe unten).

Mehrheiten und Minderheiten, machtstärkeren und machtschwächeren Staaten, Männern und Frauen, Heterosexuellen und Homosexuellen etc.

Diese typischen Machtdifferenzen werden als vorgelagerte Ursache dafür angesehen, dass sich bei den machtschwächeren Gruppen weitere Benachteiligungen – ökonomische, politische und rechtliche – kumulieren. Insofern ist es nicht überraschend, dass die Etablierten-Außenseiter-Figuration hauptsächlich von Soziologinnen und Soziologen angewendet wird, die sich nicht oder zumindest nicht primär als Ungleichheitsforscherinnen und -forscher verstehen, sondern ihren Schwerpunkt – je nachdem, mit welcher Gruppe sie sich beschäftigen – in der Migrationssoziologie, der Geschlechtersoziologie oder der Minderheitensoziologie ansiedeln. Zwar weisen einige in ihren Studien darauf hin, dass das von ihnen je nach Gruppenzugehörigkeit spezifizierte Etablierten-Außenseiter-Modell auch Ergebnisse erbringen würde, die systematisch in eine Theorie sozialer Ungleichheit zu integrieren seien (z.B. Waldhoff 1993, S. 170). Aber das Entscheidende ist, dass sie ihre Ergebnisse erst nachträglich an die Ungleichheitssoziologie herantragen und die von ihnen untersuchten Machtgefälle nicht sogleich als Ungleichheitsformen konzeptualisieren. Dies erklärt, weshalb ihre Studien von der Ungleichheitssoziologie kaum rezipiert werden. Im Folgenden werden drei Anwendungsbeispiele vorgestellt. Dabei ist nicht geplant, die Untersuchungen in aller Ausführlichkeit wiederzugeben, sondern es soll lediglich ein Einblick in die Varianten und Erklärungskraft der Etablierten-Außenseiter-Modelle gegeben werden.

3.5.1 Die Einheimische-Zuwanderer-Figuration – die Ethnisierung von Ungleichheiten

In seinem Buch „Die Gesellschaft der Individuen" (1987) hat Elias selbst ein Anwendungsfeld für die Etablierten-Außenseiter-Figuration benannt:

> „Gegenwärtig treten bürgerliche und Arbeiterschichten zusammen als etablierte Wir-Gruppen der Nationalstaaten einer neuen Außenseiterwelle von Zuwanderern, vor allem von Gastarbeitergruppen, entgegen. Wie auf den vorangegangenen Stufen werden auch hier die Außenseiter nicht in die Wir-Identität mit einbezogen. Die Etablierten erleben auch in diesem Falle die Außenseiter in der dritten Person." (Elias 1987a, S. 276)

In der Migrationssoziologie ist die Etablierten-Außenseiter-Figuration gut eingeführt. Dort wird sie genutzt, um die Machtverhältnisse zwischen der einheimischen Mehrheits- und der zugewanderten Minderheitsgesellschaft zu charakterisieren. Annette Treibel hat mehrere Bücher und Aufsätze dazu verfasst. Ein Aspekt soll kurz dargestellt werden: der Zusammenhang von Unterschichtung und Ethnisierung. Treibel zeigt, dass die Zugewanderten mittels ethnischer und kultureller Argumente in unterste soziale Positionen gedrängt werden, in solche, die die Mehrheitsgesellschaft unterschichten. Dies gilt primär für den Arbeits- und Wohnungsmarkt. Obwohl innerhalb der einheimischen Mehrheitsgesellschaft berufliche Qualifikation und Einkommen die typischen Strukturprinzipien bilden, finden sie bei den Zugewanderten wenig Anwendung. Sie werden mittels ethnischer und kultureller Abwertungen in randständige Positionen abgeschoben, was heißt, dass ihre soziale Stellung durch vorgelagerte Strukturprinzipien, die auf die Mehrheitsgesellschaft gar keine Anwendung finden, bestimmt wird. Dass auf sie spezielle Strukturprinzipien wirken, ist Ausdruck einer extrem verschobenen Machtbalance (vgl. Treibel 1990, 1993a, 1993b).

Hans-Peter Waldhoff legt seine Analyse komplexer und langfristiger an. Er verbindet die Etablierten-Außenseiter-Figuration mit Elias' Zivilisations- und Wissenssoziologie. Auch aus seinen Arbeiten können nur einige Gedankenlinien skizziert werden. Waldhoff beschäftigt sich mit den „am relativ fremdesten erscheinenden türkischen Einwanderern" (Waldhoff 1995, S. 20). Im Mittelpunkt seiner Studien steht „das Ineinandergreifen von Machtungleichheiten und Zivilisierungsdifferentialen" (ebd.). Dem liegt die These zugrunde, dass die „zivilisatorisch erreichten Selbststeuerungsstandards Einfluß auf die Machtverhältnisse, vor allem auf die Machtrate der Außenseitergruppe, haben" (ebd.). Je mehr sich Entwicklungsstufen von Einheimischen und Zugewanderten angleichen, umso stärker verringern sich die Machtdifferenziale in dieser Etablierten-Außenseiter-Figuration. Insofern können „Zivilisierungsvorsprünge eine wichtige Machtquelle bilden" (Waldhoff 1993, S. 170). Die in den Einwanderungsländern „herrschenden Zivilisierungsvorsprünge kann man im Kern als längere Erfahrung in der Abstimmung der psychischen Funktionen von Menschen auf das Zusammenleben in komplizierten und weitläufiger integrierten Gesellschaften unter dem Schutz eines gesellschaftlich kontrollierten Gewaltmonopols kennzeichnen" (ebd.). Wenn „Menschen, die eine 'frühere' Zivilisationsstufe repräsentieren, in 'entwickeltere' Gesellschaften" zuwandern, die sich ihres Entwicklungsstands noch nicht sicher sein können, dann werden diese die Zugewanderten als Bedrohung ihrer erreichten Entwicklungsstufe wahrnehmen (ebd., S. 167). Dass sie sich bedroht fühlen, belegt, dass sie ihre eigene Zivilisierung noch als sehr gefährdet wahrnehmen. Um die Bedrohung abzuwehren, entwickeln sie ein idealisiertes Selbstbild – eine „Größenphantasie" – sowie ein abwertendes Fremdbild, welches mit abstrusen Verdächtigungen getränkt und zur Stigmatisierung vorzüglich geeignet ist. Auf diese Weise entsteht, ähnlich wie Elias dies für die Gemeindestudie demonstriert hat, eine Etablierten-Außenseiter-Figuration.

3.5.2   „Harmonische Ungleichheit" – die Geschlechter-Figuration

Die Frauen- und Geschlechterforschung hat sich Elias' Werk aufgeschlossener und grundsätzlicher genähert als viele andere soziologische Spezialisierungen, von denen man dies eher erwartet hätte (Klein/Liebsch 1997). Denn obwohl sich Elias mit den Alltagsnöten und der körperlichen Bedürftigkeit des Menschen mehr beschäftigt hat als die große Mehrzahl seiner Kollegen, schienen ihn die Geschlechterbeziehungen seltsamerweise kaum zu interessieren (vgl. Hammer 1997). In den großen Studien gibt es nur wenige Anmerkungen über diese grundlegende Figuration. Erst in den 1980er Jahren veröffentlichte Elias einen größeren Aufsatz zum viel diskutierten Thema des „Geschlechterverhältnisses" (Elias 1987a), verlegte jedoch seine Untersuchung in die Zeit der römischen Antike.[46]

Das Geschlechterverhältnis ist für Elias durch ein eindeutiges Machtgefälle zu Gunsten der Männer gekennzeichnet, welches sich im Laufe der Jahrhunderte – von der römischen Antike bis heute – allmählich verringert hat. Die Machtbalance verschiebt sich jedoch weder kontinuierlich, noch ist das Machtungleichgewicht grundsätzlich in Frage gestellt. Frauen hatten und haben in vielerlei Hinsicht eine Außenseiterposition inne. So waren sie traditionell von vielen männlich monopolisierten Machtpositionen ausgeschlossen. Trotz der massiven Trennung der typisch weiblichen und männlichen Tätigkeitsgebiete sind beide Geschlechter „in einer Weise voneinander abhängig wie in keiner anderen Etablierten- und Außenseitergruppe sonst. Jenseits aller Ideologien kann man feststellen, daß keine anderen Menschengruppen biologisch derart aufeinander ausgerichtet sind." (Elias 1987a, S. 12)

Das Besondere der Geschlechterbalance, was sie von anderen Machtbalancen unterscheidet, ist, dass es sich um eine „harmonische Ungleichheit" handelt (Elias 1986, S. 423).

Die untergeordnete Stellung der Frau, die in ihrer eingeschränkten Verfügung über Machtmittel zum Ausdruck kommt, leitet Elias von der physischen Machtunterlegenheit der Frauen her. Aber nur in kriegerischen Gesellschaften konnte die Herabsetzung weiblicher Fähigkeiten mit geringerer körperlicher Kraft begründet und männliche Machtüberlegenheit gerechtfertigt werden. „Es war also nicht die relative physische Schwäche der Frauen per se, die für die großen Machtunterschiede zwischen Männern und Frauen und für die daraus folgende soziale Unterlegenheit der letzteren verantwortlich war, sondern die Struktur einer Gesellschaft, in der von allen menschlichen Fähigkeiten Muskelkraft und Kampfvermögen die wichtigste soziale Funktion hatten." (ebd., S. 431)

---

46   Einige wichtige Bemerkungen von Elias (1987) zur Machtbalance zwischen Männern und Frauen sind in einem Vorwort zu einem Buch von Bram van Stolk und Cas Wouters (1987) über „Frauen im Zwiespalt. Beziehungsprobleme im Wohlfahrtsstaat" enthalten.

Im Prozess der Zivilisation, insbesondere im Kontext des Staatenbildungsprozesses und der wirtschaftlichen Entwicklung, verlor das physische Kampfvermögen seine gesellschaftliche Funktion und stand nun immer mehr für eine „frühere", überwundene Zivilisationsstufe. Wichtige Abschnitte der Pazifizierung und Zivilisierung der Gesellschaft waren die Herausbildung eines staatlichen Gewaltmonopols, was zur inneren Befriedigung beitrug und Konflikte in rechtliche Verfahren überführte, sowie die Durchsetzung zivilisierterer Umgangsformen und eines höheren Bildungsniveaus. Diese Institutionen verminderten die gesellschaftliche Bedeutung des physischen Machtgefälles und schufen die Voraussetzung dafür, physische Gewalt symbolisch als unzivilisiert umzudeuten. Allerdings fand die Minderung des Ungleichgewichts im Verhältnis von Männern und Frauen häufig nur in einzelnen sozialen Schichten statt – vorwiegend in sozial privilegierten. Zudem folgten oftmals Gegenschübe. Prinzipiell sieht jedoch Elias den Prozess der Zivilisation als Chance, das Machtgefälle im Geschlechterverhältnis zu vermindern. Die Geschlechter- und Frauenforschung sieht die Wandlungen in der Frauen-Männer-Figuration nicht so positiv. Sie wendet ein, dass diese gegenüber anderen Ungleichheitsbeziehungen erstaunlich retardiert sei und deshalb eher aus dem allgemeinen Zivilisationsprozess herausfalle, mindestens aber hinterherhinke.

Erst nachdem wesentliche Schritte der gesellschaftlichen Befriedung längst erreicht waren, begann das bis dahin stabile Machtungleichgewicht zwischen den Geschlechtern zu bröckeln (vgl. Klein/Liebsch 1997). So kommt beispielsweise Annette Treibel zu dem Fazit, dass das Geschlechterverhältnis „das 'ungleichste' unter den sozialen Verhältnissen" sei; bislang hätten sich zwar die „Figurationsideale von Männern und Frauen (...) geändert, die Figurationen selbst jedoch weniger" (Treibel 1993a, S. 331).

3.5.3   Außenseiter und Etablierte in der „Wendezeit"

Als letztes Beispiel soll kurz eine Anwendung auf das Verhältnis von Etablierten und Außenseitern in Ostdeutschland vorgestellt werden, um zu demonstrieren, dass Elias' locker komponiertes Figurationsmodell dazu einlädt, es mit anderen Denkmodellen zu verknüpfen, um auf diese Weise hoch komplexe soziale Prozesse zu veranschaulichen. Sighard Neckel hat in einer kleinen Studie die Etablierten-Außenseiter-Figuration um den „Hinzutritt eines Dritten" – diese Figur stammt von Georg Simmel – erweitert und auf die Transformationsprozesse in Ostdeutschland übertragen.

Die Etablierten in dieser Figuration waren zu Zeiten der DDR in Führungspositionen der Herrschaftspartei SED, dem Staatsapparat oder der Leitung der staatlichen Wirtschaft tätig, „während als Außenseiter des Staatssozialismus jene

Bevölkerungsgruppen anzusehen sind, denen aufgrund politischer oder weltanschaulicher Abweichung gleiche politische Teilhabechancen verwehrt worden waren. Zwischen beiden bestand das asymmetrische Machtgefälle, das Elias zufolge das wesentliche Strukturmerkmal in der Figuration von Etablierten und Außenseitern ist" (Neckel 1997, S. 207). In der Phase des politischen Umbruchs kam es zu einer direkten Umkehrung der Etablierten-Außenseiter-Figuration: Es war die Zeit der Bürgerrechtler, Umweltengagierten und Kirchenmitglieder (ebd., S. 208). Im gleichen Maße, wie der politische Regimewechsel durchgesetzt wurde, wandelte sich die Etablierten-Außenseiter-Figuration: Die ehemals Etablierten wurden mit der Gruppenschande der „Roten Socken" oder „Wendehälse" belegt, während die einstigen Außenseiter sich ein eigenes Gruppencharisma aufbauen konnten: die „Helden von Leipzig". Allerdings wäre, so Neckel, ohne den „Hinzutritt eines Dritten", in diesem Fall die westdeutsche Politik, die Partei für die ehemaligen Außenseiter ergriff und sie unterstützte, eine Umkehrung der Machtbalance nicht möglich gewesen.

Die Etablierung der vormaligen Außenseiter gelang jedoch nur, wie jedermann alsbald beobachten konnte, für die kurze Dauer der historischen Ausnahmesituation. Nachdem der Prozess der Vereinigung in institutionalisierte Bahnen gebracht war, wurden die Etablierten der Übergangsphase wieder „dorthin zurückversetzt, wo sie sich zuvor schon aufhalten mussten, 'an den Ort außerhalb des gesellschaftlichen Establishments'" (ebd., S. 213). Daraus kann man ersehen, dass ihnen die für eine dauerhafte politische Machtausübung notwendigen Ressourcen fehlten und diese nur in einem langfristigen Prozess beschafft werden können, etwa Routine im Umgang mit politischen Institutionen, die Fähigkeit, ein politisches Machtgefüge aufzubauen und zu kontrollieren, und nicht zuletzt ein für Politiker typischer Habitus. Eine stabile Umkehr der Machtbalance bedarf somit einer institutionellen Absicherung. Ansonsten wird es sich nur um ein kurzes Kippen handeln oder eine Verschiebung, die zu jeder Zeit wieder rückgängig gemacht werden kann.

Bemerkenswert ist, dass es kaum soziologische Arbeiten gibt, die genau das entlehnen, was das Besondere der Etablierten-Außenseiter-Figuration in Elias' Gemeindestudie war: Stigmatisierung als Machtquelle. Dass just diese Ungleichheitsform nicht aufgenommen wurde, erstaunt, denn es lassen sich genügend Beispiele angeben, die sich mit dieser Art der Etablierten-Außenseiter-Figuration überzeugend darstellen ließen, so die Diskriminierung von Schwulen und Lesben. Ähnlich wie in der Gemeindestudie, wo sich Alteingesessene und Neuankömmlinge in nichts unterschieden, was üblicherweise zur Erklärung von sozialen Benachteiligungen herangezogen wird – Einkommen, Beruf, Bildung –, sondern nur bezüglich der Zeitdauer ihres Zusammenlebens am selben Ort, besteht der Unterschied der stigmatisierten Gruppe der Homosexuellen nur in ihrer sexuellen Orientierung, ein üblicherweise nicht beachtetes ungleichheitsrelevantes

Merkmal, an welches jedoch einige strukturelle Benachteiligungen geknüpft sind, z.B. rechtliche Folgen. An diesem Beispiel könnte man studieren, wie dann entstehende eigenständige Kohäsions- und Organisationsformen als Machtressourcen fungieren können, die es ermöglichen, eine stigmatisierende Fremdbezeichnung in eine positive Selbstbenennung umzudrehen. Die Machtbalance beginnt sich auszugleichen.

3.6 Vorzüge und Grenzen der Etablierten-Außenseiter-Figuration

Es bietet sich eigentlich an, vor dem Hintergrund des Kapitels über „Alte und neue Ungleichheiten – alte und neue Fragen" die dort benannten Problembestände der Reihe nach abzuhandeln. Allerdings sprechen zwei Gründe dagegen. Zunächst gibt es einige Punkte, zu denen Elias gar keine Position bezieht, was in seiner Zivilisationstheorie begründet liegt. So stellt sich für ihn die Frage, wie „objektive" Lebensbedingungen und „subjektive" Lebensweisen vermittelt sind, überhaupt nicht, weil die Annahme, man könne diese Ebenen trennen, für ihn überhaupt nicht vorstellbar war. Dies wird insbesondere in der Verbindung von Sozio- und Psychogenese deutlich. Zweitens würde eine solche Abhandlung viele Facetten aufzeigen, aber wenig dazu beisteuern, eine Synthese aus den verschiedenen theoretischen Ansätzen hervorzubringen. Um zu diesem Bestreben etwas beizutragen, sollen zwei Aspekte hervorgehoben werden: die machttheoretische Konzeption (1) und die Gestalt der Figuration (2).

(1) Alle Ungleichheitsformen – ökonomische ebenso wie politische, rechtliche oder geschlechtsspezifische – gründen nach Elias auf Machtunterschieden und repräsentieren spezifische Transformationen von Macht. Elias lässt in seiner machttheoretischen Konzeption die zentrale Frage, warum alle Beziehungen zwischen den Menschen als Machtbeziehungen zu begreifen seien, weitgehend unbeantwortet. Dies scheint zu seinen anthropologischen Grundannahmen zu gehören, die er selbst nicht ausführlich begründet und bei denen er sich stark an der Freudschen Psychoanalyse orientiert. Eine derartige Herleitung von Macht ist jedoch für die Ungleichheitssoziologie wenig hilfreich, weil zwar die Mittel der Machtausübung auf soziale Ungleichheiten bezogen werden können, aber die Quelle, sprich die Ursache, warum Menschen in Machtverhältnissen zueinander stehen, nicht erklärt werden kann. Daraus folgt, dass alles Streiten für soziale Gerechtigkeit und Gleichheit nur als Machtkampf interpretiert werden kann. Und jede Kritik der Ungleichheitsverhältnisse erscheint als nichts anderes als ein ideologischer Machtdiskurs. Dass Vorstellungen von sozialer Gleichheit und Gerechtigkeit auch konsensual entwickelt oder auf einem breiten gesellschaftlichen Konsens beruhen können, ist für Elias offensichtlich kaum vorstellbar.

Das Vermögen, Macht auszuüben, wirkt ungleichheitsgenerierend und -verstärkend, weil daran die Fähigkeit geknüpft ist, Über- und Unterordnungsverhältnisse zu schaffen, d.h. Menschen in bevorzugte oder benachteiligte soziale Positionen zu drängen. Weil alle Ungleichheitsformen auf eine einzige Wurzel, die Machtdifferenziale, zurückgeführt werden können, bringt Elias sie auch unter ein gemeinsames theoretisches Dach: eine machttheoretische Konzeption von Ungleichheit. Freilich hierarchisiert auch Elias die unterschiedlichen Machtressourcen, nämlich danach, wie stark sie zur Ausrichtung von Machtverhältnissen eingesetzt werden; allerdings nimmt er keine qualitative Differenzierung der verschiedenen Strukturprinzipien vor. Die verschiedenen Machtquellen sind ineinander transformierbar, unterscheiden sich deshalb nicht grundsätzlich voneinander und zielen alle in die gleiche Richtung: das Vermögen zu vergrößern, soziale Beziehungen und Verhältnisse den eigenen Interessen und Vorstellungen gemäß gestalten zu können.

Zwar zeigt auch Elias, insbesondere im „Prozeß der Zivilisation" und in der „Höfischen Gesellschaft", dass manche Machtressourcen – z.B. physische Gewalt – im Laufe der Geschichte an Stärke verlieren und andere an ihre Stelle rücken – z.B. Wissen –, aber das von der neueren Sozialstrukturanalyse beschriebene Phänomen, dass die Strukturprinzipien in entgegengesetzte Richtungen weisen, miteinander konkurrieren und deshalb nicht auf eine gemeinsame Ursache zurückzuführen sind, scheint bei ihm so nicht vorzukommen. Ein Grund dafür könnte sein, dass er die Machtverhältnisse jeweils für die verschiedenen Figurationen analysiert und dabei die jeweils dominanten Machtquellen bestimmt und sich weniger für das komplexe Zusammenwirken mehrerer, teilweise konfligierender Strukturprinzipien interessiert. Ein weiterer Grund mag sein, dass die Konkurrenz verschiedener Strukturprinzipien machttheoretisch als Kampf um die gesellschaftliche Vorherrschaft aufzufassen ist.

Dagegen scheint für Elias die Annahme, dass sich die verschiedenen Benachteiligungs- bzw. Bevorzugungsformen bei bestimmten Menschengruppen kumulieren, eine höhere Plausibilität zu besitzen. In die Allgemeine Soziologie übersetzt: Die These der Ausdifferenzierung gesellschaftlicher Teilbereiche, die durch kein Band mehr zusammengehalten werden, lehnt er ab. Politische, ökonomische, rechtliche Macht und auch die anderen Machtressourcen sind fest miteinander verkettet, was ja nichts anderes heißt, als dass die Menschen, die politische, ökonomische, rechtliche Macht ausüben, eng miteinander verflochten sind und so eine Kumulierung von Machtressourcen begünstigt wird. Umgekehrt bedeutet dies eine Häufung von Benachteiligungen bei machtschwachen Gruppen. Durch diese ausschließlich machttheoretische Konzeption von Ungleichheit geraten gesellschaftliche Strategien, für alle Bürger geltende Gleichheitsgrundsätze zu schaffen und durchzusetzen – z.B. Staatsbürgerschaft, Menschenrechte, Systeme sozialer Absicherung – nur als Ergebnis von Machtkämpfen in den

Blick. Dass die durchgesetzten Gleichheitsgrundsätze – gebündelt in den sozialen Rechten – die Machtungleichheiten grundlegend verändern können, beachtet Elias sicherlich zu wenig (siehe z.B. Marshall 1992).

(2) Unabhängig davon, was Elias mit dem Begriff Figuration verbindet, welche Art von Soziologie er damit betreiben will und ob man selbst dieses soziologische Denkmodell übernehmen und anwenden möchte, klärt das darin enthaltene Verständnis sozialer Beziehungen über einige Schwierigkeiten der Ungleichheitssoziologie auf. Dazu zählt, dass Ungleichheit in sozialen Beziehungen sich zumeist relational herstellt und deshalb eine substanzielle Analyse zwar die Verteilung von Ressourcen erfasst, aber so das aus der Ressourcenungleichheit resultierende soziale Beziehungsgefüge kaum zugänglich wird. Ein weiterer Punkt ist, dass mit den üblichen Veranschaulichungsmodellen, die aus einer vertikalen und teilweise zusätzlich aus einer horizontalen Achse bestehen, visuell eingängige Bilder der Sozialstruktur erzeugt werden können, aber damit keineswegs das Ungleichheitsgeschehen in seinem tatsächlichen Ablauf dargestellt werden kann. Ein dritter Aspekt ist, dass diese Modelle mit theoretisch entworfenen gesellschaftlichen Großgruppen arbeiten, die Gruppenerfahrungen und -identitäten kaum berücksichtigen können.

Der Begriff der Figuration hat den Vorzug, dass er das Augenmerk auf das soziale Beziehungsgeschehen, sprich auf die unmittelbare Machtausübung lenkt und nicht bei einer substanziell begründeten Zuordnung stehen bleibt. Andererseits wendet er gerade deswegen den Blick tendenziell ab von dem bedeutsamsten Charakteristikum sozialer Ungleichheiten in modernen Gesellschaften. In diesen Gesellschaften sind Ungleichheiten selten Ergebnis von Handeln in Face-to-face-Beziehungen. Der größte Teil der ungleichheitsträchtigen Beziehungen und Prozesse ist institutionell verfasst. Dazu gehören beispielsweise das Bildungssystem, das Steuerrecht, die Sicherung des Privateigentums. Die besondere Qualität der durch Institutionen garantierten Ungleichheitsverhältnisse, zumal wenn sie politisch legitimiert sind, kann mit dem Figurationsbegriff wahrscheinlich nicht hinreichend verstanden werden, weil er den Eindruck vermittelt, als würden die sozialen Beziehungen permanent ausbalanciert werden. Der größte Teil der Ungleichheitsverhältnisse ist jedoch fest institutionalisiert, gesellschaftlich weitgehend akzeptiert und wird als politisch legitim anerkannt.

4 Institutionalisierte Macht – die Zentrum-Peripherie-Metapher von Reinhard Kreckel

Auch wenn keine direkte Verbindung zwischen Norbert Elias' Etablierten-Außenseiter-Figuration und Reinhard Kreckels „Politische Soziologie sozialer Ungleichheit"[47] erkennbar ist – Elias taucht weder im Namensregister noch im Literaturverzeichnis auf –, so entsteht, wenn man beide Werke nebeneinander legt, doch der Eindruck einer inneren Abgestimmtheit und gegenseitigen Ergänzung. Zumindest argumentieren Elias und Kreckel in einigen Bereichen ähnlich. Selbstverständlich drängen sich die Ähnlichkeiten nur dann auf, wenn man jeweils die gleichen Fragen an sie richtet und Unterschiede in den Hintergrund schiebt; ohne Umschweife gesagt: Wenn man sich auf die Suche nach Gemeinsamkeiten macht, dann stolpert man geradezu über sie. Eine Gemeinsamkeit besteht darin, dass auch Kreckel die Ungleichheitssoziologie in enger Verbindung zur Gesellschaftstheorie sehen möchte, also nicht nur als eine Bindestrich-Soziologie unter den vielen anderen. Die zweite Ähnlichkeit besteht darin, dass auch für Kreckel Ungleichheit aus Macht- und Kräfteverhältnissen resultiert, woraus er allerdings die Konsequenz zieht, eine politische Soziologie sozialer Ungleichheit zu entwickeln. Ein weiteres gemeinsam geteiltes Interesse ist, dass Kreckel ebenfalls die verschiedensten Strukturprinzipien und Ungleichheitsformen, wie er es ausdrückt, unter ein gemeinsames „begriffliches und damit theoretisches Dach" bringen möchte (Kreckel 1992, S. 41).[48] Die letzte theoretische Verwandtschaft, die erwähnt werden soll, besteht darin, dass Kreckel ebenso wie Elias die gebräuchliche vertikale Klassifikation von Ungleichheit durch eine ersetzt, die Ungleichheit als asymmetrisches Machtverhältnis beschreibt. Kreckel schlägt das Begriffspaar Zentrum und Peripherie vor; Elias – zur Erinnerung – spricht von Etablierten und Außenseitern.

Diese sprachliche Differenz weist auf einen großen theoretischen Unterschied hin: Kreckel interessiert sich hauptsächlich für verfestigte soziale Institu-

---

47 Die Darstellung bezieht sich vorwiegend auf dieses Buch, weil Kreckel darin seine Studien systematisch zusammengeführt hat (Kreckel 1992).

48 Alle weiteren Zitate Reinhard Kreckels aus „Politische Soziologie sozialer Ungleichheit" (Kreckel 1992) werden in diesem Kapitel nur per Seitenzahl, Zitate aus seinen anderen Werken weiterhin vollständig nachgewiesen. Vorstudien zu diesem Buch waren beispielsweise Kreckel (1982, 1987).

tionen, die relativ unabhängig vom Einzelnen bestehen und dauerhaft Ungleichheit strukturieren. Elias dagegen stellt die Figurationen zwischen den Menschen in den Mittelpunkt – also das Interagieren der Menschen miteinander. Auf den Punkt gebracht: Kreckel entwickelt eine institutionelle Perspektive und untersucht primär die strukturelle Seite von Ungleichheit, weil diese seiner Meinung nach die Machtverhältnisse in der „fortgeschrittenen kapitalistischen westlichen Gesellschaft" dominiert. Damit steht er beispielsweise in der Tradition von Max Weber, für den ein, wenn nicht das bedeutungsvollste Merkmal des Rationalisierungsprozesses die „Verunpersönlichung" aller sozialen Beziehungen ist (Weber 1988, S. 536-573). Elias kritisiert just diese Behauptung, weil für ihn soziale Beziehungen ohne direkte Beteiligung von Menschen überhaupt nicht existieren und Machtasymmetrien nur zwischen Menschen bestehen können, aber nicht zwischen Institutionen, die ja nur über Menschen vermittelt miteinander interagieren können.

Es gibt eine weitere Differenz, die erwähnt werden muss, um Missverständnissen vorzubeugen. Im Gegensatz zu Elias, der die ungleichheitsträchtigen Ressourcen nicht systematisch einteilt, um die Gemeinsamkeit hervorzuheben, dass es sich bei allen Formen sozialer Ungleichheit um Machtungleichgewichte handelt, führt Kreckel eine grundlegende Unterscheidung ein. Strukturierte soziale Ungleichheit kommt bei ihm in zwei „Aggregatzuständen" vor: als asymmetrische soziale Beziehungen, die einen relationalen Charakter besitzen, und als ungleiche Verteilung von Gütern, die eine Form distributiver Ungleichheit repräsentiert. Damit nimmt er eine mittlere Position ein zwischen den relationalen Theorien, die Ungleichheit als asymmetrisches Beziehungsgefüge – als Machtverhältnis – begreifen, und jenen Konzepten, die wie die Schichtmodelle die Ungleichheit unter dem Verteilungsaspekt analysieren. Letztere konzentrieren sich darauf, die substanzielle Ausstattung der Lebensverhältnisse miteinander zu vergleichen und lassen den Machtaspekt weitgehend beiseite.

4.1   Ungleichheitssoziologie als politische Soziologie

Die Reichweite seiner Theorie beschränkt Kreckel auf den Typus „fortgeschrittener kapitalistischer Staatsgesellschaften westlichen Typs" (S. 9). Diese „empirische Begrenzung" ist insbesondere unter dem Aspekt der politischen Legitimierung zentral, weil es sich um Gesellschaften handelt, in denen das „Gleichheitsprinzip (...) in der politischen Diskussion eine immer größere Rolle" spielt (S. 29). Im Unterschied zu Gesellschaften, in denen soziale Diskrepanzen – bis auf massive Eingriffe in die Ungleichheitsverhältnisse – mehr oder weniger als gegeben akzeptiert werden, bedürfen die Ungleichheitsverhältnisse in den von Kreckel in den Blick genommenen Gesellschaften einer ausdrücklichen politischen Rechtfertigung und sind permanenten Bewährungen bezüglich ihrer gesellschaftlichen Akzeptanz ausgesetzt. Es genügt deshalb nicht, sich bloß strukturanalytisch mit der ungleichen Verteilung von Gütern und den asymmetrischen sozialen Beziehungen zu befassen. Die Ungleichheitssoziologie hat nach den „besonderen Kräften, die Ungleichheitsverhältnisse aufrechterhalten" (S. 14), zu fragen und diese Frage beinhaltet auch die nach der Legitimierung von Ungleichheit. Kreckel konkretisiert dieses in einer Frage:

> „Welche gesellschaftlichen Institutionen und Prozesse sind es, die in hochindustrialisierten Gesellschaften die Aufrechterhaltung eines Übermaßes an sozialer Ungleichheit ermöglichen, obwohl die Reduzierung dieses Übermaßes im Interesse der durch die Ungleichheitsverhältnisse benachteiligten Bevölkerungsmehrheit liegt und prinzipiell auch möglich sein müßte?" (S. 24)

Damit steht der Machtaspekt im Mittelpunkt der Ungleichheitssoziologie, weil die Einflussnahme auf die ungleichheitsgenerierenden und -legitimierenden Institutionen und Prozesse von der Konfliktfähigkeit und Interessenorganisation der Begünstigten abhängt – es handelt sich also um „Machtproben" im Elias'-schen Sinn. Um nachzuzeichnen und zu erklären, welches Ausmaß von Ungleichheit nicht mehr als legitim angesehen wird und wann oder wo Verteilungs- und Legitimationskonflikte losbrechen, ist eine politische Soziologie sozialer Ungleichheit notwendig. Eine derartig perspektivisch ausgerichtete Ungleichheitssoziologie hat erstens die Instrumente der Legitimierung wie die Rechtsordnung, zweitens die institutionelle Verankerung wie die hierarchisierte Bildungs- und Berufsstruktur und drittens die ideologische Absicherung wie die Prestigeordnung zu untersuchen. Sie kann sich also nicht auf eine sozialstrukturelle Analyse beschränken. Nur so wird es möglich, sich von der älteren Ungleichheitssoziologie, die ihr Augenmerk auf die vertikale soziale Gliederung gelegt hat, zu entfernen und sich stattdessen der institutionellen Verfassung, der Legitimierung, der Herstellung und der Tradierung von Ungleichheitsverhältnissen zuzuwenden. Dazu hat sie die „hinter den ungleichen Verteilungs- und Beziehungsstrukturen stehenden kollektiven Akteure und ihre (häufig konfligierenden) Interessen aufzusuchen" (S. 304). Nur eine derartig erweiterte Perspektive schafft die Voraussetzung dafür, sich sowohl von den gebräuchlichen vertikalen Klassifikationen als auch den vertikal strukturierten Institutionen zu lösen und diese selbst zum Gegenstand einer Ungleichheitssoziologie zu machen.

4.2   Das ungleichheitstheoretische Fundament

Es gibt Passagen in Kreckels Buch, in denen er sich hauptsächlich mit theoretischen Problemen beschäftigt, und andere, in denen er vorwiegend empirisch ar-

gumentiert und sein theoretisches Modell auf die „alte" Bundesrepublik Deutschland anwendet. Er spricht angesichts dieser beiden Vorgehensweisen von einer
„Gratwanderung zwischen Historisierung und Generalisierung" (S. 76). Die theoretischen Lösungen sind deshalb auf einen bestimmten Gesellschaftstyp – fort-
geschrittene kapitalistische Gesellschaften – zugeschnitten und nicht wie bei Elias als mehr oder weniger zeitloses Modell gedacht. Im Wesentlichen für drei
Fragen, die bereits im zweiten Kapitel angesprochen wurden, entwickelt Kreckel
theoretische Antworten: erstens das Problem, dass die Ungleichheitssoziologie
auf Vorverständnisse, Begriffe und Kategorien zurückgreift, die Resultat gesellschaftlicher Klassifizierungsprozesse sind, zweitens die Frage, ob die verschiedenen Strukturprinzipien auf einen gemeinsamen Ursprung zurückgeführt werden können, und drittens die Frage, wie die Ungleichheitssoziologie das Problem
der Vermittlung von Struktur und Handlung lösen kann.

4.2.1   Problem der Klassifikation

Hauptsächlich zwei Aspekte interessieren Kreckel am Problem der Klassifikation: zum einen das Phänomen, dass „überall und immer" soziale Ungleichheiten
„mit Hilfe vertikaler Polaritäten begriffen und beschrieben" werden, und zum
anderen die „strukturellen Brüche und Barrieren", die in der vertikalen Klassifikation enthalten sind (S. 39 und S. 105). Beginnen wir mit dem zweiten Aspekt.
Kreckel will die Problematik der Klassifizierung nicht als erkenntnistheoretische
Fragestellung abhandeln, sondern die Herausbildung von Kategorien und Klassifikationen als sozialen Prozess verstanden wissen. Schließlich handelt es sich bei
den gebräuchlichen vertikalen Begriffen und Klassifikationen stets auch um „'reale' Abstraktionen, nicht um bloße wissenschaftliche Konstruktionen" (S. 105).
Mit dieser Aussage macht er deutlich, dass er sich einem ideologiekritischen
Denken verpflichtet fühlt und dementsprechend die Thesen des sozialen Kon-
struktivismus ablehnt. Denn die Übermacht der hierarchischen Klassifikationen
in der Ungleichheitssoziologie reflektiert die gesellschaftlichen Verhältnisse, die
ebenfalls hierarchisch angeordnet sind. Die Klassifikationen sind nicht nur Ergebnis des wissenschaftlichen Nachdenkens über Ungleichheit – soziologische
Konstruktionen –, sondern die Ungleichheitssemantiken sind selbst Produkt des
Ungleichheitsprozesses. Allerdings existiert zwischen den Ungleichheitsausprägungen und der Wahrnehmungsweise „kein automatischer Zusammenhang" –
„in den Klassifikationsakten sind die Menschen souverän" (S. 108). Trotzdem ist
eine enge empirische Verbindung beobachtbar. Die Ungleichheitssoziologie hat
deshalb darüber aufzuklären, wie sich die vertikalen sozialen Strukturen sukzessive in den Denkstrukturen niederschlagen und ein hierarchisches Klassifi-
kationsschema nahe legen. „Während die gängige Ungleichheitsforschung sich

damit begnügt, die vertikalen Strukturen als empirische Gegebenheiten zu analysieren, lege ich Wert darauf, sie immer auch als Realabstraktionen zu begreifen",
so Kreckel (S. 104).[49] Die institutionalisierten Ungleichheitsgradienten, beispielsweise in Bildungstiteln oder Berufshierachien, „abstrahieren" nicht nur von
gesellschaftlichen Verhältnissen, sie sind Teil des Ungleichheitsgeschehen, weil
sie zur Illustration und zur Legitimierung sozialer Ungleichheiten beitragen.
Kreckel fordert deshalb, dass die Ungleichheitssoziologie sich nicht mit den alltagsideologischen Selbst- und Fremdwahrnehmungen zufrieden geben darf.

Wenden wir uns nun dem ersten Aspekt zu. Das vertikale Klassifikationssystem scheint universell zu sein. In der Alltags- wie in der Wissenschaftsspra-
che „lässt sich die Polarität des 'Höher' und 'Tiefer'" in der Tat nur schwer umgehen. Mit dem Bild vom „Oben und Unten lässt sich gut denken und einfach
kommunizieren" (S. 39). Ein Grund für die „soziale Zwanghaftigkeit" des vertikalen Sprachgebrauchs ist, dass „er in vielen Gesellschaften in Form von vertikalen sozialen Differenzierungen institutionalisiert ist" (ebd.). Das hierarchische
Prinzip hat sich in beinahe allen Institutionen durchgesetzt: im Bildungswesen,
in der Berufsstruktur, den Betrieben, den Parteien, den Gewerkschaften. Selbst
jene Vereinigungen sind mittlerweile hierarchisch organisiert, die ehemals gegen
die verkrusteten, etablierten Strukturen kämpften und die aus sozialen Bewegungen entstanden. Kreckel spricht deshalb davon, dass es sich um „ein bewußt in-
szeniertes gesellschaftliches Organisationsprinzip" handelt (S. 40). Es ist auch
nicht verwunderlich, dass selbst die Ungleichheitssoziologie auf vertikale Klassi-
fikationsskalen zurückgreift, obwohl gerade sie deren Institutionalisierung zu
analysieren hätte.

Allerdings hat die gesellschaftliche Erfahrung vertikaler Strukturen zu einer
begrifflichen Überverallgemeinerung der Vertikalitätsmetapher geführt. „Sie
wurde vom empirischen zum theoretischen Begriff hochstilisiert und mit sozialer
Ungleichheit schlechthin gleichgesetzt." (S. 41) Nicht alle Ungleichheiten lassen
sich mit der vertikalen Begrifflichkeit erfassen, viele bleiben wegen der Vorprä-
gung dieser Wahrnehmungsweisen unter der Aufmerksamkeitsschwelle. Dieses
gilt insbesondere für das Geschlechterverhältnis, den Land-Stadt-Gegensatz, ethnische und nationale Zugehörigkeiten. Es scheint so, dass jene Benachteiligungen, für die keine graduell-quantitative Ungleichheitssemantik ausgebildet wurde
und die üblicherweise mittels einer kategorial-exklusiven Begrifflichkeit ver-
sprachlicht werden, davon besonders betroffen sind. Um diesem Klassifizie-

---

49   Diesen Begriff entnimmt er Marx' Gesellschafts- und Erkenntnistheorie. Er übernimmt ihn,
      weil er sich dem ideologiekritischen Denken verpflichtet fühlt, „das unter die geglättete Ober-
      fläche der alltäglichen Erscheinungen blickt, um strukturelle Brüche wahrnehmen zu können"
      (S. 104). Weitere Ausführungen siehe Abschnitt 4.3.3.

rungsmangel zu entgehen, schlägt Kreckel vor, die kategoriale Beschreibung dann zu wählen, wenn es sich um „real gegebene exklusive Gruppen" handelt, die durch massive strukturelle Barrieren von der Restgesellschaft getrennt sind. Die graduell-quantitative Terminologie hält er dagegen dort für angemessen, wo eine größere soziale Mobilität und fließende Übergänge existieren. Kreckels Maßstab ist somit die „empirische Sachlage" und nicht die gesellschaftlich gebräuchlichen Ungleichheitssemantiken. Um nicht der Empirie zu erliegen und um die verschiedenen Ungleichheitsformen miteinander in Beziehung setzen zu können, ist es jedoch notwendig, ein Denkmodell zu entwickeln, welches diese verschiedenen Klassifikations- und Darstellungsweisen integrieren kann. Als alternatives Klassifikationsmodell schlägt Kreckel die „Zentrum-Peripherie-Metapher" vor. Welche weiteren theoretischen Probleme er damit bewältigen will, darüber gibt der nächste Abschnitt Auskunft.

4.2.2 Statt vertikaler und horizontaler Ungleichheiten: Zentrum und Peripherie

Angesichts der beobachtbaren zunehmenden Zergliederung des Ungleichheitsphänomens in immer mehr spezifische Benachteiligungsformen, deren Gesamtzusammenhang meist ungeklärt bleibt, weshalb diese oftmals nur additiv nebeneinander stehen oder bestenfalls in vertikale und horizontale Ungleichheiten eingeteilt werden, will Kreckel alle Ungleichheitsformen zusammen betrachten, weil sie sich aus einem gemeinsamen Problemzusammenhang herleiten (vgl. S. 44). Der Gesamtzusammenhang besteht darin, dass „sie alle etwas mit Machtverhältnissen zu tun haben", also aus „Kräftekonstellationen" resultieren (S. 14). Ziel muss es deshalb sein, die „gesellschaftsbestimmenden Kräfte und Gegenkräfte in einem einheitlichen theoretischen Rahmen zu denken, anstatt die empirischen Kräftezersplitterungen unserer Welt lediglich durch eine theoretische Begriffszersplitterung zu verdoppeln" (S. 41).

Das zweite Motiv für die Etablierung eines neuen Ungleichheitskonzepts ist, dass das Konzept der vertikalen Ungleichheit von gesellschaftlichen Hintergrundannahmen ausgeht, die nur einen begrenzten Blickwinkel zulassen, weshalb andere wichtige Ungleichheitsaspekte unbeachtet bleiben. Am Theorem der vertikalen Ungleichheit kritisiert Kreckel hauptsächlich drei Punkte: Es konzentriert sich erstens auf Arbeitsgesellschaften. Zweitens können nur solche Verteilungs- und Legitimitätskonflikte erfasst werden, die sich aus der hierarchischen Sozialstruktur ergeben. Und drittens ist der räumliche Bezug in der Regel auf einen Nationalstaat beschränkt, weshalb weltgesellschaftliche Dependenzen und Interdependenzen unberücksichtigt bleiben. Diese inneren Begrenzungen soll das neue Modell überwinden.

Als „neue, verallgemeinerungs- und differenzierungsfähige Metapher" führt er das Begriffspaar Zentrum und Peripherie ein, das ein asymmetrisch strukturiertes Kräftefeld beschreiben soll. Die gesellschaftlichen Kräfte und Mächte sind im Zentrum konzentriert. Das Zentrum bestimmt den Verteilungs- und Legitimierungskampf – also die Produktion und Reproduktion von Ungleichheit. In der Peripherie befinden sich jene, die sozialstrukturell benachteiligt sind und keine Machtkapazitäten besitzen, um ihre Interessen im Verteilungs- und Legitimierungskampf durchzusetzen. Die Abgrenzungs- bzw. Konfliktlinien zwischen Zentrum und Peripherie sind keineswegs nur eindimensional, wie dies Marx' Klassentheorie behauptet, sondern sie können aus mehreren ungleichheitsträchtigen Strukturprinzipien bestehen. Nicht nur diese Mehrdimensionalität soll mittels der Zentrum-Peripherie-Metapher erfassbar werden, sondern auch ein anderes Phänomen, welches von der vertikalen Konzeption häufig unterschlagen wird. So unterstellt die vertikale Hypothese, dass alle Ungleichheitsformen – ökonomische, rechtliche, ethnische ebenso wie geschlechtsspezifische – eindeutig und einheitlich auf einen Punkt hin hierarchisiert sind. Tatsächlich existieren auf den unterschiedlichen gesellschaftlichen Ebenen interdependente Zentren, die sich teilweise überlappen und durchdringen. So ist auf den „lokalen, regionalen, nationalen und weltweiten Ebenen mit einer Vielfalt von strukturell verfestigten Interdependenzen zu rechnen", die keineswegs einer einzigen Achse zugerechnet werden können (S. 46).

Ähnlich wie Elias' Etablierten-Außenseiter-Figuration ist auch Kreckels Zentrum-Peripherie-Metapher auf die Art der Machtbeziehungen ausgerichtet, weshalb die Frage nach der Interdependenz in sozialen Beziehungen den Kreuzungspunkt aller Ungleichheitsformen bildet. Auch er trägt soziale Ungleichheit gesondert für die einzelnen Integrationsniveaus ab, um das jeweils spezifische Zentrum-Peripherie-Verhältnis aufzuspüren. Dass sich das gesamte Ungleichheitsgeschehen einer einzigen polarisierenden Machtkonstellation zuordnen lässt, hält Kreckel für historisch eher unwahrscheinlich. „Die Regel sind unklare Verhältnisse" – ein von Kreckel wiederholt geäußerter Satz (S. 47).[50]

Als „theoretische Orientierungshypothese", um sich das Spannungsfeld zwischen Zentrum und Peripherie zu vergegenwärtigen, nennt Kreckel als typisches Unterscheidungsmerkmal eine ungenügende Konfliktfähigkeit der peripheren Lagen und im Gegensatz dazu eine hohe Streitmacht der zentralen Lagen. Die mangelnde Konfliktfähigkeit ergibt sich „durch den institutionalisierten und/oder den gewaltsam durchgesetzten Ausschluß von den jeweils dominierenden Machtressourcen sowie aus der mangelnden Möglichkeit, Fähigkeit oder Bereitschaft zur Bildung von Gegenmacht" (S. 44). Daraus resultiert, dass periphere

---

50   Hier argumentiert Kreckel komplexer als Elias, der die Kumulierung von Ungleichheiten für
      den Normalfall hält, während Kreckel dies nur für periphere Lagen annimmt.

Lagen weniger Zugangsmöglichkeiten zu allgemein verfügbaren und erstrebenswerten materiellen Gütern haben und dass sie sich verstärkt in direkten Abhängigkeits- und Herrschaftsbeziehungen befinden. Zentrale Lagen haben nicht nur einen leichteren Zugang zu den materiellen Gütern und einen größeren Spielraum für autonomes Handeln. Was ihre privilegierte Stellung besonders unterstreicht, ist, dass sie den Diskurs über die Legitimität von Ungleichheit dominieren und damit wesentlich die Stabilität des jeweiligen Zentrum-Peripherie-Verhältnisses bestimmen.

Kreckel unterscheidet zwei Arten der Beziehungen, die Zentrum und Peripherie aneinander ketten: Die erste Beziehungsform umfasst ungleiche Tauschrelationen und ähnelt der distributiven Ungleichheit. Sie entsteht aus politischen und rechtlichen Abhängigkeiten, technologischen oder kognitiven Unterlegenheiten und kulturellen Bevormundungen. Diese lassen sich „objektiv" messen und repräsentieren somit ein „asymmetrisches Außenverhältnis". Die zweite ergibt sich daraus, „inwieweit für Zentrum- und Peripherieangehörige noch ein gemeinsamer Wert- und Kommunikationszusammenhang gilt, der alle Beteiligten subjektiv zusammenbindet" (S. 48). Diese Beziehung drückt ein „asymmetrisches Innenverhältnis" aus und gehört zur relationalen Form sozialer Ungleichheit. Falls sich Peripherie und Zentrum nicht mehr auf gemeinsam geteilte Vorstellungen von Gerechtigkeit und Gleichheit beziehen oder ihre Ansichten weit auseinander gehen, dann werden die zentralen Lagen die Ansprüche der peripheren Lagen als illegitim verwerfen und in ihrem Handeln nicht berücksichtigen. Dadurch bringen sie die peripheren Lagen in die Position von Außenseitern und bestreiten deren gesellschaftliche Zugehörigkeit, wodurch das ursprüngliche gesellschaftliche Band, die Zusammengehörigkeit von Zentrum und Peripherie, zerreißen kann. Gruppen, die als nicht oder nicht mehr zugehörig betrachtet werden, können ihre Benachteiligung, selbst wenn es sich um eine extreme Zurücksetzung handelt, nicht nachhaltig skandalisieren, weil ihnen nicht zugestanden wird, dass die gesellschaftsinternen Maßstäbe für soziale Gerechtigkeit auch für sie gelten. „Nur wenn Zentrum und Peripherie als sozial zusammengehörig betrachtet werden, kann die Frage nach der Legitimität von ungleichen Verteilungen und Beziehungen überhaupt zum Problem werden." (S. 49)

Konfliktfähigkeit ist also bei Kreckel die entscheidende Ressource dafür, das Zentrum-Peripherie-Verhältnis gemäß den eigenen Interessen und Ideen gestalten zu können.[51] Diese wird gespeist durch das Appellieren an gemeinsam geteilte Wert- und Kommunikationszusammenhänge und weiterhin durch strukturelle Faktoren wie die Zugehörigkeit zu Organisationen mit Entscheidungskompetenzen in ungleichheitsrelevanten Bereichen – z.B. politische Institutio-

---

51 Da Kohäsion und soziale Kontrolle Vorbedingungen für Konfliktfähigkeit sind, besteht auch an diesem Punkt eine weitgehende Übereinstimmung zwischen Elias und Kreckel.

nen, Interessenverbände oder öffentlichkeitswirksame Einrichtungen. Ob es möglich wird, Ungleichheiten zu problematisieren und strukturell zu beeinflussen, hängt somit davon ab, „an welcher Stelle bzw. auf welcher Ebene der gesamten Kräftekonstellation die Dramatisierung eines spezifischen Zentrum-Peripherie-Konflikts stattfindet" (S. 49). Stark benachteiligte soziale Gruppen haben geringe Chancen, die gesamte Kräftekonstellation zu ihren Gunsten zu verändern, weil sie von den dominanten Machtressourcen ausgeschlossen sind und ihre Wert- und Kommunikationssysteme von der herrschenden Kultur abgewertet werden. Im Gegensatz dazu werden es mittlere Lage eher erreichen, ihre Benachteiligung als illegitim darzustellen und auf die ungleichheitsträchtigen Strukturen einzuwirken. Ihre größere Nähe zu den zentralen Institutionen verleiht ihnen diese Macht.

4.2.3   Struktur- und Handlungsanalyse

Wie jeder Ungleichheitstheoretiker muss auch Kreckel Stellung beziehen zu dem grundsätzlichen Problem, ob und in welcher Weise die strukturierten sozialen Ungleichheiten und die Handlungsweisen der Subjekte miteinander vermittelt sind. Eine eindeutige Aussage lässt sich dazu bei Kreckel nicht finden, weil er das Problem mit einem „besonderen Kniff" umgeht. Bevor dieser vorgestellt werden kann, sind einige theoretische Vorüberlegungen wiederzugeben. Strukturierte soziale Ungleichheit – die ungleiche Verteilung von Gütern ebenso wie Beziehungsasymmetrien – fasst Kreckel als strategische Ressourcen auf, die Handlungsspielräume eröffnen oder begrenzen. Das Handeln selbst, wie die Einzelnen die Handlungsspielräume ausfüllen, muss gesondert erforscht werden. Aus den „objektiven" Ressourcenungleichheiten kann das subjektive Verhalten der Menschen nicht abgeleitet werden. „Ja, es läßt sich nicht einmal ableiten, ob und in welcher Weise sie sich ihrer objektiven Lage bewußt werden." (S. 20) Begreift man die objektiven Ungleichheiten als strategische Ressourcen, die mittels Handlungen aktiviert werden und zum Einsatz kommen, dann hat man einen direkten Zugang zu den Handlungen gefunden. Wie dieser theoretisch bestimmte Zugang empirisch umgesetzt werden kann, das ist eine weitere Frage.

Aber zumindest ist jetzt nachvollziehbar, weshalb Kreckel für eine handlungstheoretische Fundierung der Ungleichheitssoziologie plädiert. Eine Begründung ist, dass alle Ungleichheitsressourcen aus vergangenen Handlungen hervorgegangen sind. Es sind „Objektivationen, die selbst wieder zu Bedingungen aktuellen sozialen Handelns werden" (S. 78). Außerdem gehen von den Dimensionen sozialer Ungleichheit nur dann benachteiligende bzw. begünstigende Wirkungen aus, wenn sie den Handlungsspielraum beschränken oder vergrößern. Sind die Zugangschancen zu den Handlungsressourcen in systematischer Weise ungleich verteilt oder nicht ausbalanciert, dann spricht Kreckel von strukturierter sozialer Ungleichheit. Wenn die Ungleichheitssoziologie sich auf Handlungsspielräume konzentriert, gehören beide Herangehensweisen zusammen: die strukturanalytische und die handlungstheoretische. Denn die Handlungsspielräume sind einerseits Resultat der distributiven und relationalen Formen strukturierter sozialer Ungleichheit und andererseits Ausgangspunkt für ungleichheitsgenerierendes und -legitimierendes Handeln. Insofern ist die übliche „Trennung von Strukturanalyse und Verhaltensanalyse" (S. 21) zu überwinden, weil es sich um eine theoretische Trennung handelt, die so in der sozialen Praxis nicht existiert.

Empirisch stellt sich dieses abstrakte Problem bei der Frage, ob die beobachtbaren „objektiven" sozialen Ungleichheiten – wie die Unterschiede in der Güterausstattung und die Abhängigkeits- und Herrschaftsbeziehungen – zur Bildung von sozialen Klassen und Schichten führen. Dies ist – wie wir gesehen haben – eine offene Frage, die nicht beantwortet werden kann, wenn man, wie in der Schichtanalyse üblich, die sozialstrukturelle Beschreibung zum Ausgangspunkt nimmt und von dieser herzuleiten versucht, ob sich Menschen in ähnlichen sozialen Lagen in soziale Klassen transformieren. Durch eine derartige sozialstrukturelle Beschreibung können nur die Handlungsspielräume bestimmt, kann aber nicht auf das tatsächliche Handeln geschlossen werden. Kreckel umgeht dieses Dilemma, indem er direkt auf die Ebene der kollektiv handelnden Akteure wechselt – dies ist sein „besonderer Kniff". „Anstatt im abstrakten Gestus strukturalistischer Klassenanalysen zu verbleiben", will er „direkt zur empirischen Realität der kollektiven Akteure durchstoßen" (S. 152). Konkret heißt dies, die Machtkonstellationen zu analysieren, in denen sich kollektive Akteure für die Aufrechterhaltung bzw. für die Veränderung von Ungleichheitsverhältnissen engagieren, ihre Sichtweisen durchsetzen, institutionell umsetzen und so auf ungleichheitsträchtige Ressourcenverteilung und Beziehungsverhältnisse einwirken.

Dieser Durchgriff auf die Ebene der kollektiven Akteure setzt die „Orientierungshypothese" voraus, auf der die Zentrum-Peripherie-Metapher basiert. Diese lautet, dass zwischen der sozialstrukturellen Lage, der Fähigkeit, sich kollektiv zu organisieren und seine Interessen in den einflussreichen Machtkonstellationen einzubringen, eine mehr oder weniger große Übereinstimmung besteht. Im Zentrum befinden sich jene kollektiven Akteure, die sozialstrukturell bevorzugt sind, im Gegensatz dazu in der Peripherie die wenig organisierten Gruppen, die nicht zuletzt deshalb kaum organisiert sind, weil sie aufgrund ihrer Ressourcenausstattung nur eine mangelnde Konfliktfähigkeit ausbilden können. Schaut man genau hin, hilft auch dieser Kniff nicht über die Hürde, wie Struktur und Handlung miteinander vermittelt sind, hinweg. Er gibt allerdings eine handhabbare Antwort, wie man dieses offensichtlich kaum zu lösende Problem umgehen kann.

4.3   Die theoretischen Grundbegriffe für den empirisch-historischen Fall: die „fortgeschrittenen kapitalistischen Gesellschaften"

Nachdem das allgemeine theoretische Fundament gesetzt ist, sollen nun die darauf aufbauenden und an den Typus der fortgeschrittenen kapitalistischen Gesellschaft angepassten theoretischen Grundbegriffe vorgestellt werden. Immer wieder macht Kreckel darauf aufmerksam, dass abstrakte theoretische Annahmen lediglich Hilfsmittel sind, die soziale Wirklichkeit zu erklären, die aber ohne empirisch-historische Forschung hypothetisch bleiben und diese deshalb niemals ersetzen können. Wie die betroffenen Menschen ihre Handlungsspielräume wahrnehmen, bewerten und nutzen, welche organisatorischen oder politischen Konsequenzen sie eventuell daraus ziehen, diese Fragen können nicht ohne eine empirisch-historische Untersuchung der jeweiligen Gesellschaft beantwortet werden. Allerdings braucht man für eine solche Analyse, um nicht von der Vielfalt und Heterogenität der sozialen Wirklichkeit überwältigt zu werden, theoretisch hergeleitete und empirisch geschärfte Grundbegriffe. Die gesellschaftlichen Strukturzusammenhänge sind „stets historisch bedingt und insofern wandelbar", weshalb es „niemals eine allgemeine und erklärungskräftige Sozialstrukturtheorie" geben kann. Jede Gesellschaftstheorie hat eine „historisch begrenzte Reichweite" (S. 375). Für die Ungleichheitssoziologie heißt dies, dass die theoretischen Grundbegriffe für folgende Fragen angepasst werden müssen: Welche Strukturprinzipien wirken sozial differenzierend? Welche dominanten Formen strukturierter sozialer Ungleichheit gibt es? Welche Instrumente werden zur Legitimierung von Ungleichheiten eingesetzt?

4.3.1   Erklärungskräftige Strukturprinzipien –
die vier zentralen Organisationsprinzipien

Wie wir gesehen haben, ist die Frage, welche Struktur- bzw. Organisationsprinzipien in modernen Gesellschaften ungleichheitsbegründend wirken, weder theoretisch noch empirisch geklärt. Kreckel hat sich in seinem grundlegenden Buch „Politische Soziologie sozialer Ungleichheit" kaum zu diesem Aspekt geäußert. Allerdings hat er sich in mehreren Aufsätzen (Kreckel 1991, 1998) mit dieser Frage beschäftigt und vier Strukturprinzipien identifiziert, die für ihn die zentralen Organisationsprinzipien „in der heutigen Welt" darstellen (Kreckel 1991, S. 376). Dies sind: „Nation", „Klasse", „Geschlecht" und „Alter". Bevor die vier Prinzipien im Einzelnen vorgestellt werden, sind Kreckels Kriterien, warum er gerade diese und keine anderen Strukturprinzipien für zentral hält, anzugeben. Auch hierbei formuliert er sowohl theoretische als auch empirische Anforderungen.

Aus theoretischer Sicht besitzen die vier Strukturprinzipien zwei eng verknüpfte und sich dennoch widersprechende Eigenschaften: Es sind ubiquitäre Merkmale, die trotzdem partikulare Interessen und teilweise askriptive Attribute in sich tragen. Zwar nennt Kreckel nicht ausdrücklich dieses widersprüchliche Charakteristikum als theoretische Anforderung an die Strukturprinzipien; da er aber bei jedem der vier just diese Eigenschaft herausstellt, kann man daraus schließen, dass es sich um sein theoretisches Auswahlkriterium handelt. Was ist mit diesem komplizierten Kriterium gemeint? Ubiquitär heißt, dass es sich um Merkmale handelt, die für alle Menschen Geltung haben – um Eigenschaften, die alle besitzen. Überall gehören Menschen zu einer Nation und zu einer sozialen Klasse oder Schicht und überall werden sie einem Geschlecht und einer Altersgruppe zugeordnet. Dies verbindet sie miteinander. Für andere in der neueren Sozialstrukturanalyse gebräuchliche Differenzierungsprinzipien gilt dies nicht. So besitzt beispielsweise das Kriterium „Lebensstil" eine unterschiedliche Reichweite. Nicht alle sozialen Gruppen nutzen gleichermaßen ausgeprägt die Stilisierung der alltäglichen Lebenspraxis dazu, sich sozial zu distinguieren.

Partikular meint, dass an die gemeinsamen Merkmale soziale Anrechte, Benachteiligungen oder Bevorzugungen, Schließungs- oder Öffnungsprozesse gebunden sind, die ungleichheitsgenerierend wirken. So sind mit der Staatsbürgerschaft – der nationalen Zugehörigkeit – Lebens-, ja Überlebenschancen verknüpft. Dies zeigen die weltweiten durch Kriege und ökonomische Krisen ausgelösten Migrationen. Zwar haben alle Menschen eine Staatsbürgerschaft, aber welche sie besitzen, entscheidet über körperliche Bedrohung, soziale und ökonomische Chancen, politische Teilhabe und legt damit die Handlungsspielräume fest. Vergleichbares gilt für die anderen drei Strukturprinzipien. Alle Menschen haben ein Geschlecht, aber ob sie männlich oder weiblich sind, dies eröffnet oder aber begrenzt im Allgemeinen ihre Möglichkeiten.[52] Für andere Differenzierungsachsen, die üblicherweise sozialstrukturell erfasst werden, lässt sich weniger eindeutig sagen, ob mit ihnen soziale Vorteile oder Nachteile verbunden sind. So gibt es keinen klaren erklärungskräftigen Zusammenhang zwischen der sozialen Lage und der Haushalts- und Lebensform. Nicht jeder, der alleine lebt, ist ein wohlausgestatteter Single. Gerade unter den Einpersonenhaushalten sind viele arme Menschen zu finden. Und umgekehrt riskiert nicht jede kinderreiche Familie zu verarmen. Nicht die Haushaltsgröße, sondern andere Merkmale entscheiden darüber, auf welche Weise sich die Haushalts- und Lebensformen sozial differenzieren. Damit ist schon das empirische Kriterium angesprochen, welchem die „zentralen" Strukturmerkmale nach Kreckel genügen müssen: ihre empirische Erklärungskraft.

---

52   Wobei zu beachten ist, dass die Unterscheidung in männlich und weiblich nicht nur eine biologische Differenz wiedergibt, sondern auch (sozial)konstruktivistische Elemente enthält.

„Eine soziale Tatsache soll dann als theoretisch ‚zentral' gelten, wenn für die Erklärung und Aufklärung gesamtgesellschaftlicher Strukturzusammenhänge nicht ohne erheblichen Erkenntnisverlust auf sie verzichtet werden kann." (Kreckel 1991, S. 375)

Schauen wir uns nun die vier „zentralen Organisationsprinzipien" an. Die oben genannte Reihenfolge Nation (1), Klasse (2), Geschlecht (3) und Alter (4) ist nicht zufällig, sondern ergibt sich aus dem Allgemeinheitsgrad:

(1) Als erstes, weil es das allgemeinste Organisationsprinzip ist, nennt Kreckel die „territorialpolitische Strukturierung" (ebd., S. 367). Mittels dieses Prinzips werden die Menschen territorial verortet und voneinander abgegrenzt (siehe auch Kreckel 1994). Der Nationalstaat ist „der wichtigste institutionelle Garant des weltweiten Systems territorialer Ungleichheit" und die Staatszugehörigkeit fungiert als Abgrenzungskriterium sowohl nach außen gegenüber anderen Staaten als auch nach innen gegenüber Zugewanderten (ebd.). Die Staatsbürgerschaft beinhaltet Anrechte auf die national zugänglichen Ressourcen, aber auch den Anspruch auf die bürgerlichen Rechte, die politischen Teilhabechancen und die sozialen Rechte, welche ein Mindestmaß an wirtschaftlicher Wohlfahrt und Sicherheit verbriefen.[53]

Ethnizität und Rassismus begreift Kreckel als „Folge- und Fortsetzungsphänomene des nationalstaatlichen Prinzips im Innern", weil sie interne Differenzierungen hervorbringen (ebd.). Mit anderen Worten: Ethnische und rassistische Klassifikationen dienen dazu, innerhalb der staatlich garantierten Rechte ungleichheitsträchtige Unterschiede zu begründen, um so einige Gruppen von der Teilhabe auszugrenzen bzw. die ihnen garantierten Standards herabzusetzen. Umgekehrt zielen antiethnische und antirassistische Bewegungen darauf, mittels staatlicher Eingriffe und Steuerungen derartige soziale Benachteiligungen zu mindern.

Bei Migranten, Bürgerkriegsflüchtlingen und Asylbewerbern kann man die Wirkungsweise dieses Differenzierungsprinzips eindringlich nachvollziehen. Diese Gruppen sind innerhalb der Bundesrepublik Deutschland von den politischen Rechten, das heißt dem aktiven und passivem Wahlrecht, ausgeschlossen. Für einige sind sogar die individuellen Freiheitsrechte wie die freie Wohnortwahl beschränkt. Von der politischen Teilhabe sind sie ganz ausgeschlossen. Und manche können die sozialen Rechte nur in einem reduzierten Umfang geltend machen, z.B. die Gruppe der Asylbewerber, für die das Asylbewerberleistungsgesetz anzuwenden ist.

---

53   Thomas H. Marshall hat die historische Entwicklung der Bürgerrechte für die Wohlfahrtsstaaten systematisch dargestellt (Marshall 1992).

(2) Zur Bezeichnung des zweiten Organisationsprinzips haben sich die sozial-strukturanalytischen Begriffe wie Klassenstruktur oder soziale Schichtung eingebürgert. Darunter sind alle Formen vertikaler Ungleichheit zu subsumieren, die innerhalb einer staatlich verfassten Einzelgesellschaft wirken. Die territoriale Strukturierung wird somit durch die interne vertikale Strukturierung ergänzt, die eine weitere Differenzierung vornimmt und spezifische Bevorzugungs- und Benachteiligungsformen hervorbringt. In entwickelten kapitalistischen Gesellschaften ist die vertikale Strukturierung durch staatliche Instanzen wie das Arbeits- und Sozialrecht, durch Interessenorganisationen wie Gewerkschaften und Arbeitgeberverbände sowie durch weitere organisierte Einzelinteressen und soziale Bewegungen institutionell verankert und durch kollektive Akteure repräsentiert. Auf weitere Ausführungen kann an dieser Stelle verzichtet werden, weil – erstens – sich die Ungleichheitssoziologie vornehmlich mit diesem Strukturprinzip auseinandersetzt und weil – zweitens – auch Kreckel sich diesem ausgiebig widmet, weshalb es im nächsten Abschnitt wieder aufgenommen wird.

(3) Als drittes Strukturprinzip zählt Kreckel das „asymmetrische Geschlechterverhältnis" auf. Auch dieses besitzt eigenständige Erklärungskraft. So lassen sich die im Erwerbsleben auftretenden geschlechtsspezifischen Ungleichheiten nicht nur mit arbeitsmarktinternen Mechanismen erklären. Geschlecht, ähnlich wie Klasse, repräsentiert eine Strukturkategorie, die soziale Chancen zuweist. Verbirgt sich hinter der Kategorie Klasse der Strukturkonflikt zwischen Kapital und Arbeit, so liegt dem Geschlechterverhältnis der Konflikt zwischen Produktion und Reproduktion zugrunde, der dem einen Geschlecht zum Vorteil und dem anderen zum Nachteil gereicht.

Theoretisch ist das Geschlechterverhältnis vom Klassenverhältnis zu trennen, weil es als ein eigenständiges Strukturprinzip aufzufassen ist. Denn die geschlechtsspezifische Strukturierung der Lebenszusammenhänge ist auf kein anderes Organisationsprinzip zurückzuführen. Empirisch-historisch betrachtet ist das Geschlechterverhältnis allerdings „in Abhängigkeit vom Klassenverhältnis" geraten. Dies zeigt sich darin, dass Frauen besonders auf dem Arbeitsmarkt benachteiligt sind – also dort, wo primäre soziale Ungleichheiten erzeugt und weitergegeben werden.

(4) Das vierte Strukturprinzip, die soziale Altersstrukturierung, erwähnt Kreckel nur kurz. Auch zwischen den Altersgruppen und den Generationen gibt es prononcierte Verteilungs- und Beziehungsungleichheiten. Als eigenständiges Strukturprinzip wird das Alter nach Kreckel bis heute jedoch selten wahrgenommen. Dagegen könnte man einwenden, dass die Lebenslaufsoziologie just dieses zur Grundlage ihres ungleichheitstheoretischen und -empirischen Zugangs gemacht hat. Wenn man jedoch wie Kreckel Strukturprinzipien als Prinzipien der Interes-

senartikulation begreift, dann ist ihm zuzustimmen, dass die generationen- und altersgruppenspezifische Ungleichheit bis vor kurzem kaum die gesellschaftliche und politische Aufmerksamkeitsschwelle erreicht hatte und erstaunlich wenig als „gesellschaftliches Ärgernis" skandalisiert war. In den letzten Jahren scheint sich dies – ausgelöst vom „demographischen Wandel" – jedoch zu verändern. Generationengerechtigkeit ist mittlerweile zu einem leidenschaftlich diskutierten Thema geworden.

Soweit eine kurze Skizze der vier zentralen Strukturprinzipien. Ob diese Liste vollständig ist oder zusätzliche Strukturprinzipien zu berücksichtigen sind, darüber äußert sich Kreckel nicht. Ohne große systematische und empirische Anstrengungen ließe sich die Aufzählung auch unter Anwendung der obigen Kriterien erweitern. Gesundheitliche Ungleichheit, ein Merkmal, das Kreckel selbst anführt, allerdings als gesellschaftlich legitimierte strukturelle Benachteiligung, sollte in die Liste aufgenommen werden. Ungleichheit vor Tod und Krankheit, dies belegen viele Studien, ist gesellschaftlich verursacht. Es handelt sich um ein ubiquitäres Merkmal, an welches überall – in ähnlicher Weise – asymmetrische Differenzierungen geknüpft sind wie Benachteiligungen auf dem Arbeitsmarkt, bei der Partnersuche etc. Ob auch Aussehen und Charisma als Strukturprinzipien wirken, wäre zumindest diskussionswürdig.

Diese vorsichtige Kritik an Kreckels Viererregister sticht jedoch nicht wirklich. Denn Kreckel will nicht nur die Strukturprinzipien bestimmen, nach denen die Chancen zur Teilhabe an den materiellen und immateriellen Ressourcen verteilt sind. Seine Intention reicht weiter; er will auf die Ebene der kollektiven Akteure gelangen. Dazu hat er jene Hauptachsen identifiziert, „entlang derer die Menschen einander im gesellschaftlichen Raum klassifizieren, distinguieren und diskriminieren" (Kreckel 1991, S. 379). Diese Abgrenzungslinien bilden die Ausgangspunkte von Interessenartikulation und -organisation, sprich von kollektiven Akteuren. Beschreibt man diese Hauptachsen aus der Systemperspektive, dann geht es darum, die Institutionen zu erkennen, die die ungleichheitsgenerierenden Konfliktfelder organisieren. Für die vertikalen Ungleichheiten ist es einfach, die Institutionen der Klassenkonflikte bzw. der Schichtauseinandersetzungen zu bestimmen.[54] Für die anderen zentralen Organisationsprinzipien, insbesondere für Geschlecht und Alter, ist dies weitaus schwieriger, weil diese strukturellen Ungleichheitsformen lange Zeit stillschweigend hingenommen wurden und sich deshalb die Soziologie nicht an einen bereits gesellschaftlich etablierten Diskurs anhängen kann.

Fassen wir zusammen: Ein eindeutiges Primat der Klassen- und Schichtstruktur kann nicht mehr vorausgesetzt werden, weil sich die vertikale Struktu-

---

54   Dazu zählen z.B. das Betriebsverfassungsgesetz, Tarifkommissionen, Arbeitsrecht etc.

rierung mit der territorial verankerten Ungleichheit sowie mit den geschlechts-
und altersspezifischen Differenzen zu einer komplexen Konfiguration zusammenfügt. Die Frage nach der Strukturdominanz muss im jeweiligen Kontext dieser komplexen Konfiguration gestellt werden. Und eine weitere Frage kann stets
nur für den empirisch-historischen Einzelfall beantwortet werden: In welchen
konkreten Dimensionen schlagen sich die abstrakt bestimmten Organisationsprinzipien nieder?

4.3.2   Die vier Dimensionen vertikaler Ungleichheiten

Obwohl Kreckel vier zentrale Organisationsprinzipien sozialer Ungleichheit unterscheidet, beschäftigt er sich – geradezu klassisch ungleichheitssoziologisch –
vornehmlich mit der vertikalen Strukturierung. Diese eingeschränkte Perspektive
rechtfertigt er damit, dass der institutionalisierte Klassenkonflikt noch immer die
zentrale Machtasymmetrie in den entwickelten kapitalistischen Gesellschaften
darstellt. Die drei anderen Organisationsprinzipien und zugehörigen asymmetrischen Konfliktfelder sind dieser nachgeordnet.

Die geschlechts- und altersspezifischen Strukturierungen haben nach Kreckel noch nicht zur Ausbildung eigenständiger Konfliktfelder geführt. Beide
werden vorwiegend von jenen Institutionen gesteuert, die auch den Klassenkonflikt regulieren, weshalb es sich um sekundäre, von der primären vorgestanzte
Machtsymmetrien handelt. So sind beispielsweise die Gleichstellungsbeauf-
tragten als Suborganisationen der Arbeiternehmerinteressen tätig – wie der Ge-
schlechterkonflikt insgesamt als Arbeitskonflikt ausgetragen wird. Auch die territoriale Strukturierung beurteilt Kreckel noch als sekundär, weil trotz der Entstehung supranationaler Einheiten und einer steigenden weltweiten ökonomischen Verflechtung Konflikte noch immer primär nationalstaatlich geregelt werden.

Das Ausmaß sozialer Ungleichheit wird nach Kreckel durch die asymmetrische Verteilung von vier strategischen Ressourcen bestimmt. Dies sind „materieller Reichtum" (1) und „symbolisches Wissen" (2) als distributive Dimensionen sowie „hierarchische Organisation" (3) und „selektive Assoziation" (4) als
relationale Dimensionen. Da sich diese vier Dimensionen bis auf jene der „selektiven Assoziation" kaum vom soziologisch Üblichen unterscheiden und zudem
sicherlich auch lebensweltlich plausibel sind, genügt es, sie grob vorzustellen:

(1) Die materielle Reichtums-Dimension ist überall dort anzutreffen, wo der soziale Zugang zu materiellen Produkten asymmetrisch reguliert ist und daraus ungleiche Handlungsbedingungen und -spielräume entstehen (vgl. S. 78). Dazu
zählen alle Formen von Privateigentum, aber auch öffentliche Güter und Einrich-

tungen wie Verkehrswege, Krankenhäuser, Grünanlagen, Spielplätze. Bereits diese kleine Aufzählung zeigt, dass im Allgemeinen keineswegs der Zugang zu allen Gütern asymmetrisch festgelegt ist. Insbesondere staatlich bereitgestellte Einrichtungen stehen prinzipiell allen offen. „Eine wichtige empirische Frage ist deshalb immer, welche knappen materiellen Güter in einer Gesellschaft zugangsreguliert sind, daß sie sich als ungleichheitskonstituierende Handlungsbedingungen auswirken." (S. 78)

(2) Die zweite, die Wissens-Dimension, fasst Kreckel ähnlich weit wie die erste. Alles, was zum „kulturellen Erbe einer Gesellschaft" gehört, ordnet er dieser Dimension zu. Im Einzelnen sind dies beispielsweise Sprache, Techniken, Gebräuche, religiöse Praktiken, juristisches Wissen. Auch der Zugang zu diesen immateriellen Gütern kann asymmetrisch reguliert sein. In modernen Gesellschaften ist der Zugang zu den Bildungseinrichtungen von zentraler Bedeutung, weil sich daraus die beruflichen Chancen ergeben. So resultieren aus einer sozial beschränkten Zulassung zu elitären, häufig privat finanzierten Bildungsinstitutionen für die Besucher dieser Einrichtungen privilegierende Abschlüsse, die die Berufschancen immens steigern und damit die Handlungsmöglichkeiten und Lebenschancen enorm verbessern. Wird der Zugang zu Wissen auf diese Art verknappt und monopolisiert, dann wirkt dies ungleichheitsgenerierend, genauer gesagt ungleichheitstradierend und -verstärkend, weil die soziale Selektion bereits vor dem Eintritt in die Institutionen stattfindet.

(3) Als dritte Dimension nennt Kreckel die hierarchische Organisation. Damit bezeichnet er die Tatsache, dass Institutionen und Organisationen vertikal gegliedert sind – also alle Positionen in einer bestimmten Rangfolge angeordnet werden. Vereine, Betriebe, Parteien, NGOs, Interessenverbände, Schulen, Universitäten – überall existiert eine strikte hierarchische Ordnung. Ungleichheitskonstituierend wirkt diese, weil mit jeder Position auf der Rangleiter unterschiedlich umfangreiche Machtbefugnisse verknüpft sind. Diese haben für ihre Inhaber entweder sozial bevorzugende oder benachteiligende Konsequenzen, weil sie Handlungsspielräume festlegen. Stets gilt: Je höher die Stellung, „desto größer sind die Möglichkeiten, über andere Menschen und deren Handeln verfügen zu können" (S. 82) – gleichgültig, ob es sich um eine betriebliche, administrative oder vereinsmäßige Hierarchie handelt.

Der hierarchische Aufbau der verschiedensten Organisationen ähnelt sich sehr. Schon die mit jeder Position verliehenen Titel demonstrieren dies. An der Spitze steht meist ein Präsident oder Vorsitzender; Personen, die eine kleine Gruppe führen, heißen im Allgemeinen Sparten- oder Abteilungsleiter. Würde man die Organisationspläne einer Ministerialbürokratie, eines Verwaltungsapparats, eines Industrieunternehmens und der Bundeswehr nebeneinander legen, wären die Übereinstimmungen frappierend. Trotzdem ist es nicht möglich, um die Machtbefugnisse und Handlungsspielräume zu bestimmen, von einer Hierarchie auf die andere zu schließen. Zwar steht dem FC Bayern München wie auch dem Wissenschaftszentrum Berlin, der Deutschen Forschungsgemeinschaft, dem Deutschen Bundestag, dem Hannöverschen Schützenverein und dem Kaninchenzüchterverein jeweils ein Präsident vor, jedoch sind deren Machtbefugnisse kaum miteinander zu vergleichen. Und würde man aus diesen hierarchischen Organisationen eine Stufenleiter bauen wollen, dann wären keineswegs alle Präsidenten auf der gleichen Stufe anzusiedeln. Einige müssten sich mit einer Stellung unter den Direktoren und Abteilungsleitern der anderen Organisationen zufriedengeben. Manche würden sich noch weiter unten wiederfinden. Das heißt, für die Ungleichheitsdimension „hierarchische Ordnung" lassen sich keine verallgemeinerungsfähigen Differenzierungen angeben; jede Unterscheidung ist organisationsspezifisch.

Kreckel rückt die positionelle Macht so stark in den Vordergrund, weil die Verwertungsmöglichkeiten der beiden Dimensionen Reichtum und Wissen davon abhängen. Wer eine höhere Position innehat, kann seinen Reichtum im Allgemeinen erfolgreich mehren und sein Wissen effektiv einsetzen. Einem in Soziologie promovierten Taxifahrer nutzt sein Fachwissen wenig, eine in Verhandlungen geübte Person wird oftmals bessere Kreditkonditionen durchsetzen als jemand ohne jegliche Erfahrung. Umgekehrt bedarf jede hierarchische Organisation materieller Grundlagen und professioneller Qualifikationen.

(4) Die vierte und letzte Ungleichheitsdimension – die selektive Assoziation – scheint den anderen zuwiderzulaufen. Während Reichtum, Wissen und hierarchische Organisation eine asymmetrische Ressourcenverteilung und Beziehungsungleichgewichte verursachen, trägt die selektive Assoziation dazu bei, symmetrische Beziehungen zu fördern, indem sie Verbindungen zwischen Personen intensiviert und „exklusiv" gestaltet wird. Auf diese Weise gelingt es, sozial konkurrierende Gruppen von Ressourcen fern zu halten und diese für die eigene Gruppe zu monopolisieren. Die bestehenden sozialen Distanzen werden so stabilisiert oder gar vergrößert. Mit dem Begriff selektive Assoziation bezeichnet Kreckel somit das „allgemeine Phänomen der Exklusivität von zwischenmenschlichen Verbindungen und der damit verbundenen Ungleichbehandlung Außenstehender" (S. 84).[55]

Es gibt eine ganze Reihe von Organisationen, Vereinen und informellen Verbindungen, die mehr oder weniger offen einen exklusiven Charakter haben; Beispiele sind die Freimaurer, die Rotarier und die englischen Clubs. Nur ausgewählte Personen, solche, von denen man sich Vorteile verspricht und die als

---

[55] Weber hat dafür den Begriff der sozialen Schließung eingeführt.

ebenbürtig anerkannt werden, können Mitglied werden. Jedermann weiß oder ahnt, dass diese Vereinigungen nicht nur den Smalltalk und den freundschaftlichen Umgang pflegen. Aber auch verwandtschaftliche Beziehungsnetze oder berufliche Kontakte vermitteln häufig das so genannte Vitamin B, mit welchem sich manche Hürde leichter nehmen lässt. Im Golf-Club, auf dem Ball, im Karnevalsverein, überall, wo man sich kennt, können informell Begünstigungen ausgehandelt werden, durch die man gegenseitige Verpflichtungen eingeht, was das ganze Geflecht außerordentlich stabilisiert. Vielleicht ist es nicht nur anschaulicher, sondern auch korrekter, von Klüngel zu sprechen. Diese Bezeichnung macht auf eine Besonderheit dieser Dimension aufmerksam, die sie von den drei anderen unterscheidet: „Soziale Ungleichheit aufgrund selektiver Assoziation läßt sich (...) in unserer heutigen Gesellschaft nicht mehr ohne weiteres offen legitimieren." (S. 85) Sie widerspricht den Grundwerten der Chancengleichheit und Leistungsgerechtigkeit und gehört damit in die Nähe „illegaler Formen der Ressourcen-Nutzung".

Die vier Dimensionen sind weitgehend ineinander konvertierbar: Mit einer üppigen materiellen Ressourcenausstattung stehen exquisite Bildungseinrichtungen offen und mit den dort erreichten Zeugnissen kann man ohne die Mühsal langer beruflicher Bewährung sofort einen oberen Platz in der betrieblichen Sprossenleiter einnehmen. Dieser wiederum öffnet die Türen der exklusiven Clubs, wo auf informellem Weg weitere Begünstigungen ausgehandelt werden können. Jeder der vier Dimensionen kann ein institutionalisiertes Tauschmedium zugeordnet werden: Geld für die Reichtums-Dimension, das Zeugnis für die Wissens-Dimension, der Rang für die Dimension der hierarchischen Organisation und Zugehörigkeit als inoffizielles Äquivalent für die selektive Assoziation.

Die vier Ressourcen werden individuell angeeignet und bilden die Grundlage individueller Lebenschancen. Genau dies erfasst üblicherweise die Sozialstrukturanalyse, wenn sie die Verteilung der Ressourcen misst. Für Kreckel ist jedoch entscheidend, dass sie „sich bündeln und zu kollektiver Interessendurchsetzung einsetzen lassen" (S. 86). Damit gelangt er auf die Ebene der kollektiven Akteure, von der aus er, wie wir gesehen haben, die Ungleichheitsstrukturen rekonstruieren will. Materielle Ressourcen können zu Kapital zusammengefasst werden, das Wissen und die Fähigkeiten der Menschen findet in Wissenschaft und Technologie eine systematische Anwendung, Organisationen dienen dem rationellen Einsatz der menschlichen Kräfte und Leistungen und selektive Assoziation kann zum Aufbau von Beziehungsnetzen eingesetzt werden.

4.3.3   Instrumente der Legitimierung sozialer Ungleichheit

Nachdem die Organisationsprinzipien und die Ungleichheitsdimensionen in entwickelten kapitalistischen Gesellschaften vorgestellt wurden, bleibt zu fragen, welche Institutionen soziale Benachteiligungen legitimieren und damit die Aufrechterhaltung der Ungleichheitsverhältnisse garantieren – obwohl dies dem formalen Gleichheitsprinzip zuwiderläuft. Kreckel nennt zwei Institutionen: die Prestigeordnung (1), die eine auf Konsens beruhende „alltagsideologische" Rechtfertigung bereithält, und die Rechtsordnung (2), welche eine auf Zwang basierende „Deckungsgarantie" beinhaltet, die in Konfliktfällen und bei Verstößen durchgesetzt wird.

(1) Die Prestigeordnung interessiert Kreckel nicht, um Sozial- und Berufsprestige zu messen. Er analysiert sie als Legitimationsinstrument, das auf dem „selbstverständlichen Konsensus der Gesellschaftsmitglieder über den sozialen Wert unterschiedlicher Positionen und ihrer Inhaber beruht". Dieser Konsens entsteht durch einen „doppelten ideologischen Verfremdungseffekt" (S. 89), der Folge von zwei hintereinander geschalteten Abstraktionsschritten ist, bei denen die Vielfalt sozialer Wirklichkeit in immer allgemeinere Klassifikationen – Realabstraktionen – gefasst wird. Auch an dieser Stelle greift Kreckel auf Marx' Erkenntnistheorie zurück. Dies können wir hier übergehen und uns darauf konzentrieren, auf welche Weise die Prestigeordnung die Ungleichverteilung der vier strategischen Ressourcen legitimiert.

Als ersten Abstraktionsschritt begreift Kreckel die gesellschaftliche Verankerung der vier Medien Geld, Zeugnis, Rang und Zugehörigkeit, weil sie an die Stelle der realen Variationsbreite „entpersönlichte Kürzel" setzen, die die Menschen zu „Merkmalsträgern" machen und gleichzeitig eine vertikale Einordnung vornehmen. Mit anderen Worten: Durch den ersten Abstraktionsschritt wird die vertikale Strukturierung in hierarchisierte Klassifikationen gebracht. Diese veranschaulichen nicht nur das Ungleichheitsgeschehen, sie rechtfertigen es zugleich, weil man sich über Geld, Zeugnisse, Ränge und Zugehörigkeiten stets nur in vertikal abgestuften Kategorien verständigen kann.

So abstrahieren diese Klassifikationen davon, dass das Geldeinkommen aus verschiedenen Quellen stammt, unter unterschiedlichen Bedingungen erworben wurde und für ganz unterschiedliche Zwecke eingesetzt werden kann. Die Geldmenge allein sagt über die soziale Lage wenig aus. Die gleiche Menge kann monatlich aus einem Erbe zufließen, in ungesicherten Arbeitsverhältnissen verdient oder aus Pensionen bezogen werden. Die Sicherheit, ein regelmäßiges Einkommen zu erhalten, ist möglicherweise für die soziale und ökonomische Lage bedeutsamer als die Höhe der Summe. Ähnliches trifft für die Abstraktion Zeugnis zu. Auch diese sieht von der konkreten beruflichen Tätigkeit ab und das Gelingen oder die Gebrochenheit der beruflichen Werdegänge wird nicht beachtet. Allerdings ist es voreilig zu fordern, dass sich die Ungleichheitssoziologie von den Klassifikationen insgesamt fern halten soll, denn sie sind gesellschaftlich institutionalisiert und daran anschließend werden soziale Chancen zugeteilt.

Die Prestigeordnung stellt für Kreckel eine zweite Abstraktionsebene dar. Um diese zu erläutern, spricht Kreckel in Anlehnung an Berger/Luckmann von einer „sekundären Objektivation von Sinn". Er selbst bevorzugt den Begriff der „Abstraktion der Abstraktion", der deutlich machen soll, dass es sich um eine „sekundäre ideologische Realitätsebene" handelt. Damit meint Kreckel, dass die Prestigeordnung die gesellschaftlich verankerte Leistungsideologie in konkrete soziale und berufliche Positionen übersetzt und damit einerseits einen weiteren Schritt von der sozialen Wirklichkeit abstrahiert sowie andererseits Rechtfertigungs- und Legitimierungspotenziale hinzugewinnt.

Wenn man auf Sozialprestige als Indikator für soziale Ungleichheit in seiner Argumentation und Rechtfertigung zurückgreift, so erspart man sich die Notwendigkeit, überhaupt noch auf die Ungleichverteilung der strategischen Ressourcen eingehen zu müssen. „Statt dessen bindet sich der Forscher unmittelbar in die alltagsideologischen Selbst- und Fremdwahrnehmungen der erforschten Gesellschaftsmitglieder ein." (S. 104) Dennoch darf die Soziologie die alltagsgebräuchliche Prestigeskala nicht einfach mit der Begründung beiseite lassen, dass es sich lediglich um eine Verständigungsweise über und eine Legitimierung der Ungleichheitsverhältnisse handelt. Auch die Prestigeskala ist sozial wirkungsmächtig, weil in ihr strukturelle Barrieren und Brüche enthalten sind, die durch soziales Handeln nicht ohne weiteres überwunden werden können.

(2) Es ist nicht wahrscheinlich, dass die bestehenden Ungleichheitsstrukturen einzig über Konsens stabilisiert werden, dazu greifen sie viel zu stark ins Leben der Einzelnen ein. Physische Gewalt hatte Elias als ein zentrales Machtmittel zur Durchsetzung von Ungleichheit identifiziert. In modernen Gesellschaften ist physischer Zwang im Allgemeinen illegitim. Als legitimes Mittel fungiert stattdessen rechtlicher Zwang; positiv formuliert: die Rechtsordnung. Sie ist Träger und Garant von Ungleichheiten im modernen Verfassungsstaat, der eine ambivalente Aufgabe erfüllt. Einerseits ist in der geltenden Rechtsordnung das Sozialstaatsprinzip verankert; andererseits legalisiert die Rechtsordnung die faktisch vorhandenen sozialen Bevorzugungen und Benachteiligungen.

Am deutlichsten wird dies in Artikel 14 des Grundgesetzes, der sowohl extreme Ungleichheiten beim Besitz von Privateigentum garantiert als auch die Gemeinwohlbindung des Privateigentums fordert. So steht im ersten Absatz: „Das Eigentum und das Erbrecht werden gewährleistet." Im zweiten Absatz heißt es dagegen: „Eigentum verpflichtet. Sein Gebrauch soll zugleich dem Wohle der Allgemeinheit dienen."

Die Sozial- und Arbeitsgesetzgebung, aber auch das Kartellrecht, das Aktienrecht und die Steuergesetzgebung sowie weitere Gesetze beinhalten zum einen Umverteilungseffekte und sind zum anderen dem Sozialstaat verpflichtet. Die Rechtsordnung hat somit einen prekären Balanceakt zwischen dem Fortbestand sozialer Ungleichheit, den garantierten Gleichheitsrechten und den sozial umkämpften Gerechtigkeitsvorstellungen sicherzustellen. Da die Rechtsordnung vom staatlichen Gewaltmonopol getragen wird, also ein starkes Instrument darstellt, fungiert sie als gesamtgesellschaftliche „Deckungsgarantie". Dies unterstützt nochmals Kreckels Forderung, die Ungleichheitssoziologie als politische Soziologie zu konzipieren. Bezüglich der Rechtsordnung hat sie der Frage nachzugehen, „inwieweit die jeweils herrschenden Rechtsverhältnisse eine Stütze und Widerspiegelung der bestehenden Ungleichheitsverhältnisse [sind] und welche gesellschaftlichen Kräfte und Gegenkräfte dabei zusammenwirken" (S. 92).

Die Prestigeordnung, die primär den Konsensaspekt repräsentiert, und die Rechtsordnung, die vorwiegend den Zwangscharakter verkörpert, stecken nach Kreckel das Spannungsfeld ab, in welchem sich die vier Ungleichheitsdimensionen ausprägen können. Denn die ungleiche Verteilung von materiellem Reichtum, symbolischem Wissen, hierarchischen Positionen und privilegierenden Beziehungen wird im Allgemeinen von den Menschen tagtäglich als gegeben hingenommen und bildet die Grundlage ihres Handelns. Es sind also „zunächst einmal die fraglos geltenden Routinen des alltäglichen Umgangs mit gegebenen Formen von Reichtum, Wissen, Hierarchie und Diskriminierung", die der „strukturierten sozialen Ungleichheit ihre hohe Stabilität verleihen" (S. 93). Von ihnen muss die Ungleichheitsforschung ausgehen, „um sodann (...) die Akteure ins Auge zu fassen, die bei der Aufrechterhaltung und/oder Veränderung gegebener Ungleichheitsverhältnisse im Spiele sind" (S. 93). Bleibt die Frage: Kann man von der strukturierten Ungleichheit auf die Formierung von Akteuren schließen? Oder anders gefragt: Ist es möglich, von der strukturtheoretischen Beschreibung zu einem handlungstheoretischen Konzept zu gelangen?

4.3.4   *„Klassengesellschaft ohne Klassen"*

Diese Zwischenüberschrift aus Kreckels Buch lässt viele Leser stutzen, weil sie eine absurde Aussage macht. Eine Klassengesellschaft wird aus Klassen gebildet, weshalb es folgerichtig ohne Klassen keine Klassengesellschaft gibt. Dem stimmt selbstverständlich auch Kreckel zu, denn die Überschrift verkürzt einen komplexen Zusammenhang. Diesen kennen wir bereits aus dem zweiten Kapitel, wo er unter der sechsten These dargestellt wurde: Die theoretisch entworfenen gesellschaftlichen Großgruppen sind selten deckungsgleich mit den Gruppenerfahrungen. Klassentheoretisch umformuliert lautet diese These: Die strukturtheoretisch bestimmten Klassen transformieren sich selten in „soziale Klassen", die als kollektive Akteure auftreten. Von dieser These geht auch Kreckel aus. Sie beinhaltet – wie wir gesehen haben – den scheinbar unauflösbaren Widerspruch zwischen einem strukturtheoretischen und einem handlungstheoretischen Konzept. Diesen Widerspruch will Kreckel in den Griff bekommen, jedoch ohne die Erklärungskraft eines der beiden Konzepte einzubüßen. Dies lässt ihn zur obigen widersprüchlichen Formulierung greifen: „Klassengesellschaft ohne Klassen".

Einerseits sind die entwickelten kapitalistischen Gesellschaften, auch die der Bundesrepublik Deutschland, Klassengesellschaften, weil ihre Ungleichheitsstruktur nach wie vor in hohem Maße von dem Klassenverhältnis zwischen Lohnarbeit und Kapital geprägt wird. Aber dabei handelt es sich um ein „abstraktes Klassenverhältnis", denn die strukturtheoretisch entworfenen Klassen sind keine Akteure – es sind klassifikatorische Konstrukte. Andererseits sind entwickelte kapitalistische Gesellschaften keine Klassengesellschaften, weil die Integration der Bevölkerung in „reale soziale Klassen" an Bedeutung verloren hat und die Begriffe „Klassenbildung" oder „soziale Klassen" kaum mehr lebensweltlich anschlussfähig sind. Wenn sich auf der Handlungsebene kollektive Akteure formieren und organisieren, dann häufig quer zu den strukturtheoretisch beobachtbaren Verteilungs- und Beziehungsungleichheiten. Trotzdem hält Kreckel an dem Begriff „Klassenverhältnis" fest, allerdings nur als Strukturmerkmal, nicht als handlungstheoretischem Begriff, von dem sich reale Klassen herleiten lassen. Deshalb spricht er von „Klassengesellschaft ohne Klassen". Diese Antwort nennt er einen „gemäßigten Klassenrealismus". Somit unterscheidet Kreckel begrifflich genau „zwischen abstrakten Klassenverhältnissen als strukturtheoretischem Konzept und sozialer Klassenbildung als lebensweltlichem Phänomen" (Kreckel 1998, S. 34). Letztere kann man nur handlungstheoretisch rekonstruieren, ausgehend von der Ebene der kollektiven Akteure.

Das strukturtheoretische Instrumentarium haben wir auf den vorangegangenen Seiten kennen gelernt. Dazu gehört die Analyse der zentralen Organisationsprinzipien, die vier Dimensionen strukturierter sozialer Ungleichheit und die Instrumente der Legitimierung. Mit diesem können „ungleichheitsrelevante soziale Makro-Milieus" bestimmt werden, jedoch mehr nicht. Das benötigte handlungstheoretische Instrumentarium wird im Folgenden entwickelt.

4.4   Das ungleichheitsbegründende Kräftefeld

Die handlungstheoretische Analyse beginnt mit der „empirischen Realität der kollektiven Akteure" und baut auf der Zentrum-Peripherie-Metapher auf (siehe Abschnitt 4.2.2). Will man das ungleichheitsbegründende Kräftefeld bestimmen, hat man nach Kreckel die nachfolgende Frage zu beantworten (vgl. S. 152): Welche zentralen Kräfte, welche Kräftekonstellationen prägen die Struktur der distributiven und relationalen Ungleichheiten in den westlichen Staatsgesellschaften? Ein allgemeines Modell, welches auf alle modernen Gesellschaften passt, gibt es nicht. Stets ist eine historisch-empirische Konkretisierung nötig. Als Beispiel nimmt Kreckel die alte Bundesrepublik, so wie sie sich in den ersten 40 Jahren ihres Bestehens entwickelt hatte. Für diese stellt er eine „idealtypische Grundkonstellation" vor, die „von Fall zu Fall zu ergänzen" ist (S. 156).

Abbildung 1:   Das ungleichheitsbegründende Kräftefeld

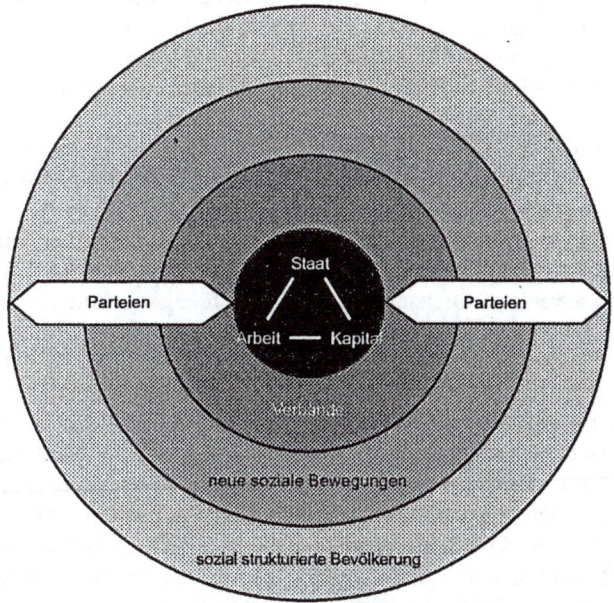

Quelle: Kreckel 1992, S. 164.

Kreckels Ausgangsthese, auf der das ganze Modell basiert, lautet: „Nach wie vor ist das Erwerbsleben der zentrale Ort, wo die Ungleichheitsverteilung von Lebenschancen verankert ist." (S. 153) Diese These hat viele Konsequenzen, die nicht im Einzelnen angesprochen werden können. Entscheidend ist, dass damit der Arbeitsmarkt nach wie vor die zentrale Drehscheibe sozialer Ungleichheit darstellt. Diese wird im Wesentlichen von drei Kräften gebildet: Kapital, Arbeit und Staat. Diesem „abstrakten Kräftedreieck" können leicht drei konkrete kollektive Akteure zugeordnet werden, wodurch es zum „realen Kräftedreieck" wird, genauer – die Art der Kräftekonstellation charakterisierend – zu einem „korporatistischen Dreieck" (siehe Abb. 1). Es bildet den innersten Kreis: das Zentrum des ungleichheitsbegründenden Kräftefeldes (1). Alle weiteren, sprich peripheren Kräfte ordnet Kreckel in drei konzentrischen Kreisen an. Dies sind die Verbände (2), die neuen sozialen Bewegungen (3) und schließlich die sozial strukturierte Bevölkerung (4). Quer zu diesem konzentrisch angeordneten Kräftefeld liegen die politischen Parteien (5). Schauen wir uns zunächst das Zentrum genauer an.

(1)   Das korporatistische Dreieck
Es wird aus dem primären Machtgefälle zwischen Kapital und Arbeit gebildet. Als Dritter im Bunde tritt der Staat hinzu. Ohne den Staat ist eine realistische Analyse der heutigen Gesellschaften nicht mehr möglich. Dies haben wir bei den zentralen Organisationsprinzipien, den vier Dimensionen und der Rechtsordnung gesehen. Das primäre Machtgefälle, die Auseinandersetzungen zwischen Kapital und Arbeit, findet in einem vom Staat abgesteckten und rechtlich garantierten Rahmen statt. Es gibt staatlich festgeschriebene Mindestlöhne, arbeitsrechtliche Vorschriften, ein Tarifrecht etc.

Die Gestalt des Kräftedreiecks ergibt sich aus dem empirischen Zusammenspiel zwischen den kollektiven Akteuren. Diese lassen sich für das korporatistische Dreieck schnell identifizieren. Die ungleichheitsrelevanten staatlichen Interessen werden von den drei verfassungsmäßigen Ebenen – Bund, Länder und Gemeinden – getragen. Neben dem routinisierten Verwaltungshandeln gehört die Rechtsprechung und die Gesetzgebung dazu. Die wichtigste Organisation der Arbeitnehmerinteressen ist trotz sinkender Mitgliederzahlen noch immer der Deutsche Gewerkschaftsbund (DGB). Andere Repräsentationen kommen dazu: Deutscher Beamtenbund (DBB), die Arbeitnehmervertreter in den Sozialversicherungen usw. Die Kapitalinteressen sind hauptsächlich in der Bundesvereinigung der deutschen Arbeitgeberverbände (BdA), dem Deutschen Industrie- und Handelstag (DIHT), dem Zentralverband des deutschen Handwerks (ZdH) und dem Bundesverband der Deutschen Industrie (BDI) organisiert.

(2)   Verbände
Noch nah am Kräftedreieck, aber nicht mehr zugehörig zum innersten Kreis sind die spezialisierten Interessenverbände angesiedelt. Sie beanspruchen keine allgemeine Zuständigkeit für die Ausrichtung der Ungleichheitsverhältnisse, sondern beziehen sich in der Mehrzahl auf einen eng umgrenzten Aspekt bzw. vertreten eine genau bezeichnete Interessengruppe. Zu diesen ungleichheitsrelevanten Verbänden gehören beispielsweise der Bund der Steuerzahler, der Deutsche Bauernverband, die Wohlfahrtsverbände, die Verbraucherverbände, der Hoch-

schullehrerverband und das ganze Geflecht der exzellent organisierten Lobbyisten. Präsenz oder Nicht-Präsenz in diesem Umfeld kann zu massiven Vorteilen oder Nachteilen im Verteilungskonflikt führen, weil für die dort nicht vertretenen sozialen Gruppen auch keine konfliktfähigen Akteure eintreten.

(3) Neue soziale Bewegungen
Im dritten Kreis befinden sich die „sozialen Bewegungen", die sich mit verteilungsrelevanten Themen befassen, z.b. die Frauen- und die Umweltbewegung. Sie können zu einem Machtfaktor werden, „wenn es ihnen auf mikro-sozialer Ebene gelingt, individuelle Motivationen zu bündeln und dadurch Konfliktfähigkeit zu entfalten" (S. 159). Themen- und situationsabhängig kann die Motivation und Mobilisierung für einen begrenzten Zeitraum beträchtlich sein. Allerdings bleibt fraglich, ob sich daraus nachhaltige strukturelle Effekte ergeben oder ob dazu die Etablierung mittels eines Verbandes erforderlich ist. Die Ungleichheitssoziologie hat deshalb genau den Übergang von sozialen Bewegungen in konfliktfähige Organisationen zu beobachten.

(4) Sozial strukturierte Bevölkerung
Der äußerste Ring – die Peripherie – wird von der Bevölkerung gebildet, „die mit ihren schicht-, milieu- oder lagespezifischen Werthaltungen und Handlungspotentialen gesellschaftliche Ungleichheitsverhältnisse ins tägliche Leben übersetzt" (S. 161). Ihre Handlungsweisen, Konsumstile, Wahlpräferenzen, Bildungsanstrengungen, Formen der Interessenartikulation wirken auf die zentralen Kräftefelder zurück. Hier entscheidet sich, ob die Interessen und Wünsche der Einzelnen unverbunden nebeneinander bestehen oder ob sie zu kollektiven Aktionen gebündelt werden.

(5) Politische Parteien
Die politischen Parteien werden in dem idealtypischen Modell als „institutionelle Vermittlungsinstanz" verstanden. Ihre Aufgabe besteht darin, die Interessenartikulationen der vier Kreise des Kräftefeldes miteinander zu verklammern und sie in ihre Programme und ihr politisches Handeln aufzunehmen bzw. sie als illegitim zurückzuweisen. Je nach politischer Ausrichtung „hören" die Parteien auf einige Stimmen mehr und auf andere weniger. Sie bewegen sich sowohl „im Zentrum des Kräftefeldes, als Träger und/oder Kontrolleure legitimer Staatsgewalt", als auch „an der Peripherie, wo sie einen möglichst großen Sektor der sozial strukturierten Wahlbevölkerung an sich zu binden suchen" (S. 162).

Dies ist ein idealtypisches Modell des ungleichheitsbegründenden Kräftefeldes, das betont auch Kreckel immer wieder. Tatsächlich sind die Kräftekonstellationen keineswegs so gleichmäßig angeordnet. In der sozialen Wirklichkeit lassen sich bildlich gesprochen Dellen und Auswölbungen erkennen. Kreckel hat sein Modell für zwei Ungleichheitsformen empirisch ausgefüllt: erstens für die „primäre Machtasymmetrie zwischen Kapital und Arbeit" und die „sekundären Machtasymmetrien auf dem Arbeitsmarkt" und zweitens für die Ungleichheit im Geschlechterverhältnis. Für den zweiten Fall gesteht er selbst ein, dass „das Problem der geschlechtsspezifischen Ungleichheiten (...) sich im Zentrum-Peripherie-Modell mühsam einfangen" lässt (S. 51).[56] Im Weiteren wird darauf verzichtet, Kreckels empirische Ausführungen darzustellen. Stattdessen soll ein Gebrauch des Modells vorgestellt werden.

4.5   Die Anwendung des Zentrum-Peripherie-Modells

Kreckels Zentrum-Peripherie-Modell und seine empirische Umsetzung im „ungleichheitsbegründenden Kräftefeld" sind bislang wenig rezipiert und noch weniger angewendet worden. Welche Gründe dies hat, darüber kann man nur spekulieren. Ich greife deshalb auf eine Arbeit von mir zurück, in der ich mich auf Kreckels politische Soziologie sozialer Ungleichheit beziehe (Barlösius 1998). Dies geschieht mit der Absicht, das empirisch-historische Fundament des „ungleichheitsbegründenden Kräftefelds" freizulegen, weil sich daraus seine Reichweite und Erklärungskraft ergibt.

Ich habe das Zentrum-Peripherie-Modell und das „ungleichheitsbegründende Kräftefeld" in einem Aufsatz angewendet, in dem ich versucht habe, den Wandel der Ungleichheitsverhältnisse in der Bundesrepublik Deutschland seit der Mitte der 1980er Jahre als „Abschied von der Mitte" zu charakterisieren (ebd.).[57] Die Hauptthese lautet, dass die Machtkonstellation – die Konfliktfähigkeit der sozialen Akteure – sich verschoben hat und deshalb Auseinandersetzungen um ein neues Zentrum-Peripherie-Arrangement begonnen haben. Ich habe mich in dem Text auf Kreckel bezogen, weil mit seinem Modell drei Ungleichheitskomplexe, die ich für zentral halte, in ein homologes Verhältnis gesetzt

---

56 Der Hauptgrund dafür ist, dass geschlechtsspezifische Benachteiligungen nicht aus den Machtasymmetrien im Zentrum – also zwischen Arbeit und Kapital – resultieren, sondern sich aus dem Strukturkonflikt zwischen Produktion (Erwerbschancen) und Reproduktion (Familien- und Hausarbeit) ergeben.

57 Nun besteht der Gebrauch eines theoretischen Modells nicht nur in der detailgetreuen, manchmal sogar zwanghaften Anwendung. Vielmehr kann man Theorien auch als Angebot verstehen, sich diejenigen Teile herauszunehmen, die für eine empirische Untersuchung nützlich sind. Allerdings sollte man dabei nicht so weit gehen, den Grundgedanken aufzuweichen oder zentrale Bestandteile zu verändern – respektabel sind dagegen sinnvolle und notwendige Anpassungen. Ein solcher Gebrauch macht es aber erforderlich, an einigen Stellen die theoretischen Bezugspunkte anzugeben, was hier jedoch zu Redundanzen führt. Um Missverständnissen entgegenzuwirken, muss dies in Kauf genommen werden.

werden können. Dies sind die Sozialstruktur, die Kreckel strukturanalytisch beschreibt, die staatliche Verfasstheit von Ungleichheit, die mittels einer politischen Soziologie zu erfassen ist, und drittens die „Benennungsmacht". Letztere habe ich von Pierre Bourdieu übernommen. Damit ist die Fähigkeit gemeint, seine eigene Sichtweise öffentlich zu machen, ja offiziell werden zu lassen. Im Deutschen wird diese Fähigkeit zumeist mit dem Begriff „Definitions-" oder „Deutungsmacht" bezeichnet.

Der Besitz dieser Macht ist ähnlich sozial ungleich verteilt wie andere sozial strukturierende Ressourcen. In modernen Wohlfahrtsstaaten ist die Benennung von sozialen Ungleichheiten ein wichtiges Machtmittel, um in Verteilungskonflikte einzugreifen und Ungleichheitsverhältnisse politisch zu verändern oder zu stabilisieren. Diese Macht ist somit eine Voraussetzung für eine hohe Konfliktfähigkeit – das Kennzeichen zentraler sozialer Lagen.

Im Folgenden werde ich demonstrieren, wie kreativ man mit Kreckels Modell umgehen kann. Anschließend werde ich einige Vorzüge und Grenzen von Kreckels Ungleichheitssoziologie diskutieren.

4.5.1 Abschied von der Mitte

Zwischen den drei Komplexen Sozialstruktur, Benennungsmacht und staatliche Verfasstheit besteht eine Homologie (siehe hierzu Fußnote S. 113 und S. 174). Diese kann mit dem Begriffspaar Zentrum und Peripherie veranschaulicht werden, wie dies Kreckel vorschlägt. Mit Zentrum und Peripherie soll der Grad der Bündelung von ungleichheitsrelevanten Ressourcen bestimmt werden, weil dies ermöglicht, den Spielraum zu ermitteln, den die einzelnen sozialen Lagen haben, um erfolgreich in die Prozesse und Steuerungen sozialer Ungleichheit einzugreifen. Im Zentrum findet eine Kräftekonzentration statt, aus der eine hohe Konfliktfähigkeit resultiert, und in der Peripherie herrscht Kräftezersplitterung, weshalb nur eine geringe Konfliktfähigkeit ausgebildet werden kann. Periphere Lagen sind in allen drei Richtungen strukturell benachteiligt: hinsichtlich des Zugangs zu materiellen wie immateriellen Ressourcen, hinsichtlich des Spielraums für autonomes Handeln und schließlich hinsichtlich der Fähigkeit, Konflikte auszutragen und eine Gegenmacht zu bilden. Für zentrale Lagen trifft genau das Gegenteil zu. Welche Erfolgsaussichten eine Gegenwehr gegen die bestehende soziale Ungleichheit hat, hängt somit zunächst davon ab, an welcher Stelle bzw. auf welcher Ebene der gesamten Kräftekonstellation ein Zentrum-Peripherie-Konflikt angesprochen, dramatisiert und skandalisiert wird.

Die Disparitäten zwischen Zentrum und Peripherie lassen sich in Form von konzentrischen Kreisen darstellen. Diese sind jedoch nicht gleichförmig um das Zentrum angeordnet, sondern parzelliert und von einzelnen Sektoren durchbrochen. So gibt es Themen, bei denen die zentralen Lagen nur eine geringe Benennungs- und Durchsetzungsmacht haben. Das Thema Umweltschutz ist ein Beispiel für eine extrem hohe Konfliktfähigkeit von Organisationen, die ansonsten keinen Zugang zum Zentrum haben. Bei ökologischen Fragen besitzen Greenpeace, BUND, German Watch etc. eine unbestrittene Benennungs- und Definitionsmacht; sie vertreten quasi eine offizielle Position, die mehr Glaubwürdigkeit besitzt als staatlich-administrative Stellen. Des Weiteren wird die etablierte Anordnung der konzentrischen Kreise davon „aufgerüttelt", dass das gesamte Gefüge von Zentrum und Peripherie stets neu ausbalanciert werden muss. Dabei können zuvor periphere Kreise für eine vorübergehende Zeit weiter in die Mitte vorrücken, während ehemals zentrale ihre herausragende Position einbüßen. Häufig ist dieser Positionentausch nur von kurzer Dauer, weil das gesamte Feld viel zu stark durch die grundlegenden gesellschaftlichen und staatlichen Strukturen gefestigt ist. Ein Beispiel aus jüngerer Zeit sind die sozialen Bewegungen der 1980er Jahre, die sich zehn Jahre danach entweder in das Kräftefeld eingeklinkt haben, indem sie sich verbandsmäßig organisierten wie die Grünen, oder wieder verschwunden sind.

Nach Kreckel bilden drei Mächte das Zentrum, sprich den innersten Kreis der Kräftekonstellation: Kapital, Arbeit und Staat (siehe Abb. 1). Innerhalb dieses Dreiecks werden alle für die soziale Strukturierung bedeutungsvollen Entscheidungen getroffen und in institutionalisierte Konfliktordnungen umgesetzt, so das Tarifrecht, die Sozialversicherungen, die soziale Verfasstheit von Arbeit (Bildungs- und Berufsrecht) etc. Die Art der Auseinandersetzung scheint eher kompromiss- statt konfliktorientiert. Basis dafür ist das mehrheitlich getragene, zumindest nicht grundsätzlich umkämpfte gesellschaftliche Integrationsmodell: gesicherte Arbeitnehmergesellschaft und soziale Marktwirtschaft. Die Institutionen, Regelungen und Prozesse, die im Kräftezentrum ausgehandelt werden, stellen im Allgemeinen diesen Konsens nicht grundsätzlich in Frage. Dazu gehören z.B. das öffentliche Bildungssystem, das Tarifrecht, die Institution des industriellen Facharbeiters, die eine soziale Organisation von Arbeit bedeutet, die vor Proletarisierung schützen soll, die erwerbsarbeitszentrierten Sozialversicherungen, die individuelle und soziale Risiken absichern sollen, usw.

Übersetzt man diese arbeitnehmerzentrierten Institutionen in sozialstrukturelle Bezugsgrößen, dann fällt auf, dass sie typischerweise an die Lebenssituation mittlerer Lagen angepasst sind. Als Schelsky die Bezeichnung „nivellierte Mittelstandsgesellschaft" erfand und Beck den „Fahrstuhl" des breiten sozialen Aufstiegs konstruierte, taten beide das auf dem Fundament dieser ausgehandelten und konsensual getragenen Institutionen, die auf die Lebens- und Handlungschancen sowie die sozialen Ambitionen mittlerer Lagen abgestimmt sind.

Von diesen abstrakten, an Kreckels „ungleichheitsbegründendes Kräftefeld" angelehnten Ausführungen kann die folgende Hypothese hergeleitet werden: Die gesellschaftlichen Auseinandersetzungen über soziale Ungleichheiten sind zu Beginn des 21. Jahrhunderts davon geprägt, dass das etablierte Kräftezentrum in Bewegung geraten ist und eine Neuorganisation beginnt, weil die grundlegenden Strukturen und der Konsens, auf denen dieses Dreieck ruht, in Frage gestellt werden. Ursache dafür ist, dass sich die Machtbalance innerhalb des Dreiecks verschoben hat und es deshalb möglich wird, alte Kompromisse aufzukündigen, um die Grundlagen gesellschaftlicher Strukturierung neu zu definieren.

4.5.2   Das neue Zentrum-Peripherie-Arrangement

Das bisherige Zentrum-Peripherie-Arrangement scheint aufgekündigt. Alle drei Ungleichheitskomplexe (Sozialstruktur, Benennungsmacht, staatliche Verfasstheit) sind gleichermaßen in das Auseinanderdriften von Zentrum und Peripherie involviert. Zusätzlich sind im zentralen Kräftefeld Machtverschiebungen beobachtbar, die möglicherweise die Machtbalance zwischen Kapital, Arbeit und Staat neu ausrichten werden. Die internen Auseinandersetzungen entfernen sich immer mehr vom bisherigen Modell oder stehen zumindest in der Gefahr, dies zu tun. Zudem scheint die Benennungs- und Definitionsmacht neu gebündelt und auf eine bestimmte Sichtweise konzentriert zu werden: den Neoliberalismus (vgl. Bourdieu 1998c; Plehwe 1999; Wacquant 1999). Es werden Entwürfe in die Diskussion gebracht, die den Integrationsmodus „Arbeitnehmergesellschaft" und die für die bundesdeutsche Gesellschaft typische „Mittelschichtorientierung" ablehnen. Ein markantes Stichwort dafür, in welche Richtung die staatliche und die zwischen Kapital und Arbeit ausgehandelte und rechtlich verankerte Verfasstheit sozialer Ungleichheit verändert werden soll, ist das der „individuellen unternehmerischen Wissensgesellschaft" (Kommission für Zukunftsfragen 1996/97). Dies heißt, sich von der bisherigen, kollektiv organisierten „arbeitnehmerzentrierten Industriegesellschaft" zu verabschieden. Auch bei den Interessenorganisationen zeichnet sich deutlich sichtbar ein grundlegender Wandel ab. Wahrscheinlich wird das zentrale Kräftefeld zukünftig sowohl inhaltlich als auch organisatorisch neu arrangiert. Die Gestaltungsmöglichkeiten aller drei Beteiligten sind im Vergleich zu den ersten Jahrzehnten der Bundesrepublik Deutschland reduziert. Die Arbeitgeberorganisationen und die Gewerkschaften können kaum mehr glaubhaft einen Alleinvertretungsanspruch für ihre jeweiligen Interessengruppen geltend machen; beiden laufen die Mitglieder davon. Und der Staat verfügt aufgrund der Finanzkrise über schwächer werdende gestalterische Ressourcen.

Wie lässt sich vor diesem Hintergrund die Vergrößerung sozialer Ungleichheit, die in den 1980er Jahren begann, verstehen? Einerseits verschärften sich die Marktverhältnisse; dazu einige Stichworte: die Einkommensspreizung nahm zu, die Arbeitslosigkeit stieg rasant an, die Zahl der Sozialhilfeempfänger erhöhte sich etc. Andererseits wurde die Verschärfung immer weniger staatlich aufgefangen und sozial ausgeglichen. Gründe dafür waren die staatliche Finanzpolitik und eine eher konservative Sozialpolitik; auch dazu einige Beispiele: Kürzungen der Sozialhilfe, Gesundheitsreform, Rentenreform, Verringerung der Leistungen aus der Arbeitslosenversicherung bei einem gleichzeitigen Anstieg der Sozialversicherungsbeiträge, Streichung der Vermögenssteuer und der Gewerbekapitalsteuer. In den späten 1990er Jahren sind zwei weitere Veränderungen aufgetreten: Erstens begannen die arbeitnehmerzentrierten Institutionen, die wesentlich dazu beitrugen, die Gesellschaft auf die mittleren Lagen zu zentrieren, zu wanken, und zweitens wurden Leitbilder entwickelt, benannt und popularisiert, die den bisherigen Integrationsmodus aufkündigen. Beide Entwicklungen hängen eng zusammen und verstärken sich gegenseitig.

Zum ersten Aspekt: Während in den 1980er Jahren zwar die staatlichen Leistungen reduziert wurden und das Erwerbseinkommen real kaum stieg, teilweise sogar rückläufig war, sind nun die zwischen Kapital und Arbeit ausgehandelten Institutionen und die bisherige staatliche Verfasstheit von Ungleichheit in Frage gestellt bzw. es wird deutlich, dass sie kaum mehr strukturelle Gegengewichte zu den neueren sozialen und wirtschaftlichen Entwicklungen bilden können. Dies gilt beispielsweise für die erwerbsarbeitszentrierten Sozialversicherungen, die auf das klassische Normalerwerbsverhältnis und das traditionelle Familienmodell mit einem männlichen „Haupternährer" abgestimmt sind. Das trifft wahrscheinlich auch für die soziale Verfasstheit von Arbeit zu, also den Beruf. So macht Vester in seiner Studie von 1995 darauf aufmerksam, dass gerade die große gesicherte Arbeitnehmermitte, größtenteils bestehend aus Facharbeitern und mittleren Angestellten, mittlerweile beruflich immer schlechter gesichert und in die Rationalisierungsmaschinerie geraten ist (Vester 1997). Ähnliches gilt für die Tarifverträge, die auf der Ebene der Unternehmen weniger durchsetzungsfähig sind, weil hier die Arbeitnehmer in ihrer Konkurrenzsituation gegeneinander ausgespielt werden (Bermann et al. 1997). Die beiden zentralen Säulen, auf denen die soziale Kompromisslinie in der Bundesrepublik institutionell steht – der sozialversicherte so genannte Normalerwerbsverlauf als Risikoschutz und der (Flächen-)Tarifvertrag als Schutz vor der „Kommerzialisierung der Arbeitskraft" auf der einen Seite und die so genannte Einverdiener-Normalfamilie, die Frauen enorm benachteiligte, auf der anderen –, erfüllen ihre Schutzfunktion immer schlechter.

Angesichts der Erosion dieser Institutionen, die den Lebens- und Erwerbsverlauf in relativ stabile und risikoverminderte Bahnen brachten, wird deutlich, dass diese so konzipiert sind, dass sie sowohl für die oberen als auch für die unteren Lagen weniger bedeutungsvoll sind als für die mittleren. Die sozial privilegierten Lagen haben diese Institutionen zur Absicherung ihrer Lebensstandards und zur Vorsorge in Notzeiten weniger nötig. Bei einigen Sozialversicherungen sind sie freiwillig Mitglied und haben deshalb die Alternative, sich kostengünstiger privat zu versichern. Auch das Tarifsystem, der wichtigste institutionalisierte Kompromiss zwischen Kapital und Arbeit, hat für sie keine Geltung. Vermeintlich oder tatsächlich verfügen sie über so viel individuelle Verhandlungsmacht, dass sie keiner kollektiven Standards bedürfen und die „Solidargemeinschaft" aufkündigen können. Dies könnte eine gewisse Distanz gegenüber den Institutionen der „Arbeitnehmergesellschaft" befördern.

In den peripheren Lagen sind Personen überrepräsentiert, die zu den „working poor", also denjenigen gehören, die sich trotz Erwerbsarbeit keinen angemessenen Lebensstandard sichern können oder die auf wohlfahrtsstaatliche Leistungen angewiesen sind. Den Staat erleben sie weniger als lebensstandardsichernden Sozialstaat, sondern vielmehr als existenzgarantierenden Wohlfahrtsstaat. Während der Kern der Arbeitnehmergesellschaft noch gesichert ist, werden bislang soziale Benachteiligungen nach dem Prinzip der Minorisierung an Gruppen mit geringer Verhandlungsmacht weitergegeben: Migranten, Asylbewerber, Sozialhilfeempfänger, Langzeitarbeitslose etc. (Vester 1997). Von der arbeitnehmerzentrierten Gesellschaft sind sie abgekoppelt, dieser Modus verbindet sie kaum mehr mit der Gesellschaft. Vielmehr ist ihre Lage häufig vom Anspruch oder Nichtanspruch auf staatliche Unterstützung geprägt.[58] Überspitzt kann man sagen, dass für ihre Lage nur die Repräsentation des Staates im zentralen Kräftefeld bedeutungsvoll ist. Mit der Repräsentation von Arbeitnehmerinteressen identifizieren sie sich immer weniger. Dies zeigt sich darin, dass die traditionelle Variante des Arbeiterbewusstseins, der Bezug zu den Gewerkschaften, bei ihnen stark geschrumpft ist.

Nun *zum zweiten Punkt*, der Konzentration der Benennungsmacht: Bei den Auseinandersetzungen im zentralen Kräftefeld kann man konkrete Anlässe wie Tarifverhandlungen und Reformgesetze und die Diskussion von Orientierungsideen darüber, wie zukünftig die Gesellschaft eingerichtet werden soll, unterscheiden. Ein Weg, Orientierungsideen zu popularisieren und entsprechend die Bewertungsmuster gesellschaftlicher Verhältnisse zu beeinflussen, ist, sich auf wissenschaftliche Autoritäten zu berufen. Ein probates Instrument dazu ist, Berichte zu publizieren, um auf diese Weise in die öffentliche Debatte einzugreifen und die Benennungsmacht der eigenen interessengebundenen Sichtweise zu steigern. Zu den öffentlich erfolgreichsten Berichten, jenen mit der größten medialen und politischen Resonanz, gehört der Bericht der „Kommission für Zukunftsfragen der Freistaaten Bayern und Sachsen" mit dem Titel „Erwerbstätigkeit und Arbeitslosigkeit in Deutschland. Entwicklung, Ursachen und Maßnahmen", erschienen 1996/97 und herausgegeben von der Kommission für Zukunftsfragen. Darin werden Ziele der gesellschaftlichen Umgestaltung formuliert, welche die

---

58 Dies kann man auch mit dem Begriffspaar Inklusion und Exklusion erfassen (vgl. Kapitel 6).

Organisation und inhaltliche Ausrichtung des „ungleichheitsbegründenden Kräftefelds" zur Disposition stellen. Einige Beispiele aus dem Forderungskatalog: An die Stelle der um den Arbeitnehmerstatus arrangierten Sozialversicherungen sollen Sicherungen treten, die das Individuum zum Unternehmer seiner Arbeitskraft und Daseinsvorsorge machen. Begründet wird dies damit, dass „durch das Übermaß staatlicher Vorsorge und Versorgung (…) viele Menschen nicht gelernt [haben], ihre Kräfte anzuspannen" (Kommission für Zukunftsfragen 1996/97, S. 37). Weiterhin wird eine stärkere Differenzierung und gegebenenfalls eine Senkung der Arbeitseinkommen angestrebt, um die Einkommen weiter zu spreizen. Schließlich soll die „Konsensgesellschaft" in eine Gesellschaft transformiert werden, in der Konflikte ausgetragen werden. Der gesellschaftliche Grundsatz soll lauten: „Soviel Konsens wie möglich, aber genauso: soviel Konflikt wie nötig". Bringt man diese drei Ziele auf einen Punkt, dann lautet die Forderung: Ein neues Zentrum-Peripherie-Arrangement soll durchgesetzt werden.

Ziehen wir ein Resümee: Die Mittelschichtorientierung, die im Zentrum repräsentiert war, droht nun langsam wegzubrechen. Dies könnte man als Abschied von der Mitte interpretieren. Sozialstrukturell ist die integrative Mitte gefährdet, weil durch sie eine Linie läuft, die zwei soziale Lagen voneinander trennt: saturierter und prekärer Wohlstand. Auch in den zwei anderen hier hervorgehobenen Komplexen sozialer Ungleichheit, der staatlichen Verfasstheit und der Benennungsmacht, zeichnet sich die Schwächung der mittleren Lagen ab. So werden durch die Kürzung sozialstaatlicher Leistungen und den Umbau der sozialen Sicherungssysteme die arbeitnehmerzentrierten Institutionen ausgehöhlt und die Orientierung auf die Mitte verabschiedet. Noch deutlicher zeigt sich dieser Wandel auf der Ebene der Diskurse. Hier dominieren der Neoliberalismus und das Bild von der „unternehmerischen Wissensgesellschaft". Bleibt die Frage: Welche Akteure werden zukünftig mit welchen Machtpotenzialen das zentrale Kräftefeld bestimmen?

4.6   Vorzüge und Grenzen

In den letzten 20 Jahren gab es in der deutschen Soziologie nur wenige ambitionierte Entwürfe, die Ungleichheitssoziologie auf ein neues, den modernen Entwicklungen angepasstes Fundament zu stellen. Für die bundesdeutsche Soziologie – sieht man von Becks Individualisierungsthese ab – ist Kreckels Entwurf einzigartig. Denn die Lebensstil-, Lebenslagen- oder Milieudiskussionen blieben bis auf wenige Ausnahmen in sozialstrukturellen Analysen stecken. Den Sprung zu den gesellschaftlichen, politischen und ökonomischen Institutionen, welche die sozialstrukturellen Veränderungen erzwangen und ermöglichen, versuchten sie selten.

Kreckel dagegen hat mit der Zentrum-Peripherie-Metapher und dem ungleichheitsbegründenden Kräftefeld den Durchstoß zu den kollektiven Akteuren und den Formen der institutionalisierten Macht theoretisch wie empirisch gewagt. Er beginnt mit einer sozialstrukturellen Analyse, um die sozialen Positionen und die Handlungsspielräume zu bestimmen, und wechselt im zweiten Schritt auf die Ebene der Akteure und Institutionen, wo die ungleichheitsgenerierenden Entscheidungen getroffen werden, welche den Rahmen für die sozialstrukturelle Entwicklung auslegen. Dies alles unter ein theoretisches Dach zu bringen stellt eine große Herausforderung dar. Vergegenwärtigen wir uns nochmals die wichtigsten theoretischen Hürden, um zu prüfen, ob sie überzeugend bewältigt werden.

(1) Das Zentrum-Peripherie-Modell hat den großen Vorzug, dass damit institutionalisierte Machtprozesse in den Blick genommen werden können. Allerdings unterstellt Kreckel eine Homologie[13] von sozialer Lage, der Fähigkeit sich kollektiv zu organisieren und der institutionellen Repräsentation im zentralen Kräftefeld. Die obige Anwendung hat jedoch gezeigt, dass im zentralen Kräftefeld die mittleren sozialen Lagen – genauer müsste es heißen: der männliche Anteil der mittleren Lagen – überrepräsentiert sind. Sozialstrukturell am mächtigsten – darüber kann kein Zweifel bestehen – sind jedoch jene sozialen Lagen, die auf eine staatliche Absicherung ihrer sozialen Situation nicht oder kaum angewiesen sind – also die höheren sozialen Lagen. Ähnliches ließe sich für den Genderaspekt sagen. Die Interessen von Frauen waren bis vor wenigen Jahren kaum im ungleichheitsbegründenden Kräftefeld repräsentiert. Dies lässt sich aber nur bedingt mit der sozialstrukturellen Lage von Frauen erklären. Die Homologie von sozialer Position und Teilhabe im Zentrum ist offenbar komplizierter. Ihre Stimmigkeit hängt an weiteren Bedingungen wie Skandalisierung von Ungerechtigkeiten, öffentliche Aufmerksamkeit und großes Konfliktpotenzial. Allem Anschein nach trägt der „theoretische Kniff", „direkt zur empirischen Realität der kollektiven Akteure durchzustoßen", nicht so weit, wie Kreckel dies vorgibt. Man kann die Frage nach der Vermittlungsinstanz zwischen sozialer Position und der Chance, in zentralen Machtfeldern tätig zu werden, nicht einfach wegdrücken.

---

13 Homologie meint „prinzipielle Ähnlichkeit". Hier soll jedoch das Bourdieu'sche Verständnis zugrunde gelegt werden. Bourdieu benutzt den Begriff, um eine relative Abgestimmtheit von sozialer Position und sozialem Handeln zu beschreiben und damit ein Zwischenverhältnis von Determiniertheit und Losgelöstheit ausdrücken (ausführlich siehe Kapitel 5.4.3). Ich führe den Begriff Homologie bereits hier ein, weil so eine Überleitung zur Bourdieuschen Theorie entsteht.

(2) Aber auch der „Kniff", die Ausstattung der Individuen mit „objektiven" Ressourcen als strategisch verfügbare Handlungsressourcen aufzufassen, reicht nicht hin, um das Dilemma des Übergangs von Struktur in Handlung zu lösen. Denn gerade die empirisch belegte Beobachtung, dass von den Lebensbedingungen keineswegs direkt die Wahrnehmungs-, Handlungs- und Denkmuster hergeleitet werden können, sondern diese häufig auseinanderdriften, hat der Entstrukturierungsthese viel Zuspruch beschert, weshalb die neuere Sozialstrukturanalyse diese oftmals zu ihrem Ausgangspunkt machte. Man wird nicht umhin kommen, für den komplizierten Prozess der Umsetzung von Struktur in Handlung eine theoretisch tragfähige Vermittlungsinstanz anzubieten, die je nach empirischem Ergebnis sowohl die Abstimmung als auch das Auseinanderfallen beider Seiten erklären können sollte.

(3) „Das Erwerbsleben ist der zentrale Ort, wo die Ungleichheitsverteilung von Lebenschancen verankert ist." (S. 153) Diese These bringt Kreckel dazu, im Zentrum des Kräftefelds das korporativistische Dreieck von Kapital, Arbeit und Staat anzusiedeln. Dieser Annahme wird man kaum grundsätzlich widersprechen können. Das Erwerbsleben ist jedoch keineswegs der einzige und auch nicht für alle gesellschaftlichen Gruppen der zentrale Ort der Ungleichheitsverteilung von Lebenschancen, wie dies im ungleichheitsbegründenden Kräftefeld unterstellt wird. Bei Staatsbürgerschaft, Geschlechtszugehörigkeit und Alter, um nur die Strukturprinzipien aufzuzählen, die Kreckel neben der vertikalen Strukturierung für zentral hält, sind die Kräfteverhältnisse anders verteilt und auch andere ungleichheitskonstituierende Institutionen beteiligt.

Abgesehen davon bleibt in diesem Modell unterbelichtet, dass in allen Lebensbereichen, sozialen Feldern und Systemen ungleichheitsrelevante Entscheidungen getroffen und an den Einzelnen weitergegeben werden. Im kulturellen Bereich bestehen diese beispielsweise in der permanenten Durchsetzung des Hochkulturschemas. So werden stets von neuem jene Werke und Praktiken bestimmt, welche zu kennen und zu beherrschen einen Prestigezugewinn sichert. Die Lebensstildifferenzierung kann als ein vergleichbarer Mechanismus angesehen werden.

Auf den Punkt gebracht: Einerseits überbetont Kreckels Modell das Erwerbsleben und andererseits unterstellt er ein Primat der Politik, der so nicht für alle Bereiche besteht. Die Zentrierung auf politische Prozesse, genauer auf staatliche Eingriffe, blendet wichtige ungleichheitsrelevante Strukturen und Bereiche aus. So gibt es eine Reihe von Themen, bei denen die „randständigeren" sozialen Bewegungen dominieren, z.B. Umweltschutz, Staatsbürgerschaft, Gleichberechtigung von Frauen, Verkehrspolitik. Die Hierarchie der Kreise sollte deshalb je nach Bereich und Thema spezifiziert werden.

(4) Kreckel tendiert dazu, das Feld der Politik auf staatliche Institutionen, politische Parteien und regierungsnahe Organisationen zu reduzieren. In entwickelten modernen Gesellschaften ist jedoch der politische Raum wesentlich größer zu konzeptualisieren. Die Öffentlichkeit, sowohl die politische in einem weiten Sinn als auch die mediale und wissenschaftliche, sind an der Reflexion, Rechtfertigung und Herstellung von Ungleichheiten beteiligt. Gerade zur Generierung eines gesellschaftlichen Common Sense über die Legimität des Ausmaßes und der Verteilung von sozialen Benachteiligungen trägt dieser größer zugeschnittene politische Raum bei.

Im Weiteren werden deshalb zwei Gesichtspunkte im Vordergrund stehen: die Frage nach der Vermittlungsinstanz von Struktur und Handlung und zweitens die verschiedenen Formen der Repräsentation und Auseinandersetzung über Ungleichheiten unter dem Aspekt der Generierung eines Common Sense.

5   Habitusmodell und Feldtheorie von Pierre Bourdieu

Während Elias' „Etablierten-Außenseiter-Figuration" von der Ungleichheitssoziologie bislang kaum wahrgenommen wurde und Kreckels „Zentrum-Peripherie-Metapher" zwar häufig zitiert, aber kaum angewendet wird, erreichte Bourdieus Studie „La Distinction. Critique du jugement" (1979)[60] bei einer Umfrage der International Sociological Assoziation (ISA) vor einigen Jahren Platz fünf der Hitliste der zehn wichtigsten soziologischen Werke. Keine andere Studie hat die Ungleichheitssoziologie in den letzten Jahrzehnten so stark herausgefordert wie diese. Allerdings verwendet Bourdieu weder in diesem Werk noch in seinen anderen Büchern den Begriff soziale Ungleichheit, was kein Zufall ist. Es belegt, dass seine Forschungen weit darüber hinausreichen, Ungleichheitsverhältnisse in einem engen Verständnis zu erfassen und als Gegenstand einer speziellen Soziologie zu behandeln. Für Bourdieu sind alle gesellschaftlichen Verhältnisse Ausdruck und Ergebnis sozialer Auseinandersetzungen und Kämpfe, bei denen bestimmte Gruppen von Menschen sich von bevorzugten und andere von benachteiligten Positionen aus für ihre Interessen und Ideen einsetzen können und müssen.

Berücksichtigt man dies, dann ist seine gesamte Sozialtheorie darauf ausgerichtet, zu erklären, warum die Menschen von ungleichen Positionen aus ihr Leben gestalten und einrichten müssen. Um dies zu veranschaulichen – aber auch, weil die Menschen sich selber das soziale Geschehen so vergegenwärtigen –, hat Bourdieu den Begriff des „sozialen Raums" ins Zentrum seiner Sozialtheorie gestellt. Dementsprechend ist es sein Hauptinteresse, eine „angemessene Theorie des sozialen Raums" zu konstruieren, um die soziale Welt in ihrer Gesamtheit in „Form eines – mehrdimensionalen – Raums" darzustellen (Bourdieu 1985, S. 9). In den Konstruktionsprinzipien des sozialen Raums – wie dieser also gesellschaftlich entsteht – ist für Bourdieu das gesamte gesellschaftliche Macht- und Ungleichheitsgeschehen gebündelt.

---

60 In deutscher Sprache erschien sie 1982 mit dem Titel: „Die feinen Unterschiede. Eine Kritik der Urteilskraft" (zitiert nach Bourdieu 1984). Der deutsche Titel gibt das empirisch beobachtbare Resultat wieder, aber nicht den sozialen Mechanismus, wie die kleinen kulturellen Differenzen mit großer sozialer Wirkung zustande kommen.

Es ist deshalb nicht sinnvoll und würde der Bourdieu'schen Konzeption zuwider laufen, sein Werk in Sozialtheorie, Ungleichheits- oder Kultursoziologie etc. einzuteilen. Im Gegenteil ist es für ihn typisch, dass er von jedem sozialen Feld und von jeder Umgangsform aus – der Literatur, der männlichen Herrschaft, den kulturellen Praktiken – die gesamte Sozialwelt rekonstruiert. Dies ist ihm möglich, weil er eine prinzipielle Gleichförmigkeit unterstellt, die dadurch zustande kommt, dass überall die gleichen Konstruktionsprinzipien wirksam sind. Daraus ergibt sich, wie in dem obigen Zitat ausgedrückt, dass die gesamte soziale Welt wie ein mehrdimensionaler Raum aufgebaut ist: der soziale Raum. Aus diesem Grund bildet die Frage, wie Bourdieu den sozialen Raum konstruiert, einen Schwerpunkt dieses Kapitels.

Erfahrungsgemäß ist es einfacher, eine komplexe Theorie wie die von Bourdieu zu rekonstruieren, wenn man sich zuvor Klarheit über die dem gesamten Werk zugrunde liegende Fragestellung verschafft. Auf diese Weise erschließt sich die Systematik der gebrauchten Begriffe, der theoretischen Anleihen und der entworfenen Denkmodelle leichter. Wie lautet also Bourdieus zentrale Fragestellung? Zitieren wir ihn:

> Wie ist es möglich, dass die Praktiken der Individuen „ohne jede strategische Berechnung und bewusste Bezugnahme auf eine Norm objektiv aufeinander abgestimmt und *ohne jede direkte Interaktion* und damit *erst recht ohne* ausdrückliche Abstimmung einander angepaßt" sind? (Bourdieu 1993a, S. 109)

Sie ist uns bereits zweimal begegnet. Zuerst im zweiten Kapitel, wo die Frage nach der Art der Abstimmung von „objektiven" Lebensbedingungen und „subjektiven" Lebensweisen und die nach der Transformation von sozialstrukturell konstruierten Gruppen in tatsächlich mobilisierte Gruppen gestellt wurden. Beide zählen zu den theoretisch ungelösten Problemen, mit denen sich die Ungleichheitssoziologie von ihren Anfängen bis heute herumschlägt. Zum zweiten Mal stießen wir im Abschnitt über Reinhard Kreckels Ungleichheitssoziologie auf diese Fragen. Kreckel schlägt – wie dargestellt – einen „theoretischen Kniff" vor, um sie zu umgehen: Die objektiven Ressourcen seien als „strategisch verfügbare Handlungsressourcen aufzufassen" und von der sozialstrukturellen Charakterisierung sollte „direkt zur empirischen Realität der kollektiven Akteure" durchgestoßen werden. Dass diese direkten Durchgriffe von der Struktur- auf die Handlungsebene zwar die empirische Analyse vereinfachen, aber keine befriedigende oder dauerhafte Lösung bieten, wurde dort kritisiert. Dementsprechend endete der Abschnitt mit der Aufforderung, für den komplizierten Prozess der Umsetzung von sozialer Position in Handlung eine tragfähige Vermittlungsinstanz zu entwickeln.

Die lange Zeit gängigste Antwort auf die Fragen aus dem zweiten Kapitel hieß, dass die sozialen Strukturen so machtvoll sind, dass sie die Handlungen der

Menschen in feste Bahnen lenken. Dies ist der Grund dafür, dass Menschen, auf welche die gleichen sozialen Strukturen in gleicher Stärke wirken, wie dies für soziale Klassen und Schichten gilt, ähnliche – scheinbar aufeinander abgestimmte – Verhaltens- und Handlungsweisen hervorbringen. Dass mit dieser Antwort zu brechen ist, weil sie sich als empirisch nicht richtig oder zumindest als zu schlicht erwiesen hat, darüber besteht in der heutigen Ungleichheitssoziologie weitgehender Konsens – auch bei Bourdieu. Die zweite theoretisch denkbare Lösung, dass die Angleichung der schicht- und milieutypischen Praktiken einzig das Ergebnis von bewussten Handlungsorientierungen ist, hat Bourdieu bereits durch die Formulierung der Fragestellung ausgeschlossen. Auch diese konnte in empirischen Untersuchungen nicht überzeugen, weil nur einige Aspekte des Lebensstils bewusst geplant werden.

Bourdieu löst dieses grundlegende Problem auf eine eher unkonventionelle Weise. Dass die Praktiken aufeinander abgestimmt und aneinander angeglichen sind, sei in der sozialen Praxis der „Normaltypus" (Durkheim 1984). Deshalb sei es nicht die Aufgabe der Soziologie, nachträglich theoretisch zu erklären, wie und warum dies überhaupt möglich ist.[61] Sie solle vielmehr die soziale Praxis zu ihrem Ausgangspunkt machen und davon ausgehen, dass es ein generatives und vereinheitlichendes Prinzip gibt, das die Abstimmungsprozesse hervorbringt, garantiert und stabilisiert. Dies ist der Habitus. Was Bourdieu unter dem Habitus versteht, bildet den zweiten Schwerpunkt dieses Kapitels.[62]

Die Theorie des sozialen Raums und das Habitusmodell sind eng miteinander verbunden und können kaum getrennt voneinander dargestellt werden. Daraus ergibt sich das für die Sozial- und Kulturwissenschaften bekannte Darstellungsproblem, dass zusammenhängende Sachverhalte nicht simultan dargelegt werden können, sondern nur nacheinander. Aus diesem Grund sind Vorgriffe auf Zusammenhänge unerlässlich, die erst später in der notwendigen Breite und Tiefe behandelt werden können. Den Lesern wird deshalb an einigen Stellen Geduld und ein langer Atem abverlangt, was aber der Komplexität gesellschaftlicher Verhältnisse und nicht einer theoretischen Verstiegenheit geschuldet ist.

---

61 Allerdings bemüht sich Bourdieu in den letzten Jahren verstärkt, den Habitus philosophisch zu begründen, insbesondere erkenntnistheoretisch (siehe Bourdieu 1997c).
62 Nicht auf alle Aspekte des Habitusmodells kann hier eingegangen werden, eine ausführliche und sehr gute Darstellung bietet die Schrift „Habitus" von Beate Krais und Gunter Gebauer (2002).

5.1 Soziale Praxis und Habitus

> „theoria cum praxi"
> *Gottfried Wilhelm Leibniz*

Die Soziologie soll die soziale Praxis – das reale Geschehen in seiner Gesamtheit – zu ihrem Ausgangspunkt machen; auf diese Aufforderung von Bourdieu wurde schon hingewiesen. Damit möchte Bourdieu – neben einigen anderen Dingen – verhindern, dass theoretische Unklarheiten in die Analyse sozialer Wirklichkeit gelangen, die so in der sozialen Praxis nicht existieren bzw. für die es praxisspezifische Lösungen gibt. Dem theoriegeschulten, aber praxisunerfahrenen Blick entgehen die praxisspezifischen „Kniffe" häufig, weshalb in der Soziologie oft theoretisch ungelöste Fragen mit praktisch ungelösten Fragen gleichgesetzt werden, obwohl zwischen beiden häufig kein kausaler Zusammenhang besteht. Ein gutes Beispiel dafür ist die bereits oben angesprochene Frage nach der wechselseitigen Konstitution von sozialen Strukturen und sozialem Handeln. Es handelt sich um eines der grundlegenden theoretischen Probleme, welches die Soziologie bis heute noch nicht befriedigend gelöst hat. In der sozialen Praxis dagegen pflegt der spontane Alltagsverstand es als selbstverständlich vorauszusetzen, dass zwischen Handlung und Struktur gleichsam eine prästabilisierte Harmonie existiert. Und das alltägliche Verhalten und Handeln belegt empirisch, dass es ein wie auch immer geartetes Prinzip der Anpassung geben muss. Das „Mysterium der Abstimmung" nicht als theoretisch ungelöstes Dilemma aufzufassen, sondern zu prüfen, ob und in welcher Weise es in der sozialen Praxis überhaupt ein Problem darstellt, dazu fordert Bourdieu auf.[63] Damit sind wir bereits wieder beim Habitus, weil Bourdieu diese Vermittlungsinstanz nicht aufwendig theoretisch begründet, sondern mit Rückgriff auf Beobachtungen der sozialen Praxis und einige philosophische und theoretische Hypothesen schlicht als vorhanden behauptet.[64]

Beim Habitus handelt es sich somit um eine Hilfskonstruktion, die es ermöglichen soll, die soziale Praxis zu erfassen und zu erklären. Mit der Setzung einer Vermittlungsinstanz – dies ist an dieser Stelle entscheidend – gelingt es Bourdieu, den soziologischen Erklärungsbedarf zu verschieben: von der theoretischen Analyse und dem empirischen Nachweis der Abstimmung hin zu der Un-

---

63 Durch einen direkteren Bezug auf die soziale Praxis soll die in der Soziologie weit verbreitete Trennung in Theorie und Empirie überwunden werden. Eine so konzipierte Soziologie versteht Bourdieu als Sozialpraxeologie.

64 Das soll nicht heißen, dass er sie „erfindet". So greift er beim Habitusbegriff auf die Arbeiten von Erwin Panofsky zurück und beruft sich auf Leibniz' Vorstellungen einer prästabilisierten Harmonie und einer *lex insita*. Er leitet den Habitus jedoch nicht von einer soziologischen Theorie her. Zur Erläuterung siehe Barlösius (1999).

tersuchung, wie das generative und vereinheitlichende Prinzip, sprich der Habitus, funktioniert. Damit drehen sich die beiden oben wiederholten Fragen um, denn nun geht es nicht mehr darum, zu erklären, warum es überhaupt eine Abstimmung gibt, sondern darum, wie diese zustande kommt und aussieht. Den Habitus will Bourdieu nicht als etwas real Existierendes verstanden wissen, sondern als eine Hilfskonstruktion, die notwendig ist, um den Übergang von Struktur in Handlung und von Handlung in Struktur sinnvoll herleiten zu können. Er beschäftigt sich hauptsächlich mit dem praktischen Phänomen; die damit verbundenen theoretischen Fragen lässt er weitgehend offen.[65] Man könnte deshalb den Habitus als eine „Eselsbrücke" auffassen, wie dies Bourdieu an einer Stelle für seinen Feldbegriff empfiehlt (Bourdieu/Wacquant 1996, S. 262).

Das Habituskonzept basiert auf der Hypothese, dass „Schemata von Praxis auf Praxis übertragen werden können, ohne den Weg über Diskurs und Bewußtsein zu nehmen" (Bourdieu 1993a, S. 136). „Die Übertragung von Schemata, die der Habitus aufgrund erworbener Äquivalenzen bewirkt", fördert „die Ersetzbarkeit einer Reaktion durch eine andere" und ermöglicht „alle in neuen Situationen möglichen auftauchenden gleichförmigen Probleme durch eine Art praktischer Verallgemeinerung zu bewältigen" (ebd., S. 172). Dass in vergleichbaren Situationen nicht das gesamte Handlungsrepertoire gedanklich durchgespielt werden muss, sondern auf erprobte Schemata zurückgegriffen werden kann, die nur der konkreten Situation anzupassen sind, erleichtert das alltägliche Leben ungemein.

Bei den Schemata handelt es sich weder um „Universalkategorien" (Kant) noch um „Grundstrukturen des menschlichen Geistes" (Lévi-Strauss). Die Schemata sind vielmehr Produkt der sozialen Praxis. Sie umfassen Praxisformen, Wahrnehmungs-, Bewertungs- und Handlungsschemata, die sich in der Praxis als schlüssig erwiesen haben, und zwar deswegen, weil sie kombinatorisch ineinander greifen und sich durch eine hohe praktische Substituierbarkeit auszeichnen, weshalb sie zu einer „fast universalen Anwendung" gelangen. Kombinatorik und Systematik der Schemata bleiben jedoch verschwommen und unklar, da sie jenseits einer theoretisch-rationalen Erklärung und folglich außerhalb einer logischen Kontrolle liegen. Die innere Kohärenz der Schemata ergibt sich aus praktischen Zwecken; die Schemata entsprechen damit der Logik der Praxis, aber nicht einer gedanklich hergeleiteten, theoretischen Logik.

Veranschaulichen wir uns diese abstrakte Charakterisierung mittels der praktischen Beispiele „greifen" und „begreifen". Das kleine Kind übt unzählige Male, einen Gegenstand zu ergreifen und zu sich zu ziehen. Und jedes Mal handelt es sich um einen eigenständigen Akt, dem die ganze Konzentration gilt. Im

---

65 Aus der Perspektive der theoretischen Soziologie überzeugt diese Hilfskonstruktion nicht unbedingt, weshalb es nicht überrascht, dass sich gerade darauf die meiste Kritik an Bourdieus Theorie bezieht (z.B. Eder 1989).

Laufe der Zeit schleift sich das Greifen ein. Ohne darauf zu achten, was in die Hand genommen wird, werden die Dinge erfasst und herangezogen. Es entwickelt sich ein „Greif-Schema", das auf verschiedenste Situationen anwendbar ist und auf jeden Gegenstand unbewusst angepasst wird. Dies ist ein einfaches Beispiel.

Aber auch für Situationen, wo wir etwas begreifen im Sinne von verstehen, lässt sich diese Art der Schemabildung demonstrieren. Die alltäglichen Wege und Aufgaben bewältigen wir zumeist, ohne uns die einzelnen Schritte zu vergegenwärtigen; sie sind, wie man sagt, „in Fleisch und Blut übergegangen". So denken wir an der Bushaltestelle nicht darüber nach, der alten Frau Vortritt zu lassen, wir tun es. Hält uns jemand die Tür auf, verstehen wir diese Geste, ohne nachzudenken, und bedanken uns mit Nicken und Lächeln, ohne bewusst diese Mimik aufzusetzen. An unseren Hintermann reichen wir die geöffnete Tür weiter und auch er versteht unsere Geste sofort. Kommen wir dagegen in eine neue Umgebung, beginnen wir über die zweckmäßigsten und sozial üblichen Handlungen nachzudenken. Plötzlich nehmen wir unsere Nachbarn bewusst wahr und bewerten ihr Verhalten als höflich oder unhöflich, langsam oder hektisch, zivilisiert oder unzivilisiert usw. Möglicherweise unterscheiden sie sich gar nicht so sehr von unseren gewohnten Begleitern im Alltag, aber in neuen Situationen vergewissern wir uns unserer Erlebnisse und Erfahrungen, bis sie nach einiger Zeit wieder zur Gewohnheit werden und wir sie nur noch schemenhaft wahrnehmen.

Es werden aber nur solche Handlungen und Praxisformen schematisiert, die sich in der Praxis als zweckmäßig erweisen, weil sie die „Logik der Praxis" berücksichtigen. Die „Logik der Praxis" meint, dass wir uns mit unserem Gegenüber – mit der materiellen Welt ebenso wie mit der sozialen Welt – im Einklang befinden und störungsfrei interagieren. Genau dies impliziert gegenseitige Anpassungs- und Angleichungsprozesse, welche dann als Abgestimmtheit der Handlungen und Praktiken zu beobachten sind. Dabei handelt es sich jedoch um eine Abgestimmtheit ohne bewusste Abstimmung oder rationales Kalkül, weil unmittelbar, ohne den Weg über Diskurs und Bewusstsein, auf die Praxis reagiert wird.

Bevor wir uns auf den folgenden Seiten vornehmlich mit dem Habitus beschäftigen, sollte klargestellt sein, dass der Habitus für Bourdieu nicht das einzige Handlungsprinzip repräsentiert, sondern „ein Produktionsprinzip von Praktiken unter anderen" darstellt (Bourdieu 1989, S. 397). Auch für Bourdieu existieren weitere Handlungsprinzipien, hauptsächlich bewusst und rational kalkulierte. Allerdings – und nur darum geht es ihm – wird der Habitus „sicher häufiger eingesetzt (...) als jedes andere" Produktionsprinzip von Praktiken. Der Grund dafür ist, dass „bei drei Vierteln unserer Handlungen wir reine Empiriker" sind und „lediglich der Praxis folgen, ohne eine Theorie zu besitzen" (Bourdieu/

Wacquant 1996, S. 165).[66] Empiriker zu sein und lediglich der Praxis zu folgen meint, sich auf das „Gespür für die soziale Welt" zu verlassen, welches man im Prozess der Sozialisation erlernt hat. In diesen Fällen wissen die „Handelnden nie ganz genau (...), was sie tun"; sie spielen eine „Art ungeschriebener Partitur", wobei jeder Einzelne von sich meint, dass er „seine Melodie improvisiere" (Bourdieu 1997a, S. 89). Eine Theorie zu besitzen bedeutet dagegen, dass dem Handeln ein Entwurf der Handlung (Protension) vorgeschaltet ist, bevor diese dann tatsächlich ausgeführt wird. Nur die letzteren Handlungen beziehen sich nach Bourdieu auf einen „subjektiv gemeinten Sinn" (Weber), den er als „theoretischen Sinn" bezeichnet. Damit legt er an den „theoretisch orientierten" Handlungsbegriff resp. an den „subjektiv gemeinten Sinn" sehr hohe Maßstäbe an.

Im Gegensatz zum Mainstream der Soziologie, der die Auflösung von habituellem Verhalten und dessen Umlenkung in „rationalere Handlungsweisen" für ein Hauptcharakteristikum moderner Gesellschaften hält, meint Bourdieu, dass das eine Viertel theoretisch orientierten Handelns nicht auf Kosten der drei Viertel praktisch orientierten Handelns wächst. Nur in wenigen Fällen, beispielsweise in ungewohnten Situationen und Krisenzeiten, wenn die Abstimmungsprozesse für eine gewisse Zeit nicht klappen oder wenn mit der Handlung gravierende Konsequenzen verbunden sind, wächst der Anteil des „theoretischen Handelns", weil dann explizit geplant und rational kalkuliert wird. An diese Phasen schließen sich jedoch Prozesse der Gewöhnung und Verinnerlichung an, weshalb sich das Verhältnis zwischen beiden Handlungsarten wieder wie zuvor stabilisiert. Aus diesem Grund dominiert auch in modernen Gesellschaften der Habitus alle anderen Produktions- und Wahrnehmungsprinzipien von sozialer Praxis.

Es geht Bourdieu jedoch keineswegs darum, den „bewusst planenden" Handlungsbegriff zu verwerfen, sondern nur darum, neben den „theoretisch orientierten" einen an der sozialen Praxis orientierten Handlungsbegriff zu stellen. Allerdings hebt er immer wieder hervor, dass der praktische wesentlich mehr als der „theoretische" Handlungsbegriff das soziale Geschehen prägt. Jener stelle nur einen Grenzfall dar und höchstens ein Bruchteil aller Handlungen genügten ihm. Die Eigenart der sozialen Praxis wird man deshalb mit dem „theoretischen" Handlungsbegriff nur zu einem geringen Teil erfassen können. Dies bedeutet nun nicht, dass in der sozialen Praxis sinnfremd oder ohne Sinn gehandelt. Wäre dies der Fall, könnte die Soziologie ihr Geschäft, die soziale Wirklichkeit zu verstehen und zu erklären, aufgeben, denn Sinnfernes sperrt sich gegen eine wissenschaftliche Interpretation. Vielmehr folgen wir bei drei Vierteln unserer Handlungen einer anderer Art von Sinn: einem praktischen Sinn, anders ausgedrückt der „Logik der Praxis".

---

66   Diese Formulierung übernimmt Bourdieu von Leibniz.

5.2   Der Habitus: Erzeugungsmodus von Praxisformen und Wahrnehmungs- und Bewertungsschemata

Der Habitus soll die Formen gegenseitiger Anpassung erklären, die in zwei Richtungen wirken: erstens bei den Praxisformen und zweitens bei den Wahrnehmungs-, Bewertungs- und Denkschemata. Aus den Produkten beider Richtungen konstituiert sich die soziale Praxis. Insofern ist die Habitustheorie nicht von der Konzeption der sozialen Praxis zu trennen; sie bedingen sich. Einerseits bringt der Habitus die Handlungen hervor, aus denen sich die soziale Praxis zusammenfügt, und andererseits die Schemata, wie die so geschaffene soziale Wirklichkeit wahrgenommen, erfahren und wie über sie gedacht wird. Im Hinblick auf den letzten Punkt fungiert die Habitustheorie als „Theorie der praktischen Erkenntnis der sozialen Welt" (Bourdieu 1976, S. 148). Wie diese beiden Seiten des Habitus miteinander vermittelt sind, so dass er abstimmende bzw. harmonisierende Eigenschaften besitzt, ist eine Frage, die im Folgenden zu beantworten ist.

Beginnen wir zunächst damit, nachzuschauen, woher Bourdieu Anregungen für seinen Habitusbegriff bezogen hat. Es soll gezeigt werden, dass die verbreitete Lesart, Bourdieu habe sich mit dem Habitusbegriff zwischen Weber und Marx platzieren wollen, um dem Determinismus der Marx'schen Klassentheorie zu entgehen, nicht korrekt, mindestens aber unpräzise ist. Für eine Neuorientierung der Ungleichheitssoziologie ist dieser Hinweis nicht unerheblich, weil sich daraus einiges bezüglich der Zukunftsträchtigkeit des Habitusbegriffs ablesen lässt. Zum ersten Mal explizit hat Bourdieu den Habitusbegriff in einem Nachwort zur französischen Übersetzung von Erwin Panofskys Werk „Gothic Architecture and Scholasticism" (siehe Bourdieu 1994, S. 125) verwendet. Bei Panofsky meint Habitus eine allgemeine Disposition zu einer bestimmten Art der Gestaltung und des Erkennens, die sukzessive in vielen Lebensbereichen wirksam wird. Diese äußert sich über eine Vielzahl konkreter Einzelmuster wie der Architektur, dem Schreibstil, der Liturgie. Um das Zustandekommen der Homologie – der prinzipiellen Ähnlichkeit – zwischen diesen verschiedensten voneinander getrennten Praktiken zu begreifen, führt Panofsky den Habitusbegriff ein. Er betont die schöpferischen, aktiven inventiven Eigenschaften des Habitus, ohne jedoch diese an den Einzelnen zu binden. Vielmehr versteht er den Habitus als eine Disposition, die von den interagierenden Akteuren gemeinsam geteilt wird (Bourdieu 1997a, S. 62). Die Disposition beschränkt sich nicht nur auf eine gemeinsam geteilte Intersubjektivität, sie umfasst ebenso die Praxisformen.

Die Konzeption des Habitus als einer Disposition übernimmt Bourdieu, weil sie eine Vermittlungsinstanz zwischen Handlung und Struktur konstituiere. Einerseits werden die Denk- und Handlungsschemata in einer über den Einzelnen hinausweisenden, allgemein geteilten Subjektivität verortet, ohne jedoch den einzelnen Akteur „als praktischen Operator der Gegenstandskonstruktion abzuschaffen" (ebd., S. 63). Denn es ist der Akteur, der die habituelle Disposition in konkrete Handlungen und Praktiken übersetzt. Andererseits wird mit dem strukturalistischen Paradigma gebrochen, dass sich die sozialen Strukturen direkt im Denken und Handeln niederschlagen, allerdings ohne dass Bourdieu den Einfluss der Strukturen negiert. Denn diese prägen die Disposition des Habitus. Im Habitus lassen sich dementsprechend sowohl das aktive (Akteur) als auch das passive (Strukturen) Prinzip der Vereinheitlichung der Praktiken und Vorstellungen finden.

Gehen wir einen weiteren Schritt zurück: Panofsky bezieht sich bei seinem Habitusbegriff auf Ernst Cassirers Arbeiten über die „symbolische Form" (insbesondere Cassirer 1969).[67] Auch Bourdieu greift auf diese zurück, was am deutlichsten im Titel des Buchs „Zur Soziologie der symbolischen Form" (Bourdieu 1994) zum Ausdruck kommt.[68] Überblickt man die Reihung Cassirer, Panofsky, Bourdieu, dann wird man eine zunehmende Verankerung des Begriffs der „symbolischen Form" in der sozialen Praxis feststellen. Man kann dies als eine zunehmende Soziologisierung auffassen. Für Cassirer verbarg sich hinter der Fähigkeit zu gleichartigen Formen – der prinzipiellen Homologie – das Vermögen der Vernunft. Panofsky als Kunsthistoriker löste es aus der Philosophie heraus und untersuchte dies für historische Prozesse. Und Bourdieu sieht in der Homologie der Praxisformen und Wahrnehmungs- und Denkschemata das Ergebnis eines sozialen Abstimmungsprozesses.

---

67   Bourdieu beruft sich in weiten Teilen seines Werks auf die Zivilisationstheorie von Norbert Elias. Da auch Elias dem Habitus eine enorme Bedeutung zuweist, wäre es nahe liegend, dass Bourdieu auch von diesem Anregungen erhalten hat. Dies lässt sich im Vergleich zu dem starken Bezug auf Panofsky und Cassirer weniger genau nachweisen. Gemeinsam ist dem Habitusbegriff von Elias und Bourdieu, dass sie diesen als Vermittlungsinstanz zwischen Makro- und Mikrostrukturen konzipieren, um zu demonstrieren, dass der gesamtgesellschaftliche Entwicklungsprozess mit den alltäglichen Praxisformen und Verhaltensstandards verflochten ist. Der Unterschied zwischen den beiden Habitusbegriffen ist jedoch, dass bei Elias psychische und soziale Prozesse auf das Engste miteinander verwoben sind, während Bourdieu seinen Habitusbegriff aus dem psychischen Bereich weitgehend herausnimmt. Ein weiterer Unterschied besteht im Gebrauch: Während Elias mit dem Habitus die gemeinsame Art der Psycho- und Soziogenese, die gesellschaftliche Gruppen miteinander verbindet, sie quasi überspannt, aufzeigen will, setzt Bourdieu den Habitusbegriff als Abgrenzungsbegriff ein und hebt die trennenden Elemente hervor. Elias spricht deshalb vornehmlich von einem sozialen oder nationalen Habitus, der größeren sozialen Einheiten gemeinsam ist, Bourdieu dagegen von Klassen- oder Geschlechterhabitus, also von unterschiedlichen Habitusarten, die sich gesellschaftlich konträr gegenüberstehen.

68   Es handelt sich eine Zusammenstellung von Aufsätzen, die Bourdieu eigens für die deutsche Übersetzung vorgenommen hat. Auf französisch existiert kein vergleichbares Buch.

5.2.1   Die Soziologisierung der „lex insita"

Den Habitus konzipiert Bourdieu, wie wir gesehen haben, als eine Instanz, die, ohne die Eigenart von Struktur und Handlung aufzuheben, zwischen beiden vermittelt und die prinzipielle Ähnlichkeit der Praxisformen und der Wahrnehmungs-, Bewertungs- und Denkschemata generiert. Während die vermittelnde Eigenschaft des Habitus bereits erläutert wurde, sind Ursache und Wirkungsweise der Abstimmungsprozesse noch undeutlich geblieben. Schauen wir uns an, wie Bourdieu diese beschreibt:

> Der Habitus ist „eine regelrechte *lex insita*, wie Leibniz sagt, ein dem Sozialkörper innewohnendes Gesetz, das, einmal von den biologischen Körpern verinnerlicht, bewirkt, dass die einzelnen ohne entsprechende Absicht und Bewußtsein das Gesetz des Sozialkörpers vollziehen." (Bourdieu 1988, S. 232)
>
> „Daß Praktiken von Mitgliedern derselben Gruppe oder, in einer differenzierten Gesellschaft, derselben Klasse stets mehr und besser aufeinander abgestimmt sind, als die Handelnden selber wissen und wollen, liegt (...) nach Leibniz daran, dass jeder, 'indem er nur seinen eigenen Gesetzen folgt, (...) dennoch mit den anderen übereinstimmt'." (Bourdieu 1993a, S. 110f.)

Es ist kein Zufall, dass Bourdieu just an den Stellen, wo er Ursache und Wirkungsweise der Angleichungsprozesse erklärt, sich Leibniz' Annahme einer „lex insita" anschließt. Denn auch Leibniz beschäftigte sich mit der Frage, wie die Abstimmung bzw. Harmonisierung der Praxisformen und der Sichtweisen zustande kommt, welche ein Chaos unter den voneinander unabhängigen Individuen verhindert. Das „Mysterium der Abstimmung" sowohl bei den Praktiken als auch bei den Sichtweisen besteht nach Leibniz darin, dass jeder seinen eigenen Gesetzen folgt und dennoch mit anderen übereinstimmt. Garantiert wird die Übereinstimmung durch eine „lex insita", anders ausgedrückt: eine „prästabilisierte Harmonie", die eine „Einheit in der Vielheit" konstituiert. Die „prästabilisierte Harmonie" bewirkt, „daß die Inhalte, die das eine Subjekt aus sich entfaltet, denen des anderen entsprechen, daß es ein und dasselbe System von Phänomenen ist" (Leibniz 1966, S. 86). Die „Genauigkeit", mit der die Inhalte und Substanzen gebildet werden, ist dafür verantwortlich, dass die Einzelnen sich, wenn „sie nur ihren eigenen, in ihrem Wesen liegenden Gesetzen folgen, doch wechselseitig miteinander im Einklang" bewegen (ebd., S. 274). Für Leibniz handelte es sich bei dem Einklang um ein erkenntnistheoretisches Problem. Seiner Zeit entsprechend sah er die Ursache der „prästabilisierten Harmonie" im Religiösen.

Bourdieu übernimmt dieses Modell, indem er eine Vermittlungsinstanz annimmt: den Habitus. Die Ursache für die Abstimmung sieht er als Soziologe selbstverständlich im Sozialen. So schreibt er:

> „Der Habitus ist nichts anderes als jenes immanente Gesetz, jene den Leibern durch identische Geschichte(n) aufgeprägte *lex insita*, welche Bedingung nicht nur der Abstimmung der Praktiken, sondern auch der Praktiken der Abstimmung ist." (Bourdieu 1993a, S. 111)

Was ist mit der Unterscheidung in Abstimmung der Praktiken und Praktiken der Abstimmung gemeint? Der Habitus besitzt in zwei Richtungen harmonisierende Wirkungen: Erstens generiert er aufeinander abgestimmte Praxisformen wie bei der körperlichen Haltung, den kulturellen Gebrauchsweisen, der Hervorbringung von Werken. Somit ist er ein Erzeugungsprinzip von wahrnehmbaren Dingen und Verhaltensweisen. Dies ist mit der Formulierung „Abstimmung der Praktiken" gemeint. Zweitens bringt er aufeinander abgestimmte Wahrnehmungs- und Bewertungsschemata hervor, die garantieren, dass die verschiedenen Praxisformen jeweils ähnlich wahrgenommen und bewertet werden. Beispiele für die harmonisierende Wirkung von Wahrnehmungs- und Bewertungsschemata sind gebräuchliche Unterscheidungen, Redewendungen, Symbole oder aber der Geschmack. Letzterer greift auf ein Geflecht von Einschätzungen und Beurteilungen zurück, die einem bestimmten Schema folgen. Dieses verbrieft eine vergleichbare Bewertungsart von Praxisformen als schön oder hässlich, angemessen oder unangemessen etc. und generiert so gleichförmige „Praktiken der Abstimmung". Dem Habitus wohnt eine Disposition zur Abgestimmtheit inne, aber er ist weder notwendigerweise völlig angepasst an die soziale Praxis noch notwendigerweise in sich vollkommen kohärent und geschlossen (vgl. Bourdieu 1997c, S. 190).

Um die Verfahrensweise des Habitus zu charakterisieren, verwendet Bourdieu häufig die Begriffe „modus operandi" und „opus operatum". Der Habitus ist ein „modus *operandi*", weil er Praxisformen produziert, die als fertige Produkte – „opus *operatum*" – vorliegen und soziologisch analysiert werden können. So können beispielsweise die verschiedenen Ernährungsweisen, Kleidungsstile oder Musikvorlieben empirisch beobachtet werden. Aber der Modus selbst, der die Praktiken generiert, verschließt sich einer direkten Beobachtung. Dies gilt auch für die „Praktiken der Abstimmung", also für die Wahrnehmungs- und Bewertungsmuster. Auch bei diesen ist nicht ohne weiteres zu durchschauen, welche Kriterien und Maßstäbe ihnen zugrunde liegen. Nur die Realisierungen des „modus operandi" in konkreten Ausdrucksweisen und Beurteilungen können empirisch erfasst werden. Das ihnen zugrunde liegende Prinzip kann nicht direkt beobachtet werden. Deshalb ist das „opus operatum" empirisch zu erfassen, um daraus die Schemata zu rekonstruieren, nach denen die verschiedenen Praktiken, Wahrnehmungen und Sichtweisen geformt sind. Nur so ist die „prinzipielle Einheit" in den voneinander getrennt erscheinenden Praxen und Stellungnahmen zu erkennen und als verschiedene Ausdrücke ein und derselben „lex insita" interpretierbar (Bourdieu/Wacquant 1996, S. 165).

Abbildung 2:   Einfaches Habitusmodell –
„modus operandi" und „opus operatum"

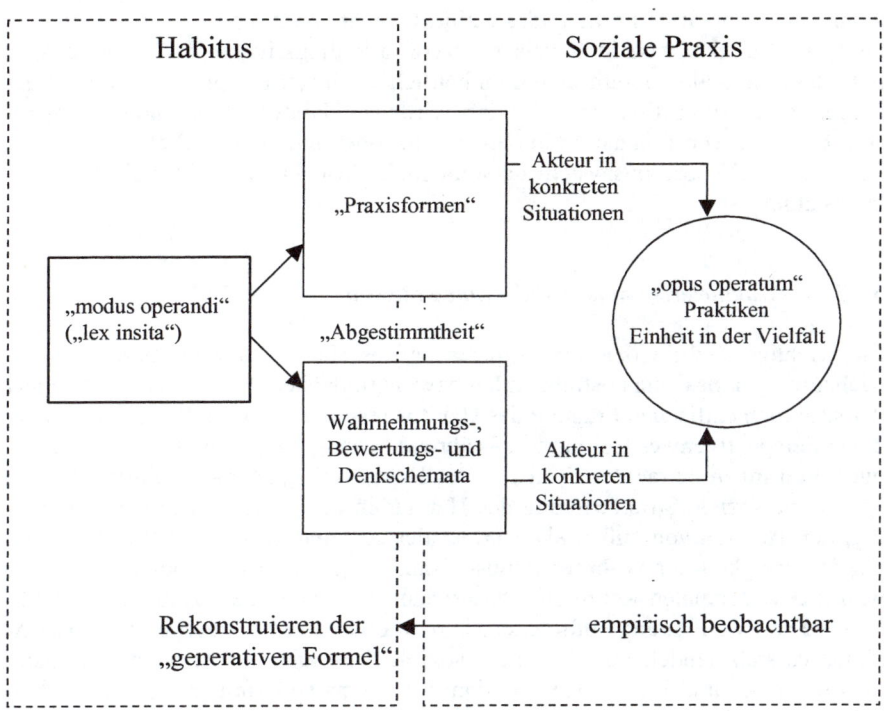

Quelle: eigene Darstellung, orientiert an Bourdieu (1984).

Der Habitus ist eine Disposition zum Wahrnehmen, Handeln und Denken, aber nicht ein Schicksal, dem man sich schlicht zu fügen hat, weil es das gesamte Tun und Lassen eines einzelnen Akteurs oder einer Gruppe von Akteuren bedingungslos beherrscht. „Als ein Produkt der Geschichte ist er ein offenes Dispositionssystem, das ständig mit neuen Erfahrungen konfrontiert und damit unentwegt von ihnen beeinflußt wird." (Bourdieu/Wacquant 1996, S. 167) Kurzgefasst: Der Habitus ist „dauerhaft, aber nicht unveränderlich" (ebd., S. 168). So reicht das dem Habitus innewohnende Gesetz nicht in die Spezifika der Wahrnehmungen, Bewertungen und Denkweisen und auch nicht in die konkreten Praktiken und Werke hinein. Es handelt sich vielmehr um „ein System von Dispositionen (...), das heißt von Virtualitäten, Potentialitäten". Manifest wird der Habitus „erst im Verhältnis zu einer bestimmten Situation" (ebd., S. 168). Deshalb spricht Bourdieu stets davon, dass die *Schemata* der Erzeugung, der Wahrnehmung und Bewertung gleichförmig sind, aber deren praktische Anwendung zu vielen situationsabhängigen Unterschieden und Unterscheidungen führen kann. Die „generative Formel" des Habitus bringt somit nicht bis ins Detail einheitliche Praktiken und Sichtweisen hervor, allerdings ist sie dafür verantwortlich, dass die reale Vielfalt einem einheitlichen Muster entspringt. Erst im Verhältnis zu einer bestimmten Situation wird der Habitus offenkundig, weshalb stets die situativen Eigenarten in den „modus operandi" mit einfließen. Dass der Habitus ein Dispositionssystem darstellt meint also, dass er nicht situativ ausbuchstabiert ist.

5.2.2   Strukturierte und strukturierende Struktur

Ein wichtiger Schritt der Soziologisierung des Habituskonzepts besteht darin, nachzuweisen, dass die abstimmenden bzw. harmonisierenden Eigenschaften aus der strukturspezifischen Prägung des Habitus resultieren. Diese Behauptung setzt einen Perspektivenwechsel voraus. Während bislang die Leistungen des Habitus quasi von innen betrachtet wurden – der Habitus als „generative Formel" –, ist es, um die soziale Strukturierung des Habitus in den Blick zu nehmen, notwendig, den Habitus von außen als Produkt der sozialen Praxis zu betrachten. Die Gleichförmigkeit der Wahrnehmungs-, Handlungs- und Denkschemata entsteht, weil die den sozialen Raum strukturierenden Prinzipien dem Habitus seine besondere soziale Prägung aufdrücken. Um zu erläutern, um welche Strukturprinzipien es sich handelt und wie diese soziologisch identifiziert werden können, müsste die Art und Weise, wie Bourdieu den „sozialen Raum" konstruiert, schon bekannt sein. Da dies aber erst später dargelegt wird, müssen wir uns hier mit einer vorläufigen Erläuterung begnügen.

Der Habitus ist im sozialen Raum positional, sprich sozialstrukturell verankert. Die den sozialen Raum strukturierenden Prinzipien drängen ihm seine strukturspezifische Prägung auf, z.B. als Klassen- oder Geschlechtshabitus. Diese erhält er dadurch, dass die Strukturprinzipien je nach sozialer Position unterschiedlich wirken. Somit ist der Habitus in einem *Raum der Positionen* verortet. Das in modernen kapitalistischen Gesellschaften vorherrschende ökonomische Teilungsprinzip prägt den unteren sozialen Positionen einen Habitus auf, der die soziale Welt zuallererst aus dem Blickwinkel von „Notwendigkeiten" und „Zwängen" wahrnimmt und bewertet. In den höheren sozialen Positionen dagegen bringt es einen Habitus hervor, der die soziale Welt vornehmlich als Gestaltungschance begreift. In manchen gesellschaftlichen Bereichen dominieren andere Strukturprinzipien, z.B. geschlechtsspezifische, ethnische oder religiöse. Sie führen eigenständige Dimensionen in den sozialen Raum ein und bedingen demgemäß je spezifische Habitusarten. Insoweit handelt es sich beim Habitus um eine *strukturierte Struktur*, weil ihm die gesellschaftlichen Teilungsprinzipien von außen eine Struktur aufprägen, die sich in den Schemata der Praxisformen und den Wahrnehmungs-, Bewertungs- und Denkschemata niederschlägt. Daraus erklärt sich, dass Akteure und Gruppen, auf welche die gleichen Teilungsprinzipien in der gleichen Stärke wirken, einen ähnlich strukturierten Habitus haben, welcher die Abgestimmtheit der Praktiken und Sichtweisen erklärt.

Man kann die Ausprägung sozialer Strukturen auch aus der Perspektive des Einzelnen beschreiben – als einen langen und komplexen Prozess der Konditionierung entlang „objektiver Chancen", der schließlich zum Ergebnis hat, dass der Einzelne „ohne jedes Besinnen" weiß, was „‚zu tun' oder ‚zu sagen' ist", was die Zukunft bringen wird und welche eigenen Aussichten er hat (Bourdieu/Wacquant 1996, S. 164). Von Kindheit an, vermittelt über die sozialisatorische Praxis, wirken die Strukturprinzipien auf die Existenzbedingungen eines Akteurs, „mithin die Lebensbedingungen seiner Familie und sozialen Klasse, die Grenzen seines Handelns, Wahrnehmens und Denkens" (Schwingel 1995, S. 60). Diese „ursprünglichen Erfahrungen" schreiben sich besonders tief ein, weshalb ihnen ein „besonderes Gewicht" zukommt (Bourdieu 1993a, S. 113).

Obwohl in den konstitutiven Einstellungen des Habitus die Bedingungen seiner Genese immer mitgeschleppt werden, bringen sich diese nur dann in Erinnerung, wenn zwischen den Bedingungen der Aneignung und der Verwendung eine Diskordanz auftritt. Im Allgemeinen aber – dies stabilisiert den Habitus – befindet er sich im „Modus der Evidenz", was Bourdieu auch mit dem Begriff „doxa" bezeichnet (Bourdieu 1997b, S. 158). „Doxa" meint den Einklang zwischen der Verfassung des Seins und den Formen des Erkennens, zwischen den inneren Erwartungen und dem äußeren Lauf der Welt, so dass es in der „Natur der Dinge" zu liegen scheint, wie der Habitus wahrnimmt und handelt. Die Praxisformen und Wahrnehmungs- und Bewertungsschemata werden als „naturgegeben, evident und unabwendbar" erlebt, weshalb eine andere Art, das Leben zu gestalten, gar nicht erst in den Sinn kommt (ebd., S. 159). Diese „doxische" Erfahrung ist nur möglich, wenn zwischen dem Habitus und der Gestaltung der verschiedensten Lebensbereiche keine Spannung oder Dissonanz besteht, der Habitus also stets auf ein Gegenüber trifft, das ihn in seiner Eigenart bestätigt, weil er der „Logik der Praxis" entspricht.

Bliebe die Habitustheorie an diesem Punkt stehen, dann würde es sich um nicht mehr als eine Wiederholung der Strukturierungsthese handeln. Der Habitus reagiert jedoch nicht passiv auf die von außen auf ihn einwirkenden Strukturierungsprinzipien. Er ist eine Vermittlungsinstanz, welche die erfahrene soziale Strukturierung in eine *strukturierende Struktur* überführt. Damit „handelt" der Habitus aktiv, wird zu einem „modus operandi", zu einer „generativen Formel" (Bourdieu 1984, S. 332). Im Habitus findet somit eine Transformation statt: Die strukturierte Struktur wird in eine strukturierende Struktur transformiert, was sich darin äußert, dass der Habitus Praxisformen und Wahrnehmungs- und Bewertungsschemata aus sich heraus entwickelt, welche die soziale Praxis – das Material für die Strukturprinzipien – bilden. Bei den Praxisformen handelt es sich um Erzeugungsschemata, welche beispielsweise die alltägliche Lebensweise hervorbringen. Die Wahrnehmungs- und Bewertungsschemata beinhalten vornehmlich die Formen der praktischen Erkenntnis der sozialen Welt – konkret Sichtweisen und Stellungnahmen. Auf diese Weise wirkt der Habitus einerseits auf die sozialen Teilungsprinzipien und damit auf den Raum der Positionen zurück und andererseits – vermittelt über die Wahrnehmungs- und Bewertungsschemata – generiert er Sichtweisen der sozialen Welt, die auch in die gedankliche Konstruktion des „sozialen Raums" einfließen (vgl. Abb. 3).

Bei der Transformation von strukturierter in strukturierende Struktur handelt es sich nicht um eine bloße Weitergabe der erfahrenen sozialen Strukturierung. Vielmehr besteht eine permanente Wechselwirkung zwischen den Erzeugungs- und den Wahrnehmungs- und Bewertungsschemata, die stetig ineinander übersetzt werden. Dazu ein alltägliches Beispiel: Wir beobachten auf der Straße den Gang, die Kleidung, den Haarschnitt einer Passantin – also ihre Praktiken – und fügen dabei, ohne dass uns dies bewusst ist – es sei denn, dass wir als empirische Sozialforscher unterwegs sind –, unsere Beobachtungen in unser habituell geprägtes Wahrnehmungsschema ein. Der wackelige Gang auf hohen Stöckelschuhen, der knappe Rock, das figurbetonende T-Shirt und die wasserstoffblondierten Haare nehmen wir nicht als Eigenschaften und Merkmale „objektiv" wahr, sondern als klassifizierbare Praktiken, und auch nicht isoliert, sondern fügen sie zu einer Gesamterscheinung zusammen. Somit klassifizieren wir die beobachteten Praktiken und konstruieren gleichzeitig ein „Bild" von der Frau.

Vergleichbares – Klassifikation und Zusammenfassung zu einer Gesamterscheinung – widerfährt selbstverständlich auch uns. Erblickt uns die wahrgenommene Frau, dann wird sie unseren Gang, Haarschnitt und unsere Kleidung klassifizieren und daraus für sich ein Gesamtbild konstruieren. Den weiten, langen anthrazitfarbenen Rock, den locker fallenden schwarzen Pullover, den Pagenkopf wird sie mittels ihrer habituell geprägten Wahrnehmungs- und Bewertungsschemata zu einem Bild synthetisieren, in welchem wir uns möglicherweise nicht richtig und angemessen beurteilt finden, genauso wie die von uns beobachtete Frau vielleicht mit unserer Klassifikation und unserem „Bild" von ihr nicht einverstanden ist. Aber wir haben, indem wir die Passantin klassifizierten, auch uns selbst klassifiziert, denn die von uns verwendeten Klassifikationen können als Material genutzt werden, um unsere Wahrnehmungs- und Bewertungsmuster und damit unseren Habitus zu rekonstruieren.

Was lehrt uns dieses Beispiel? Erstens besteht die strukturierende Tätigkeit des Habitus in der sozialen Praxis darin, dass er klassifizierbare Praktiken und

Werke und ein Klassifikationssystem aus sich heraus erzeugt. Zweitens ist das Klassifikationssystem nicht *substanziell* aufgebaut, sondern *relational* organisiert. Drittens haftet der Transformation von strukturierter in strukturierende Struktur immer ein „Moment der Unbestimmtheit und Unschärfe" an, weil die Praktiken und die Wahrnehmungen einer „eigenen Logik" unterliegen.

Erläutern wir diese Punkte im Zusammenhang. Bourdieu greift, um den Prozess der Klassifikation zu beschreiben, auf die Theorie der Klassifikation von Durkheim und Mauss zurück. Deren zentrale Aussage lautet, dass bei der Klassifikation die Dinge „nicht lediglich in Form isolierter Gruppen nebeneinander gestellt" werden; „vielmehr stehen diese Gruppen untereinander in wohldefinierten Beziehungen und bilden in ihrer Gesamtheit ein einheitliches Ganzes" (Durkheim/Mauss 1993, S. 249). Die Praktiken und Werke werden dadurch in „distinkte und distinktive Zeichen" umgewandelt, die in ein System differenzieller Abstände eingeordnet sind, welches prinzipiell ähnlich wie die Gliederung der sozialen Positionen aufgebaut ist.

Das Besondere der Umwandlung ist, dass kontinuierliche Verteilungen in diskontinuierliche Gegensätze überführt werden. Das heißt, die Praktiken, aber auch die Sichtweisen werden in der sozialen Praxis entsprechend vergangener Erfahrungen klassifiziert. Die Praktiken und die Werke des Habitus verwandeln sich somit in klassifizierbare Eigenschaften und die Wahrnehmungs- und Bewertungsschemata in klassifizierende „Werkzeuge". Damit modifizieren sich beide Seiten des Habitus zu Instrumenten der sozialen Klassifikation und bilden damit eine Grundlage für die Herausbildung sozialer Identität und Zugehörigkeit. An diesem Punkt werden die ungleichheitsgenerierenden und -reproduzierenden Eigenschaften des Habitus deutlich, denn in der strukturierten Struktur des Habitus schlagen sich die Strukturierungsprinzipien nieder, welche die Lebensbedingungen prägen, und diese sind sehr ungleich ausgestattet. Durch die strukturierende Struktur werden die Praktiken und Sichtweisen generiert, die das Material für den gegenseitigen Klassifikationsprozess bilden und damit für die Vergegenwärtigung der Ungleichheitsverhältnisse (siehe Abb. 3).

Veranschaulichen wir uns den Übersetzungsakt von kontinuierlichen Verteilungen in diskontinuierliche Gegensätze nochmals an dem obigen Beispiel. Eine kontinuierliche Beschreibung der Unterschiede der Praktiken wäre, die Höhe der Schuhabsätze, die Weite und Länge der Kleidung zu vermessen und die Haarfarbe mittels einer Farbskala zu beschreiben etc. Eine solche Beschreibung charakterisiert die Unterschiede quantitativ und die Merkmale substanziell. Diskontinuierliche Gegensätze – dies ist das strukturalistische Erbe in Bourdieus Theorie – meint dagegen, wiederum am obigen Beispiel demonstriert, dass die beiden Praxisformen sich wechselseitig bestimmen, das heißt *relational*. Der Pagenkopf, die grauschwarze Garderobe, die wir als Gegenpol zu der körperbetonenden und auffallenden Kleidung als gepflegt und zurückhaltend wahrneh-

Abbildung 3:   Soziologisierung des Habitusmodells

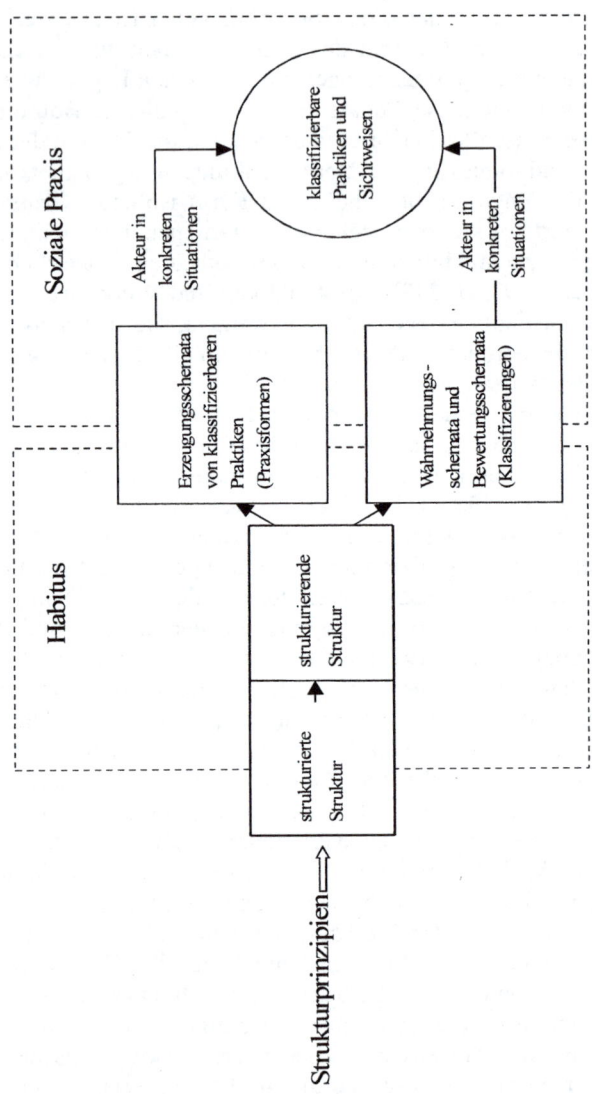

Quelle: eigene Darstellung, orientiert an Bourdieu (1984).

men, kann nur durch diesen wechselseitigen Blick charakterisiert werden. Was gepflegt und elegant ist, kann man nur festlegen, wenn man gleichzeitig den Gegensatz dazu bestimmt. Damit werden *substanzielle* oder quantitative Unterschiede zu signifikanten Unterscheidungen, die auf Abgrenzung, sprich Distinktion gerichtet sind.

Die Wahrnehmungs- und Bewertungsmuster sind somit relational angeordnet, woraus folgt, dass die Sichtweisen der sozialen Welt, die sich auf diesen aufbauen, jeweils perspektivisch angelegt sind. Damit konstituiert sich die soziale Welt für die Menschen als ein relationales Geflecht, bestehend aus gegenseitigen Abgrenzungen, Nähe- und Fernbeziehungen etc. Der praktischen Erkenntnis nach ist die soziale Welt deshalb diskontinuierlich und klassifikatorisch aufgebaut. Ein „objektivierender" Blick auf die Gesellschaft kann so kaum gelingen, zumal die Klassifikationen an vergangene soziale Auseinandersetzungen anknüpfen. Damit sind die Wahrnehmungs- und Bewertungsschemata historisch verortet. Sie sind das „Produkt vergangener symbolischer Auseinandersetzungen und bringen in mehr oder minder gewandelter Form den Stand der Kräfteauseinandersetzung zum Ausdruck" (Bourdieu 1985, S. 16).

Illustrieren wir diesen komplizierten Gedanken. Wenn es beispielsweise bis heute gelingt, dass die Universitäten den Fachhochschulen das Recht zur Promotion bestreiten, dann zeigt sich darin, dass die „berufsfernere" Ausbildung an den Universitäten in unserer Gesellschaft, obwohl sie unter Arbeitsmarktaspekten teilweise dysfunktional ist, trotzdem eine größere Reputation besitzt und daraus die Macht bezieht, die Ausbildungsqualitäten der Fachhochschulen bewerten zu können. Dahinter liegt die alte Auseinandersetzung um das Bildungsideal im 19. Jahrhundert, als das „Realwissen" immer mehr an die Gymnasien und Universitäten drängte und die „traditionellen Bildungsinhalte" in Frage stellte. Noch in der heutigen Auseinandersetzung um die Rolle der Fachhochschulen und Universitäten in unserem Bildungssystem wird bei der gegenseitigen Klassifikation als „praxisfern" oder „Schmalspurstudium" auf alte Abgrenzungen zurückgegriffen, welche „zweckfreie" Bildung gegenüber „zweckgebundener Ausbildung" höher bewerten. Die Frage nach der Richtigkeit dieser unterschwelligen Bewertung wird überhaupt nicht gestellt. Was lehrt uns dieses Beispiel? Die Wahrnehmungs- und Bewertungsmuster tragen in sich die Resultate vergangener sozialer Kämpfe, was dazu beiträgt, dass sie eben nicht bloße Reflexionen der jeweiligen sozialen Strukturierung des Habitus sind. Die Wahrnehmungs- und Bewertungsmuster unterliegen bis zu einem gewissen Grad einer eigenen Genese, weshalb sie nicht unmittelbar die Geschichte der sozialen Strukturen widerspiegeln. „Abbild- oder Widerspiegelungstheorien" lehnt Bourdieu als zu schlicht aufgebaut ab. Dass die Wahrnehmungsschemata und die Sichtweisen gegenüber der sozialen Strukturierung eine gewisse Eigendynamik besitzen, kommt an einem weiteren Punkt zum Ausdruck.

5.2.3   Die praktische Erkenntnis der sozialen Welt

Die Wahrnehmung der sozialen Welt impliziert einen „Konstruktionsakt", was „keineswegs eine intellektualistische Theorie der Erkenntnis unterstellt", aber ein „schöpferisches Element" des Habitus beinhaltet (Bourdieu 1985, S. 17). Diese Konstruktionsarbeit folgt einer eigenen Logik, ohne dass dies in der Mehrzahl der Fälle bewusst wahrgenommen wird. Denn die „Erfahrung von sozialer Welt und die darin steckende Konstruktionsarbeit vollziehen sich wesentlich in der Praxis, jenseits expliziter Vorstellung und verbalem Ausdruck" (ebd.). Deshalb spricht Bourdieu in Anlehnung an Goffmans „sense of one's place" davon, dass die Menschen ein *Gespür* für ihre eigene und für die Stellung ihres Gegenübers in der sozialen Welt entwickeln. Dieses Gespür schafft die Voraussetzung dafür, mit der sozialen Praxis umgehen zu können.

Kehren wir nochmals zu unserem Beispiel der zwei Frauen, die sich auf der Straße begegnen, zurück. Ohne dass uns dies bewusst war, sind wir unserem sozialen *Gespür* gefolgt, haben die beschriebenen Praktiken in einen Zusammenhang gebracht und als Ausdruck ein und desselben Prinzips interpretiert. Das Prinzip, welches wir dazu anwenden, die „Einheit in der Vielheit" der Praktiken aufzuspüren, ist jenes, welches die Praktiken in distinkte und distinktive Zeichen umwandelt. Bourdieu bezeichnet es als „praktischen Operator". So werden in unserem Beispiel die unterschiedlichen äußeren Erscheinungsweisen der beiden Frauen als Ausdruck von Geschmacksunterschieden wahrgenommen.[69] Der praktische Operator ist in diesem Fall der Geschmack. Begegneten sich aber nicht zwei Frauen, sondern stattdessen eine Frau und ein Mann, dann würden wir die Unterschiede als „geschlechtstypisch" wahrnehmen. Und ginge die grau gekleidete Frau auf einen jüngeren Mann in Jeans, Lederjacke und Sweatshirt zu, so würden wir die Unterschiede als „geschlechtstypisch" oder als „alterstypisch" wahrnehmen, je nachdem welches Unterscheidungsprinzip uns als signifikant vorkommt. Damit hierarchisieren wir, allerdings selten reflektiert, die Gewichtigkeit der Unterscheidungsweisen und verweisen damit auch darauf, welche Strukturprinzipien wir für dominant halten, ohne uns allerdings zu versichern, ob diese tatsächlich in diesem Fall wirksam sind.

Es fehlt nur noch ein Bauteil, dann haben wir das ganze Habitusmodell zusammen. Die Konstruktionsarbeit drängt auf Systematisierung. Das haben wir bei unserem Beispiel gesehen. Dabei werden verschiedenste Äußerungen unter ein Prinzip zusammengefasst. Daraus entsteht, dem *Raum der Positionen* entgegengestellt, ein *Raum der Repräsentationen und Stellungnahmen*.[70] Während der

---

69   Diese sind mit sozialer Ungleichheit konnotiert.
70   Dieser Raum ist nicht so eindeutig bezeichnet. Mal benennt ihn Bourdieu als Raum der Stellungnahmen, mal als Raum der Repräsentationen, dann als Raum der Perspektiven und schließ-

erste durch die Teilungsprinzipien ausgerichtet und strukturiert ist, entspringt der zweite aus Konstruktionsarbeit. Dabei werden alle Wahrnehmungen und Bewertungen entlang eines vereinheitlichenden Prinzips gebündelt, so dass eine „Einheit in der Vielheit" erkennbar wird. Der Raum der Stellungnahmen und Repräsentationen steht zwar vermittelt über den Habitus in einer engen Beziehung zum Raum der Positionen, aber er spiegelt ihn nicht wider. Wie wir gesehen haben, unterliegt die Übersetzung von substanziellen Unterschieden, die den Raum der Positionen kennzeichnen, in signifikante Unterscheidungen, welche den Raum der Repräsentationen und Stellungnahmen markieren, einer eigenen Logik. Deshalb sind beide Räume homolog strukturiert, aber nicht deckungsgleich.

Durch die Zusammenfassung der Praktiken und Werke unter ein vereinheitlichendes Prinzip entsteht ein „Sinnbild" des Habitus, weil Prozesse der Abstraktion von den konkreten Erscheinungen und der Konstruktion von Repräsentationen einsetzen. Auf diese Weise entfernen sich die Repräsentationen immer weiter von realisierten Praktiken und verstricken sich immer tiefer in die „Logik" der signifikanten Gegensatzstrukturen. Von einer „objektiven" Beobachtung kann deshalb nicht gesprochen werden. Ohne dass wir darüber nachdachten, haben wir selbst einen solchen Prozess beim Beispiel der beiden Frauen gestartet. Denn auch ohne weitere Informationen über ihre Praktiken haben wir uns gemäß unseres sozialen *Gespürs* ein „Sinnbild" von ihrem Habitus zusammengesetzt und „jene Einheit, die sich unter der Vielfalt und Vielheit sämtlicher Praxisformen verbirgt", gesucht (Bourdieu 1984, S. 175).

Wahrscheinlich haben wir uns Gedanken über ihre soziale Herkunft, ihre Lebensform und Zukunftspläne gemacht. Und ohne große Schwierigkeiten vermögen wir Prognosen darüber abzugeben, welche von beiden wohl eher auf dem Weg zur Vernissage ist, welche sich ein Tatoo tätowieren lässt, welche am liebsten Sushi isst, welche nach Berlin zur Love Parade reist. Ob unser Gespür uns täuscht oder nicht – wir werden es nie erfahren. Aber genau dieses Weiterphantasieren und Zuspitzen der Praktiken und Verhaltensweisen ist mit dem Begriff der *Versinnbildlichung* des Habitus gemeint.

Sofern die Praktiken und die Wahrnehmungs- und Bewertungsmuster Produkt eines sozialstrukturell differenzierten Habitus sind und der Raum der Positionen empirisch mit sozioökonomischen Lagen darzustellen ist, spricht Bourdieu beim Gegenüber vom *Raum der Lebensstile*. Unter dem Begriff Lebensstil will Bourdieu somit jene Elemente des Habitus fassen, die als konstitutiv angesehen werden, weshalb sie zur Unterscheidung von anderen Habitusformen verwendet werden. Damit konstituiert sich der Lebensstil nicht aus den realen Prak-

---

lich als Raum der Lebensstile. Dies hängt davon ab, was er analysiert, die Meinungen und Überzeugungen, die Klassifikationen und Kategorien, den Standpunkt oder wechselseitige Wahrnehmungen der Praktiken.

Abbildung 4:   Habitus und Raum der Lebensstile (relationales Modell)

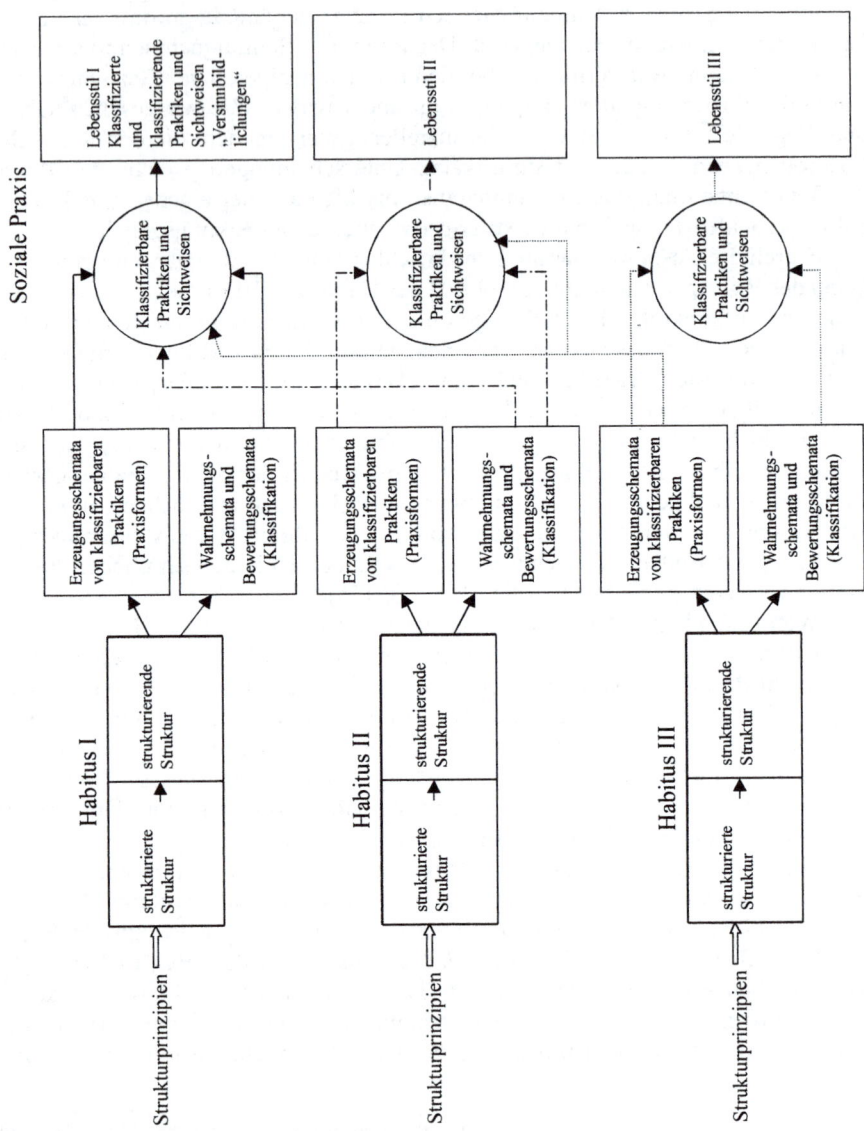

Quelle: eigene Darstellung.

tiken, Wahrnehmungen und Sichtweisen, sondern daraus, welche Praktiken und Wahrnehmungen und Sichtweisen als typisch und markant gelten. Der Raum der Lebensstile besteht demgemäß aus Versinnbildlichungen, aus Repräsentationen (Bourdieu 1984, S. 278). „Die Lebensstile bilden also systematische Produkte des Habitus, die, in ihren Wechselbeziehungen entsprechend der Schemata des Habitus wahrgenommen, Systeme gesellschaftlich qualifizierter Merkmale konstituieren wie 'distinguiert', 'vulgär'" (ebd., S. 281).[71] Habitus und Lebensstil sind somit nicht dasselbe. Der Habitus ist die „generative Formel", welche die Praktiken und Sichtweisen hervorbringt, die wahrgenommen und zu einem systematischen Gesamtbild zusammengefasst werden. Allerdings geschieht dies durch gegenseitige Wahrnehmung, weshalb diese nach Schemata erfolgen, die nicht unbedingt in die Praktiken und Sichtweisen eingegangen sind. Dies begründet die Verzerrungen und Ab- und Höherwertungen wie „asketisch", „ungelenk", „prätentiös", „verfeinert" und „elegant". Jene Lebensstile, in deren Konstitution nur solche Klassifikationen und Sichtweisen eingehen, die dem sie generierenden Habitus eigen sind, sind vor abschätzigen Zusammenfassungen weitgehend geschützt. Das gilt beispielsweise für die beiden letzten aufgezählten Bezeichnungen „verfeinert" und „elegant", die auch ganz anders ausfallen könnten, nämlich „dekadent" und „künstlich". Inwieweit sich habitusfremde Klassifikationen in den Versinnbildlichungen der Lebensstile „einnisten" können, ist eine Machtfrage. Es ist die Frage danach, wer bzw. welche sozialen Gruppen legitimiert sind, das gesamte Geflecht der Lebensstile hierarchisch anzuordnen. Diese Hierarchisierung der Lebensstile korrespondiert mit den sozialen Positionen; darauf kommen wir im Abschnitt über den sozialen Raum zu sprechen.

Vergegenwärtigen wir uns die letzten Ausführungen nochmals, so ist festzuhalten, dass die Wahrnehmungs- und Bewertungsschemata verschiedene Ebenen der Abstraktion und Konstruktion von Repräsentationen beinhalten. Diese reichen von einem Klassifikationssystem, welches nah an den beobachtbaren Eigenschaften ist, über die Entwicklung eines sozialen Gespürs, welches erlaubt, aus wenigen Merkmalen auf die soziale Stellung des Gegenübers zu schließen, bis hin zu einem Gesamtbild von der sozialen Welt.

5.2.4 Diskordanzen und die Gespaltenheit des Habitus

Aus den obigen Ausführungen könnte man schließen, dass es sich beim Habitus, wenn man von den konstruktivistischen Elementen absieht, um ein Modell eines

---

71 Beim geschlechtsspezifischen Habitus spricht Bourdieu davon, dass dieser „gesellschaftlich vergeschlechtlichte Konstruktionen der Welt und des Körpers" erzeugt – also der Raum der Repräsentationen als Raum der Vergeschlechtlichung bezeichnet werden könnte (Bourdieu 1997b, S. 167).

fast geschlossenen Kreislaufs und einer fast perfekten Reproduktion handelt. Dies wäre jedoch ein voreiliger Schluss, vor dem man sich hüten sollte. Denn ein derartig dauerhafter Habitus ist, wie Bourdieu an vielen Stellen betont, „nur auf jenen Grenzfall voll anwendbar (...), in dem die Bedingungen der Produktion des Habitus und die Bedingungen seines Funktionierens identisch oder homothetisch sind" (Bourdieu/Wacquant 1996, S. 164). Tatsächlich ist der Habitus „in einem unaufhörlichem Wandel begriffen" (Bourdieu 1989, S. 406). Die gegenseitige Abstimmung zwischen den Bedingungen der Produktion des Habitus und den Bedingungen seines Funktionierens begreift Bourdieu als „auto-détermination" (Gueroult 1967), bei der Selbstausrichtung und Fremdausrichtung nicht eindeutig zugewiesen werden können. Eine klare Trennung oder Unterscheidung in Ursache und Folge ist deshalb nicht möglich. Vielmehr liegt ihr ein relationales Geschehen zugrunde, weshalb der Habitus zwar substanziell beschrieben werden kann, aber auf diese Weise nicht seine Genese erfasst werden kann. Weiterhin ist für die Abstimmung kennzeichnend, dass sie nicht einmalig und dauerhaft erfolgt, sondern es sich um einen permanenten Prozess handelt, der durch Annäherungen, wiederholte Korrekturen und feinstimmigere Ausrichtungen charakterisiert ist. Der Wandel des Habitus hat verschiedene Ursachen, die sich mehrheitlich aus der zeitlichen Einbettung des Habitus erklären, weil sich seine Stabilität bzw. Instabilität nur im Zeitverlauf erweisen kann:

(1) Eine Ursache für einen Wandel des Habitus sind Veränderungen im individuellen Lebensverlauf, die dazu führen, dass der genetisch gewachsene Habitus in einen Widerspruch zu der neuen sozialen Position gerät. Innerhalb bestimmter Grenzen passt er sich einer veränderten Laufbahn an. Weichen jedoch die neuen Lebensbedingungen zu stark von den früheren und erwartbaren ab, dann wird diese Differenz im Habitus sichtbar. Ein derartiger Laufbahnwechsel kann sowohl durch einen massiven sozialen Auf- als auch durch einen Abstieg ausgelöst werden. So sieht man dem sozialen Aufsteiger seine Kletterei an und dem Absteiger merkt man an, dass seine Praktiken eine Spur zu großzügig sind und deshalb nicht zu den verengten sozialen Bedingungen passen. Beide Male setzt sich aus sozialer Position, Habitus, Praktiken und Sichtweisen kein stimmiges Bild mehr zusammen und in beiden Fällen passen sich die Lebensverläufe nicht mehr in die Homologie des Raums der Positionen und des Raums der Lebensstile und Sichtweisen ein (vgl. Bourdieu 1998, S. 201). Bourdieu nennt dies Hysteresiseffekt, weil es sich um eine verzögerte Anpassung des Habitus an die neue Position handelt.

(2) Es gibt aber auch Diskrepanzen, die aus einem schnellen Wandel der objektiven Strukturen erwachsen, dem die Wahrnehmungs- und Bewertungsschemata nicht hinterherkommen; der Habitus wird vom gesellschaftlichen Wandel über-

holt. Davon sind im Gegensatz zu dem obigen Fall nicht nur einzelne Personen betroffen, sondern auch gesellschaftliche Großgruppen wie Klassen, Schichten oder regionale Einheiten. Der Habitus gewährleistet über die Wahrnehmungs-, Bewertungs- und Handlungsmuster eine aktive Präsenz früherer Erfahrungen in der Gegenwart und eine Konstanz der Praktiken im Zeitverlauf, die eher durch die Dispositionen der Vergangenheit als des Gegenwärtigen geprägt sind.[72] Entsprechend haben die Erwartungen an den eigenen Lebensverlauf, an die „soziale Flugbahn" und die gesellschaftliche Entwicklung ihr Gepräge mehr durch das Gestern als durch das Heute oder Morgen erhalten. Im Habitus durchdringen sich nämlich Vergangenheit, Gegenwart und Zukunft (Bourdieu/Wacquant 1996, S. 43). Ändert sich die soziale Position so rasant, dass sich die Wahrnehmungs- bzw. Bewertungsschemata nicht entsprechend an die neue soziale Lage anpassen können, dann wird auf Erfahrungen und Erwartungen zurückgegriffen, die kaum geeignet sind, den gegenwärtigen und zukünftigen gesellschaftlichen Entwicklungen gemäß zu reagieren. Dies kann eine „*Gespaltenheit des Habitus*" auslösen (Bourdieu et al. 1997, S. 459). Ehemals projektierte und gesellschaftlich versprochene Laufbahnen sind verschlossen, angestrebte Positionen werden unerreichbar und sicher geglaubte Aussichten verbaut, und dies, obwohl das Subjekt alles getan hat, eine in seiner sozialen Position ehemals angelegte „gesellschaftliche Flugbahn" zu nehmen. Alle Zukunftspläne werden nichtig. Dies passiert, wenn die „Veränderung der objektiven Strukturen so schnell vor sich geht, dass die Akteure, deren mentale Strukturen von eben diesen Strukturen geformt wurden, sozusagen überholt werden und unzeitgemäß und unsinnig handeln" (Bourdieu/Wacquant 1996, S. 164). Die Gespaltenheit des Habitus, die beispielsweise durch neue Differenzierungsprinzipien hervorgerufen wird, kann habituell nicht abgefangen werden.[73] Ein Beispiel dafür ist, dass ehemals gesicherte Arbeitsverhältnisse zunehmend weniger sozial abgesichert sind. Insbesondere älteren Arbeitnehmern fällt es schwer, sich darauf einzustellen. Ein sehr dramatisches Beispiel ist die ostdeutsche Transformation, durch welche urplötzlich DDR-typische Differenzierungsprinzipien wegfielen und nachträglich umgewertet wurden, etwa Nähe oder Ferne zum politischen Regime.

(3) Als dritte Ursache nennt Bourdieu „Bewußtwerdung" und „Sozioanalyse", wodurch der Habitus „*unter Kontrolle gebracht* werden" kann (Bourdieu 1989, S. 407). Damit ist gemeint, dass er sein spontanes und selbstverständliches Ge-

---

72 Im Lebenslauf ebenso wie in den einzelnen sozialen Feldern wird der Habitus aktualisiert und bietet mehr oder weniger günstige Voraussetzungen dafür, die soziale Position zu stabilisieren bzw. zu verbessern.

73 Im „Elend der Welt" (1997) haben Bourdieu et al. die Ursachen der Gespaltenheit des Habitus aufgezeigt.

präge einbüßt und auf diese Weise aus dem „Modus der Evidenz" heraustritt. Während bei den ersten beiden Ursachen der Wandel durch Strukturveränderungen ausgelöst wird, entweder auf individueller oder gesellschaftlicher Ebene, entsteht im dritten Fall die Dissonanz im Habitus aus einem Wandel der Sichtweisen und Repräsentationen der sozialen Welt. Dabei werden die stillschweigenden Voraussetzungen der im Habitus verankerten Sichtweisen in Frage gestellt, wodurch ein Bruch in der scheinbar selbstverständlichen Übereinstimmung zwischen den inkorporierten und den objektivierten Strukturen entsteht (vgl. Bourdieu 1997b, S. 215). Dies kann in einem kollektiven Prozess erfolgen, ganz klassisch als Bewusstseinsbildung. Die meisten sozialen Bewegungen setzen sich für derartige Bewusstseinsbildungsprozesse ein – z.B. die Frauen- oder Antidiskriminierungsbewegungen – und fordern dementsprechend eine „bewusste Verhaltensänderung" gegenüber den benachteiligten sozialen Gruppen.

Es kann aber auch ein Produkt der Sozioanalyse sein. Genau hier verortet Bourdieu die Aufgabe der Soziologie, die „keine Stunde der Mühe wert" wäre, sollte sie ein Wissen von Experten für Experten sein" (Bourdieu 1993b, S. 7). Nach Bourdieu haben die soziologischen Intellektuellen deshalb den Beherrschten eine Sprache anzubieten, die es ihnen ermöglicht, ihre Erfahrungen zu verallgemeinern, um auf diese Weise mit den im Habitus eingekapselten gesellschaftlichen Selbstverständlichkeiten zu brechen, da in ihnen bekanntlich die massivsten gesellschaftlichen Zumutungen enthalten sind.

Fassen wir zusammen: Der Habitus beinhaltet eine Disposition zum Wahrnehmen und Handeln; diese Disposition rekurriert aber nur auf bestimmte Schemata der Wahrnehmung und des Handelns. Sie legt einen Rahmen für die Wahrnehmung und die Handlung aus, regiert aber nicht in alle Details hinein. Daraus erklärt sich die Vielfalt von Praktiken und Sichtweisen, obwohl diese alle *einem* „modus operandi" entspringen. Die Praktiken und Sichtweisen haben substanzielle Eigenschaften, sie sind jedoch Ergebnis eines relationalen Geschehens und genau daraus erwächst ihre Distinktionsmacht und ihre soziale Qualität. Stabilität und Instabilität des Habitus sind stets im zeitlichen Verlauf zu sehen. Gesellschaftliche Veränderungen wie auch individuelle Laufbahnwechsel gefährden die innere Stimmigkeit des Habitus und zwingen ihn zu stetigen Anpassungsprozessen.[74]

---

74 Obwohl der Begriff des sozialen Raums noch nicht eingeführt ist, kann an dieser Stelle eine vorgreifende Bemerkung vor Missverständnissen bewahren. Zwar arbeitet Bourdieu hauptsächlich mit dem Begriff des sozialen Raums und ruft damit den Eindruck hervor, als besäße das gesellschaftliche Geschehen im Wesentlichen räumliche Eigenschaften, aber im gleichen Maße ist die zeitliche Dimension zu beachten. Sozialer Raum und soziale Zeit gehören zusammen. Deshalb arbeitet Bourdieu mit Diagrammen, in welche die Positionen und Sichtweisen räumlich, und Histogrammen, in welche die sozialen Laufbahnen und die Geschichte der kollektiven Akteure eingetragen werden (Bourdieu 1984, S. 216).

5.2.5   Die Genese des ökonomischen Habitus

Auf den vorangegangenen Seiten ist in den Hintergrund getreten, dass Bourdieu den Habitus nicht als theoretischen Begriff konzipiert, sondern ihn im Laufe seiner empirischen Studien als Hilfskonstruktion entwickelt hat, um auf diese Weise die soziale Praxis erfassen und erklären zu können. Am Anfang stand somit das empirische Material und die Entdeckung, dass der Habitus ein geeigneter Begriff sei, die soziale Praxis zu beschreiben. Später hat sich Bourdieu ausgiebig mit den philosophischen und theoretischen Traditionen des Habitusbegriffs beschäftigt.

Dies erklärt, dass der Habitusbegriff erstens immer systematischer wurde, zweitens oft auf neue historische und kulturelle Zusammenhänge angewendet wurde und drittens jeweils eine eigene thematische Zuspitzung erfuhr. Die mit dem Begriff verbundene Absicht, die Kohärenz bzw. Inkohärenz von Strukturen auf der einen Seite und Praktiken und Mentalitäten auf der anderen Seite analysieren zu können, ist jedoch unverändert geblieben.

Im Folgenden sollen drei empirische Studien mit Konzentration auf den Habitusbegriff hintereinander vorgestellt werden:

(1)   „Die zwei Gesichter der Arbeit" – eine Untersuchung aus den frühen 1960er Jahren über den Wandel Algeriens von einer vorkapitalistischen zu einer kapitalistischen Gesellschaft (Bourdieu 2000);

(2)   „Die feinen Unterschiede"– Bourdieus berühmteste empirische Studie, mit der er eine Sozialstrukturanalyse der französischen Nachkriegsgesellschaft vorgelegt hat (Bourdieu 1984);

(3)   „Das Elend der Welt" – eine qualitative Studie aus den frühen 1990er Jahren über die habituellen Folgen der „neoliberalen Wende" (Bourdieu et al. 1997).

Die drei ausgewählten Studien stehen in einer zweifachen Chronologie: erstens einer geschichtlichen – vom Vorkapitalismus über den fortgeschrittenen Kapitalismus bis hin zum neoliberalen Kapitalismus – und zweitens einer auf Bourdieus Werk bezogen – mit den Algerienstudien löste sich Bourdieu langsam von der Ethnologie und näherte sich der Soziologie, mit den „Feinen Unterschieden" hat er eine geradezu klassisch quantitative ungleichheitssoziologische Untersuchung vorgelegt und in seiner letzten großen empirischen Arbeit über die Misere hat er sich wieder ethnologischen Methoden genähert. In den „Zwei Gesichtern" und dem „Elend der Welt" werden Gesellschaftsübergange untersucht, in den „Feinen Unterschieden" eine stabile und in sich kohärente Gesellschaftsstruktur dargestellt. In jeder Studie steht die Abgestimmtheit von Wirtschaftsstrukturen und Habitus im Mittelpunkt.

5.2.5.1   Inkohärenzen im ökonomischen Habitus

> „Die gesellschaftliche Ordnung ist vor allem ein
> Rhythmus, ein Tempo."
> *Pierre Bourdieu* (2000, S. 57)

In dem Buch „Die zwei Gesichter der Arbeit" hat Bourdieu die algerische Übergangsgesellschaft vom Vorkapitalismus zum Kapitalismus untersucht. Während
die Wirtschaftsstrukturen bereits kapitalistisch nach den Kriterien von Effizienz,
Profit und Marktlogik organisiert waren, blieben die Verhaltensweisen und Mentalitäten der Menschen noch lange Zeit den mehr oder minder intakten Traditionen der vorkapitalistischen Wirtschaft verhaftet.[75] Durch die Inkohärenz von
ökonomischen Strukturen und ökonomischem Habitus tat sich eine „permanente
Kluft zwischen den ökonomischen Haltungen der Akteure und der ökonomischen Welt auf, in welcher sie zu handeln" hatten (Bourdieu 2000, S. 21). Daraus
ergab sich für Bourdieu die zentrale Forschungsfrage, die sich in seinem gesamten Werk wiederfindet – mal grundsätzlich gestellt nach der Abstimmung von
Struktur und Handeln, mal spezifisch für den jeweiligen historischen Kontext.
Im Fall der kabylischen Gesellschaft in der Mitte des 20. Jahrhunderts fragte er
nach dem Zusammenhang zwischen den bereits kapitalistisch ausgerichteten
Existenzbedingungen und den noch dem Vorkapitalismus verpflichteten Einstellungen. „Sind es Veränderungen der ersteren, die dem Einstellungswandel vo-
rausgehen und diesen bedingen, oder umgekehrt?" (ebd., S. 25) Diese Frage
beantwortet Bourdieu hier ähnlich wie in seinen späteren Arbeiten. Es sind die
Existenzbedingungen, welche die ungleichen Rhythmen der Anpassung an die
ökonomischen Strukturen verursachen, weshalb sich in ihnen vor allem die ökonomischen und sozialen Ungleichheiten spiegeln (vgl. ebd.).

Typisch für den Vorkapitalismus ist die „einfache Reproduktion", worunter
sich eine Form des Wirtschaftens verbirgt, die nicht vornehmlich auf Zuwachs
zielt und die nach den Regeln der Reziprozität und Unentgeltlichkeit funktioniert. Die ökonomischen Praktiken haben sich noch nicht gegenüber den Praktiken anderer Lebensbereiche verselbstständigt. Charakteristisch ist weiterhin eine
zyklische Zeiteinteilung, bei der Vergangenheit, Gegenwart und Zukunft als
gleichförmig gedacht werden. Zukunft wird nicht als Möglichkeitsraum wahrgenommen, der durch rationales Kalkül optimiert werden kann. Es gibt somit keine
ökonomischen Visionen.

Der Kapitalismus verlangt demgegenüber rationale Planung, neue Kalküle
und erweiterte Zeithorizonte. Dies zwingt dazu, die gesamte Lebensführung auf
den „imaginären Fluchtpunkt" der Zukunft zu orientieren, was einen tief greifen-

---

75   Dies hat Bourdieu hauptsächlich für die Kabylei untersucht.

den Wandel des „Zeitbewusstseins" erforderlich macht. Den Wandel des „Zeitbewusstseins" und der Zeitstrukturen rückt Bourdieu ins Zentrum der Studie, weil der an die kapitalistischen Wirtschaftsstrukturen angepasste ökonomische Habitus vornehmlich durch eine Zentrierung auf die Zukunft ausgezeichnet ist. Der eigene Lebensverlauf wird zu einem „individuellen Projekt einer aktiven Zukunftsgestaltung" und als Chance gesehen, an der „Schaffung einer kollektiven Zukunft mitzuwirken" (Bourdieu 2000, S. 22).

Was Bourdieu unter dem Begriff Habitus verstanden wissen will, definiert er in dieser Studie bereits weitgehend so wie in seinen nachfolgenden Werken. Der große Unterschied zu späteren Arbeiten ergibt sich aus der besonderen Betonung des Zeitaspekts.[76] Der Habitus entsteht aus der „Einverleibung der objektiven Strukturen" und wirkt als „einheitsstiftende Struktur des Ensembles aller Dispositionen, welche einen Bezug zur Zukunft" haben (ebd., S. 140). Für eine so tief greifende Transformation des Habitus – wie die von einem vorkapitalistischen zu einem kapitalistischen – müssen gesellschaftliche Voraussetzungen gegeben sein, ansonsten können sich nicht auf den Kapitalismus abgestimmte Verhaltensweisen herausbilden. Zu den ermöglichenden Bedingungen gehört ein entsprechendes ökonomisches und kulturelles Niveau, welches eine „Schwelle der Sicherheit und der Berechenbarkeit" gewährt.

Entscheidend sind insbesondere eine feste Arbeitsstelle und ein regelmäßiges Einkommen, weil beides eine Option auf eine abgesicherte Zukunft impliziert.[77] Mit anderen Worten: Es muss eine stabile Vergesellschaftung über Erwerbsarbeit gegeben sein, weil diese den für den Kapitalismus charakteristischen Modus der Vergesellschaftung bildet. Arbeitslosigkeit oder befristete Beschäftigungen führen zu einer „Desorganisation des Verhaltens", die eine habituelle Orientierung auf neue Zeithorizonte und eine grundlegende Einstellungsveränderung behindern. Das „ganze Leben" bleibt „unter dem Vorzeichen des Provisorischen" (ebd., S. 107) und so der Inkohärenz von Wirtschaftsstrukturen und Verhaltensweisen ausgeliefert. Erst „mit dem Vorhandensein eines regelmäßigen Einkommens tritt man in eine andere Welt ein" – eine sichere und berechenbarere (ebd., S. 91). Auf diesem Fundament kann eine Anpassung des Habitus stattfinden und sich damit wieder eine Kohärenz zwischen Verhaltensweisen und ökonomischen Strukturen einstellen.

Es ist das Privileg des Proletariats gegenüber dem Subproletariat, eine feste Arbeitsstelle zu haben. Arbeitslosigkeit, befristete und unstete Arbeitsverhältnisse sind Kategorisierungen, die sich von regelmäßiger Erwerbsarbeit als Norm herleiten und bereits von den neuen, den kapitalistischen Einstellungen zu Ein-

---

76 Der Zeithorizont ist in „La misère du monde" ebenfalls wichtig, weil er hilft, Gesellschaftsübergänge zu identifizieren.

77 In „La misère du monde" nimmt Bourdieu diese Voraussetzungen nochmals auf; siehe unten.

kommen und Arbeit ausgehen. Diese Kategorisierungen setzen Bewusstseinsbildungsprozesse voraus, die sich nach Bourdieu über mehrere Stufen entwickeln. Wie es das Privileg des Proletariats ist, fest in Erwerbsarbeit eingebunden zu sein, besitzt es auch das „Privileg eines wirklich revolutionären Bewußtseins" (ebd., S. 103). Nur Menschen, die über ein kohärentes System von Erwartungen und Forderungen verfügen, sind in der Lage, sich der „Logik des Kalküls" zu stellen und langfristige Vorsorge zu betreiben. Und nur diese Menschen können die mit revolutionärem Handeln verbundenen Opfer und Entbehrungen auf sich nehmen. Revolutionäres Handeln und Klassenbewusstsein sind somit weder das Ergebnis eines bloßen Reagierens auf materielle Nöte noch eines reflexiven Aktes völlig losgelöst von der ökonomischen Situation. Vielmehr müssen bestimmte ökonomische Voraussetzungen wie eine minimale Absicherung der Gegenwart und der Zukunft gegeben sein, damit sich ein „revolutionäres Bewusstsein" heranbilden kann. Derartige Prozesse finden aber nur selten statt. Alltagstypisch ist, dass es mit der Abstimmung des Habitus auf die kapitalistischen Wirtschaftsstrukturen zu einem Umbau der gesamten Lebensführung kommt; konkret: einer Intensivierung der Hausarbeit, Stilisierung des Alltagslebens, Entfaltung eines in sich kohärenten Lebensstils. Dieser Lebensführungsstil enthält Distinktionspotenziale gegenüber dem Subproletariat und trägt damit zur Festigung der sozialstrukturellen Position bei. Hier identifiziert Bourdieu die „Schwelle zur Modernität", weil die Lebensführung die Barrieren zwischen den sozialen Klassen stabilisiert.

5.2.5.2   Klassenstruktur der französischen Nachkriegsgesellschaft:
            Kohärenz des Habitus

In der großen empirischen Studie „La distinction" aus den späten 1960er Jahren wird die Klassenstruktur der französischen Nachkriegsgesellschaft untersucht. Dort hat Bourdieu die Habitus- und Feldtheorie zu einem Modell des sozialen Raums zusammengeführt. Charakteristisch für eine moderne Klassengesellschaft ist, dass zwischen Habitus und Feld, zwischen dem Raum der Positionen und dem Raum der Lebensstile eine Homologie besteht, die sich im Habitus als Kohärenz zwischen der sozioökonomischen Position und den Verhaltensweisen, Praktiken und Denkmustern widerspiegelt. Nur wo eine solche Homologie besteht, können überhaupt soziale Klassen – als relativ stabile Einheiten – soziologisch identifiziert werden. Deshalb hat Bourdieu in „La distinction" und den daran anschließenden Arbeiten seinen Begriff der sozialen Klasse und seine Methode der Klassenanalyse dargelegt. In Weiterführung der marxistischen Klassentheorie unterscheidet er konstruierte und reale soziale Klassen.

Soziale Klassen lassen sich auf logische Weise aus der Anordnung der sozialen Positionen im Raum herauspräparieren, indem Gruppen mit größtmöglicher Homogenität hinsichtlich der auf sie wirkenden Strukturprinzipien gebildet werden. Diese Klassen haben ein gleich großes Kapitalvolumen, die Zusammensetzung des Kapitals ist gleichartig und auch die zeitliche Entwicklung ihrer Positionen ist ähnlich. Mit dem letzten Punkt ist gemeint, dass ihr Karriereverlauf in den Feldern gleichförmig erfolgt, es sich z.B. um eine Klasse von sozialen Aufsteigern oder Absteigern handelt. Die auf diese Weise konstruierten Gruppen sind aber nur Klassen auf dem Papier, weil sie theoretisch konstruiert wurden. Den so geschaffenen Klassen entsprechen keine realen sozialen Klassen, sie repräsentieren lediglich *wahrscheinliche* Klassen. Das meint nicht mehr als eine höhere Wahrscheinlichkeit, dass sich die theoretischen in reale Klassen transformieren als andere Gruppen, weil sie sich aufgrund ihrer ähnlichen Position im Raum eher mobilisieren lassen als Personen, die an völlig unterschiedlichen Stellen positioniert sind. Insofern sind die theoretischen Klassen nichts anderes als „analytische Konstrukte", aber empirisch wohlbegründete (vgl. Bourdieu 1997a, S. 108). Für Bourdieu existiert kein direkter Übergang von der theoretischen – der „Klasse an sich" – zur praktischen Klasse – der „Klasse für sich".

In der sozialen Welt befinden sich die Konstruktionsprinzipien, nach denen die theoretischen Klassen gebildet wurden, in Konkurrenz zu anderen Prinzipien wie ethnische, geschlechtliche, religiöse oder nationale Zugehörigkeit. Zwar beinhaltet die Struktur des sozialen Raums, dass man jemanden mit einem beliebigen anderen zusammenbringen kann, ohne die zentralen Kapitalsorten – sprich ökonomisches und kulturelles Kapital – zu missachten, aber die Geschichte hat bewiesen, dass als „übergeordnet" angesehene Strukturprinzipien oftmals erfolgreicher bei der Mobilisierung sind. Man denke daran, welche Mobilisierungskraft von der Bezeichnung „Volksgemeinschaft" ausging. Auch ein Blick auf die US-amerikanische Gesellschaft zeigt eindrucksvoll, dass ethnische und rassische Trennungen stärker als solche entlang der Verteilung des ökonomischen Kapitals mobilisieren können. Reale Klassen entstehen somit nach Bourdieu nicht im Selbstlauf. Sie sind „Ergebnis des Klassifizierungskampfes als eines genuin symbolischen Kampfes um die Durchsetzung einer Sicht der sozialen Welt" (Bourdieu 1998, S. 25). Damit ist für die Entstehung einer „realen Klasse" entscheidend, dass Repräsentationen, sprachliche Symbole und Nominationen entwickelt werden, mit denen sich die Angesprochenen identifizieren und die sie verwenden, um ihre eigene Stellung im sozialen Raum zu qualifizieren.

Jedoch lassen sich auf einer anderen Ebene Prognosen erstellen, welche die theoretische Klasse zum Ausgangspunkt nehmen. Da auf die theoretisch konstruierten Klassen die gleichen Teilungsprinzipien in vergleichbarer Stärke einwirken, besitzen die Klassenangehörigen mit großer Wahrscheinlichkeit einen gleichartigen Habitus und damit ähnliche Schemata der Praxisformen. Dies hat

Bourdieu anschaulich in seiner großen Studie über „Die feinen Unterschiede" empirisch nachgewiesen. Dort hat er neben den habitusspezifischen Praktiken und Wahrnehmungs- und Bewertungsmustern den Raum der Lebensstile rekonstruiert. Er konnte zeigen, dass die Gebrauchsweisen von Kunst und Kultur sich auf den verschiedensten Feldern wechselseitig bestimmen, weil dort analog organisierte Ordnungs- und Klassifikationsschemata vorliegen. Beispiele sind die Sportvorlieben, die Kleidung, der Umgang mit Musik und Kunst.

Bei den Ernährungsgewohnheiten kann man zwei sich konträr gegenüberstehende Konsummuster unterscheiden. Bei einem, welches vornehmlich von unteren sozialen Positionen praktiziert wird, werden zu einem hohen Anteil schwer verdauliche, fetthaltige und dick machende, zugleich aber auch billigere Lebensmittel bevorzugt. Daraus werden Gerichte zubereitet, die viel Zeit und eine hohe Identifikation mit dem Kochen benötigen. Das andere Muster, das im diametralen Gegensatz dazu zu sehen und überwiegend in den höheren Schichten zu finden ist, besitzt einen Hang zu leichten, kalorienarmen Gerichten, die mit großer Arbeits- und Zeitersparnis zubereitet werden können. Bevorzugte Lebensmittel sind helles Fleisch, Fisch, Obst und Gemüse. Die beiden Konsummuster sind für Bourdieu Produkt der „Opposition zweier Varianten von Geschmack: dem aus *Not* und *Zwang* geborenen, der zu gleichermaßen nahrhaften und kostensparenden Speisen greifen läßt, und dem aus *Freiheit* – oder *Luxus* – geborenen Geschmack, der, anders als beim Drauflos-Essen der populären Kreise, das Hauptaugenmerk von der Substanz auf die Manier (des Vorzeigens, Auftischens, Essens usw.) verlagert und dies vermittelt über die Intention zur Stilisierung, die der Form und den Formen eine Verleugnung der Funktion abverlangt." (Bourdieu 1984, S. 25, Hervorhebung E.B.)

Der fundamentale Gegensatz von Notwendigkeits- und Luxusgeschmack ist charakterisiert durch die Gegenüberstellung von Quantität und Qualität, Materie und Manier, Substanz und Form. Es gibt keinen Lebensbereich, der „nicht nach diesem fundamentalen Gegensatz gegliedert" ist (ebd., S. 288). Da der Raum der Lebensstile bekanntlich aus Versinnbildlichungen der verschiedenen sich wechselseitig definierenden Praktiken des Habitus besteht, bildet dieser Gegensatz das zentrale Strukturprinzip des Raums der Lebensstile. Damit hat Bourdieu in den „Feinen Unterschieden" eine enge Korrespondenz zwischen dem Raum der Positionen und dem Raum der Lebensstile resp. der Perspektiven und Stellungnahmen empirisch nachgewiesen. Diesen Zusammenhang begründet er aber auch theoretisch. Dies alles spricht für eine weitgehende Kohärenz des Habitus, die selbstverständlich nicht für alle sozialen Klassen gleichermaßen ausgeprägt ist. Für jene, die sich habituell nach oben orientieren, oder jene, die eine Lebensführung praktizieren, die nicht ihrer sozialen Position gemäß ist, trifft dies weniger zu. Aber insgesamt kann man für die Klassenstruktur der französischen Gesellschaft der Nachkriegszeit festhalten, dass die Abgestimmtheit überwog.

5.2.5.3   Neue Diskordanzen im Habitus

Mit „La misère du monde" hat Bourdieu eine große Studie über die sozialen Folgen der neoliberalen Wende vorlegt.[78] Sie unterscheidet sich nicht nur methodisch und in vielen weiteren Aspekten von „La distinction". Ein wichtiger Unterschied ist, dass Bourdieu diese Untersuchung nicht mit einer Klassenanalyse beginnt und von dieser aus den Habitus rekonstruiert, sondern die Wahrnehmungs- und Bewertungsmuster analysiert und davon ausgehend die Stellungen im sozialen Raum – also die Selbstpositionierungen – zurückverfolgt. Seine Ausgangsthese ist, dass die habituelle Abgestimmtheit, die charakteristisch für den typischen Habitus der französischen Nachkriegsgesellschaft war, für weite Teile der Bevölkerung nicht mehr existiert. Daraus resultiert eine „Gespaltenheit des Habitus", die eine wesentliche Ursache dafür ist, dass die eigene Stellung als Elend erlebt wird. Was Bourdieu unter der „Gespaltenheit des Habitus" versteht, wurde bereits erläutert (S. 139). Entscheidend ist hier, dass die „Gespaltenheit des Habitus" als Elend erfahren wird, weil ehemals projektierte und gesellschaftlich versprochene Laufbahnen verschlossen sind, angestrebte Positionen unerreichbar werden und sicher geglaubte Aussichten sich als verbaut erweisen.

Die „Gespaltenheit des Habitus" wird durch „Reproduktionskrisen" hervorgerufen. Die bisherigen Rekrutierungsmodi, die einen bestimmten Lebensverlauf versprachen und eine bestimmte gesellschaftliche Flugbahn garantierten, funktionieren nicht mehr. Daraus erwächst eine innere Zerrissenheit: Die im Habitus angelegten Dispositionen, Erwartungen und Selbstanforderungen stammen noch aus vergangenen Zeiten und sind nicht mehr an die aktuellen gesellschaftlichen Strukturen rückvermittelbar. Das, was den Habitus kennzeichnet, seine Abgestimmtheit ohne ausdrückliche Abstimmung, ist verloren. Gerade weil der Habitus nach Kohärenz strebt, weshalb Bourdieu mit Leibniz von einer „prästabilisierten Harmonie" spricht, werden die Widersprüche, Missklänge und Disharmonien, die sich im Innersten des Subjekts niederschlagen, als persönliche Tragödien erlebt und nicht als das, was sie sind, nämlich gesellschaftliche Brüche und Kontradiktionen.

In „La misère du monde" stellt Bourdieu drei „Reproduktionskrisen" in der französischen Gesellschaft der späten 1980er Jahre vor. Nur eine – die Zunahme prekärer Arbeitsverhältnisse – soll kurz geschildert werden, weil damit eine Brücke zur Studie über die algerische Übergangsgesellschaft geschlagen werden kann. Die Zunahme unsicherer Arbeitsverhältnisse, die vornehmlich anhand der Leiharbeiter dargelegt wird, stellt für Bourdieu den Hauptgrund für die „Gespaltenheit des Habitus" dar. In den Betrieben, in denen früher ausschließlich fest angestellte, gewerkschaftlich engagierte und stark politisierte Stammarbeiter

---

78   Ausführlicher siehe Barlösius (1999).

beschäftigt waren, die seit Jahrzehnten zusammenarbeiten und sich durch eine traditionelle Arbeitersolidarität miteinander verbunden fühlten, werden nur noch Leiharbeiter unter Vertrag genommen, die je nach Arbeitsaufkommen kurzfristig entlassen oder angeheuert werden. Die befristeten Leiharbeiter haben aufgegeben, für sich eine Verbesserung der Arbeitssituation, einen gerechteren Lohn, mehr Mitspracherechte zu erhoffen – genau das, was die Stammarbeiter sich auf die Fahne geschrieben hatten. Das einzige, wonach sie streben, ist eine Festanstellung. Somit stehen sie den Stammarbeitern diametral gegenüber: Sie sind unpolitisch und antigewerkschaftlich eingestellt, wie es ihre ökonomische Lage erfordert.

Die Differenz zwischen Stammarbeitern und Leiharbeitern scheint so stark von Statusunterschieden und Interessengegensätzen gekennzeichnet, dass Gemeinsamkeiten erst in den Vordergrund treten, wenn man sich vergegenwärtigt, dass die „Alten", die etablierten Stammarbeiter, begännen sie heute ihr Erwerbsleben, dort stünden, wo die „Jungen", die „prekär" Beschäftigen, bereits seit gestern stehen. Ihr sozialer Ort wäre derselbe, weshalb die Leiharbeiter den Stammarbeitern nicht nur ihre eigene, sondern die Deklassierung und die Entwertung des Arbeiterwissens und -könnens insgesamt vor Augen führen. Sie machen ihnen bewusst, dass sie bereits heute zur Vergangenheit gehören und keine Zukunft mehr haben. Die soziale Nähe zwischen Stamm- und Leiharbeitern wird deutlich, wenn die Zeitachse eingeschoben wird. Die fabrikinterne Organisation der Arbeit ist dagegen so, dass sie diese eher verdeckt denn offen legt, nicht zuletzt um Solidarisierungen zwischen beiden Arbeitergruppen entgegenzuwirken.

Erst die zeitliche Objektivierung des eigenen Lebensverlaufs lässt die gemeinsame gesellschaftliche Stellung erkennen. Aus diesem Grund ist die Zeit in „La misère du monde" ähnlich wichtig wie in den „Zwei Gesichtern der Arbeit", denn ökonomische Umbrüche und Diskordanzen des Habitus können nur durch zeitliche Objektivierung verstanden werden. Die Leiharbeiter stellen die mühsam über Jahrzehnte geschaffene politische und gewerkschaftliche Arbeiteridentität, auf welche die Festangestellten stolz sind, in Frage und zeigen das Ende der „Epoche der organisierten Arbeiter" an. Dies ist umso schmerzlicher, weil die Leiharbeiter sich keineswegs aus einer anderen sozialen Position rekrutieren, sondern gleichfalls aus dem Inneren der Arbeiterklasse stammen. Häufig sind es die eigenen Kinder, mit denen sie sich familial verbunden fühlen, die das Band der Arbeitersolidarität zerreißen. Die nachfolgende Generation begreift nicht mehr, worin die soziale Identität organisierter Arbeiter besteht, und lernt nicht mehr, „als richtiger Arbeiter zu denken"; selbst wenn sie es versuchte, es wäre ihr schwerlich hilfreich. „Die alten Arbeiter entdecken, daß sie ihren Kindern beinahe nichts von dem hinterlassen können, wofür sie lange Zeit gekämpft haben." (Bourdieu et al. 1997, S. 318) Ihr Erbe, für das sie so lange gestritten haben, ist entwertet. Die „Gruppe der Arbeiter" existiert nicht mehr, durch Flexibilisierungen und Deregulierungen wird sie systematisch zerstört. Das Erkennen der gemeinsamen sozialen Lage, dieser historische Lernprozess, der den Habitus der Arbeiter prägte, wird verlernt.

Bourdieu hat sich nicht dazu geäußert, ob er die in „La misère du monde" beschriebene Gesellschaft ähnlich wie die algerische Gesellschaft der 1960er Jahre als eine Übergangsgesellschaft sah oder die ökonomische Krise des späten 20. Jahrhunderts nur als vorübergehende Misere bewertete. Die habituellen Prozesse hat er jedenfalls ähnlich beschrieben und vergleichbare Folgen festgestellt. Für seine Habitustheorie kann man aus den drei Studien lernen, dass er das Streben nach Kohärenz zwischen Verhaltensweisen, Praktiken und Denkmustern und den ökonomischen Strukturen und Anforderungen für eine dem Habitus immanente Eigenschaft hielt. Er unterstellte jedoch nicht, dass diese Abgestimmtheit immer vorhanden ist oder sich für alle sozialen Gruppen von selbst einstellt. Vielmehr hielt er eine Diskrepanz zwischen dem Habitus und den Wirtschaftsstrukturen in Zeiten eines massiven Strukturwandels für wahrscheinlich. Für die jeweiligen sozialen Verlierergruppen des Strukturwandels scheint es ein „soziales Schicksal" zu sein, dass es ihnen nicht möglich ist, sich auf die veränderten Erwartungen einzustellen. Es ist ihnen vor allem deshalb nicht möglich, weil ihnen die minimale ökonomische Absicherung fehlt, die notwendig ist, um sich auf die neuen Situationen einrichten zu können.

5.3   Das soziale Feld: Machtverhältnisse und soziale Positionierung

Die Habitustheorie erklärt die Genese von Praxisformen und gegenseitigen Abstimmungsprozessen. Sie lässt aber die gesellschaftliche Einbettung des Habitus weitgehend offen. So geht sie davon aus, dass Strukturierungsprinzipien existieren, die dem Habitus seine strukturierte Struktur aufprägen, ohne zu erklären, wie diese entstehen und reproduziert werden. Genauso bleibt offen, wie diese den Habitus sozial positionieren. Kurzgefasst: Die Konstruktionsprinzipien des sozialen Raums wurden bislang vorausgesetzt, aber nicht hergeleitet.

In ähnlicher Weise gilt dies für den systematischen Zusammenhang zwischen dem Habitus und der sozialen Praxis, der bis auf die Tatsache, dass der Habitus diese generiert, noch nicht erklärt wurde. Die Produkte des Habitus bringen nicht nur die soziale Praxis hervor; diese ist ja stets schon vorhanden, weshalb die Produkte des Habitus sich auf irgendeine Art und Weise in die Eigenart der sozialen Praxis einfügen müssen. Andernfalls würde der Habitus Praktiken und Werke generieren, die nicht auf die „Logik der Praxis" abgestimmt wären. Zusammengefasst: Wie gelingt es, dass sich der Habitus in die vorhandenen Strukturen der sozialen Praxis einfügt?

Diese beiden „Lücken" sind der Grund dafür, dass in dem Abschnitt über den Habitus hauptsächlich solche Beispiele gewählt wurden, die in den Bereich der körperlichen Stilisierung gehören. Diese habituellen Äußerungen können scheinbar direkt dem einzelnen Akteur zugewiesen werden, weshalb die Fragen nach der strukturellen Verankerung des Habitus – die nach der Wirkungsweise der äußeren sozialen Strukturen auf den Habitus und die nach der Abgestimmtheit des Habitus auf die Strukturen der sozialen Praxis – zurückgestellt werden konnten. Dabei handelte es sich jedoch um einen „didaktischen Kniff", der nicht wirklich überzeugt.

Erinnern wir uns nochmals an die beiden Frauen auf der Straße. Die Unterschiede in Kleidung, Haarschnitt und Sprache haben wir als Produkte des Habitus interpretiert, aber bei genauerem Blick fällt doch auf, dass die Gegenstände und Eigenschaften, welche die beiden Frauen verwenden, bereits existierten, bevor sie sich diese habituell aneignen. Die Kleidung haben sie gekauft, die Haare wurden von Friseuren geschnitten und ihre Sprache haben sie zu Hause, auf der Straße und in der Schule erlernt. Hinter dem Habitus steht also ein ganzes Bündel von Einrichtungen und Institutionen. Zwischen diesen und dem Habitus besteht ein enger Zusammenhang, weil sie sich gegenseitig bedingen. So haben die beiden Frauen ihre Praktiken nicht aus sich selbst heraus entwickelt, sondern ihnen vertraute Institutionen, Geschäfte und Einrichtungen aufgesucht, bei denen sie gewiss sein konnten, die Accessoires zu finden, die sie suchten, weil sie ihren Praxisformen und Wahrnehmungs- und Bewertungsmustern entsprechen, und die sie sich aufgrund ihrer sozialen Position leisten konnten. Es ist deshalb an dieser Stelle nochmals die Eingangsfrage nach der Abstimmung zu stellen, allerdings auf einer anderen Ebene. So ist nicht nach der inneren Abstimmung im Akteur, der seine Praktiken und die Praktiken der Abstimmung unbewusst angleicht, zu fragen, worauf der Habitus die Antwort ist, sondern es ist danach zu fragen, wie die Vermittlung zwischen Struktur und Praxis funktioniert.

Wie schon angemerkt, haben wir bislang durch die verwendeten Beispiele eine zu enge Fassung der Praktiken und Produkte der Habitus nahe gelegt. Bourdieu will darunter Praxen für alle Bereiche des Lebens verstanden wissen: Arbeit, Bildung, Politik, Familie etc. Statt von Bereich könnte man auch von System sprechen, was Bourdieu vermeidet, weil er sich explizit vom Systembegriff abgrenzen will. Er spricht stattdessen von *sozialen Feldern*. Die verschiedensten Praktiken und Produkte aktualisieren sich nach Bourdieu immer in Beziehung zu einem sozialen Feld, sei es zum Feld der Arbeit, der Bildung, der Politik oder der Familie. Der Feldbegriff konkretisiert somit den locker gesponnenen Begriff der sozialen Praxis und soll deren strukturelle Differenzierung aufzeigen. Gerade in modernen, hoch differenzierten Gesellschaften ist die soziale Praxis in vielen relativ autonomen Mikrokosmen, sprich sozialen Feldern, organisiert.

Zwischen dem Habitus und dem Feld besteht nach Bourdieu eine „enge Komplizenschaft", weil es sich um „zwei Existenzweisen des Sozialen" handelt. Der Habitus ist die „Leib gewordene" Geschichte. Durch ihn wird die soziale Welt von innen heraus mittels der Praxisformen und der Wahrnehmungs- und Bewertungsschemata strukturiert. Das soziale Feld ist „die Ding gewordene Geschichte" (Bourdieu 1985, S. 69), durch welche die soziale Welt von außen strukturiert wird, weil es aus objektiven Beziehungen besteht. Wie der Habitus die soziale Welt generiert und strukturiert, haben wir vorne erfahren, jetzt ist zu zeigen, wie das soziale Feld ein „Netz von objektiven Relationen zwischen den sozialen Positionen" herstellt und damit den Zugang zu profitablen Positionen im sozialen Raum steuert.

Theoriearchitektonisch sind Habitus und Feld immer zusammen zu sehen, weil sie sich erstens gegenseitig bedingen und es sich zweitens um unterschiedliche Perspektiven auf das gleiche Phänomen handelt: die Strukturierung des sozialen Raums. Das Habitusmodell beginnt mit den Akteuren und soll die Generierung der sozialen Praxis erklären, während die Feldtheorie mit den sozialen Strukturen beginnt, um die soziale Positionierung der Akteure nachzuzeichnen. Beide Perspektiven sind auf das Engste miteinander verzahnt.

5.3.1   Was ist ein soziales Feld?

Wie alle modernen soziologischen Theorien beruht auch die Theorie der Felder auf der Feststellung, dass in der sozialen Welt ein fortschreitender Differenzierungsprozess stattfindet (vgl. Bourdieu 1998, S. 148). Dieser führt dazu, dass die Gesellschaften „Universen" mit einem eigenen „Grundgesetz" – einem „nomos" – ausbilden, welches sie von anderen „Universen" weitgehend autonom macht. Diese Einheiten nennt Bourdieu soziale Felder. Mit Weber würde man diesen Prozess als Ausbildung von Eigengesetzlichkeiten bei den Wertsphären, mit Habermas als Entwicklung von Eigenlogiken und mit Luhmann als Herausbildung von binären Codes bezeichnen. Insoweit unterscheidet sich Bourdieu nicht von anderen soziologischen Theoretikern. Dies wird auch bei der Kennzeichnung der „Grundgesetze" der einzelnen Felder deutlich. Das Grundgesetz des ökonomischen Feldes lautet: Geschäft ist Geschäft; das des künstlerischen Feldes „L'art pour l'art", im wissenschaftlichen Feld geht es um Erkenntnis usw. Die Grenzen gegenüber anderen Felder werden von den einzelnen Feldern selbst festgelegt, indem jedes Feld eine bestimmte Art von *Interesse* produziert. Dieses übt einen gewissen Feldeffekt aus, den man sich als Gravitationswirkung vorstellen kann. Alle Interaktionen, die dieses spezifische Interesse verfolgen, sind an das jeweilige Feld gebunden; andere werden an Unterfelder verwiesen oder in anderen Felder behandelt.

Die Autonomie der Felder ist jedoch nicht wie in der Luhmann'schen Systemtheorie eine absolute, sondern nur eine relative, weil die einzelnen Felder in einem Machtverhältnis zueinander stehen. Das Feld des Staates etwa regiert in andere Felder hinein, indem es dort Pflichten und Rechte setzt, beispielsweise über die Gesetzgebung, das Steuer- und das Gewaltmonopol. Die Autonomie eines Feldes bemisst sich somit an der Fähigkeit, gegenüber äußeren Zwängen eine Gegenmacht aufzubauen, um so externe Anforderungen abzuweisen oder in eine gemäßigtere Form zu bringen. Deshalb ist die Autonomie der Felder Ergebnis ihrer Machtstärke, welche sich auch auf ihre Stellung im Makrokosmos auswirkt (vgl. Schimank/Volkmann 1999, S. 23). Jene Felder, die sich weitgehend autonomisieren und gleichzeitig ihre Interessen auch in anderen Felder verankern können, nehmen eine höhere Position ein als solche, die bis in die innersten Strukturen gelenkt werden und keine Macht haben, ihre Vorstellungen und Interessen in anderen Feldern zu verankern. Ein Beispiel für den ersten Fall ist sicherlich das Feld der Ökonomie, welches über so viel Macht verfügt, dass es sich auch gegenüber politischen Ansprüchen häufig erfolgreich wehren kann. Nimmt man dagegen das Feld der Bildung, dann könnte man beinahe sagen, dass es den Forderungen aus den meisten Feldern kaum Widerstand entgegensetzen kann.

Die sozialen Felder sind Produkt des gesellschaftlichen Differenzierungsprozesses. Je weiter dieser fortschreitet, umso häufiger entstehen Unterfelder, die sich wiederum weiter differenzieren, wodurch sich eine immer komplexere und gestaffeltere Feldstruktur entwickelt. Das staatliche Feld beispielsweise wird je nach dem Grad der Differenzierung in einzelne Politikfelder und der Schaffung politikspezifischer Institutionen in immer neue Unterfelder unterteilt, die jedoch alle dem „nomos" der „legitimen Machtausübung" folgen. Allerdings nimmt in den Unterfeldern dieses Grundgesetz eine spezifische Färbung an, da es sich mit anderen Grundgesetzen verbindet. So gehören das militärische Feld, das bürokratische Feld ebenso wie das Feld der Polizei zum Feld des Staates. Aber trotzdem können diese Felder mit Verweis auf ihre feldspezifischen Aufgaben eine nicht zu unterschätzende Gegenmacht gegenüber einem Eingriff von oben aufbauen. Dies erfahren Gesundheits- und Innenminister bei Reformprojekten immer wieder aufs Neue, wenn sich feldinterner Widerstand formiert und mit feldspezifischen Interessen argumentiert wird.

Die feldspezifischen Interessen finden ihr Gegenbild im Habitus. Veranschaulichen wir dies beispielhaft: Konstitutiv für das literarische Feld ist das Interesse an der Lese- und Schreibkunst. Dieses Interesse setzt im Habitus die Lust am Lesen und Schreiben, die Kenntnis des literarischen Betriebs und feldspezifische Qualifikationen voraus. Ohne diesen Widerhall im Habitus hätte sich ein autonomes literarisches Feld mit eigenständigen Institutionen und Betrieben wie Verlagen, Literaturkritik und -preisen überhaupt nicht herausbilden können. Und umgekehrt wird sich ein Habitus des literarischen Interesses erst dann stabil herausbilden, wenn dieses Interesse dauerhaft von einem Feld bedient wird. Soziale Felder sind somit auf Habitusformen angewiesen, durch die sie immer wieder reproduziert werden, wie umgekehrt sich stabile Habitusformen nur dort entwickeln können, wo sie von einem Feld nachgefragt werden. Falls also die neuen Medien das Interesse am literarischen Buch versiegen lassen, sich kein Habitus mehr auf dieses Medium bezieht, dann wird das Verlagswesen langsam schrumpfen oder sein Angebot um die neuen Medien erweitern müssen.

Auch wenn die Felder sich inhaltlich unterscheiden, so sind sie doch strukturell ähnlich organisiert. Um die gemeinsamen Eigenschaften der sozialen Felder zu beschreiben, greift Bourdieu auf die ökonomische Theorie zurück. Er begründet dies damit, dass mit ihrer Hilfe Merkmale abstrakter und generalisierter als mit anderen Theorien charakterisiert werden können. Die ökonomische Theorie nutzt Bourdieu nicht, um die ökonomische Durchdringung aller Felder darzulegen, sondern einzig, weil in ihr allgemeingültige, für alle Felder zutreffende Begriffe entwickelt wurden. So lassen sich mit Begriffen wie Kapital und Investition die gemeinsamen Feldeigenschaften erfassen. Nicht zu verkennen sei jedoch, dass der ökonomischen Theorie, wie Bourdieu kritisiert, „das richtige theoretische Fundament" fehlt (Bourdieu 1997a, S. 71). Er gebraucht diese Begriffe also nur, löst sie aber völlig aus dem ökonomietheoretischen Kontext heraus.

5.3.2   Das soziale Feld als Spiel-Feld

Das Geschehen in einem sozialen Feld lässt sich mit einem Spiel vergleichen. Jedenfalls wählt Bourdieu dieses Bild, obwohl das Feld im Unterschied zum Spiel kein Produkt einer bewussten Schöpfung ist und keinen expliziten und kodifizierten Regeln unterliegt. Die sozialen Spiele im Feld sind vielmehr „Spiele, bei denen man vergißt, daß sie Spiele sind", weil die ihnen zugrunde liegenden Regeln unbewusst vollzogen werden (Bourdieu 1998, S. 141). Es handelt sich also um das Phänomen geregelter Verhaltensweisen ohne eine bewusste Befolgung von Regeln. Dieses Phänomen kennen wir bereits in ähnlicher Form vom Habitus, wo es Bourdieu als „doxa" bezeichnet (siehe oben S.129). Für den unbewussten Vollzug der Spielregeln im Feld führt er den Begriff „illusio" ein. Darunter versteht er „die Tatsache, daß man vom Spiel gefangen ist, daß man glaubt, daß das Spiel den Einsatz wert ist oder, um es einfacher zu sagen, daß sich das Spielen lohnt" (Bourdieu 1998, S. 141). Die „illusio" bringt die Spieler dazu, sich so tief in das Spiel zu involvieren, dass die Spieleinsätze ohne Vergegenwärtigung, worum es in dem Spiel überhaupt geht, stillschweigend anerkannt werden.

Die „illusio" generiert einen „Spiel-Sinn", der ein Gespür für die innere Notwendigkeit und die Logik des Spiels beinhaltet. In diesem Kontext ist der

Begriff des Interesses, welches ein bestimmtes Feld konstituiert, zu sehen. Das Interesse ist weder auf der Seite der Akteure noch auf der des Feldes bewusst und kalkuliert durchgesetzt worden. Es hat sich im Laufe der Zeit entwickelt und liegt nun dem Feldgeschehen zugrunde. Ein Interesse zu haben meint, einem Spiel unbewusst zuzugestehen, „daß das, was in ihm geschieht, einen Sinn hat, und daß das, was bei ihm auf dem Spiel steht, wichtig und erstrebenswert ist" (Bourdieu/Wacquant 1996, S. 148). Da jedes Feld eine spezifische Form von Interesse voraussetzt, aktiviert es auch eine „spezifische 'illusio' als stillschweigende Anerkennung des Wertes der Interessenobjekte" (ebd., S. 149). Andersherum formuliert: Jedes soziale Feld, ob das wissenschaftliche, das künstlerische, das bürokratische oder das politische, erzeugt eine „illusio" über das eigene Feld, die von denen, die sich in es hinein begeben, geteilt wird (vgl. Bourdieu 1998, S. 141). Das Feld der Bildung gründet auf der „illusio", Zertifikate und Titel zu verteilen, deren Wert in anderen Felder anerkannt ist und die entsprechende Erwerbschancen garantieren. Das künstlerische Feld lebt von der „illusio", dass nur ästhetische Kriterien über Erfolg und Anerkennung der Künstler entscheiden usw.

Der „illusio" auf der Seite des Feldes entspricht – wie bereits erwähnt – auf der Seite des Habitus die „doxa". Mit diesem Begriff bezeichnet Bourdieu bekanntlich den Einklang zwischen den inneren Erwartungen und den äußeren Strukturen. Bezogen auf das soziale Spiel in den Feldern meint dies eine Anerkennung der Spiel*regeln*. Sie werden als gegeben, evident und unabwendbar aufgefasst und insofern kann man den Habitus als das „zur zweiten Natur gewordene, inkorporierte soziale Spiel" interpretieren (Bourdieu 1992b, S. 84). Der „doxa" ist der Modus der Bewahrung der Felder inhärent, weil sie die stillschweigende Anerkennung impliziert, dass das Feld den Spiel-Einsatz wert ist, dass die Objekte, die auf dem Spiel stehen, erstrebenswert sind. Für die beiden obigen Beispiele heißt dies: Wer Bildungszertifikate und -titel erlangen will, der akzeptiert, dass er dafür schulische und universitäre Leistungen zu erbringen hat. Und die Künstler und Künstlerinnen fügen sich ohne großes Murren in ihr Schicksal, einer „brotlosen Kunst" zu dienen. Sie erwarten gar nicht erst, dass ihnen ihr Beruf ein sicheres Auskommen garantieren wird.

Wir haben es also mit zwei Seiten der gleichen Medaille zu tun: der „illusio", die feldspezifisch erzeugt wird und welche die Anerkennung der Spiel*einsätze* garantiert, und der „doxa", die habitusspezifisch generiert wird und welche die Anerkennung der Spiel*regeln* gewährleistet. Veranschaulichen wir uns dies nochmals an einem anderen Beispiel. Da wir weiter oben schon mal das literarische Feld betreten haben, kehren wir dorthin zurück. Die Spiel*regeln* bringen die Akteure dazu, die Struktur des literarischen Feldes zu akzeptieren. Zu dieser gehört, dass es verschiedene Literaturgattungen gibt, die mit unterschiedlichem gesellschaftlichen Prestige ausgestattet sind. So wird der neueste Krimi höchst wahrscheinlich nicht in den Feuilletons der überregionalen Tageszeitungen besprochen, ebenso wenig von den angesehensten Verlagen verlegt, und mit den Kenntnissen dieser Literatur wird man in klassisch bildungsbürgerlichen Kreisen kaum reüssieren können. Spiel*einsätze* meint, dass im literarischen Feld ein Konsens darüber besteht, dass Fachkenntnisse und nicht Geld oder soziale Beziehungen einzubringen sind, um in diesem Feld erfolgreich zu sein.

Spieleinsätze, die in einem bestimmten Feld nutzbringend eingesetzt werden können, bezeichnet Bourdieu als Trümpfe. Manche Spieler verfügen über Trümpfe, mit denen sie andere ausstechen können. Der Wert der Trümpfe variiert je nach Spiel. Die Trümpfe nennt Bourdieu auch *Kapital*. Darunter sind sehr abstrakt jene Mittel und Instrumente zu verstehen, die es erlauben, ein Spiel zu seinen Gunsten zu entscheiden oder, bezogen auf das soziale Feld, dort eine Position einzunehmen, mit der sich das eingesetzte Kapital vergrößern lässt. Kapital stellt somit den notwendigen Einsatz für die Teilnahme am Spiel dar. Ähnlich wie beim Kartenspiel, wo eine Trumpffarbe von einer anderen abgelöst wird, ändert sich je nach sozialem Feld die Kapitalsorte, die sticht. „Gleich Trümpfen in einem Kartenspiel determiniert eine bestimmte Kapitalsorte die Profitchancen im entsprechenden Feld." (Bourdieu 1985, S. 10) Sehen wir das soziale Feld nicht als Spielwiese, sondern als wichtigen Bestandteil der sozialen Welt, dann wird deutlich, dass es sich um einen Ort handelt, der von Kapital-, sprich von Machtverhältnissen bestimmt wird. Was aber steckt hinter dem Begriff Kapital und welche Kapitalsorten unterscheidet Bourdieu?

5.3.3 Das soziale Feld als Machtfeld – Kapitalsorten und die Ökonomie der Felder

Der bildliche Vergleich mit einem Spiel mag geeignet sein, deterministischen Sichtweisen der Feldtheorie sogleich den Wind aus den Segeln zu nehmen, lenkt aber die Gedankenkette auch leicht fehl. So will Bourdieu mitnichten seine Feldtheorie in die Nähe der Spieltheorie rücken. Erstens weist er nachdrücklich darauf hin, dass die sozialen Interaktionen in den Feldern zumeist im Unbewussten bleiben, was seinen Vorstellungen des praktischen Handelns entspricht. Zweitens ist in den sozialen Feldern Geschichte akkumuliert; am deutlichsten wird das darin, dass die Spieleinsätze – das Kapital – aus „akkumulierter Arbeit entweder in Form von Material oder in verinnerlichter, 'inkorporierter' Form" bestehen (Bourdieu 1992a, S. 49). Drittens will er das soziale Feld als Machtfeld verstanden wissen. So entspricht die Struktur der Felder dem Stand der Machtverhältnisse zwischen den im Feld tätigen Akteuren. Machtmittel – diese verbergen sich ja hinter dem unspektakulären Wort Spieleinsatz – sind das im Verlauf früherer sozialer Auseinandersetzungen akkumulierte Kapital, welches sozial ungleich verteilt ist. Daraus ergibt sich viertens, dass die Felder sozialstrukturell homolog gegliedert sind wie der soziale Raum insgesamt. Dem entspricht fünftens auf der Akteursebene, dass der Besitz von Kapital die Voraussetzung dafür ist, in den Feldern eine machtstarke Position zu erlangen, und dass die Fähigkeiten, Kapital zu mehren, im Habitus angelegt sind.

Nur vordergründig geht es in den Auseinandersetzungen einzig um die Vergrößerung des Kapitalvolumens. Tatsächlich drehen sie sich hauptsächlich darum, bestimmen zu können, welches Kapital in einem Feld Trumpf ist. Somit geht es darum, die Herrschaft über die Verteilungsstruktur des Kapitals zu erringen, mit anderen Worten also darum, festzuschreiben, welches Kapital bzw. welche Kapitalzusammensetzung als legitim anerkannt wird. Kehren wir zu unserem Beispiel zurück, dem literarischen Feld. Eine altbekannte Auseinandersetzung um die Vorherrschaft der Kapitalsorten ist in den Zeitungsverlagen die zwischen der Anzeigenabteilung und der Redaktion. Viele Auseinandersetzungen drehen sich darum, welche Kapitalsorte, das redaktionelle oder das ökonomische Kapital, dominieren soll. Argumentiert wird dabei immer mit dem vermeintlichen Gesamtinteresse und nicht damit, worum es tatsächlich bei der Vorherrschaft geht.

Es gibt aber auch Umstrukturierungen innerhalb einer Kapitalsorte. Bis vor einigen Jahrzehnten wurde die neue Gattung der Comics als nicht zugehörig zum literarischen, zum künstlerischen Feld insgesamt eingestuft. Comics wurden bestenfalls als Gebrauchskunst und -literatur gewertet, wenn nicht gar als Schundliteratur abstempelt. Wer auf diesem Gebiet Fachwissen ansammelte, hatte ebenso wie jene, die diese neue Gattung konsumierten, keine Chance, im Feld zu reüssieren. Dieses Wissen war nicht Trumpf und konnte nicht erfolgreich als Kapital eingesetzt werden. Heute hat sich das Blatt gewendet. Auch wenn Expertenwissen über Comics noch nicht zum herrschenden literarischen und künstlerischen Kapital gehört, so hat es doch mittlerweile innerhalb des Feldes eine Position erklommen, von der aus sich feldintern manches bewegen lässt. Comics-Ausstellungen der großen Zeichner werden von diesem Feld wahrgenommen und kommentiert. Diese Umstrukturierung bricht jedoch nicht mit den Spielregeln des Feldes. Denn die Aufnahme dieser neuen Gattung bedient sich der etablierten feldspezifischen Institutionen wie Expositionen, Kunstkritik und Expertentum. Die etablierte feldtypische Verteilungsstruktur der Kapitalsorten ist somit unverändert.

Die Verteilungsstruktur der Kapitalsorten ist das Kriterium, um die einzelnen Felder voneinander zu differenzieren. Deshalb ist „in der empirischen Arbeit (...) die Bestimmung eines Feldes und seiner Grenzen und die Bestimmung der in ihm wirksamen Kapitalsorten und der Grenzen ihrer Wirkungen usw. ein und dasselbe" (Bourdieu/Wacquant 1996, S. 128). Die Handlungs- und Profitchancen der Akteure in einem Feld werden von der praktischen Verfügung über die entsprechende Sorte an Kapital bestimmt. Was versteht Bourdieu nun unter Kapital? Zunächst, das wurde schon erwähnt, handelt es sich um akkumulierte Arbeit, weshalb die Akkumulation von Kapital Zeit braucht. Obwohl der Kapitalbegriff in der Soziologie mit dem Marx'schen Verständnis verbunden ist, zögert Bourdieu nicht, ihn aufzugreifen und ein generelleres Begriffsverständnis zu entwickeln. Bourdieu will mit dem Kapitalbegriff nicht nur auf Profitmaximierung zielende Prozesse des Warenaustausches, sondern die „Gesamtheit der gesellschaftlichen Austauschprozesse" erfassen, die dem ökonomischen Prinzip folgen. Dieses besteht nach Bourdieu in der „Suche nach Optimierung" (Bourdieu 1997a, S. 79). Der übergreifende Gebrauch ökonomischer Begriffe, die nicht ökonomisch verstanden werden sollen, kann zu Missverständnissen führen. Andere soziologische Theorien haben das Prinzip der Optimierung als Prozess der Zweckrationalisierung bezeichnet. Diese Bezeichnung wurde seltener missverstanden als Bourdieus großzügiger Gebrauch des Kapitalbegriffs.

Aber das sehr weite Verständnis von Ökonomie und Kapital gestattet es Bourdieu, von einer Ökonomie der Praxis und der einzelnen Felder, ja von einer „Welt der Ökonomien" zu sprechen. In allen Feldern bilden sich am Nutzenkalkül orientierte Praktiken heraus, die nicht unbedingt auf ökonomische Vorteile zielen, wie das ökonomistische Verständnis gesellschaftlicher Austauschprozesse unterstellt. Vielmehr ist die Ökonomie der Praktiken an die jeweiligen Felder angepasst. So mag es im literarischen Feld langfristig profitabler sein, auf ein großzügiges Vertragsangebot bei einem wenig angesehenen Verlag zu verzichten, sich mit weniger Geld zu bescheiden und stattdessen mehr Reputation anzusammeln. Langfristig gesehen kann es somit effektiver sein, die Vergrößerung des ökonomischen Kapitals zu Gunsten von Investitionen in die feldtypische Verteilungsstruktur der Kapitalsorten zurückzustellen.

Der „Welt der Ökonomien", also der verschiedensten Optimierungen, entspricht auf der Seite der Investitionen eine „Pluralität der Kapitalsorten". Jedes Feld hat spezifische Kapitalsorten hervorgebracht, aber diese lassen sich gemäß der Zuordnung von Unterfeldern zu übergeordneten Feldern bündeln und generalisieren. So können beispielsweise literarisches, wissenschaftliches, intellektuelles und künstlerisches Kapital sowie in Schulen und anderen Bildungseinrichtungen erworbenes Kapital zu dem Sammelbegriff kulturelles Kapital zusammengefasst werden, weil die damit repräsentierten Einzelfelder alle dem kulturellen Feld zugeordnet sind. Beim kulturellen Kapital handelt es sich um eine Grundform, die in dieser abstrakten Fassung in allen Feldern einen Wert besitzt. Allerdings wird diese Grundform nur in jenen Feldern voll wirksam, in denen sie in dem geforderten Mischungsverhältnis vorliegt. Zu den Grundformen zählt Bourdieu das ökonomische, kulturelle und soziale Kapital. Diese drei Kapitalsorten können mit mehr oder weniger großem Auswand ineinander transformiert werden und sich gegenseitig substituieren.

Was mit *ökonomischem Kapital* gemeint ist, erklärt sich von selbst; darüber braucht man nicht viele Worte zu verlieren. Es umfasst alles, was unmittelbar oder direkt in Geld konvertierbar ist. Ökonomisches Kapital eignet sich besonders zur Institutionalisierung von Eigentumsrechten. Das *kulturelle Kapital* existiert in drei Formen: erstens in *inkorporiertem Zustand*, d.h. verinnerlichten Dispositionen, die zum Habitus gehören, wie die Art des Auftretens, des Sprechens und des Sich-Verhaltens, zweitens in *objektiviertem Zustand*, d.h. in Form von kulturellen Gütern, Büchern, Gemälden, Museen, die Produkt des kulturellen Feldes sind, und drittens in *institutionalisiertem Zustand*, d.h. in Form von Bildungstiteln, die im Feld der Bildung erworben werden und in die Dispositionen des Habitus eingehen. Das *soziale Kapital* besteht aus Ressourcen, die „mit dem Besitz eines dauerhaften Netzes von mehr oder weniger institutionalisierten *Beziehungen* gegenseitigen Kennens oder Anerkennung verbunden sind" (Bourdieu 1992a, S. 63). Diese Ressourcen beruhen auf der Zugehörigkeit zu einer Gruppe. Das soziale Kapital entspricht weitgehend Kreckels Begriff der „selektiven Assoziation".

Diese drei Kapitalgrundsorten besitzen wie gesagt in jedem Feld einen Wert und können ineinander konvertiert werden. Die optimale Zusammensetzung variiert jedoch in jedem Feld. Um erfolgreich im ökonomischen Feld zu investieren, ist der Besitz von ökonomischem Kapital am effektivsten, kulturelles und soziales Kapital können den Erfolg unterstützen, aber nicht alleine in Gang setzen. Sie verbessern lediglich die Einsatzbedingungen des ökonomischen Kapitals. Eintrittswährung ins kulturelle Feld ist kulturelles Kapital; hier erleichtern ökonomisches und soziales Kapital die Chance, sein kulturelles Wissen optimal zu verwerten.

Es gibt noch eine vierte Kapitalsorte: das symbolische Kapital, das sich wesensmäßig von den anderen Grundsorten unterscheidet. Zunächst einmal besteht es nicht aus akkumulierter Arbeit und ist nicht als Investitionsmittel zu verstehen. Das symbolische Kapital steht über den drei anderen Kapitalsorten, weil es dazu dient, diese zu legitimieren. Jede beliebige Sorte von Kapital kann die Qualität von symbolischem Kapital annehmen, sofern es als selbstverständlich erkannt und anerkannt wird. Dies geschieht, wenn die Verteilung und Struktur des in einem Feld wirksamen Kapitals so tief in die Wahrnehmungs- und Bewertungsmuster, die Klassifikationen und Gliederungsprinzipien eingedrungen ist, dass diese sich von selbst rechtfertigen – wenn also, ganz einfach ausgedrückt, gar nicht mehr anders als in diesen Kapitalsorten gedacht werden kann. So wird es den Menschen überhaupt nicht in den Sinn kommen, zu fragen, ob die Qualität von Büchern am ökonomischen Erfolg oder an literarischen Kriterien zu bemessen ist. Und jedermann wird dem literarischen Urteil eines Reich-Ranicki mehr Gewicht bemessen als dem seiner Freundin, die im ersten Semester Germanistik studiert. Dass man über die Legitimität dieser Wertungen nicht mehr nachdenkt, sondern sie als selbstverständlich anerkennt, das ist die Macht des symbolischen Kapitals – kurz: der symbolischen Macht. Damit ist es in enger Beziehung zu den im Habitus verankerten Wahrnehmungs-, Bewertungs- und Denkschemata zu sehen.

Als legitim wird erkannt und anerkannt, was gebräuchlichen Kategorien und Klassifikationen entspricht. Dementsprechend besitzen jene Akteure symbolische Macht, die Klassifikationen und Kategorien entwickeln und diese als die einzige Sichtweise auf die Dinge durchsetzen. Damit ist die Ausübung von symbolischer Macht ein Teil der Konstruktions- bzw. Repräsentationsarbeit der sozialen Welt, die bereits vorne kurz angesprochen wurde (S. 134f.). Symbolische Macht bedeutet die Macht über die Sichtweise der Felder und die sozialen Positionen. Bourdieu fasst die sprachlichen Machtmittel als Kapitalsorte auf, um zu zeigen, dass die „Beziehungen des sprachlichen Austausches" ähnlich funktionieren wie der Austausch anderer Kapitalsorten.

Symbolisches Kapital verleiht die Macht, die bestehenden Kräfteverhältnisse in den Feldern zu legitimieren. Jedes Feld wird von einem besonderen Typus der Legitimation beherrscht, der auf dem dort wirksamen symbolischen Kapital basiert. Das symbolische Kapital stellt somit eine Art von „Meta-Kapital" dar, „mit dem sich Macht über die anderen Kapitalsorten ausüben lässt, insbesondere über die Wechselkurse untereinander (und damit zugleich auch über die Machtverhältnisse zwischen ihren Besitzern)" (Bourdieu/Wacquant 1996, S. 146). Aber auch das Verhältnis der Felder untereinander, welches bekanntlich ebenfalls ein Machtverhältnis darstellt, wird durch symbolisches Kapital gerechtfertigt. Symbolisches Kapital auf dieser Ebene impliziert die Macht, legitimerweise in andere Felder hineinwirken zu können, um so deren Struktur dem eigenen Interesse gemäß auszurichten. Das Monopol auf die legitime symbolische Macht besitzen jene Akteure, die ein gemeinsames Ensemble von zwingenden Normen schaffen und als allgemeingültig durchzusetzen vermögen.

Nach Bourdieu besitzt in der europäischen Tradition der Staat das meiste symbolische Kapital, weil er die Wechselkurse der Kapitalsorten beeinflussen kann und insbesondere deshalb, weil er die Aufsicht über die Bildungseinrichtungen hat, in denen das kulturelle Kapital reproduziert wird, und weil er über die Steuergesetzgebung und andere Instrumente die Verteilung des ökonomischen Kapitals steuern kann. Gibt er diese Steuerungskapazitäten auf oder verliert er sie, dann resultiert daraus eine Schwächung des Staates.

5.3.4 Soziales Feld und soziale Positionen

Kapitalverhältnisse sind Machtverhältnisse. Dies zeigt sich im Verhältnis der unterschiedlichen Felder zueinander. Alle Felder sind nach Bourdieu in ihrem

Verhältnis zum Feld der Macht zu analysieren, weil nur so die Positionen der einzelnen Felder im sozialen Raum dargelegt werden. Die Frage nach den zentralen Teilungs- und Differenzierungspinzipien des sozialen Raums ist damit beantwortet: Es sind jene Kapitalverhältnisse, die die Felder in eine Hierarchie zueinander bringen. Da das Feld der Macht, der Staat, gegenüber den anderen Feldern beim symbolischen Kapital einen Vorsprung besitzt, ist gerade dieses wichtig, um die Gesamtstruktur der Machtverhältnisse aufzuzeigen. Das bedeutet, dass die Fähigkeit zur Legitimierung der gesellschaftlichen Gesamtverhältnisse eine Machtquelle darstellt, von der die Anerkennung der strukturierenden Macht anderer Kapitalsorten abhängt. Insofern ist es eben nicht das ökonomische Kapital, das die Hierarchie der Felder zueinander allein bestimmen kann. Denn auch dieses ist auf Legitimierung angewiesen.[79]

Dass Kapitalverhältnisse Machtverhältnisse sind, gilt auch auf eine andere Weise. Die Kapitalverhältnisse prägen die interne Hierarchie der Felder, welche aus den Relationen zwischen den verschiedenen Positionen im Feld besteht, um welche die Akteure miteinander konkurrieren. Akteure mit wenig Kapital bzw. mit einer nicht passenden Kapitalstruktur landen auf unteren Plätzen der Hierarchie. Jene mit viel Kapital und in der idealen Zusammensetzung können dagegen die höchsten Positionen – die Machtpositionen – einnehmen. Diese verleihen die Macht, die Verteilung des Kapitals und die optimale Zusammensetzung zu bestimmen. Aus diesem Grund beziehen sich alle von den Akteuren im Feld entwickelten Strategien auf die Machtpositionen, wodurch dem Hierarchisierungsprinzip symbolisch zum Sieg verholfen wird. Denn wenn die da unten stets die da oben im Blick haben, ihre Kritik und Anerkennung auf sie richten, dann akzeptieren sie, dass nur diese Adressaten die Macht haben, eine grundlegende Veränderung des gesamten Feldes in Gang zu bringen. Die Strategien der Akteure unterscheiden sich jedoch, „abhängig von ihrer Position im Feld, das heißt in der Distribution des spezifischen Kapitals, und von ihrer Wahrnehmung des Feldes, das heißt von ihrer Sicht *auf* das Feld, die sie von einem bestimmten Punkt *im* Feld aus haben" (Bourdieu/Wacquant 1996, S. 132).

Damit finden wir im Feld die Elemente des Habitus wieder: die strukturierte Struktur, die von der Position im sozialen Feld und damit vom Kapitalvolumen und der Kapitalstruktur bestimmt wird, und die strukturierende Struktur, die Wahrnehmungs- und Bewertungsmuster, welche die Sichtweise des Feldes prägen. Das Scharnier zwischen Feld und Habitus, welches dem Habitus seine spezifische Struktur aufdrückt, besteht somit aus den Kapitalien. Sie bilden auch die

---

79   Die Macht zur Legitimierung nennt Bourdieu Benennungsmacht. Sie trägt wesentlich zur Rechtfertigung sozialer Ungleichheiten in modernen Gesellschaften bei und ist deshalb ein essenzieller Bestandteil der realen Ungleichheitsverhältnisse (siehe unten den Abschnitt über „Benennungsmacht").

Strukturprinzipien, welche den gesamten sozialen Raum ausrichten. Das Verhältnis von Habitus und Feld lässt sich am besten am Karriereverlauf demonstrieren. Der Verlauf beschreibt die Positionen, die nacheinander in einem Feld und in den anderen Feldern eingenommen werden. Dabei legen die Dispositionen des Habitus die Bahnen für den Karriereverlauf aus, aber auch, welche Positionen überhaupt erstrebt werden. Die soziale Position eines Akteurs ist anhand seiner Position in den einzelnen Feldern zu definieren, d.h. konkret darüber, inwieweit er über die in einem Feld wirksamen Kapitalsorten verfügt. Dies erklärt, was sich überall empirisch beobachten lässt, dass zwischen der „Hierarchie der Positionen und der Hierarchie der sozialen Herkunft und also der mit ihr einhergehenden Dispositionen eine außerordentliche Korrespondenz festzustellen ist" (vgl. Bourdieu 1998, S. 73).

Veranschaulichen wir uns diesen Zusammenhang beispielhaft. Im literarischen Feld können die Schriftsteller, Kritiker und Verleger, die über die in dem Feld als optimal legitimierte Kapitalstruktur verfügen, Positionen besetzen, die mit großer Macht ausgestattet sind. Von diesen Positionen aus können sie anderen Schriftstellern, Kritikern und Verlegern die Legitimierung deren Kapitals verwehren und bestreiten, dass jene überhaupt Literatur produzieren. So mag Hera Lind in der Boulevardpresse positive Besprechungen ernten und ihr Verlag wird mit ihr viel Geld verdienen, aber trotzdem werden beide keine Position im literarischen Feld besetzen können, die ihrem Werk die symbolische Anerkennung als klassische Literatur verschafft. Und auch die begeisterten Leser fügen sich ohne Widerstand, weil die abwertende Bezeichnung als „Unterhaltungspublikum" ihrer Position und Wahrnehmung entspricht. Produzenten wie Rezipienten ordnen sich – zumeist ohne sich dieses bewusst zu machen – in die Struktur des Feldes ein, nicht zuletzt deshalb, weil sie ihrem Habitus entspricht.

Fassen wir zusammen: Mit dem Habitusmodell und der Feldtheorie haben wir die beiden zentralen Instanzen kennen gelernt, welche nach Bourdieu die soziale Welt ausmachen. Der Habitus soll das hinlänglich bekannte und vielfach diskutierte Problem der Vermittlung von sozialen Strukturen und Handeln auf der Ebene des Einzelnen lösen. Er funktioniert wie eine „generative Formel". Seine Struktur – die Formel – wird ihm von außen aufgeprägt. Das generative Vermögen besteht darin, dass er Praxisformen, Wahrnehmungs- und Bewertungsmuster hervorbringt, die strukturierende Eigenschaften besitzen. Insbesondere in den Wahrnehmungs- und Bewertungsmustern zeigen sich die schöpferischen Eigenschaften des Habitus, weil diese einen „Konstruktionsakt" auslösen. Bourdieu spricht deshalb davon, dass ihnen stets ein „Moment der Unbestimmtheit und Unschärfe anhaftet" (Bourdieu 1985, S. 16).

Welche Strukturen auf den Habitus einwirken, wie sich aus den Praxisformen soziale Strukturen generieren und wie diese dann wieder auf den Habitus zurückwirken, soll die Feldtheorie erklären. Während beim Habitus der Einzelne den Ausgangspunkt bildet, nimmt die Feldtheorie die „objektiven Relationen", die sozialen Strukturen, in den Blick. Das soziale Feld soll die Produktion und Reproduktion sozialer Strukturen verständlich machen. Damit soll es erklären, nach welchen Prinzipien die Menschen bestimmte soziale Positionen erlangen, welche sich dann als strukturierte Struktur in ihrem Habitus niederschlagen. Die Felder – ganz abstrakt betrachtet – hat man sich als Machtkonstellationen vorzustellen, die von den jeweils wirksamen Kapitalformen strukturiert werden. Die Akteure treten in den Feldern als „Kapitalbesitzer" auf. Je nach Umfang und Zusammensetzung ihres Kapitals können sie dort mehr oder weniger erfolgreich tätig werden. Konkret heißt dies, eine bestimmte Position zu erreichen, die ihnen mehr oder weniger gut ermöglicht, ihren „Kapitalbesitz" zu reproduzieren. Diese Position wirkt auf ihren Habitus – genauer auf die strukturierte Struktur – zurück.

Das Feld ist somit ein Produkt des Habitus, weil es aus dem Handeln der Akteure entsteht, dieses wiederum wird im Feld zur Grundlage der objektiven Relationen zwischen den Akteuren – also ihrer Positionierung im sozialen Feld. Nun sind die Akteure entsprechend ihres „Kapitalbesitzes" in den einzelnen Feldern unterschiedlich platziert und in manchen Feldern engagieren sie sich gar nicht bzw. wird ihnen der Eintritt verweigert.

Wir haben jetzt die Perspektive zu wechseln. Nachdem die Genese sozialer Strukturen, die Bourdieu mit den Modellen des Habitus und des Feldes analysiert, dargelegt ist, bleibt nun zu fragen, mit welchen Instrumenten und Methoden die Soziologie den sozialen Raum darstellen, konstruieren und rekonstruieren kann.

5.4   Das Modell des sozialen Raums

Soziale Strukturen existieren für Bourdieu auf zweifache Weise. Man könnte auch sagen, dass die sozialen Strukturen ein „Doppelleben" führen. Im Habitus sind es die dauerhaften und übertragbaren Systeme der Wahrnehmungs-, Bewertungs-, und Handlungsschemata, welche aus dem „Eingehen des Sozialen in die Körper" resultieren. Im Feld sind es die Systeme der objektiven Beziehungen, welche sich aus dem „Eingehen des Sozialen in die Sachen" ergeben. Beide Ausformungen des Sozialen bedingen sich gegenseitig und beide Strukturarten fasst Bourdieu als Objektivitätsformen auf: Die „Objektivität erster Ordnung" – die der objektiven Relationen – ist „durch die Distribution der materiellen Ressourcen und die Möglichkeiten der Aneignung" gegeben (Bourdieu/Wacquant 1996, S. 24). Die „Objektivität zweiter Ordnung" besteht aus den Wahrnehmungs-, Bewertungs- und Handlungsschemata und liegt empirisch in den Praktiken, den Sichtweisen und Perspektiven vor (ebd.).

Die erste Ordnung kann der soziologische Beobachter mit dem Blick von außen auf das soziale Geschehen *konstruieren*. Methoden dazu sind beispielsweise Statistiken und ethnographische Beschreibungen. Allerdings sollte der soziologische Beobachter nie vergessen, dass es sich nur um einen Blick von außen, von einem distanzierten Standpunkt aus auf die sozialen Strukturen handelt. Die Akteure, die in und mit ihnen leben, werden diese wahrscheinlich anders wahrnehmen, erleben und auf sie reagieren, als der Blick von außen dies oftmals leichtfertig voraussagt. Deshalb besteht bei dieser Vorgehensweise, soziale Strukturen zu konstruieren, stets die „Gefahr, von diesem Modell unmerklich zur Realität überzugehen und die von ihr konstruierten Strukturen zu verdinglichen" (ebd.), obwohl es sich um nicht mehr als um eine soziologisch begründete Konstruktion der sozialen Strukturen handelt. Tatsächlich wirken diese keineswegs direkt auf die Akteure, wie die Art der soziologischen Beobachtung vermuten lässt, da sie immer über den Habitus vermittelt erfahren werden. Aus diesem Grund können nur die Akteure selber darüber Auskunft geben, wie sie die sozialen Strukturen wahrnehmen, bewerten und warum sie so und nicht anders auf sie reagieren. Die über den Habitus vermittelte soziale Realität bildet für Bourdieu die Objektivität zweiter Ordnung. Die Sozialphänomenologie ist eine angemessene Methode, diese zu *rekonstruieren*. Dabei sind die Gedanken, Gefühle und Urteile der sozialen Akteure zu erfassen, weil durch diese die wahrnehmbaren Unterschiede der Praktiken in Unterscheidungsmerkmale, in distinkte Zeichen, transformiert werden.[80] Beide Formen der Objektivität sind zusammenzubringen, wenn der soziale Raum – die *soziale Welt in ihrer Gesamtheit* – in ein Modell integriert werden soll.

Die soziale Welt stellt Bourdieu als einen Raum dar, weil soziale Beziehungen, die objektiven Relationen, räumlich erfahren und wahrgenommen werden. Menschen können nicht einander nah oder fern sein, ohne dass der Raum seine Form dazu hergibt. Dies erklärt, weshalb es uns zur Gewohnheit geworden ist, im Alltag wie in der Wissenschaft soziale Verhältnisse räumlich zu qualifizieren: in oben und unten, Zentrum und Peripherie usw. Der Grund für die enge Verbindung von räumlichen und sozialen Charakterisierungen ist also nicht, wie Kreckel argumentiert, dass in Begriffen wie „oben und unten (...) sich gut denken und einfach kommunizieren" lässt (Kreckel 1992, S. 39), sondern dass soziale und räumliche Verhältnisse auf diese gleiche Weise erfahren und beurteilt werden. Und der Grund dafür ist, dass wir die Welt – die natürliche wie die soziale – vermittelt über die Sinne erfahren und die Sinne soziale Beziehungen räumlich wahrnehmen (Barlösius 2000).

Die Ausmaße, die Grenzen und die Strukturen des sozialen Raums sind aber nicht vorgegeben, wie dies beispielsweise für ein Zimmer gilt, in welches wir

---

80 Wie dies funktioniert, haben wir beim Habitus gesehen.

eintreten. Der soziale Raum wird erst im gesellschaftlichen Geschehen erzeugt, erst dadurch erhält er seine Gestalt, die von Gesellschaft zu Gesellschaft eine andere sein kann. Wer oben und wer unten angesiedelt ist, wer rechts und wer links steht, wer die Mitte repräsentiert, diese Positionen im sozialen Raum werden im Prozess gegenseitiger Zuweisung zugeteilt. Wie dies geschieht, haben wir bei der Feldtheorie kennen gelernt. Nochmals wiederholt: Der soziale Raum ist nicht vorgeformt, seine Form entsteht durch wechselseitige Positionszuweisung und Anerkennung der verschiedensten Positionen, konkret dem Aufbau von Beziehungen und dem Einschätzen von Relationen. Da der soziale Raum von verschiedenen Positionen aus wahrgenommen wird und er sich von jeder Position aus anders darstellt, gibt es nicht nur eine Perspektive auf den sozialen Raum. Vielmehr haben wir es mit einer *Pluralität der Perspektiven* zu tun und dementsprechend auch mit einer Vielzahl von wahrgenommenen sozialen Räumen, obwohl es sich immer um denselben sozialen Raum handelt, der von unterschiedlichen Standpunkten aus verschieden gesehen und erfahren wird.

Die Aufgabe einer Theorie des sozialen Raums ist deshalb eine zweifache. Sie hat den sozialen Raum zu konstruieren, indem sie jene Teilungsprinzipien, sprich Kapitalsorten bestimmt, welche verantwortlich für die Positionszuweisung sind. Weiterhin hat sie die Pluralität der Perspektiven zu rekonstruieren, weil sich darin habitusspezifische Wahrnehmungen und Bewertungen niederschlagen. Damit hat sie zwei Räume zu analysieren: den *Raum der Positionen* und den *Raum der Perspektiven*. Es handelt sich keineswegs um zwei voneinander getrennte Räume, sondern nur um einen Raum, den sozialen Raum, der jedoch auf zwei Arten existiert: als sozial strukturierter (objektive Positionen) und als strukturierender (Praxisformen, Wahrnehmungs- und Bewertungsmuster). Schließlich sollte eine Theorie des sozialen Raums erklären, wie beide Räume zusammenhängen. Den letzten Punkt brauchen wir an dieser Stelle nicht ausführlich zu behandeln, weil es der Habitus ist, der zwischen beiden Räumen vermittelt. Den Habitus bezeichnet Bourdieu im Kontext des sozialen Raums auch als „theoretischen Raum der Arten des Habitus bzw. der generativen Formel" (Bourdieu 1984, S. 214).

Damit ist der Habitus nicht nur auf der individuellen, sondern auch auf gesellschaftlicher Ebene tätig. Aus dieser Perspektive fungiert er als Gelenk zwischen dem Raum der Positionen und dem der Perspektiven. Der Habitus strukturiert somit sowohl den Blick des Einzelnen *im* sozialen Raum als auch die Perspektive *auf* die Gesellschaft. Beide Perspektiven – die interne und die externe, die scheinbar gesellschaftlich autonome – verhalten sich homolog zueinander, was zur Folge hat, dass der Habitus auch jede vermeintlich distanzierte Beobachterperspektive auf das gesellschaftliche Geschehen durchdringt und seine spezifische soziale Strukturierung ins Spiel bringt.

Exkurs: Relationale kontra substanzielle Denkweise

Der soziale Raum entsteht aus der gegenseitigen Bestimmung der Positionen und der Perspektiven. Er hat deshalb einen relationalen Charakter. Aus diesem Grund fordert Bourdieu: „Man muss *relational* denken", weil *„das Wirkliche (...) relational"* ist (Bourdieu/Wacquant 1996, S. 262). Damit spricht er sich gegen eine substanzielle Fassung des sozialen Raums aus und schließt sich – wie er selbst betont – zwei Pionieren der relationalen Denkweise an: Norbert Elias und Ernst Cassirer. Wie Elias begründet, dass die Soziologie vornehmlich mit relationalen Begriffen zu arbeiten habe, haben wir bereits kennen gelernt. Der Figurationsbegriff ist ein gutes Beispiel dafür, denn die Außenseiter werden zu Außenseitern, indem die Etablierten sie in diese Position drängen, und umgekehrt werden die Etablierten erst dadurch zu Etablierten, dass es ihnen gelingt, andere zu Außenseitern zu stigmatisieren. Um diese wechselseitige Bestimmung zu erforschen, genügt es eben nicht, die Ressourcenausstattung – die substanziellen Unterschiede – zu erfassen. Die Relation zwischen beiden ist zu analysieren. Dies sieht Bourdieu genauso.

Veranschaulichen wir uns den Unterschied zwischen einer substanziellen und einer relationalen Auffassung des sozialen Raums mit Hilfe eines Beispiels. Nehmen wir an, in einer empirischen Studie über Literatur und Lesen hätten wir Daten darüber gesammelt, welche sozialen Gruppen welche Art von Literatur bevorzugen. Die substanzielle Analyse würde die Verteilung der verschiedenen Literaturgattungen wie klassische Literatur, Krimis, Trivialliteratur und Comics nach den üblichen sozialstrukturellen Merkmalen darstellen. Das Ergebnis würde möglicherweise folgendermaßen lauten: Ältere weibliche Personen aus höheren sozialen Schichten lesen bevorzugt Bücher, die vom Feuilleton und vom literarischen Quartett empfohlen werden. Junge Frauen mit geringem Bildungskapital verschlingen Trivialliteratur. Männer lesen ungern Romane und stattdessen Sachbücher. Die jüngere Generation schließlich spielt lieber am Computer, als dass sie zum Buch greift. Eine solche Darstellungsweise des literarischen Konsums reproduziert die in die Analyse eingegangene theoretische Vorannahme, dass Lesen sozialstrukturell, geschlechts- und altersspezifisch geprägt sei. Weiterhin erfasst sie das Leseinteresse jedes Einzelnen und erzeugt damit den Eindruck, als sei es ein Merkmal des Einzelnen, ob und was er lese. Wie wir aber bei den Beispielen aus dem literarischen Feld gesehen haben, ist dieses in sich strukturiert und mit wechselseitigen Verweisen ausgestattet.

Die relationale Denkweise würde genau diese wechselseitigen Zuordnungen analysieren, um anschließend den Gebrauch von Literatur in Beziehung zu den unterschiedlichen sozialen Gruppen zu setzen. Dann rücken die gegenseitigen Bestimmungen in den Vordergrund und es zeigt sich, dass das, was gelesen wird, nicht von den objektiven Relationen des literarischen Feldes zu trennen ist. Lesevorlieben sind nicht Ergebnis einer individuellen Entscheidung und einer individuellen Kapitalausstattung. Sie sind in die Komplizenschaft von Feld und Habitus eingelassen und die sozialspezifischen Lesepräferenzen fügen sich mit den anderen Gebrauchsweisen von Kunst und Kultur in ein kohärentes System.

Was man für das Lesen findet, lässt sich analog auf andere Felder übertragen. Würde man eine Untersuchung über Kunst- und Musikvorlieben anschließen, dann käme man bezüglich der gegenseitigen Abgrenzungen zu einem ähnlichen Ergebnis: Unterhaltungsmusik kontra klassische Musik, HipHop kontra Boy-Groups etc. Es würde ein homolog aufgebautes kohärentes System entstehen, insbesondere deshalb, weil die Felder der Musik und Kunst analog zu dem der Literatur organisiert sind. Damit würden ähnliche objektive Relationen zutage treten wie auch vergleichbare Wahrnehmungs- und Bewertungsschemata.

Kehren wir zur Theorie des sozialen Raums zurück. Wir hatten gesehen, dass nach Bourdieu der soziale Raum gemäß der Eigenart der sozialen Strukturen und den daraus resultierenden Formen von Objektivität in einen Raum der Positionen und einen Raum der Perspektiven zu trennen ist.

5.4.1   Raum der Positionen

Der Raum der Positionen ist theoretisch so zu konstruieren, dass möglichst viele soziale Unterschiede und Ungleichheiten zwischen den Individuen erklärt und prognostiziert werden können. Dieser Raum lässt sich aus den wichtigsten sozialen Teilungs- und Strukturprinzipien konstruieren. Je nachdem, wie die Strukturprinzipien auf die Einzelnen bzw. auf Gruppen wirken, können diese sozialen Positionen zugeordnet werden. Verkürzt könnte man sagen, es werden die sozioökonomischen Lebensbedingungen erfasst und in soziale Positionen übersetzt. So einfach, wie dies klingt, ist es jedoch nicht, denn mit der Konstruktion des Raums der Positionen sind einige Schwierigkeiten verbunden. Erstens ist zu überlegen, von welchem Standpunkt aus der soziologische Beobachter den Raum der Positionen „objektiv" konstruieren kann. Zweitens ist ein Verfahren zu bestimmen, welches es erlaubt, die Koordinaten des Raums und deren Ausrichtung festzulegen, also herauszufinden, welche Kapitalstruktur und welches Kapitalvolumen als Teilungsachsen wirken.

Beginnen wir mit dem ersten Punkt. Um den Raum der Positionen zu konstruieren, ist es notwendig, einen Standpunkt einzunehmen, in dem *alle* Standpunkte repräsentiert sind. Dies ist kein übergeordneter Standpunkt, der aus der Adlerperspektive auf das soziale Geschehen blickt und aus der Herausgehobenheit die Rechtfertigung bezieht, alle sozialen Positionen „objektiv" zu bestimmen. Vielmehr ist jener Punkt zu bestimmen, welcher der „aus allen Perspektiven geometrische" Mittelpunkt ist (Bourdieu 1985, S. 24). Dies ist jener Punkt, von dem aus alle sozialen Positionen als Relationen zueinander identifiziert werden können. D.h. es geht darum, jene Strukturprinzipien zu entdecken, die auf alle Akteure wirken und durch die ihnen ihre soziale Position zugewiesen wird. Nur dadurch wird es möglich, die verschiedenen sozialen Positionen miteinander zu vergleichen und als Teile ein und desselben Raums darzustellen.

Dass es dem soziologischen Beobachter möglich ist, die wirksamen Teilungsprinzipien, die dazugehörigen Kapitalsorten, ihre Zusammensetzung und das Volumen des Kapitals „objektiv" zu erkennen, daran lässt Bourdieu keinen Zweifel. Der Raum der Positionen ist nach Bourdieu objektiv erfassbar, da die Relationen, die diese erzeugen, in distributive Verhältnisse übersetzbar sind, also in ein Mehr oder Weniger transformiert werden können. So können beispielsweise die Kapitalverhältnisse statistisch beschrieben werden. Für den Raum der Perspektiven trifft dies nicht zu, weil die Wahrnehmungs- und Bewertungsakte nicht auf einen Maßstab bezogen werden können; hier liegen qualitative Differenzen und keine quantitativ messbaren Abstände vor. Bei der Übersetzung der Relationen bezieht die Soziologie eine „objektivierende Zentralperspektive", weil sie die Prinzipien bestimmt oder freilegt, nach denen soziale Positionen zugeteilt werden.

Die von außen zu erfassende Verteilungsstruktur des Kapitals, die in den verschiedensten materiellen Manifestationen vorliegt – Eigentum, Bildungstitel, kulturelle Äußerungen – wird beobachtet, gemessen und kartographiert. Die statistische Analyse ist das wichtigste Hilfsmittel, die Struktur des Raums der sozialen Positionen aufzudecken (vgl. Bourdieu 1985, S. 12f.). So entsteht „eine abstrakte Darstellung, ein Konstrukt, das analog einer Landkarte einen Überblick bietet". Der so konstruierte Raum macht auf „einen Blick und simultan die Totalität der Positionen sichtbar". Die Totalität der Positionen kann von den Akteuren selbst „weder in ihrer Gesamtheit noch in ihren vielfältigen Wechselbeziehungen jemals" wahrgenommen werden (Bourdieu 1984, S. 277). Was die Soziologie dazu privilegiert, bleibt verschwommen; zumal Bourdieu immer wieder betont, dass der soziologische Beobachter wie alle anderen Menschen auch von seinem Habitus geleitet wird.

Die Soziologie nimmt bei der Konstruktion des Raums der Positionen auch deshalb eine „objektivierende Zentralperspektive" ein, weil sie die den sozialen Raum ausrichtenden Koordinaten festlegt und damit den Zentralpunkt bestimmt, von dem aus die Positionen miteinander zu vergleichen sind. Zunächst sind jene Unterscheidungs- und Verteilungsprinzipien zu identifizieren, die innerhalb der zu untersuchenden Gesellschaft wirksam sind. Wirksam sind jene, die soziale Macht und Stärke verleihen, also ungleichheitsgenerierende Wirkungen besitzen. Insofern handelt es sich bei dem Raum der Positionen um eine Darstellung der Kapitalverhältnisse und Machtbeziehungen. Somit sind die Konstruktionsprinzipien jene Kapitalsorten und Machtquellen, die innerhalb der Felder hoch im Kurs stehen. Auf der ersten Koordinate sind die Akteure entsprechend des Gesamtumfangs ihres Kapitals einzutragen, auf der zweiten nach der Zusammensetzung ihres Kapitals. In modernen Gesellschaften westlicher Prägung sind die den Raum strukturierenden Kapitalsorten das ökonomische und das kulturelle Kapital. In traditionalen Gesellschaften können dies verwandtschaftliche Beziehungen, also soziales Kapital, religiöse Zugehörigkeiten und soziale Herkunft sein. Bei sozialistischen Gesellschaften wie der DDR sei dagegen davon auszugehen, dass ein anderes Unterscheidungsprinzip, eine andere Kapitalsorte für die Ungleichverteilung ursächlich war. Bourdieu nennt es das politische Kapital, welches seinen Besitzern eine „Art privater Aneignung von öffentlichen Gütern und Dienstleistungen" sicherte (Bourdieu 1998, S. 30).

Es ist somit jeweils empirisch zu prüfen, welche Teilungsprinzipien tatsächlich wirksam sind. Dies gilt selbst für moderne Gesellschaften, denn auch hier sind in bestimmten sozialen Feldern die den gesamten sozialen Raum strukturierenden Teilungsprinzipien von anderen, unabhängigen überlagert. Dazu gehören vornehmlich geschlechtliche, ethnische und nationale Zugehörigkeiten, aber auch die Altersgruppe und der Gesundheitszustand. In einem solchen Fall „erscheint die Verteilung der Akteure als Ergebnis der Überschneidung zweier relativ unabhängiger Räume: Eine im Raum der Ethnien unten angesiedelte Gruppe kann dementsprechend zwar in allen Feldern und in jeglicher Position vertreten sein, letzten Endes aber in einem geringeren Verhältnis als die weiter oben angesiedelte ethnische Gruppe." (Bourdieu 1985, S. 43) Ein ähnlich strukturierter Raum ist aufzuspannen, um die geschlechtstypische Verteilung sozialer Positionen aufzuzeigen. Trotz der relativen Offenheit Bourdieus gegenüber verschiedensten Kombinationen und Ausprägungen der Teilungsprinzipien lässt er keine Zweifel daran aufkommen, dass das ökonomische Kapital tendenziell alle anderen Kapitalsorten dominiert.

Nachdem die Teilungsprinzipien identifiziert und die Koordinaten ausgerichtet sind, kann den Akteuren und den Ensembles von Akteuren eine Position, d.h. eine besondere Region im Raum zugewiesen werden. Sie sind damit durch ihre Position innerhalb eines mehrdimensionalen Systems von Koordinaten definiert. Man kann auf die gleiche Weise die sozialen Positionen in einem einzigen Feld bestimmen und dessen Struktur mit der anderer Felder vergleichen. So wird es möglich, die interne Logik und Hierarchie jedes einzelnen Feldes aufzudecken und die Hierarchie der Felder freizulegen.

Abbildung 5:   Veranschaulichung des Raummodells

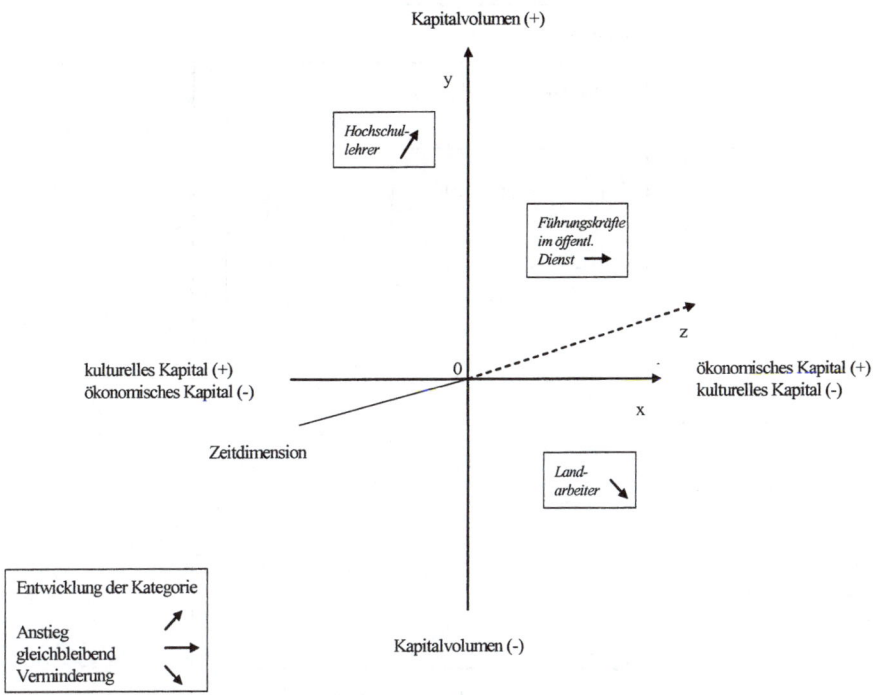

Quelle: eigene Darstellung, orientiert an Bourdieu (1994) und Schwingel (1995).

Veranschaulichen wir uns diese Vorgehensweise anhand eines einfachen Raum-Modells, welches Bourdieu in seiner Untersuchung über die „Feinen Unterschie-de" entwickelt hat (Bourdieu 1984). Es handelt sich um ein zweidimensionales graphisches Schema. Auf der x-Achse ist die Struktur des Kapitals eingetragen, wobei in diesem Fall das ökonomische und das kulturelle Kapital als ursächlich für die Ungleichverteilung angesehen werden und davon ausgegangen wird, dass die Kapitalstruktur so verteilt ist, dass entweder vorwiegend kulturelles oder hauptsächlich ökonomisches Kapital angesammelt wurde. Auf der y-Achse ist das Kapitalvolumen einzutragen. Entlang dieser beiden Dimensionen können nun – beispielsweise unter Verwendung der vorhandenen Sozialstatistiken – die Akteure in das Diagramm eingetragen werden. Weiterhin sind Histogramme in das Schema einzuzeichnen, welche die sozialen Laufbahnen der Akteure verbild-lichen (siehe Bourdieu 1984, S. 212f.; Schwingel 1995, S. 104).

Abbildung 6:   Feld der Kunst

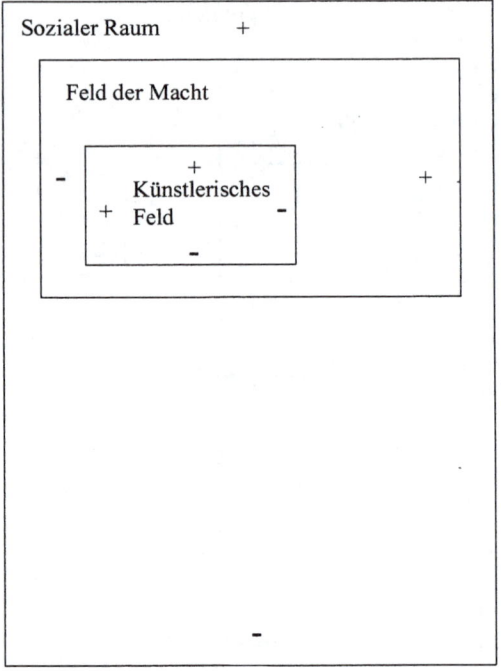

+ = positiver Pol, herrschende Position
- = negativer Pol, beherrschte Position

Quelle: eigene Darstellung nach Bourdieu (1998, S. 68).

Schauen wir uns nun am Beispiel des künstlerischen Feldes an, wie dessen Position innerhalb des sozialen Raums zu bestimmen ist. Die Koordinaten sind das Machtvolumen in der Senkrechten und das Ausmaß an symbolischer Macht in der Waagerechten. Eingruppiert wurde das künstlerische Feld in das Feld der Macht und den sozialen Raum insgesamt. Dabei zeigt sich, dass das künstlerische Feld am beherrschten Pol des Feldes der Macht angesiedelt ist und dort eine untere Position einnimmt. Insgesamt gehört es jedoch, wie die Eintragung in den sozialen Raum demonstriert, zum herrschenden Pol. Würde man das Feld der Ökonomie und des Rechts zusätzlich eintragen, dann wären diese am herrschenden Pol des Feldes der Macht einzuzeichnen. Die Felder des Sports, der Mode, der sozialen Hilfe etc. wären dagegen außerhalb des Feldes der Macht oder zumindest an seinem unteren Rand einzutragen.

5.4.2   Raum der Perspektiven, Lebensstile und Stellungnahmen

Dieser Raum hat keine eindeutige Bezeichnung. Mal nennt ihn Bourdieu den Raum der Perspektiven, nämlich dann, wenn er vornehmlich Wahrnehmungs- und Bewertungsmuster rekonstruiert wie in „Das Elend der Welt". Ein anderes Mal bezeichnet er ihn als Raum der Lebensstile wie in „Die feinen Unterschiede", wo er hauptsächlich die Praktiken des Habitus untersucht. Schließlich gibt er ihm die Bezeichnung „Raum der Stellungnahmen", und zwar dann, wenn der Raum aus den verschiedenen Sichtweisen der Gesellschaft besteht, welche zumeist von kollektiven Akteuren in sozialen Auseinandersetzungen eingesetzt werden, um ihre Sicht der Dinge als die einzig legitime durchzusetzen.

Es handelt sich somit bei diesem Raum um ein komplexes Phänomen; erzeugt wird er aber allein durch den Habitus, denn sowohl die Praktiken, die Wahrnehmungs- und Bewertungsmuster als auch die miteinander streitenden Weltsichten sind dessen Produkt. Es sind somit jene Produkte und Strukturen, die von den Akteuren als real erfahren werden und auf die sie sich mit ihrem Handeln beziehen – Objektivität zweiter Ordnung. Und aus der Beobachterperspektive betrachtet sind es signifikante Unterscheidungsmerkmale und Erzeugnisse aktueller und vergangener symbolischer Auseinandersetzungen, „kraft derer die Subjekte ihre Stellung in der Sozialstruktur ausdrücken und zugleich für sich selbst und die anderen konstituieren" (Bourdieu 1994, S. 58). Diese verschiedenen Arten von Vorstellungen, die sich die Akteure von der sozialen Welt machen, sind in die soziologische Konstruktion des sozialen Raums aufzunehmen, weil sie zur Konstituierung der sozialen Welt beitragen, indem die Akteure und Gruppen von Akteuren auf sie reagieren, allerdings bekanntlich zumeist unbewusst.

Es ist nicht möglich, den Raum der Perspektiven[81] auf die gleiche Weise zu reproduzieren wie den der Positionen. Hier herrscht eine Pluralität der Perspektiven, die sich relational aufeinander beziehen; diese ist aber nicht in „distributive Verhältnisse" übertragbar und damit auf eine überschaubare Anzahl von Konstruktionsprinzipien reduzierbar. Der Grund dafür ist, dass jede Perspektive jeweils eine Sicht des sozialen Raums repräsentiert – also eine Vorstellung der Anordnung des sozialen Raums vermittelt. In der Sichtweise wird aber keineswegs das soziale Geschehen direkt gespiegelt, sondern durch eingeschliffene Wahrnehmungs- und Bewertungsmuster, die vom Habitus geprägt sind, reflektiert. Die Perspektiven und Sichtweisen besitzen somit eine gewisse Eigenständigkeit gegenüber dem Raum der Positionen.

---

81 Ich spreche an dieser Stelle zunächst über den Raum der Perspektiven. In Kapitel 5.2.5.2 wurde am Beispiel der sozialen Klassen der Raum der Lebensstile vorgestellt. Der Raum der Stellungnahmen wird in Abschnitt 5.5 über den „soziologischen Standpunkt" skizziert.

Um den Raum der Perspektiven zu rekonstruieren, hat die Soziologie „den zentralen, beherrschenden, kurz: gleichsam göttlichen Standpunkt (...) zugunsten der Pluralität der Perspektiven aufzugeben" (Bourdieu et al 1997, S. 17). Tut sie dies nicht, kann sie die Struktur dieses Raums nicht erfassen, weil dieser durch das Aufeinandertreffen der verschiedenen Perspektiven und die Auseinandersetzung um deren Angemessenheit und Richtigkeit „erzeugt" wird. Versuchte die Soziologie, diesen Raum aus *einer* Perspektive, der zentralen Beobachterperspektive, zu erfassen, dann würden ihr die ihn gestaltenden Relationen verborgen bleiben. Um die Relationalität des Raums der Perspektiven, wie sie von den Akteuren erzeugt und erfahren wird, erfassen zu können, hat sich die Soziologie zurückzunehmen. Pointiert ausgedrückt: Der Raum der Positionen wird vom soziologischen Beobachter konstruiert, wenn man so will, erzeugt. Dies ist möglich, weil – wie bereits vorne erwähnt – die Relationen, die den Raum der Positionen erzeugen, in Verteilungsverhältnisse übersetzt und damit „objektiv" erfasst werden können. So kann der Kapitalbesitz gemessen, können die Bildungstitel und Erwerbspositionen miteinander verglichen werden. Bei der Darstellung des Raums der Perspektiven treten dagegen die Akteure selbst als Erzeuger auf, die Soziologie hat „das Besondere des soziologischen Standpunktes" aufzugeben und sich mit der Aufgabe, die Bewertungs- und Wahrnehmungsschemata zu erheben und in Beziehung zueinander zu setzen, zu bescheiden. Ansonsten wird sie das für die Menschen reale soziale Geschehen, so wie sie die sozialen Prozesse und Strukturen sehen, nicht verstehen können. Sie hat deshalb die „repräsentierte soziale Welt" (Bourdieu 1984, S. 278) wiederzugeben, d.h. aufzuzeigen, wie diese wahrgenommen, erzählt, dargestellt, gezeichnet oder besungen wird.

Der Begriff Perspektive spricht somit an, dass ein und dieselbe Sache abhängig vom Standpunkt verschieden betrachtet, wahrgenommen und auch repräsentiert wird.[82] Diese Pluralisierung und Subjektivierung der Sichtweisen bringt zwei Probleme mit sich, zuerst die Frage der Abstimmung bzw. Harmonisierung der Sichtweisen. Wie kommt es, dass die Subjekte scheinbar ihre Sichtweisen aufeinander abstimmen, so dass sie geradezu harmonisch miteinander korrespondieren? Die Antwort kennen wir schon hinlänglich: Es ist der Habitus, der diese Abstimmung erzeugt und garantiert. Zweitens ist zu fragen, wie die Soziologie die „Pluralität der Perspektiven" reproduziert, also die habitusspezifischen Wahrnehmungs-, Bewertungs- und Klassifikationsschemata, die die Subjekte verwenden, um sich ein Bild von ihrer Lage und der sozialen Welt zu machen. Damit ihr dies gelingt, hat sie alle Konstruktionsakte zu vermeiden und demgemäß auf jegliche „Vorverständnisse, Begriffe und Kategorien" zu verzichten – was zur Folge hat, dass sie im Gegensatz zur Konstruktion des Raums der Positionen hier „keine objektivierende Distanz einnehmen" darf, also ihren gewohn-

---

82   Zu den nachfolgenden Passagen siehe auch Barlösius (1999).

ten zentralen Standpunkt aufzugeben hat (Bourdieu et al. 1997, S. 14). Stattdessen „soll (sie) sich gedanklich an den Ort begeben", wo sich ihr Objekt befindet, um „dessen Standpunkt einnehmen zu können und gleichzeitig aber den eigenen gesellschaftlichen beibehalten, um den besonderen Standpunkt des Anderen zu kontrollieren". Auf diese Weise wird es ihr möglich, „den Standpunkt ihres Objekts zu re-produzieren", indem sie es im sozialen Raum verortet (ebd., S. 802). Der Standpunkt hat einen doppelten Sinngehalt. Er beinhaltet die Perspektive und damit die partielle, subjektive Sicht und zugleich die Position, welche im sozialen Raum eingenommen wird.

Das Eingehen der Soziologie auf den „Perspektivismus hat nichts von einem subjektivistischen Relativismus", weil er „in der Realität der sozialen Welt" gründet (ebd., S. 18). Insbesondere bei Themen, bei denen „völlig unterschiedliche Standpunkte im Dasein aufeinander treffen, ja aufeinanderprallen", sind zunächst die verschiedenen Sichtweisen der sozialen Welt aufzuzeigen (ebd., S. 14). Also: Nicht wie selbstverständlich die „herrschenden Begriffe und Kategorien" benutzen, sondern die Betroffenen selber fragen, wie sie aus ihrer Perspektive die soziale Welt sehen und mit welchen Begriffen und Kategorien sie diese bezeichnen und bewerten. Damit nimmt die Soziologie ihren Rang als Konstrukteur „legitimer" Repräsentationen zurück und relativiert so ihren eigenen Standpunkt. Sie kann demgemäß nicht für sich in Anspruch nehmen, den „geometrischen Ort aller Perspektiven" zu beziehen, sondern hat zu respektieren, dass der Habitus der „Ort aller Orte" ist. Demnach sind es die Subjekte selbst, die sich habitusspezifisch Repräsentationen des sozialen Raums schaffen, also ihren Standpunkt und ihre Sichtweise für sich selbst objektivieren, sich erklären und sich vor anderen rechtfertigen. Genau auf diese Weise erzeugen sie die Relationalität des Raums der Perspektiven.

Als Leitorientierung für die Reproduktion der Perspektiven, Sichtweisen und Stellungnahmen nennt Bourdieu das „*Verstehen*". Dies bedeutet, „die Sozialwelt von den Standpunkten der Befragten aus zu sehen und zu verstehen", um so die Pluralität von oft entgegengesetzten Perspektiven systematisch zu rekonstruieren (Schultheis 1997, S. 829). Verstehen ist also nicht im phänomenologischen Sinn als Hineinversetzen und Hineinprojizieren in den Anderen gemeint, vielmehr geht es um ein „genetisches" Verständnis dafür, weshalb jemand zu einer bestimmten Sicht der sozialen Welt gelangt ist und welche sozial strukturierenden Prinzipien sich dahinter verbergen: Die Genese der Sichtweisen soll aufgezeigt, nicht deren Inhalte in die Sprache der Soziologie übersetzt werden.

Das Interview ist eine geeignete Methode, die Sichtweisen, Stellungnahmen und damit die Perspektiven zu ermitteln. Interviews hält Bourdieu für prädestiniert, den Raum der Perspektiven zu re-produzieren, weil sie den Gesprächspartnern die Gelegenheit bieten, *„sich zu erklären* (...)", also ihre eigene Sichtweise von sich selbst und der Welt zu konstruieren, und jenen Punkt innerhalb dieser

Welt festzulegen, von dem aus sie sich selbst und die Welt sehen, von dem aus ihr Handeln verständlich und gerechtfertigt ist, und zwar zuallererst für sie selbst" (Bourdieu et al. 1997, S. 792). Dies bedeutet, dass das Interview die Aufforderung an den Befragten enthält, seine Sichtweise zu „objektivieren" und gesellschaftlich Stellung zu beziehen, also seinen Standpunkt zu reflektieren.

Die Aufgabe der Soziologie besteht nun keineswegs darin, diese Objektivierungsleistungen zu relativieren, zu prüfen, ob sie angemessen und realitätsträchtig sind, sie mit soziologischen Objektivierungen zu konfrontieren, um ihre Perspektivität zu identifizieren. Täte die Soziologie dieses, dann könnte sie die Relativität der Perspektiven nicht als das untersuchen, was sie gesellschaftlich sind: Formen der sozialen Auseinandersetzung über die „legitime Sicht" der sozialen Welt. Zweitens würde sie für sich selbst wiederum einen „autonomen", dem Normalbürger überlegenen Standpunkt beanspruchen. Der soziologische Auftrag besteht vielmehr darin, die unausgesprochenen Strukturen, die die Sichtweisen und die Stellungnahmen organisieren, hinzuzufügen. Damit wird sie zur „Geburtshelferin", weil sie „über ein fundiertes Wissen hinsichtlich der Lebensumstände" verfügt, „deren Produkt sie (die Befragten, E.B.) sind", und weil sie auf diese Weise den Befragten Mittel in die Hand gibt, zu ihrer „ureigensten Perspektive" zu gelangen (Bourdieu et al. 1997, S. 796f.). Dass die Soziologie damit wieder „Konstruktionsakte" vornimmt, lässt sich wohl nicht vermeiden. Im Folgenden werden die Interdependenzen und die Strukturhomologie zwischen dem Raum der Positionen und dem Raum der Perspektiven, Lebensstile und Stellungnahmen systematisch dargestellt werden.

5.4.3   *Homologie und genetischer Zusammenhang*

Die Korrespondenz zwischen dem Raum der sozialen Positionen und dem Raum der Perspektiven, Lebensstile und Stellungnahmen charakterisiert Bourdieu als strukturelle Homologie, womit gemeint ist, dass trotz der Vielfältigkeit eine prinzipielle Ähnlichkeit besteht.[83] Die Homologie ist *genetisch* verursacht, wie die drei oben vorgestellten empirischen Studien belegt haben (vgl. 5.2.5.2). Mit dem Nachweis der historischen Genese grenzt Bourdieu sich von Durkheim/Mauss ab, die in ihrem berühmten Aufsatz „Über einige primitive Formen der Klassifikation" (Durkheim/Mauss 1993) die Ähnlichkeit zwischen der sozialen Welt und der Art, wie diese wahrgenommen und gedacht wird, damit erklärten, dass die „sozialen Beziehungen als Vorbild für die logischen" dienten (ebd.,

---

83   Unter Homologie versteht Bourdieu eine „Vielfalt in Homogenität". Die Homogenität in den vielfältigen Phänomen resultiert daraus, dass „jedes System individueller Dispositionen (...) eine zentrale Variante der anderen Systeme" bildet (Bourdieu 1993a, S. 113).

S. 250). Für Bourdieu wird die Homologie beider Räume durch den Habitus generiert. Er ist dafür verantwortlich, dass die von den Akteuren im praktischen Erkennen der sozialen Welt eingesetzten kognitiven Strukturen Produkt der inkorporierten sozialen Strukturen sind. Deshalb tendieren die im „physischen Raum objektivierten großen sozialen Gegensätze (...) dazu, sich im Denken und Reden in Gestalt konstitutiver Oppositionen von Wahrnehmungs- und Unterscheidungsprinzipien niederzuschlagen, also selbst zu Kategorien der Wahrnehmung und Bewertung zu gerinnen und umgekehrt" (Bourdieu 1997a, S. 162). Knapper ausgedrückt: „Die von den sozialen Akteuren im praktischen Erkennen der sozialen Welt eingesetzten kognitiven Strukturen sind inkorporierte soziale Strukturen." (Bourdieu 1984, S. 730)

Trotz so eindeutiger Sätze über die Prägung der Wahrnehmungen und Denkweisen durch die sozialen Strukturen hebt Bourdieu immer wieder hervor, dass die Homologie beider Räume nichts von mechanischer Determinierung oder bloßer Wiederspiegelung habe. Sie resultiere vielmehr aus dem Werdegang des Habitus, aus seiner Geschichte. Der genetische Zusammenhang zwischen beiden Räumen wird somit durch den Habitus hergestellt und kann durch Veränderungen des Habitus auch wieder gelöst werden. Einige Wege dazu wurden vorne aufgezeigt.

Bourdieu beharrt deshalb darauf, dass der Raum der Lebensstile, Perspektiven und Stellungnahmen und der Raum der Positionen „zwei zwar homologe, aber unabhängige Räume" bilde (Bourdieu 1989, S. 403). Man kann dieser Behauptung eine wohl begründete Skepsis entgegenbringen. Theoretisch ist die Trennung jedenfalls nicht ganz überzeugend, es sei denn, man beschränkt die strukturelle Homologie tatsächlich nur auf einige Ähnlichkeiten der Schemata und betont gleichzeitig die Eigendynamik der strukturierenden Struktur des Habitus. Diese resultiert daraus, dass die Wahrnehmungen und Sichtweisen konstruktivistische Elemente enthalten, die der „Logik des Denkens" zuzurechnen sind und nicht auf soziale Sachverhalte zurückgeführt werden können. Wenn man andererseits tatsächlich nur eine Theorie der Praxis formulieren möchte, dann könnte man sich mit der „Eselsbrücke" Habitus zufrieden geben und auf einen großen Theoriezusammenhang verzichten. Denn dass zwischen beiden Räumen eine strukturelle Homologie besteht, scheint unbestritten, zumindest aber empirisch überprüfbar.

5.5 Soziologischer Standpunkt, Repräsentationsarbeit und Benennungsmacht

Nachdem das Habitusmodell, die Feldtheorie und der soziale Raum erläutert worden und damit die zentralen Elemente von Bourdieus Theorie dargelegt sind, könnte man eigentlich dieses Kapitel beenden.[84] Aber so einfach geht das nicht. Erstens stellt diese Theorie den herausgehobenen und unabhängigen Beobachterstatus der Soziologie weit mehr als andere in Frage, denn das Habitusmodell und die Feldtheorie sind auf die Soziologie selbst gleichermaßen anzuwenden wie auf die Akteure, die sie untersuchen will. Damit stellt sich aber die Frage nach dem Standpunkt der Soziologie im sozialen Raum. Zweitens: Wenn die praktische Erkenntnis der sozialen Welt zu ihrer Konstruktion beiträgt, dann sind die Vorstellungen, welche sich die Menschen von der Gesellschaft machen, ein wichtiger Gegenstand soziologischer Erforschung. Aus diesem Grund misst Bourdieu dem Raum der Perspektiven eine so große Bedeutung bei. Bezogen auf die Ungleichheitssoziologie heißt dies, dass die gesellschaftlichen Darstellungen, Repräsentationen und Verständigungsweisen über das Ungleichheitsgeschehen als ein zentraler Teil desselben zu untersuchen sind.

Beginnen wir mit dem ersten Punkt. Die Soziologie soll der „Versuchung des souveränen (Über-)Blicks" widerstehen, denn wann immer sie sich das Recht anmaßt, „Grenzen zwischen Klassen, Regionen, Nationen zu ziehen, mit wissenschaftlicher Autorität darüber zu befinden, ob und wieviel gesellschaftliche Klassen es gibt", übernimmt bzw. usurpiert sie Herrschaftsansprüche (Bourdieu 1985, S. 52). Herrschaft maßt sie sich an, indem sie ihre Sicht der Dinge als die einzig realitätsgerechte, weil objektiv, neutral und unabhängig konstruiert, behauptet und mit den ihr zur Verfügung stehenden Mitteln durchzusetzen und zu popularisieren versucht.

Soziologen nehmen im Feld der Wissenschaft eine bestimmte Position ein, nicht gerade eine der machtvollsten in diesem Feld, aber im Vergleich zu den von ihr beobachteten Akteuren eine, die mit großem symbolischen Kapital ausstaffiert ist. So ist es beispielsweise nur der Sozialforschung möglich, für ihre Ergebnisse Repräsentativität und damit allgemeine Gültigkeit zu beanspruchen. Auch wenn sich die Soziologie immer wieder beschwert, dass die Gesellschaft ihre Resultate nicht genügend respektiere, so sollte sie doch nicht verkennen, dass die von ihr verwendeten Klassifikationen und die von ihr popularisierten Gesellschaftsbilder erstaunlich schnell Eingang in die praktische Erkenntnis der sozialen Wirklichkeit finden. Man denke nur an die Begriffe „nivellierte Mittelstandsgesellschaft", „individualisierte Gesellschaft", „Zwei-Drittel-Gesellschaft", „unternehmerische Wissensgesellschaft". Viel überzeugender und subtiler, weil die Begriffe überhaupt nicht mehr als wissenschaftliche Beschreibungen erkannt werden, gilt dies für alltäglich gebrauchte Bezeichnungen wie „soziale Schicht", „Chancengleichheit", „Lebensstil" etc. Die Soziologie stellt deshalb bei der Kon-

---

84 In diesem Abschnitt stelle ich die Bourdieusche Theorie nicht mehr nur vor und interpretiere sie im Wesentlichen immanent, sondern führe eigene Betonungen und Sichtweisen ein, die allerdings mit Bourdieus Theorie vereinbar sind.

struktion gesellschaftlicher Repräsentationen, mit denen sich die Menschen über die soziale Welt verständigen, einen integralen Bestandteil moderner Gesellschaften dar.

Kommen wir nun zum zweiten Punkt: Die (Ungleichheits-)Soziologie hat das praktische Wissen der Akteure über gesellschaftliche Benachteiligungen und Bevorzugungen, über die Verteilung der Positionen im sozialen Raum, also die Bilder und Vorstellungen, die sich Menschen von der Ungleichheit machen, in ihren Gegenstand zu integrieren. Es handelt sich dabei jedoch nicht einfach um Erkenntnisinstrumente der sozialen Welt, sondern um Herrschaftsinstrumente, weil diese unbewusst wie bewusst das Handeln der Akteure in bestimmte Bahnen lenken. Die praktische Erkenntnis der sozialen Welt reicht von einfachen sinnlichen Wahrnehmungen und Bewertungen der gesellschaftlichen Verhältnisse wie beim sozialen Gespür, welches jenseits von expliziter Vorstellung und verbalem Ausdruck tätig ist, bis zu abstrakten Klassifikationen, wie sie von der Sozialstatistik oder dem Recht verwendet werden. Als Herrschaftsinstrumente fungieren sie, weil sie Ergebnis der sozialen Auseinandersetzungen darüber sind, wie man die Gesellschaft realitätshaltig darzustellen hat. So werden beispielsweise vom Statistischen Bundesamt Einteilungen der Haushalte fortgeschrieben, obwohl die gesellschaftliche Realität sich längst von diesen verabschiedet hat. Noch deutlicher trifft dies auf die offizielle Berufsstatistik zu, die auch in der Gegenwart der Land- und Forstwirtschaft einen großen Stellenwert einräumt, obwohl dort nur noch wenige Prozent der Erwerbstätigen beschäftigt sind.

Dass die verwendeten und popularisierten Klassifikationen und Kategorien Produkt sozialer Auseinandersetzungen sind, kann man sehr eindrücklich am Beispiel der Darstellungen von Armut in Deutschland studieren. Diese drehen sich vornehmlich um die Frage, wie Armut zu definieren ist, weil davon abhängt, wie groß das Ausmaß von Armut ist und ob politischer Handlungsbedarf besteht. Setzt man sich dafür ein, dass arm nur jene sind, die sich schämen, zum Sozialamt zu gehen, um ihren Anspruch auf Sozialhilfe geltend zu machen, dann ist die Zahl der Armen klein und es ergibt sich kein politischer Handlungsbedarf. Besteht man dagegen darauf, dass Armut vorliegt, wenn jemand weniger als 60 Prozent des durchschnittlichen Haushaltsnettoeinkommens zur Verfügung hat, dann steigt die Zahl der Armen und die Forderung nach politischer Abhilfe lässt sich gut begründen (vgl. Barlösius/Mayerhofer 2001). Dieses Beispiel zeigt überzeugend, dass die Soziologie die Auseinandersetzungen über die legitime Sichtweise von Ungleichheiten zu ihrem ureigensten Gegenstand zu machen hat. Dabei sollte sie stets mitbedenken, dass sie in den „Kampf um Ausbildung und Durchsetzung einer legitimen Taxonomie verstrickt" ist (Bourdieu 1985, S. 53). Sehr ambitioniert überträgt Bourdieu der Soziologie die Aufgabe, „ein wahrheitsgetreues Modell der Auseinandersetzungen um die Durchsetzung einer ‚wahren' Repräsentation der Wirklichkeit zu erstellen" (ebd., S. 55).

5.5.1   Repräsentationen und Repräsentationsarbeit

Der Begriff Repräsentation ist bereits einige Male verwendet worden, ohne dass erklärt wurde, was Bourdieu darunter versteht. Da er den Begriff gebraucht, ohne ihn ausführlich zu explizieren, kann nur aus der Verwendung das Bourdieu'sche Verständnis erschlossen werden. Repräsentation meint Mehrfaches: erstens verschiedene Arten und Weisen, wie sich Menschen soziale Gegebenheiten und Prozesse vergegenwärtigen. Diese reichen von der sinnlichen Primärwahrnehmung bis zur abstrakten mathematischen Darstellung sozialer Verhältnisse. Zweitens verwendet Bourdieu den Begriff im Sinne von repräsentativ; so will er damit zeigen, dass bei der Wahrnehmung und Darstellung die Eigenschaften und Merkmale hervorgehoben werden, die als typisch und charakteristisch angesehen werden. Beobachten wir beispielsweise die Passanten auf einer Straße, dann unterscheiden wir sie – ohne darüber nachzudenken – in Frauen und Männer, andere Unterschiede wie Körpergröße und -umfang, Haarlänge, ihre fröhliche oder traurige Stimmung etc. nehmen wir, wenn überhaupt, als nachgeordnet wahr. Damit akzentuieren wir nur ein einziges Merkmal. Die dritte Bedeutung ist im zweiten Punkt angelegt. Die Repräsentationen beinhalten oftmals eine stillschweigende Übereinkunft darüber, wie die Dinge zu sehen sind, und implizieren damit die Entwicklung eines Common Sense über die soziale Welt. Denn wenn die Passanten sogleich als Männer oder Frauen wahrgenommen werden, dann ist darin ausgedrückt, dass dieser Unterschied Vorrang vor allen anderen besitzt. Dies bringt Bourdieu in Zusammenhang mit den zentralen sozialen Teilungsprinzipen, die auf diese Weise Gestalt in den Weltsichten annehmen, zu Gemeinplätzen werden, die zudem über die „doxische" Haltung des Habitus stabilisiert werden.

Unter Repräsentationsarbeit versteht Bourdieu die Genese von Auffassungen von der eigenen Stellung und Sichten der gesamten sozialen Welt. Sie findet in jedem Augenblick statt, wenn die sozialen Akteure um ihre Stellung und ihre Identität ringen. Indem er dies als Arbeit bezeichnet – abgesehen von den darin enthaltenen Anklängen an die marxistische Theorie –, macht er darauf aufmerksam, dass es die Akteure sind, welche die Repräsentationen hervorbringen und gebrauchen. Deshalb sind sie und nicht die Repräsentationen losgelöst von den sozialen Kontexten ins Zentrum der Analyse zu rücken. Ansonsten besteht die Gefahr, dass die Repräsentationen wie in einen Ideen- und Wertehimmel, der über den Akteuren schwebt, hochgehoben werden.

Das Spektrum der Repräsentationen setzt sich aus verschiedenen Objektivierungsebenen zusammen, die sich darin unterscheiden, ob in sie viel oder wenig Konstruktionsarbeit eingegangen ist; mit anderen Worten differieren sie nach Abstraktions- und Verallgemeinerungsgrad. Obwohl Bourdieu diese Ebenen nicht konsequent definiert, können einige Anmerkungen gemacht werden. Die

sinnlichen Primärwahrnehmungen der sozialen Welt stellen „eine erste Erkennt-
nisleistung" dar (Bourdieu 1984, S. 735). Sie machen die. unterste Ebene aus.
Damit sind Repräsentationen gemeint, die sinnliche Qualitäten betonen und daraus Gegensatzpaare bilden wie fein oder grob, nah oder fern, leicht oder schwer,
trocken oder fettig etc. Aus diesen entwickelt sich – wie vorne dargestellt – eine
Art gesellschaftlicher Orientierungssinn (Goffmanns „sense of one's place"), der
ein praktisches Vermögen im Umgang mit sozialen Differenzen vermittelt. Dieser lehrt uns, zu erspüren und zu erahnen, was auf ein Individuum mit einer bestimmten sozialen Position voraussichtlich zukommt (Bourdieu 1984, S. 728).

Auf den höheren Objektivierungsebenen sind Kodifizierungen und Kategorisierungen angesiedelt. Dazu zählen die in der sozialen Praxis entwickelten
Kategorien wie männlich oder weiblich, arm oder reich, aber auch solche, die
theoretisch geschaffen wurden wie die meisten sozialwissenschaftlichen und
insbesondere die statistischen Kategorien. Kodifizierungen liegen in der sozialen
Praxis in verschiedenen Formen vor, als Spruchweisheiten, Sprichwörter, Riten
oder auf ganz andere Weisen als Gemälde, Gesänge etc. Sie alle enthalten praktische Erkenntnisse über die soziale Welt, die in diesen sehr heterogenen Formen
weitergegeben werden. Man denke nur an solche Sätze wie „Wer nicht arbeitet,
soll auch nicht essen", „Das ist das Verdammte an den kleinen Verhältnissen,
dass sie die Seele klein machen", „Arm oder reich, der Tod macht alle gleich",
„Wer zu spät kommt, den bestraft das Leben", „Fordern und Fördern". Die letzten Redensarten zeigen, dass es sich keineswegs nur um ein Phänomen traditio-
neller Gesellschaften handelt, sondern auch in modernen Gesellschaften immer
wieder Erfahrungen auf diese scheinbar altertümliche Weise kodifiziert werden.

Daneben gibt es auch Kodifizierungen, die theoretisch konzipiert werden –
wie juristisch geschaffene Unterscheidungen. Das Besondere der theoretisch
erzeugten Kategorisierungen und Kodifizierungen ist, dass sie explizit und systematisch leisten, was die der sozialen Praxis entstammenden unausgesprochen
und unbewusst tun: die Wahrnehmungen und Bewertungen in von ihnen ausge-
legte Bahnen lenken. Der große Unterschied zwischen beiden Kodifizierungen
besteht darin, dass sich bei den durch theoretische Kodifizierungen „vollzogenen
Objektivierungen" eher „die Möglichkeit einer logischen Kontrolle der Kohärenz, einer Formalisierung" und damit einer kritischen Überprüfung ergibt
(Bourdieu 1992b, S. 103). Diese bezeichnet Bourdieu als „offizielle Ordnungs-
und Klassifikationssysteme", weil sie zumeist vom Feld der Macht geschaffen,
benutzt und durchgesetzt werden und mit symbolischer Macht ausgestattet sind,
das heißt als einzig richtige und legitime Sicht der Dinge anerkannt werden. Die
Normierungs- und Kodifizierungsarbeit des Staates ist somit mit symbolischer
Macht ausgestattet. Dies hat Gründe, die sich aus der herausgehobenen Stellung
des Feldes im sozialen Raum ergeben, aber auch solche, die aus der Art der Normierung und Kodifizierung resultieren, die nicht von jedermann und jedem Feld

gleichermaßen betrieben werden kann. Bei der Art der Normierung und Kodifizierung ist von Bedeutung, dass diese immer mehr zu einer formalen Operation gemacht werden und so soziale Klassifizierungsakte weniger sichtbar werden. So werden immer häufiger rechtliche und mathematische Formeln geschaffen und verwendet, weil dabei scheinbar weitgehend vom zu kodifizierenden Inhalt abgesehen werden kann. Ob Arbeitslose, Schweine oder Zebrastreifen gezählt werden, ist völlig egal, wenn es nur um die Zählung geht – um eine mathematisch-statistische Aufgabe. Über die formellen und formalen Regeln der Normierung und Kodifizierung können sich die verschiedenen Akteure schnell einigen. Sich über die Definition von Arbeitslosigkeit zu einigen ist dagegen ein schwieriges Unternehmen.

Die Legitimität einer offiziellen Repräsentation wird damit immer mehr zu einer Frage, ob die formalen Verfahren eingehalten werden. Die Macht, Formen zu setzen und zu etablieren, wird entscheidend dafür, den Repräsentationen die allgemeine Anerkennung zu sichern. „Es gibt", so Bourdieu, „eine genuin symbolische Wirksamkeit der Form" (ebd., S. 109). Deshalb führt die Formulierung von Sachverhalten „in formaler, offizieller, den auferlegten Formen gemäßer und den offiziellen Gelegenheiten angemessener Sprache (...) von sich aus zu einem Effekt der Anerkennung und Billigung" (ebd., S. 110).

Dies ist wichtig, weil nicht alle Akteure, die ihren Repräsentationen mehr gesellschaftliche Aufmerksamkeit und Anerkennung verschaffen wollen, eine soziale Position innehaben, die es ihnen ermöglicht, ihren Äußerungen formalen und damit offiziellen Charakter zu geben. So sind die statistischen Daten des Statistischen Bundesamtes, die auf gesetzlicher Grundlage, mit großer Professionalität und einem enormen Aufwand erhoben werden, per se mit mehr Legitimität ausgestattet als alltägliche praktische Eindrücke oder kleine wissenschaftliche Studien. Beiden wird eher die Repräsentativität und damit ihre Gültigkeit abgesprochen. In Streitfällen wird den Daten der offiziellen Statistik mehr geglaubt als anderen Erhebungen. Dies gilt beispielsweise für so essentielle Themen wie Arbeitslosigkeits-, Kriminalitäts- oder die Inflationsrate, obwohl kaum jemand weiß, wie diese genau erhoben werden, welche Klassifikationen und Kategorien verwendet wurden.

5.5.2   Benennungsmacht

Die Fähigkeit, Repräsentationen zu schaffen, diese öffentlich zu machen und sogar offiziell werden zu lassen, stellt eine außergewöhnliche Macht dar, weil auf diese Weise innerhalb einer Gruppe ein Common Sense geschaffen und so eine theoretische in eine reale Gruppe transformiert werden kann (Bourdieu 1985, S. 19). Diese besondere Macht nennt Bourdieu Benennungsmacht. Sie realisiert sich in Kategorisierungs-, Kodifizierungs- und Klassifizierungsarbeit – also Repräsentationsarbeit. Machtvoll sind die verschiedenen Repräsentationen gesellschaftlicher Verhältnisse, da „in gewissen Grenzen" die Welt verändert werden kann, indem sie anders darstellt wird. Aus diesem Grund sind die Klassifikations- und Ordnungssysteme Gegenstand sozialer Auseinandersetzungen und Kämpfe. Sie können dazu eingesetzt werden bzw. sind eine Grundlage dafür, Gruppen zu mobilisieren oder zu demobilisieren.

Ein Beispiel für eine Mobilisierung mittels einer spezifizierten Erfassung in offiziellen Klassifikations- und Ordnungssystemen ist der US-amerikanische Zensus, in welchen immer mehr ethnische Kategorien aufgenommen worden sind, was dazu beigetragen hat, ethnische Zugehörigkeitsgefühle zu vertiefen. Umgekehrt kann man an den verwendeten Kategorien auch Demobilisierungsprozesse ablesen. Während es in den 1950er Jahren in der Bundesrepublik Deutschland üblich war, von sozialen Klassen zu sprechen, selbst in halboffiziellen Publikationen und Parteiprogrammen, wurde dies wenige Jahre später undenkbar. Stattdessen verwendete man den Schichtbegriff. Nun mag dieser Sprachwandel zum Teil einem realen sozialstrukturellen Wandel entsprechen, aber bedeutungsvoller war sicherlich, dass die bundesdeutsche Gesellschaft anders wahrgenommen wurde.

Umkämpft sind Klassifikations- und Ordnungssysteme, weil sie zum Fortbestand der existierenden sozialen Ungleichheitsverhältnisse beitragen, indem sie Vorstellungen und Sichtweisen schaffen und popularisieren, welche die objektiven Strukturen verstärken können. Für Bourdieu bilden deshalb die „Kämpfe zwischen den individuellen wie kollektiven Klassifikations- und Ordnungssystemen, die durch eine Veränderung der Wahrnehmungs- und Bewertungskategorien der sozialen Welt und darin auf eine Veränderung der sozialen Welt selbst abzielen, (...) eine vergessene Dimension der Klassenkämpfe" (Bourdieu 1984, S. 755). Diese Kämpfe drehen sich um die Frage, wer das Monopol auf legitime Benennung hat, jene Benennung, die als offizielle anerkannt wird und damit eine Sichtweise als die einzig angemessene, die einzig „wahre" durchkämpfen kann. Nach Bourdieu ist nur der Staat im Besitz eines so großen formalen und symbolischen Machtvolumens, derartige Repräsentationen zu erzeugen und allgemein verbindlich zu machen. Es entspricht seiner Hierarchisierung der sozialen Felder, den Staat als den Inhaber des Monopols für legitime Benennungen zu sehen.

Nun scheint aber bis auf die wenigen Gebieten, in welchen um die Klassifizierungen und Kategorisierungen gerungen und gestritten wird, für die Mehrzahl der Bereiche zu gelten, dass die Einteilungen als natürlich gegeben und als evident anerkannt werden. Wer käme denn schon auf die Idee, die Aufschlüsselung und Hierarchisierung der Bildungsabschlüsse in Frage zu stellen, die amtliche Berufszählung kritisch zu prüfen oder die gebräuchlichen Klassifizierungen der Haushaltstypen zu hinterfragen? Repräsentationen auf einer niedrigeren Objektivierungsebene wie sinnliche Charakterisierungen werden noch seltener bewusstwahrgenommen und auf ihre Kohärenz hin überprüft. Sie greifen oftmals unmittelbar auf die unreflektierten Schemata des Habitus zurück.

Fassen wir zusammen: In modernen Gesellschaften ist die Benennungsmacht eine wichtige Machtquelle, weil die Durchsetzung von Repräsentationen zumindest in gewissen Grenzen gesellschaftliche Veränderungen bewirken bzw. existierende Strukturen erhalten kann. Dies gilt insbesondere für Klassifikations- und Ordnungssysteme, die als legitime Darstellung sozialer Gegebenheiten und Prozesse akzeptiert werden. Die Soziologie hat deshalb den „Kampf um das Monopol auf legitime Repräsentation der Sozialwelt, jenen Kampf der und um Klassifikationssysteme, der Teil jeder Form von Klassenkampf (zwischen Alters-, Geschlechtsklassen wie Gesellschaftsklassen) ist, zu ihrem ureigensten Gegenstand zu erheben" (Bourdieu 1985, S. 53). Dies wird ihr jedoch nie ganz gelingen können, denn sie ist selbst in die Auseinandersetzungen um die Ausbildung und Durchsetzung von Kategorien, Klassifizierungen und Gesellschaftsbilder verstrickt. Trotzdem sollte sie es sich zur Aufgabe machen, „ein wahrheitsgetreues Modell der Auseinandersetzungen um die Durchsetzung einer 'wahren' Repräsentation der Wirklichkeit zu erstellen" (ebd., S. 55).

5.6   Vorzüge und Grenzen

Es ist nicht möglich, die Bourdieu'sche Theorie in der hier gebotenen Kürze angemessen zu würdigen. Ich möchte deshalb nur drei Punkte herausgreifen:

(1) Das Habitusmodell, weniger die Feldtheorie, wenngleich beide theoriearchitektonisch zusammenhängen, ist in der Soziologie auf große Kritik gestoßen.[85] Obwohl die Einwände sich unterscheiden, können sie im Wesentlichen auf einen Punkt gebracht werden. Pointiert formuliert lautet er: Bourdieus Theorie bleibt stark mechanistischen und deterministischen Theorietraditionen verhaftet, auch wenn er etwas anderes für sich in Anspruch nimmt. Zwar denkt er Kausalitäten nicht mehr schlicht linear, wie dies klassisch in dem Satz „Das Sein bestimmt das Bewusstsein" behauptet wird, aber den darin enthaltenen Determinismus gibt er nicht völlig auf. Stattdessen schlägt er ein in sich weitgehend geschlossenes Kreismodell vor: Das Sein bestimmt das Bewusstsein und das Bewusstsein das Sein. Das zeigt sich auch bei der Binnenperspektive des Habitus. Dort überbetont er die drei Viertel unserer Handlungen, bei denen wir wie „Automaten" reagieren, weil er nur so die Kohärenz- und Stabilitätsthese des Habitus unterfüttern

---

85   Man kann dies als ersten Schritt der Aufnahme Bourdieus in die Reihe der soziologischen Klassiker interpretieren (vgl. Eder 1989, S. 7).

kann. Gerade das eine Viertel, bei dem wir bewusst und geplant handeln, ist aber soziologisch interessant, um gesellschaftlichen Wandel zu erklären und um die Kette der Determinismen zu durchbrechen.

Bourdieu antwortet auf diesen Vorwurf, dass dieser auf Missverständnissen basiert, weil er nur eine Homologie und eben keine gegenseitige Determinierung zwischen dem Raum der Positionen und dem der Perspektiven annimmt und die völlige Abgestimmtheit von Struktur und Handlung nur einen Grenzfall darstellt. Dies ist zwar richtig, aber man darf den Kritikern zugestehen, dass Bourdieu an der deterministischen Lesart nicht völlig unschuldig ist. So hat er seine Theorie zumeist in konkreten Projekten entfaltet, um sie „für einen anderen 'besonderen Fall des Möglichen' funktionstüchtig" zu machen (Bourdieu 1998, S. 27). In den von ihm untersuchten empirischen Fällen fand er jeweils starke Belege für eine große innere Stimmigkeit von Strukturen, Habitus und Praxis sowie eine ausgeprägte Homologie zwischen dem Raum der Positionen und dem Raum der Perspektiven.[86] Mit dieser Arbeitsweise geht einher, dass er fast vollständig darauf verzichtet, seine soziologische Theorie ausführlich von anderen abzugrenzen und als theoretisches Denkmodell zu präsentieren. Dies wird noch dadurch verstärkt, dass er „professorale Definitionen" ablehnt und stattdessen „offene Begriffe" gebrauchen will, die einzig für den Zweck der „systematisch-empirischen Anwendung gebildet wurden" (Bourdieu/Wacquant 1996, S. 125). Er hält aber diese theoretische „Abstinenz" in seinen Arbeiten nicht konsequent durch, vielmehr baut er dort selbst seine Begriffe zu einem Theoriemodell zusammen, welches dann von der empirischen Anwendung gelöst und für sich allein stehend erscheint. Dies hat er besonders in den „Méditations pascaliennes" getan (Bourdieu 1997c).

Dennoch scheint es nicht sinnvoll, das Habitusmodell als ein theoretisch hergeleitetes Konzept aufzufassen und ausschließlich aus der Perspektive der theoretischen Soziologie zu kritisieren. Stattdessen sollte man es als eine „Eselsbrücke" verstehen, die in erster Linie den Zweck erfüllen soll, die soziale Praxis zu analysieren. Die Kritik hat dann jedoch das Augenmerk auf eine empirische Überprüfung zu legen und zu erörtern, ob das Konzept geeignet ist, soziale Gegebenheiten zu erklären, die mit anderen Theoriemodellen weniger anschaulich und schlüssig interpretiert werden können. Das Habitusmodell zu verwerfen, weil es das Problem der wechselseitigen Konstitution von Struktur und Handlung nicht theoretisch überzeugend löst, wäre dann allerdings kaum berechtigt, weil dieser Anspruch gar nicht erhoben wird.

---

86   „Das Elend der Welt" (1997) ist jedoch genau umgekehrt angelegt. Hier liegt das Augenmerk auf der Gespaltenheit des Habitus und darauf, wie Widersprüche zwischen Feld und Habitus entstehen.

Man sollte jedoch fragen, ob es plausibel und evident ist, dass die große Mehrzahl der beobachtbaren Abstimmungen, Anpassungen und Harmonisierungen, welche auf den verschiedensten gesellschaftlichen Ebenen stattfinden, mit einer einzigen Vermittlungsinstanz erklärt werden. Eine so umfassende Vorstellung der Leistungen des Habitus suggeriert tendenziell das Vorhandensein einer gesellschaftlichen Totalität. Damit reicht Bourdieus Habituskonzept an manchen Stellen beinahe an Leibniz' Annahme einer „prästabilisierten Harmonie" heran. So qualifiziert Bourdieu den Habitus als „geometrischen Ort der Determinismen und Entscheidungen, der kalkulierbaren Wahrscheinlichkeiten und erlebten Hoffnungen, der objektiven Zukunft und des subjektiven Entwurfs" (Bourdieu 1994, S. 40). Dies ist eine sehr weit reichende Annahme, mit der zudem Ausdifferenzierungsprozessen und der Herausbildung von Eigenlogiken bemerkenswert enge Grenzen gesetzt sind.

(2) Ein zentraler Problembereich der Theorien sozialer Ungleichheit ist die Frage nach den Differenzierungsachsen bzw. Strukturprinzipien des sozialen Raums. Dieser wird weder theoretisch noch empirisch schlüssig geklärt. Nur auf den ersten Blick und wenn man sich auf die Studien beschränkt, in welchen die gegenwärtige französische Gesellschaft untersucht wird, beantwortet Bourdieu diese Frage eindeutig. Er nennt – wie wir gesehen haben – das ökonomische und das kulturelle Kapital als die zentralen Strukturprinzipien. Dies ist jedoch eine empirische Antwort. In seinen vorwiegend theoretischen Überlegungen ebenso wie in jenen Untersuchungen, in denen er weitere Themen und Gesellschaften analysiert, gibt er jedoch andere Antworten und entwickelt eine umfassendere Perspektive. So dringt er darauf, dass jeweils empirisch zu testen ist, welche Strukturprinzipien wirksam sind. Dies ist für ihn somit keineswegs theoretisch vorentschieden. Weiterhin sind die Strukturprinzipien je nach Feld und Habitus zu spezifizieren, weil jeweils andere wirken und diese zudem eine unterschiedliche Stärke besitzen können. Die Strukturprinzipien können sich überschneiden, gegenseitig verstärken oder aber auch in Widerspruch zueinander geraten. Eine solche Vorgehensweise ist geeignet, für die einzelnen gesellschaftlichen Gruppen zu untersuchen, ob sie besonderen Strukturprinzipien unterliegen und sie im gleichen Ausmaß wie bei anderen Gruppen effektiv sind. Würde man beispielsweise alters- und geschlechtsspezifische Strukturierungen analysieren, dann könnte man mit diesem theoretisch locker gestrickten Modell den sozialen Raum aus jeweils ganz unterschiedlichen Perspektiven konstruieren.

Das Problem der Hierarchisierung der Strukturprinzipien und die Frage, wie der soziologische Beobachter die wirksamen Teilungsprinzipien erkennen kann, sind damit jedoch nicht gelöst. Bekanntermaßen stellt sich die soziologische Aufmerksamkeit gegenüber sozialen Ungleichheiten nicht automatisch ein. Für Bourdieu ist dies kein Problem; so lässt er keinen Zweifel daran, dass die Soziologie die Strukturprinzipien „objektiv" bestimmen kann. Wie dies mit dem Habitusmodell und der Feldtheorie, welche auch auf die Soziologie anzuwenden sind, und der Verstricktheit der Soziologie in die Ausbildung und Durchsetzung legitimer Klassifikationen und Taxonomien vereinbar sein soll, bleibt unklar.

(3) Mit dem Begriff der symbolischen Macht hat Bourdieu einen Zugang zu den verschiedenen Formen der Repräsentation gesellschaftlicher Verhältnisse und Prozesse geöffnet. Die Repräsentationsformen besitzen gegenüber den „objektiven" Strukturprinzipien eine gewisse Eigenständigkeit und eine herausgehobene Position, weil sie diese legitimieren. Repräsentationen sind somit keineswegs nur Erkenntnisse über die soziale Welt, sondern auch Machtquellen. Damit ergänzt Bourdieu die mit gesellschaftlicher ebenso wie mit soziologischer Beobachtung verbundenen erkenntnistheoretischen Fragen, z.B. die nach dem Standpunkt des Beobachters und der Fähigkeit zur Objektivierung, um machttheoretische Aspekte. Die Herausforderung an die Soziologie besteht demgemäß darin, den soziologischen Beobachtungs- und Verstehensprozess zu reflektieren, weiter auch darin, die gegenseitigen Wahrnehmungen und Klassifizierungen als Resultat gesellschaftlicher Auseinandersetzungen zu analysieren und die soziologische Beschreibung als Ausübung von Benennungsmacht zu begreifen.

Damit schiebt sich ein bislang von der Ungleichheitssoziologie zu wenig beachteter Aspekt in den Vordergrund: die Vielzahl der Repräsentationsformen, mittels derer sich moderne Gesellschaften über soziale Ungleichheiten, soziale Gerechtigkeit und Ungerechtigkeit verständigen. Diese Repräsentationsformen reflektieren nicht nur ungleichheitsmindernde wie -verstärkende Eingriffe, sondern werden vermehrt auch zu deren Durchsetzung und Legitimierung eingesetzt. Deshalb sind die Wahrnehmungs- und Darstellungsweisen von sozialer Ungleichheit zu einem außergewöhnlich wichtigen Objekt gesellschaftlicher Auseinandersetzung geworden. Benennungsmacht beweist sich in der Fähigkeit, die Vorstellungen, Kategorien und Begriffe zu prägen, welche in die Bilder eingehen, die sich die Menschen von der sozialen Welt machen. Über diesen Weg erlangen sie Gestaltungsmacht. Die Benennungsmacht ist ähnlich ungleich verteilt wie andere sozial strukturierende Ressourcen. Die Ausprägungen und Instrumente der Benennungsmacht sind Teil des Ungleichheitsgeschehens und gehören damit zum Gegenstandsbereich der Ungleichheitssoziologie.

6   Inklusion versus Exklusion –
die systemtheoretische Perspektive

Bislang wurden drei „Ungleichheitstheorien" vorgestellt, die die Grundüberzeugung miteinander verbindet, dass moderne Gesellschaften in erster Linie durch soziale Ungleichheiten und damit Prozesse sozialer Differenzierung geprägt sind. Weiterhin ist ihnen gemeinsam, dass sie Ungleichheitsverhältnisse als Machtverhältnisse identifizieren. Dies stimmt für Elias und Bourdieu vollkommen, für Kreckel mit Einschränkungen. Durch diese beiden Grundüberzeugungen grenzen sie sich explizit von den Theorien funktionaler Differenzierung ab, die von einem Primat der funktionalen gegenüber der sozialen Differenzierung ausgehen. Indessen bestreiten Elias, Kreckel und Bourdieu nicht, dass in modernen Gesellschaften Prozesse funktionaler Differenzierung eminent wichtig und mächtig sind. Jedoch steht für sie außer Zweifel, dass diese Prozesse nicht den primären Motor des gesellschaftlichen Wandels darstellen. Erst aus der Verknüpfung funktionaler Differenzierung mit Macht- und Ungleichheitsprozessen entsteht ihrer Meinung nach die Eigenart und Struktur moderner Gesellschaften, wobei die sozialen die funktionalen Differenzierungsprozesse dominieren.

Die Theorien funktionaler Differenzierung sehen dagegen das Verhältnis der Differenzierungsprozesse genau umgekehrt. Dies erklärt, weshalb die Theorien funktionaler Differenzierung, insbesondere in der Variante der Systemtheorie à la Luhmann, das Thema der sozialen Ungleichheiten wenig behandeln. Allerdings sind in den letzten Jahren entlang der Unterscheidung von Exklusion und Inklusion viele systemtheoretische Arbeiten zu sozialen Ungleichheiten in modernen funktional differenzierten Gesellschaften publiziert worden. Dabei handelt es sich um eine interessante Annäherung an den originären Gegenstand der Ungleichheitssoziologie. Die neueren systemtheoretischen Arbeiten zu Inklusion und Exklusion sollen im Folgenden vorgestellt werden, weil aus ihnen Anregungen und Ergänzungen für die zu Beginn aufgeworfenen theoretischen Fragen gewonnen werden können.[87] Außerdem soll die Vorstellung der system-

---

87   Ich werde in diesem Kapitel nicht konsequent die systemtheoretische Begrifflichkeit benutzen; an Stellen, wo es um Ähnlichkeiten und Unterschiede zu den Theorien sozialer Ungleichheit geht, werde ich Termini verwenden, die als Brücken der Verständigung zwischen beiden Theorietraditionen fungieren können.

theoretischen Unterscheidung von Exklusion und Inklusion dazu dienen, die Antworten der vorgestellten drei „Ungleichheitstheorien" nochmals zu durchdenken, um so voreilige Lösungen zu vermeiden.

6.1 Inklusion statt Integration

Die Theorien funktionaler Differenzierung sind bislang nicht eigens zur Sprache gekommen. Dies liegt zum größten Teil in den Theorien selbst begründet. Sie sehen funktionale Differenzierung als jenes Konzept an, welches mehr als alle anderen geeignet ist, die Eigenart moderner Gesellschaften zu beschreiben. Die Strukturierungskraft sozialer Ungleichheiten erachten sie als weniger bedeutsam, weshalb sie nicht zu ihrem vordringlichen soziologischen Beobachtungsgebiet gehören. Die Theorien funktionaler Differenzierung haben demgemäß nicht spezifische theoretische Modelle zur Erklärung sozialer Ungleichheiten entwickelt. Dies gilt besonders für die Luhmann'sche Systemtheorie. So kritisierte vor einigen Jahren beispielsweise Armin Nassehi, der der Systemtheorie nahe steht: Die „Dimension der sozialen Ungleichheit scheint (...) die Theorie funktionaler Differenzierung in den letzten Jahren leider weitgehend vergessen zu haben" (Nassehi 1997, S. 140).[88] Aber wie so häufig, wenn erst einmal ein Defizit festgestellt ist, entstehen bereits Diskussionen und Anstrengungen, dieses theorieimmanent zu beheben – auch in diesem Fall. Die Zeitgleichheit von Problembeschreibung und -lösung erklärt sich einfach: Kurz zuvor hatte Luhmann selbst durch seine Beiträge zu Inklusion und Exklusion den Anstoß dazu gegeben, mittels dieser Unterscheidung die gegenwärtigen Verteilungskonflikte und sozialen Ungleichheiten zu erfassen (Luhmann 1995a, 1995b, 1997, insbesondere S. 618-634).[89]

Womit jedoch niemand gerechnet hatte, war eine andere Zeitgleichheit: Der Beginn der systemtheoretischen Debatte über Inklusion und Exklusion fiel zusammen mit der innerhalb der Armutssoziologie – als Teil der Ungleichheitssoziologie – geführten Kontroverse über neue Formen sozialer Ausgrenzung. Diese wiederum hatte Auftrieb durch die von der EU geförderte Forschung über „social exclusion" erhalten (vgl. Barlösius/Ludwig-Mayerhofer 2001). Das Ergebnis der ungewöhnlichen Gleichzeitigkeit war, dass die systemtheoretische Beschreibung

---

88 Die „meisten Beschreibungen der Moderne als funktional differenzierter Gesellschaft zehren allzu sehr von jenem harmonischen Bild, das die Moderne stets von sich gezeichnet hat" (Nassehi 1997, S. 140).

89 Die Umstellungen der Unterscheidung Inklusion/Exklusion, welche Luhmann im Laufe der Jahre vorgenommen hat, werden hier nicht nachgezeichnet. Über diesen Wandel informieren Göbel/Schmidt (1998).

von Exklusionsprozessen sich plötzlich und für viele überraschend im Zentrum ungleichheitssoziologischer Erörterungen wiederfand. Damit stellte sich die hinlänglich bekannte Frage nach der gegenseitigen Abgrenzung von Theorien funktionaler Differenzierung gegenüber Theorien sozialer Ungleichheit nochmals ganz neu, weil nun vorher kaum beachtete Verbindungslinien hervortraten. Hier können jedoch nur einige Aspekte dieser Verbindungslinien behandelt werden (Genaueres siehe Schimank 1998, 1999a; Burzan/Schimank 2000; Schwinn 1998, 2000).

Obwohl im Mittelpunkt dieses Kapitels die systemtheoretische Unterscheidung von Inklusion und Exklusion stehen soll, weil mit ihr Ungleichheitsphänomene beschrieben werden, sind zum besseren Verständnis einige allgemeinere Anmerkungen über die systemtheoretische Sicht sozialer Ungleichheiten notwendig. Zunächst ist es wichtig, sich vor Augen zu führen, dass die Systemtheorie im Vergleich zur Ungleichheitstheorie einen Perspektivwechsel vornimmt. Letztere nimmt die individuell bzw. kollektiv unterschiedlichen Chancen zum Ausgangspunkt, bestimmte gesellschaftliche Positionen zu erreichen, und forscht nach den gesellschaftlichen Mechanismen, wie diese zugeteilt werden. Diese Mechanismen werden als weitgehend gesellschaftseinheitliche Regelungen gedacht, die für die verschiedensten Systeme oder Felder gleichermaßen gelten.[90] Sie werden daran gemessen, ob und inwieweit sie die soziale Integration aller Gesellschaftsmitglieder behindern oder befördern. Das Ausmaß sozialer Integration bzw. Desintegration ergibt sich für den Einzelnen ebenso wie für Kollektive aus der Summe der gesellschaftlichen Teilhabe an den verschiedenen Teilsystemen oder Feldern. Soziale Integration bzw. Desintegration wird auf der Seite der Individuen oder Kollektive bilanziert, nicht auf der der Teilsysteme oder Felder.

Luhmanns Theorie funktionaler Differenzierung setzt dagegen bei den gesellschaftlichen Teilsystemen an, die als selbstreferenziell geschlossen und damit gegenseitig voneinander abgegrenzt bestimmt werden. Gesellschaftseinheitliche Regelungen existieren somit nicht, nur systemspezifische.[91] Es sind die jeweiligen Mechanismen der Teilsysteme zu untersuchen, durch welche die Individuen inkludiert werden, nicht, wie die Individuen sich in diese integrieren. Ansatzpunkt sind nicht die Individuen, sondern die Teilsysteme, wodurch das Problem der sozialen Teilnahme auf die Funktionssysteme verlagert ist – kurz: von der

---

90   Zu Beginn dieses Abschnitts führe ich die Begriffe Feld und (Teil-)System noch parallel, sofern sie Ähnliches meinen, um die Parallelen zu Bourdieus Feldtheorie hervorzuheben. Im weiteren Verlauf verwende ich jedoch nur noch die systemtheoretische Begrifflichkeit.

91   Dies bedeutet für die soziologische Analyse, dass jedes Teilsystem wie ein „monadischer Weltentwurf" konzipiert ist, weshalb eine die Gesellschaft „zusammenfassende Denkfigur" wie beispielsweise die soziale Hierarchisierung, der von der Ungleichheitssoziologie eine „privilegierte Repräsentation des Ganzen zugedacht" wird, entfällt (vgl. Haller 1992, S. 824).

Sozial- auf die Sachdimension.[92] Dementsprechend müssen die Teilsysteme so beschaffen sein, dass die Individuen an ihnen – und zwar an allen Teilsystemen – teilnehmen können. Die systemtheoretische Beobachtung interessiert sich weniger für sozial bevorzugte oder benachteiligte Teilnahme – also ein irgendwie graduell gestaltetes gesellschaftliches Verhältnis. Es geht ihr vielmehr darum, aufzuzeigen, dass die Funktionssysteme alle Individuen ansprechen, um sie zu inkludieren, nicht darum, wie unterschiedlich sich Teilsysteme an die Individuen richten.

Der Mechanismus der Inklusion besteht aus einer binär kodierten teilsystemspezifischen Kommunikation, beispielsweise im Rechtssystem als „recht oder unrecht", im Wirtschaftssystem als „zahlen oder nicht zahlen", im Gesundheitssystem als „gesund oder krank". Vollinklusion ist hergestellt, wenn sich dieser Code an jedes Individuum richtet und jeder diesen benutzen kann. Dies zu garantieren ist die Funktion der Teilsysteme. Sie müssen also so gestaltet sein, dass alle Personen Zugang zu ihnen haben, und zwar „je nach Bedarf, nach Situationslage, nach funktional relevanten Fähigkeiten oder sonstigen Relevanzgesichtspunkten" (Luhmann 1980, S. 31). Demgemäß postulieren die Teilsysteme die Vollinklusion aller Personen. Es ist somit überhaupt nicht vorgesehen, dass bestimmte Individuen von der Teilnahme an einzelnen sozialen Systemen ausgeschlossen werden. Die „These der Vollinklusion aller in alle Funktionssysteme" – so Rudolf Stichweh – scheint sich allerdings nur „auf die Selbstbeschreibungen und die Codes der Funktionssysteme zu beziehen" (Stichweh 1998, S. 541).[93]

Dem Postulat der Vollinklusion von Seiten der Teilsysteme entspricht auf der Seite der Personen, dass für die Nicht-Teilnahme der Einzelne verantwortlich gemacht wird. „Wenn jemand seine Chancen, an Inklusion teilzunehmen, nicht nutzt, (...) [wird] ihm das individuell zugerechnet." (Luhmann 1997, S. 625) Damit erspart es sich die moderne Gesellschaft weitgehend, Exklusionen als sozialstrukturelle Phänomene wahrzunehmen. Exklusionen sollten vielmehr gar nicht mehr auftreten. In den wenigen Fällen, in denen sie dennoch geschehen, lösen sie keine dramatische Gesellschaftskritik aus und besitzen keine Zerfallskraft, wie dies die ungleichheitssoziologische Beschreibung desintegrierter Gesellschaften behauptet (vgl. Heitmeyer 1997). Dies alles zusammengenommen erklärt, weshalb im Zentrum der Theorien funktionaler Differenzierung nicht Sozialintegration, sondern Systemintegration steht.[94] Der Erfolg bzw. das Scheitern der Sys-

---

92 Der Integrationsbegriff lief deshalb, wie Luhmann selbst zugestanden hat, nur „im Schatten der Differenzierungstheorie mit und blieb begrifflich ungeklärt" (Luhmann 1995a, S. 237).
93 Dies ist die Interpretation von Stichweh (1998); Burzan/Schimank (2000) sehen dies anders.
94 Sozialintegration meint die Beteiligung und Teilhabe an der Gesellschaft als Ganzes, ihren materiellen und ideellen Ressourcen, aber auch ihren Werten und Normen. Systemintegration bezieht sich dagegen auf Teilnahmemöglichkeiten an einzelnen Teilsystemen.

temintegration wird als Inklusion bzw. Exklusion beschrieben.[95] Es handelt sich um eine grundsätzliche Unterscheidung. Ob ein Individuen mehr oder weniger inkludiert ist und insbesondere, welche Position es im Teilsystem einnimmt, diese Fragen werden nicht gestellt: Es wird nur nach Zugehörigkeit oder Nichtzugehörigkeit differenziert.[96]

Den Perspektivenwechsel von den Individuen zu den Teilsystemen, von der Sozialintegration zur Systemintegration, begründet Luhmann damit, dass in modernen Gesellschaften die Differenzierung in der Sozialdimension (stratifikatorische Differenzierung) von der Differenzierung in der Sachdimension (funktionale Differenzierung) abgelöst wurde. Dies hat zur Folge, dass die „Individuen nicht mehr konkret plaziert werden können" (Luhmann 1997, S. 625). Eine Zuordnung zu sozialen Gruppen, wie sie in segmentären Gesellschaften üblich war und von der Ungleichheitssoziologie noch heute professionell betrieben wird, ist nicht mehr sinnvoll, weil die Funktionssysteme an die Stelle einer sozial integrierenden Zentralinstanz getreten sind. Die ungleichheitssoziologische Herangehensweise, die integrierenden und desintegrierenden Mechanismen von einer Zentralinstanz herzuleiten, ist deshalb hinfällig geworden. Die Soziologie hat sich auf die Ebene der Teilsysteme zu begeben und von diesen je verschiedenen Standpunkten aus das soziale Geschehen zu beobachten. Es ist Sache der Teilsysteme, je spezifische Mechanismen der Inklusion zu entwickeln und das Verhältnis von Inklusion und Exklusion zu regeln (vgl. Luhmann 1997, S. 630). Sozialintegration war auf das gesellschaftliche Ganze bezogen und wurde durch normative Bindung aller gesellschaftlichen Teile aneinander garantiert. Systemintegration bedarf dieser normativen Bindung nicht mehr, da die unterschiedlichen Inklusionsprozesse jeweils nur ein Teilsystem betreffen und hiermit über Sachdimensionen stattfinden.

---

95   Luhmann hat nicht von Anfang an mit Exklusion als Gegenbegriff zu Inklusion gearbeitet, weil Inklusion als „Vollinklusion" gedacht war, weshalb ein Gegenbegriff nicht notwendig erschien. In seinem Aufsatz „Inklusion und Exklusion" (1995b) hat er jedoch eingeräumt, „dass wir das Differenzierungskonzept (d.h. die „totalitäre Logik der Inklusion", E.B.) mit Erklärungsansprüchen überlasten". Es fehlt ein Begriff, wenn Inklusion nicht zustande kommt, denn „von Inklusion kann man sinnvoll nur sprechen, wenn es Exklusion gibt" (siehe Luhmann 1995, S. 238ff.).

96   Am überzeugendsten hat Kronauer diesen Widerspruch herausgearbeitet. Er hat zwei Exklusionsbegriffe unterschieden. Exklusion I: Exklusion und Inklusion als komplementäre Begriffe, die sich gegenseitig ausschließen, was genuin der Logik der Systemtheorie entspricht; Exklusion II: als blockierter Zugang zu den Funktionssystemen. Dieser Exklusionsbegriff weist große Ähnlichkeiten zum Armutsbegriff auf (siehe Kronauer 1997, 1998, 1999, 2002). Eine gute Übersicht über diese Debatte gibt Bieling (2000).

6.2   Inklusion und Exklusion

Was meint Inklusion/Exklusion? Bei Inklusion wie Exklusion handelt es sich um einen Kommunikationsprozess; beide meinen eine systeminterne Unterscheidung, die „nur zur Ordnung der Kommunikation genutzt werden" kann (Luhmann 1995b, S. 261). Inklusion ist „als Chance der sozialen Berücksichtigung" zu verstehen, die daraus erwächst, dass Personen als relevant für ein Teilsystem bezeichnet werden (Luhmann 1997, S. 620). Der jeweilige Code der Kommunikation enthält an sie gerichtete Mitteilungen, über die sie angesprochen und gleichzeitig als Bestandteil des Teilsystems benannt werden. Exklusion meint, dass Personen nicht bezeichnet, damit für bedeutungslos gehalten und deshalb in den entsprechenden Systemen gar nicht sichtbar werden (vgl. Nassehi 2000, S. 19). Sie bleiben unbeachtet, so als würden sie überhaupt nicht existieren. Dabei handelt „es sich (...) freilich um erhebliche Grenzfälle"; „dies liegt auf der Hand" (ebd.). Die Regel ist, dass sie für mitteilungsrelevant erachtet und über eine teilsystemspezifische Anrede inkludiert werden. Stichweh hat eine weniger grundsätzliche Lesart von Exklusion vorgeschlagen: „Jemand wird in den Kommunikationsprozessen sozialer Systeme nicht bezeichnet; er oder sie wird nicht zum Anlass der Bildung von Konstrukten, die eine Personalisierung tragen. Oder aber: Es erfolgt zwar eine Kommunikation. Diese weist sich jedoch als letzte aus, die an eine bestimmte Person adressiert wird." (Stichweh 1998, S. 540) Ein Beispiel dafür sind Illegale, die offiziell gar nicht existieren; werden sie aufgegriffen, dann droht ihnen Abschiebung: die erste und die letzte an sie gerichtete Kommunikation des staatlichen Systems.

Wie schon mehrfach erwähnt, verfügt jedes System über seine eigenen Kriterien, nach denen es diskriminiert, ob es auf Personen kommunikativ zugreift und sie damit inkludiert oder ihnen den Zugang verwehrt und damit exkludiert. Nochmals anders ausgedrückt: Unter Inklusion sind die Modi der Teilnahmebedingungen bzw. -chancen und unter Exklusion jene Eigenschaften zusammengefasst, welche die Selbstbeschreibungen der Teilsysteme außer Acht lassen und die vom Postulat der Vollinklusion nicht berücksichtigt werden. Das allgemeine Wahlrecht beispielsweise inkludiert alle Individuen einer Nationalität ins Staatssystem. Es kann allerdings nur dann praktisch ausgeübt werden, wenn man über einen festen Wohnsitz verfügt, weil ansonsten die Wahlbenachrichtigung nicht postalisch zugestellt werden kann. Diese empirische Voraussetzung ist jedoch beim Inklusionsmechanismus Wahlrecht als Ausschlusskriterium nicht beabsichtigt. In der Praxis findet damit eine unvorhergesehene und ungewollte Exklusion statt.

Die Unterscheidung von Inklusion und Exklusion bezieht sich also auf die Adressierung der Kommunikation und damit auf die Art, wie Menschen angesprochen werden (vgl. Fuchs 1997). Mit ihr kann überprüft werden, ob die Selbstbeschreibungen und die Codes der Kommunikation tatsächlich ihren Anspruch erfüllen, sich prinzipiell an alle Individuen zu wenden. Sind sie nicht an alle adressiert, dann bedarf dies einer ausdrücklichen Begründung, welche die dadurch verursachte Exklusion legitimiert. Legitime Begründungen sind z.b., dass es sich um „Menschen anderer Art" – beim Wahlrecht etwa ohne staatsbürgerliche Zugehörigkeit – handelt oder ein „gravierender Normverstoß" vorliegt, durch welchen das Wahlrecht verwirkt wurde. In modernen Gesellschaften werden Exklusionen vermehrt eliminiert. An ihre Stelle tritt ein Netz zunehmend differenzierter Inklusionsmechanismen. So wurde im Laufe der politischen Demokratisierung das Wahlrecht immer mehr gesellschaftlichen Gruppen zuerkannt: zunächst allen Männern, dann den Frauen und heutzutage innerhalb der EU das kommunale Wahlrecht auch anderen Staatsangehörigen. Völlig exkludiert sind jedoch alle Personen unter 18 Jahren, was damit begründet wird, dass sie noch nicht wahlmündig seien. Man kann sich aber Begründungen dafür vorstellen, die altersbezogene Exklusion in den nächsten Jahrzehnten aufzuheben und Kinder und Jugendliche direkt oder indirekt ins politische System zu inkludieren.[97]

Die gesellschaftliche Semantik, die gleichsam das offizielle Gedächtnis der Gesellschaft repräsentiert, thematisiert vornehmlich die Inklusionsbedingungen und wie diese garantiert und praktisch umgesetzt werden. Exklusionen führt sie „allenfalls als warnende Beispiele" vor (Luhmann 1997, S. 627). Da funktional differenzierte Gesellschaften nach Vollinklusion streben, machen sich Exklusionen nur noch „als Restphänomene bemerkbar, die so kategorisiert sind, dass sie die totalitäre Logik (der Vollinklusion, E.B.) nicht in Frage stellen" (ebd., S. 626). Exklusion bildet damit eine Kategorie der gesellschaftlichen Semantik. Sie wird nicht als strukturelles Phänomen beschrieben, das durch den Teilsystemen vorgelagerte soziale Voraussetzungen entstanden sein könnte. So wird die Nichtadressierung des Wahlrechts an Kinder intern begründet, die Exklusion von Nichtsesshaften allerdings nicht. Sie ergibt sich aus Konstellationen, die nicht diesem Inklusionsmechanismus zuzurechnen sind, die aber als Prämissen erfüllt sein müssen, damit die teilsystemische Ansprache überhaupt bei den Adressierten ankommen kann.

Inklusion und Exklusion aus systemtheoretischer Sicht beschreiben eine grundsätzlich andere Form der Integration als jene, die anhand von Ungleichheitsverhältnissen erfasst wird. So meint Vollinklusion nicht die Abschaffung oder eine weitreichende Reduktion sozialer Ungleichheiten. Gemeint ist bloß,

---

97 Einige Modelle für die Inklusion dieser Altersgruppen werden bereits diskutiert: Herabsetzung des Wahlrechts auf 16 Jahre oder die stellvertretende Ausübung des Wahlrechts durch die Erziehungsberechtigten.

dass die ehemalige Strukturierungskraft sozialer Ungleichheiten von der Dynamik funktionaler Differenzierung „überlagert" wird, weshalb diese der Gesellschaft nicht mehr den Stempel aufdrücken und von ihnen auch keine Gesellschaftsdynamik ausgeht. Aber soziale Ungleichheiten existieren weiter. Luhmann betont explizit, dass eine „funktional differenzierte Gesellschaft (...) extreme Ungleichheiten in der Verteilung öffentlicher und privater Güter erzeugen und tolerieren kann" (Luhmann 1995b, S. 249). Sie stehen jedoch unter zwei legitimatorischen Beschränkungen. Erstens müssen die extremen Ungleichheiten als vorübergehend und veränderlich angesehen werden. Zweitens haben sie sich auf einzelne Funktionssysteme zu beschränken. Der Inklusionsmechanismus des einen Systems darf nicht mit dem eines anderen zusammenhängen, was genauso für Exklusionen zu gelten hat. Diese Restriktion kann an dem obigen Beispiel veranschaulicht werden. Es darf nicht vorkommen, dass das Wahlrecht bei Arbeitslosigkeit oder nicht vorhandenem Bildungsabschluss entzogen wird, weil dies eine Interdependenz zwischen dem politischen, dem wirtschaftlichen und dem Bildungssystem herstellen würde, was der funktionalen Differenzierung zuwider liefe.[98]

Soweit eine kurze Darstellung der systemtheoretischen Unterscheidung von Inklusion und Exklusion. Die systemtheoretische Grundannahme lautet zusammengefasst: Im Prozess der funktionalen Differenzierung werden die Teilsysteme so umgebaut, dass sie der Forderung der Vollinklusion genügen. Exklusionen nehmen demgemäß ab und werden zudem begründungsbedürftig.

Diese Konzeption ist theoretisch hergeleitet; sie repräsentiert einen theoretischen Idealtypus, auch wenn Luhmann immer wieder Beispiele zum Beleg der empirischen Richtigkeit anführt. In den späten 1990er Jahren hat Luhmann selbst eingeräumt, dass die Unterscheidung von Inklusion und Exklusion „empirisch nie so klar gegeben [ist], daß alle Personen der einen oder der anderen Seite zugeordnet werden können" (Luhmann 1995b, S. 263). Im Folgenden sollen zunächst die Fälle von Exklusion vorgestellt werden, die Luhmann selbst im Blick hatte, als er diesen relativierenden Satz formulierte. Anschließend ist zu fragen, welche theoretischen Anpassungen er daraufhin vorgenommen hat. Dabei interessiert besonders, ob er soziale Ungleichheiten als Strukturelement wieder eingeführt hat. Um den letzten Punkt zu beantworten, ist auf Arbeiten zurückzugreifen, die im Umkreis der Systemtheorie zu diesem Problem verfasst worden sind. Luhmann selbst blieb leider keine Zeit mehr, diese Fragen weiterzuverfolgen.

---

98   Bourdieu bezieht in seiner Feldtheorie eine genau entgegengesetzte Position: Er geht von starken Interdependenzen zwischen den Feldern (Teilsystemen) aus. ·

6.2.1 Exkludierte Personen

Exklusionen entstehen – wie ausgeführt – daraus, dass die Kommunikation der Teilsysteme einzelne Individuen nicht berücksichtigt bzw. nicht erreicht. Die Teilsysteme sind nicht in der Lage, die Wirkungsweise und Folgen dieser Nichtansprache zu beobachten. Sie sind – metaphorisch gesprochen – gegenüber den Erzählungen der Exkludierten taub. Um diese Gruppe beobachten zu können, ist es notwendig, auf die Personenebene zu wechseln. Luhmann beschreibt deshalb nicht Exklusionsprozesse aus den Teilsystemen oder die Nichtaufnahme in diese, sondern geradezu klassisch ungleichheitssoziologisch die soziale Lage exkludierter Personen. Er schildert seine Beobachtungen der Favelas südamerikanischer Städte, niedergehender Kohlebergbausiedlungen in Wales und armer Stadtviertel in Indien. Dort musste er feststellen, „daß es doch Exklusionen gibt, und zwar massenhaft und in einer Art Elend, das sich der Beschreibung entzieht" (Luhmann 1995a, S. 147). An der Eindrücklichkeit dieses Elends „scheitern die verfügbaren Erklärungen", auch die systemtheoretischen. In diesen sich im Modernisierungsprozess befindlichen Ländern könnte es passieren, dass „unter Umständen eine kaum noch zu überbrückende Kluft zwischen Inklusionsbereich und Exklusionsbereich aufreißt" und diese zur dominanten Strukturierungsachse wird (Luhmann 1995b, S. 250). Ob auch in modernen, funktional differenzierten Ländern eine solche Kluft aufreißt oder zukünftig entstehen wird, darüber hat sich Luhmann selbst nicht ausführlich geäußert.[99] Diese Frage bestimmte jedoch die Debatte, die sich an diese Schilderungen von Exklusionsprozessen anschloss. Darauf komme ich gleich zurück. Vorher ist zu klären, wie sich derartig gravierende Exklusionen auswirken, welche die Person als Ganzes erfassen und nicht nur ihre Mitwirkung an einzelnen Teilsystemen.

Aus systemtheoretischer Perspektive ist an diesen Formen der Exklusion bemerkenswert, dass sie „querziehende Tendenzen"[100] zum Prozess der funktionalen Differenzierung entfachen und die Eigenheit besitzen, „soziale Unterschiede zu stabilisieren und zu funktionsübergreifenden gesellschaftlichen Statuspositionen auszubauen" (ebd.). Damit lösen sie einen Rückfall in die Strukturbildungsprozesse sozialer Ungleichheiten aus. Empirisch heißt dies:

„Funktionssysteme schließen, wenn sie rational operieren, Personen aus oder marginalisieren sie so stark, daß dieses für sie Konsequenzen für den Zugang zu anderen Funktionssystemen hat. Keine Ausbildung, keine Arbeit, kein Einkommen, keine regulären Ehen, Kinder ohne re-

---

99 Luhmanns Schilderung des Niedergangs der Bergbauregionen in Wales ermuntert geradezu zu dieser Nachfrage.

100 Mit diesem Begriff ist gemeint, dass es neben dem Hauptstrang der gesellschaftlichen Entwicklung in der Form der funktionalen Differenzierung einen Nebenstrang gibt, der entlang sozialer Ungleichheiten verläuft (siehe auch S. 197f.).

gistrierte Geburt, ohne Ausweise, ohne Zugang zu an sich vorgesehenen Anspruchsberech-
tigungen, keine Beteiligung an Politik, kein Zugang zur Rechtsberatung, zur Polizei oder zu
Gerichten – die Liste ließe sich verlängern, und sie betrifft, je nach den Umständen, Marginali-
sierungen bis hin zum gänzlichen Ausschluß." (Luhmann 1995a, S. 148)

Exkludierte Personen leben in einem Bereich, in welchem die Teilsysteme keine
Ordnungs- und Zugriffsmöglichkeiten mehr besitzen und die Menschen „fast auf
ihre Körper" zurückgeworfen sind (Luhmann 1997, S. 631). Dieser Bereich zeichnet sich durch eine große soziale Kohärenz aus, weil sich die exkludierten Personen in der gleichen sozialen Lage befinden, sogar räumlich nah beieinander leben. Die große soziale Kohärenz und die räumliche Nähe der Exkludierten begünstigt eine soziale Integration des Exklusionsbereichs. Aus systemtheoretischer Sicht bedeutet dies: „Die Exklusion integriert viel stärker als die Inklusion"
(ebd.) – ein Satz, der aus ungleichheitssoziologischer Sicht die realen sozialen
Verhältnisse geradezu auf den Kopf stellt, weil dort soziale Integration stets die
gelungene Teilhabe am gesellschaftlichen Ganzen meint. In manchen Regionen
der Erde wie in den oben genannten Beispielen hat die Unterscheidung Inklusi-
on/Exklusion die Rolle einer „Meta-Differenz", die der funktionalen Differenz
übergeordnet ist. Dort scheinen Inklusions- und Exklusionsprozesse mit Integra-
tionsprozessen verbunden zu sein, was der ungleichheitssoziologischen Sicht
weitgehend entspricht.

6.2.2   Exkludierende Teilsysteme

Schauen wir uns den Prozess der Exklusion aus der Perspektive der Teilsysteme
an. Die obige Darstellung der Exklusion aus den verschiedenen Teilsystemen hat
überzeugend belegt, dass zwischen ihnen Querverbindungen bestehen und sogar
Abweichungsverstärkungen stattfinden. Die wechselseitige Verstärkung von Exklusionen kann nicht einem einzelnen Funktionssystem zugerechnet werden. Sie
ergibt sich aus Querverbindungen zwischen diesen (vgl. Luhmann 1997, S. 633).
Empirisch lässt sich die kumulative Wirkung von Exklusionen kaum ernsthaft
bezweifeln. Dies läuft jedoch der „reinen Lehre" der Theorien funktionaler Differenzierung zuwider, nach der in diesem Ausmaß weder Querverbindungen
noch gegenseitige Verstärkungen eintreten dürften. Aber dass die „Eigendynamik der Funktionssysteme zu einer wechselseitigen Überlastung führen kann",
gibt Luhmann zu (Luhmann 1995b, S. 250). In sich erst funktional differenzie-
renden Gesellschaften kann die wechselseitige Überlastung als Übergangsphä-
nomen angesehen werden. Allerdings sind diese Phänomene auch in Randberei-
chen von bereits funktional differenzierten Gesellschaften wie den europäischen
zu beobachten. Dort werden sie jedoch nach Luhmann nicht strukturbildend.
Indes macht er darauf aufmerksam, dass auch in diesen Gesellschaften Ex-

klusionen Struktureffekte auslösen könnten und, falls die Teilsysteme immer weniger ihrem Inklusionsauftrag nachkommen, Exklusionen massenhaft auftreten. Dies ruft eine erhebliche Lockerung im Inklusionsbereich hervor. Die Folge ist, dass die Teilsysteme aufgrund ihrer verringerten Durchgriffsmacht immer weniger in der Lage sind, die Ordnung der Inklusion verbindlich zu regeln. Dies bleibt nicht ohne Rückwirkungen auf die Funktionssysteme. In modernen, funktional differenzierten Gesellschaften sieht Luhmann die Ursache für eine Lockerung im Inklusionsbereich darin, dass manche Funktionssysteme die Vollinklusion nicht mehr als Normalfall behandeln und sich immer häufiger in Organisationen umwandeln. Ein Beispiel dafür ist, wenn das politische System immer mehr von Parteien beherrscht wird. Eine erfolgreiche politische Beteiligung setzt dann die Mitgliedschaft in einer Partei voraus. Kennzeichen von Organisationen ist jedoch, dass sie „alle mit Ausnahme der hochselektiv ausgewählten Mitglieder" ausschließen (Luhmann 1997, S. 844). Das Inklusionsversprechen der Gleichheit und Freiheit gilt für sie, die „Systeme mit Exklusionsbefugnis" sind, nicht (Luhmann 1994, S. 193). Ein „Kollaps der Funktionssysteme" ist aber daraus ebenso wenig zu erwarten wie grundlegende Strukturprobleme für funktional differenzierte Gesellschaften.

Anders fällt jedoch die Beurteilung für sich noch modernisierende Gesellschaften aus, d.h. Gesellschaften, die noch nicht vollständig funktional differenziert sind. Bei diesen scheint es offen zu sein, „ob und wie eine Rückkopplung aus dem Exklusionsbereich in den Inklusionsbereich vermieden oder in normale Evolutionstrends, in den structural drift der Teilsysteme überführt werden kann" (Luhmann 1997, S. 634). Daraus ergeben sich zwei grundsätzliche Fragen: Kommen „die sozialen Folgen und die Strukturprobleme eines Gesellschaftssystems mit funktionaler Differenzierung ausreichend in den Blick" und ist „eine Gesellschaft aus der Perspektive der vorherrschenden Typik stratifikatorischer bzw. funktionaler Differenzierung ausreichend beschrieben?" (Luhmann 1995b, S. 248f. und 264). Diese Fragen sollen hier nicht weiter verfolgt werden. Sie betreffen die Reichweite der Systemtheorie, aber weniger die hier interessierende Frage, ob die Unterscheidung von Exklusion und Inklusion tatsächlich ausreicht, die in das Thema der Sozialintegration eingelassenen Aspekte sozialer Ungleichheit zu ersetzen (vgl. ebd., S. 619).

6.3   Rezeption und Weiterentwicklung

Bei der Rezeption und Weiterentwicklung der Unterscheidung Inklusion/Exklusion wurden hauptsächlich drei Fragen kritisch diskutiert: (1) Resultieren die kumulativen Exklusionsphänomene tatsächlich aus Effekten der funktionalen Differenzierung oder entstehen sie nicht vielmehr aus „querziehenden"

Tendenzen, die sich entlang von Ungleichheitsmerkmalen organisieren? (2) Ist das Postulat der Vollinklusion in die Funktionssysteme auf der Ebene der Semantik angesiedelt oder ist es auf die Ebene der Gesellschaftsstruktur zu beziehen? Der dritte Kritikpunkt vertieft einen Aspekt des zweiten: Die von Luhmann angeführten Beispiele von Exklusion finden stets unter lokalen und regionalen Sonderbedingungen statt, die einer gelingenden Inklusion in die Funktionssysteme entgegenstehen (Stichweh 1997, S. 132). Daraus ergibt sich (3) die Frage, ob und inwieweit sozialräumliche Besonderheiten für die problematische Kopplung zwischen den einzelnen Funktionssystemen verantwortlich sind. Anders gefragt: Welche sozialräumlichen Bedingungen müssen für eine durchgängige und alle Individuen umfassende funktionale Differenzierung der Gesellschaft erfüllt sein? Im Weiteren soll nur auf die ersten beiden Fragen eingegangen werden. Die dritte spricht den grundsätzlichen Aspekt der Räumlichkeit sozialer Phänomene an. Sie zielt weit über das Thema der Inklusion und Exklusion hinaus und wird deshalb an dieser Stelle nicht behandelt.

(1) „Querziehende" Tendenzen
Insbesondere Armin Nassehi hat sich in den letzten Jahren ausführlich mit dem empirisch beobachtbaren Phänomen „kumulativer Exklusionen" in funktional differenzierten Gesellschaften beschäftigt. Um diese zu erklären, öffnet er die Systemtheorie so weit für das „Problem der sozialen Ungleichheit", dass er die „Theorie funktionaler Differenzierung an die Soziologie sozialer Ungleichheit anbinden" kann (Nassehi 1997, S. 143).[101] Er vertritt die These: „Die funktionale Differenzierung der Gesellschaft hat zur Folge, dass gesellschaftliche Struktur und Individualität quer zueinander stehen." (ebd., S. 123) Damit setzt Nassehi an der Aussage an, dass es in funktional differenzierten Gesellschaften durchaus noch allgemeine Schichtzugehörigkeitsmerkmale gibt, diese aber mit den Inklusionsmechanismen nur noch lose verkoppelt sind. Die Parallelführung von Inklusionsmechanismen und sozialen Ungleichheiten stellt für Luhmann – wie bereits ausgeführt – kein Problem dar, sofern Ungleichheiten als vorübergehend oder legitim dargestellt werden. Solange werden sie im Wesentlichen nur auf der Ebene der gesellschaftlichen Semantik miteinander in Bezug gesetzt. Eine strukturelle Hemmung der funktionalen Differenzierung ist dabei nicht zu erwarten.

Im Gegensatz dazu analysiert Nassehi die Interaktion von funktionaler Differenzierung und Ungleichheitsmerkmalen und geht davon aus, dass beide in ein Spannungsverhältnis zueinander geraten können: Neben der funktionalen Diffe-

---

101 Selbstverständlich haben auch andere, insbesondere Uwe Schimank, die Systemtheorie für ungleichheitssoziologische Fragen geöffnet. Schimanks Konzeption von Inklusionsprofilen ist theoretisch und empirisch weitreichender (siehe weiter unten Kap. 6.3.1 und 6.3.2; vgl. auch Burzan/Schimank 2000).

renzierung gibt es eine quer verlaufene Strukturierung, die aus dem Auseinander-Laufen von Inklusion in Teilsysteme und Zugehörigkeit zu Gruppen entsteht. Dies ist der Grund dafür, dass soziale Ungleichheiten trotz durchgreifender funktionaler Differenzierung, die ja prinzipiell ungleichheitsneutral ist, erstaunlich stabil bestehen bleiben. Zu vermuten wäre dagegen, dass diese sich im Prozess der Durchsetzung der funktionalen Differenzierung immer weiter abschleifen. Um dieses Nebeneinander angemessen zu berücksichtigen, schlägt Nassehi eine erweiterte Lesart der Theorie funktionaler Systeme vor, die neben dem Hauptstrang der funktionalen Differenzierung auch jene Phänomene betrachtet, die diesem Prozess nicht unterworfen werden: „Was Differenzierung auch ausmacht: das Auseinanderdriften von Lebensformen und funktionalen Handlungslogiken, die Gefahr der Entkopplung von Inklusionlogiken und Lebenslagen, den Legitimationsverlust von Optionssteigerungen" (Nassehi 2001, S. 164). Daraus ergibt sich das Problem, wie „sich eine lose Kopplung von Funktionssystemen mit der Formierung von Lebenslagen kombinieren lässt, die nicht mehr nur durch ein einziges Funktionssystem bestimmt werden" (Nassehi 2000, S. 21). Dies verlangt eine Perspektivenerweiterung, weil der Blick der Systemtheorie dafür verstellt ist, „dass individuelle Lebenslagen quer zu jener Differenzierung der Gesellschaft in der Sachdimension gesellschaftlicher Funktionssysteme liegen" (Nassehi 1997, S. 140).

Problematisch wird das Verhältnis von Systemdifferenzierung und quer verlaufenden Tendenzen entlang von Lebenslagen, wenn wachsende Ungleichheits- und Desintegrationserfahrungen das soziale Klima erheblich erschüttern. Die Brisanz sozialer Ungleichheiten und die Destabilisierung von Lebenslagen sind jedoch nicht den Systemdifferenzierungen zuzurechnen, sondern den quer dazu verlaufenden Tendenzen einer sozialen Differenzierung (vgl. Nassehi 2000, S. 22). Das Prinzip der funktionalen Differenzierung wird durch die quer verlaufenden Lebensformen nicht gefährdet. Sie liegen in der Logik der Funktionssysteme, denn Inklusion/Exklusion meint nicht nur eine kategoriale, sondern ebenso eine graduelle Unterscheidung in Bereiche einer mehr oder weniger ausgeprägten Inklusion, in denen sich ebenfalls die kumulativen Effekte von loseren Formen der Inklusion niederschlagen.

Da aber bloß dann keine Inklusion stattfindet, wenn jemand überhaupt nicht mehr von den Systemen erreicht wird, ist der Exklusionsbereich sehr klein – so klein, dass er die Dynamik der Funktionssysteme nicht tangiert. Nur in den von Luhmann zitierten Beispielen der Favelas und indischen Armutsghettos, wo „Parallelgesellschaften" existieren, kann von Exklusion gesprochen werden. In westlichen Gesellschaften existieren – bis auf extreme Ausnahmen – dagegen lediglich verschiedenartige Inklusionslagen, die jedoch keinem eigenständigen Differenzierungsprinzip – wie soziale Klassen und Schichten – zuzurechnen sind.

Nassehis Öffnung der Systemtheorie gegenüber sozialen Ungleichheiten beschränkt sich auf die Anerkennung, dass es quer zur funktionalen Differenzierung liegende Lebenslagen gibt, welche soziale Bevorzugungen und Benachteiligungen in sich tragen. Aber die bevorzugten und benachteiligten Lebenslagen entstehen im Prozess der funktionalen Differenzierung. Sie sind somit nicht, wie die Ungleichheitssoziologie meint, Ergebnis sozialer Differenzierung. Der empirisch beobachtbare Zusammenhang zwischen Inklusionsmechanismen und sozialstrukturellen Merkmalen wird zwar von den Funktionssystemen hergestellt, er ist aber nicht Folge eines eigenständigen sozialen Differenzierungsprinzips. Damit erkennt Nassehi an, dass ungleiche Lebenslagen existieren, aber nicht, dass diese unabhängig von den Funktionssystemen bestehen. Die ungleichheitstheoretische Sicht, dass die Macht der sozialen Differenzierung durch die Funktionssysteme quasi hindurchgreift und massiv auf sie Einfluss nimmt, lehnt er völlig ab.

(2)   Vollinklusion – semantisches oder strukturelles Postulat?
Diese Frage hat Luhmann selbst eindeutig beantwortet: „Funktionale Differenzierung kann, anders als die Selbstbeschreibung der Systeme es behauptet, die postulierte Vollinklusion nicht leisten. Funktionssysteme schließen, wenn sie rational operieren, Personen aus oder marginalisieren sie so stark, dass dies Konsequenzen hat für den Zugang zu anderen Funktionssystemen." (Luhmann 1997, S. 774) Vollinklusion ist somit ein semantisches Postulat, ähnlich wie die „Semantik der Gleichheit und Freiheit". Trotz der klaren Antwort entspann sich eine Debatte darüber, wie der Widerspruch zwischen dem theoretischem Postulat der Vollinklusion und empirischen Befunden einer nicht vollständig vollzogenen Inklusion aufzulösen sei. Meint Vollinklusion eine Semantikformel, die Produkt der Selbstbeschreibung der Funktionssysteme ist, oder handelt es sich um ein Theoriekonzept, womit Struktursachverhalte beschrieben sind (vgl. Göbel/ Schmidt 1988)?
Für Rudolf Stichweh ist die Antwort klar: „Die These der Vollinklusion scheint also eine Konstitutions- und Reflexionsebene des Systems zu meinen, die nicht automatisch mit Selbstverwirklichungsmöglichkeiten ausgestattet ist." (Stichweh 1998, S. 542, im Original kursiv) Damit beantwortet er indirekt eine weitere, sich anschließende Frage: Wird zwischen der Konstitutions- und Reflexionsebene ein Zusammenhang behauptet? Seine Antwort lautet Nein, weil zwischen der Ebene der realen Möglichkeiten und der Ebene der Semantik keine automatische Verbindung besteht.
Prononciert haben Göbel/Schmidt auf diesen strittigen Punkt aufmerksam gemacht: Die „primär wissenssoziologisch fundierte Luhmannsche Gesellschaftsstheorie" benennt „bei der Frage von Inklusion und Exklusion den Zusammenhang (und die Differenz) von Semantik und Struktur nicht klar (...): Es

müsste zumindest geklärt werden, wie strukturelle Sachverhalte der Teilhabe an funktionssystemspezifischer Kommunikation und das semantische Inklusionspotenzial der modernen Gesellschaft korrelieren." (Göbel/Schmidt 1998, S. 91) Zu dieser Unklarheit hat Luhmann selbst einiges beigetragen, weil er an diversen Stellen von einer Ebene zur anderen wechselt. Ein Beispiel: Die „Gesellschaft" stellt „für alle Menschen Inklusionsmöglichkeiten bereit. (...) Die Frage ist nur, wie sie konditioniert sind und wie sie ausfallen. Das heißt: wie Gleichheit (für alle) und Ungleichheit je nach Anerkennung und Erfolg vermittelt werden. Damit wird die Selbsteinschätzung im Schema gleich/ungleich nachvollzogen." (Luhmann 1997, S. 620) In diesem Zitat sind beide Ebenen miteinander in Beziehung gesetzt: die strukturelle als Konditionierung von Inklusionsmöglichkeiten und die semantische als Selbsteinschätzung entlang von gleich oder ungleich. Wie diese vermittelt sind, bleibt weitgehend offen. Lassen wir diesen Aspekt beiseite, weil das grundlegende Problem der Vermittlung von Struktur und Semantik angesprochen ist, das uns bereits bei den theoretisch unzureichend gelösten Fragen begegnete. Dort wurde es konkreter behandelt, nämlich als das Verhältnis von Ungleichheitsgeschehen und ungleichheitssoziologischen Kategorisierungen und Klassifizierungen (vgl. Frage 3, S. 33f.). Es wird an späteren Stellen wieder aufgenommen.

Halten wir bis hierhin fest, dass eine überzeugende und eindeutige theoretische Antwort große Schwierigkeiten birgt, jedoch in der sozialen Praxis die Vermutung eines wie auch immer gearteten gegenseitigen Bedingungsverhältnisses – schwächer formuliert: einer Kohärenz zwischen Struktur und Semantik – erstaunlich oft bestätigt wird.

6.3.1   Inklusion als Brückenkonzept

Zu Beginn habe ich darauf hingewiesen, dass seit einigen Jahren verstärkt Verbindungslinien zwischen systemtheoretischen und ungleichheitssoziologischen Analysen aufgezeigt werden. Besonders Uwe Schimank hat immer wieder darauf hingewiesen, dass sich zwar die Ausgangspunkte der beiden Theorieperspektiven unterscheiden, aber dies nicht heißen muss, dass sie nicht miteinander vermittelt werden könnten, zumal bei beiden die Existenz von funktionaler Differenzierung und sozialen Ungleichheiten unbestritten ist. Die Kontroverse bestehe nur darüber, welches der beiden Prinzipien als dominant angesehen wird und ob sie als getrennte oder sich wechselseitig verstärkende Differenzierungsformen konzipiert werden.

Angesichts der gegenseitigen Ergänzung plädiert Schimank dafür, „die Theorien sozialer Ungleichheit und die Theorien funktionaler Differenzierung stärker miteinander zu verzahnen" (Schimank 1998, S. 61). Inklusion soll als „Brückenkonzept" zwischen beiden fungieren, weil dieser Begriff innerhalb der Ungleichheitstheorie etabliert ist und gleichzeitig genutzt werden kann, eine „differenzierungstheoretische 'Sozialstrukturanalyse'" zu entwickeln (Burzan/ Schimank 2000, S. 3). Zudem repräsentiert Inklusion das „normative Prinzip der Moderne" (Schimank 1998, S. 68). Es besitzt einen vergleichbaren Stellenwert wie ehemals das normative Prinzip der sozialen Gerechtigkeit, welches die Verteilungskonflikte der Klassen- und Schichtgesellschaften geprägt hat und als Verteilungsgleichheit operationalisiert wurde. In heutigen funktional differenzierten Gesellschaften treten dagegen Verteilungskonflikte hauptsächlich in der Form von Inklusionsdefiziten auf und werden als Exklusion erlebt. Auch in den semantischen Auseinandersetzungen hat die Unterscheidung von Inklusion und Exklusion den vormaligen Appell an soziale Gerechtigkeit weitgehend ersetzt.

Inklusion wird über Rechte und Anrechte hergestellt. In der sozialen Praxis bedeutet dies den Zugang zu teilsystemischen Leistungs- und Publikumsrollen und Leistungen. Für das Gesundheitssystem heißt dies beispielsweise, dass ein Kranker (Publikumsrolle) Anspruch auf medizinische Versorgung (Leistung) durch einen Arzt (Leistungsrolle) hat. Exklusion findet durch den „Verlust von Rechten, die jemandem faktisch oder zumindest prinzipiell bereits gewährt worden sind", statt (Burzan/Schimank 2000, S. 4). Wenn es zu kumulativen Exklusionen kommt, bei denen immer mehr Menschen aus immer mehr Teilsystemen herausfallen, erhält diese Form der sozialen Ungleichheit eine besondere Zuspitzung (vgl. Schimank 1998, S. 61). Zwar erzeugt funktionale Differenzierung nicht kumulative Exklusionen, aber sie tut auch nichts dagegen, weshalb die Verteilungskonflikte zwischen den sozialen Lagen in funktional differenzierten Gesellschaften ein dauerhaftes Phänomen darstellen. Für die differenzierungstheoretische Sozialstrukturanalyse konzipiert Schimank Inklusionsprofile entlang von Leistungs- und Publikumsrollen. Diese sind so umfassend angelegt, dass alle die Lebensführung bestimmenden Teilsysteme einbezogen werden. Auch solche Systeme werden betrachtet, die üblicherweise von der Ungleichheitssoziologie unbeachtet bleiben, beispielsweise Kunst und Sport.

Schimank verknüpft die differenzierungs- und die ungleichheitstheoretische Perspektiven auf zweifache Weise:

(1) Die Inklusionsmechanismen der Teilsysteme richten sich an alle Individuen auf die gleiche Art und Weise. Sie treffen aber auf Individuen, die mit ungleichen Chancen starten, weshalb die den Inklusionsmechanismen innewohnende Legitimationsformel „gleiche Adressierung an alle" ganz unterschiedliche Effekte erzielt – nämlich lebenslagenspezifische Benachteiligungen und Bevorzugungen. Dies hat Ulrich Beck in seinem Bild vom Fahrstuhl anschaulich ausgedrückt: Die Lebenschancen steigen, alle Gesellschaftsmitglieder fahren höher,

aber sie bleiben wie zuvor auf unterschiedlichen Etagen hängen. Damit ist eine Brücke von der differenzierungstheoretischen zur ungleichheitssoziologischen Perspektive gespannt.

(2) Die zweite Verknüpfung bezieht sich auf Ansprüche der Gesellschaftsmitglieder an das normative Inklusionspostulat. Diese „nähren sich in hohem Maße aus als ungerechtfertigt erlebten Ungleichheiten der sozialen Lagen" (Schimank 1998, S. 73). Im Allgemeinen ist ihnen die Tendenz inhärent, das Inklusionspostulat als maximalen Leistungsanspruch aller an die Teilsysteme zu formulieren. Nur durch ein hohes, nach oben prinzipiell offenes Leistungsniveau können soziale Ungleichheiten – ohne massive Umverteilung – nivelliert werden. Im Bereich der Gesundheitsversorgung heißt dies: das medizinisch Mögliche und Sinnvolle für alle, keine Differenzierung in Pflicht- und Wahlleistungen.

Derartigen Forderungen ist immanent, dass die Teilsysteme ihren Leistungskatalog immer mehr erweitern und auf diese Weise expandieren. Damit formuliert das Inklusionspostulat, das der Logik der funktionalen Differenzierung entspringt, den Gesellschaftsmitgliedern ihre Ansprüche an die Teilsysteme vor (vgl. Schimank 1998, S. 74). Mit den Expansionstendenzen reagieren die Teilsysteme auf wachsende Ansprüche der Gesellschaftsmitglieder, wodurch eine „Anspruchsinflation" in Gang gesetzt wird. In dieser drückt sich die Unzufriedenheit mit den sozialen Ungleichheiten aus. Durch die Anspruchsspirale kann es zu einer „Überbelastung" kommen. Dieser Prozess kann differenzierungstheoretisch beschrieben und erklärt werden, womit eine Brücke von der Ungleichheitssoziologie zu den Theorien funktionaler Differenzierung geschlagen ist.

Diese beiden Verbindungslinien stecken das Programm einer differenzierungstheoretischen Sozialstrukturanalyse ab. Es besteht darin, „für die Gegenwart und Zukunft die wechselseitige Konstitution von teilsystemischen Expansionstendenzen und Verteilungskonflikten zwischen sozialen Lagen als zentrale Bestimmungsgröße gesellschaftlicher Dynamik zu erfassen" (ebd., S. 67).

6.3.2   Weitere Verknüpfungen

Auch Thomas Schwinn hat sich mit der Verknüpfung der beiden relativ beziehungslos nebeneinander laufenden Theorien beschäftigt. Sein Hauptargument lautet, dass Hierarchien nicht aus Funktionen abgeleitet werden könnten, aber „in den differenzierten Positionen ein unterschiedliches Potenzial für Herrschafts- und Selbstdarstellungen" stecke, „das weit über den unmittelbaren funktionalen Tätigkeitsbereich hinaus zur Schließung und Monopolisierung von Tätigkeitsbereichen" diene (Schwinn 1998, S. 12f.). Hierarchien sind somit Ergebnis sozialer Ungleichheiten; sie verlaufen nicht quer zum funktionalen Differenzierungsprinzip, wie die Systemtheorie annimmt. Vielmehr handelt es sich um eine „eigenständige Sozialdimension", die aber eben nicht der Logik der funktionalen Differenzierung entspringt. Damit stellt Schwinn das Primat der funktionalen gegenüber der sozialen Differenzierung in Frage. Er spricht sich dafür aus, von einer wechselseitigen Steigerung beider Differenzierungsformen auszugehen. Die „These einer wechselseitigen Ermöglichung von Differenzierungsformen" zwingt nicht dazu, sich zwischen „soziologischen Ungleichheitsanalysen und Analysen differenzierter Ordnungen entscheiden" zu müssen. „Nur beide zusammen bilden ein analytisches Koordinatensystem, mit dem sich Problematik und Dynamik einer Gesellschaft adäquat erfassen lassen." (ebd., S. 15)

Es ist sicherlich hilfreich, beide Differenzierungsprozesse theoretisch-analytisch miteinander zu verknüpfen, überzeugender sind jedoch historisch-genetische Ausführungen, die zeigen, auf welche Weise die beiden Differenzierungsformen empirisch stets miteinander verwoben waren. Diese Herausforderung haben wir bereits bei Bourdieu kennen gelernt. Sie ist aber keineswegs eine, die sich erst seit einiger Zeit stellt; bereits die soziologischen Klassiker haben sich ihrer angenommen. So hat Max Weber an vielen Stellen – in der Sprache der gegenwärtigen Soziologie formuliert – soziale und funktionale Differenzierungsprozesse zueinander in Beziehung gesetzt, um zu belegen, dass der eine den anderen Prozess bedingt. Dies soll anhand des Beispiels der steigenden kulturellen Stilisierung als Ausdruck der sozialen Differenzierung und der Zunahme kultureller Einrichtungen als Form funktionaler Differenzierung skizziert werden. Dieses Phänomen ist auch für Gegenwartsgesellschaften aktuell und die Lebensstilsoziologie – als Zweig der Ungleichheitssoziologie – hat darüber in den letzten Jahrzehnten viel geforscht.[102]

Kulturelle Gestaltungsräume als Voraussetzung für Differenzierungsprozesse öffnen sich nach Weber, wenn die Gemeinschaft nicht mehr als „Trägerin der objektiven Kulturgüter" akzeptiert wird und die bisherigen kulturellen Gebräuche und Gewohnheiten fraglich werden. Diese Gestaltungsräume werden sowohl zur sozialen als auch zur funktionalen Differenzierung genutzt; dabei werden innere und äußere Motive, die eng miteinander verbunden sind und sich wechselseitig steigern, wirksam. „Von innen her wirkt die Entfaltung und Differenzierung der Fähigkeiten und Bedürfnisse". Der Einzelne „erträgt" „immer schwerer die undifferenzierten Lebensformen, welche die Gesellschaft vorschreibt, und begehrt zunehmend, sein Leben individuell zu gestalten" (vgl. Weber 1980, S. 226). Auch wenn der Prozess der Individualisierung aus der Obhut der Verge-

---

102 Außerdem ist dieses Phänomen im Kapitel „Alte und neue Ungleichheiten – alte und neue Fragen" im fünften Punkt (S. 39ff.) angesprochen worden.

meinschaftung wohl nicht ganz so individualistisch abläuft, wie Weber sich an dieser Stelle den Prozess vorstellt, so ist doch hierin die Perspektive der sozialen Differenzierung angelegt. Von außen ist zu beobachten, dass an die Stelle der ursprünglich vergemeinschaftenden Kunst- und Kultureinrichtungen neue Institutionen und Organisationen treten. Dies kann als Prozess der funktionalen Differenzierung beschrieben werden, der auch zur Folge hat, dass Kunst- und Kulturgüter in der Regel Gegenstand professionellen Handelns und ökonomischer Interessen werden. Beides – die durch soziale Differenzierungsbestrebungen motivierte Steigerung der kulturellen Handlungs- und Gebrauchsweisen sowie deren funktionsspezifische Vergesellschaftung in Systemen oder Feldern – gehören unmittelbar zusammen; sie bedingen sich gegenseitig und bilden die zwei Seiten ein und desselben Prozesses.[103] Individualisierungsprozesse auf der einen Seite werden somit stets von Institutionalisierungs- und Vergesellschaftungsprozessen auf der anderen Seite „aufgefangen" und umgekehrt. Die „Zunahme des ‚Subjektivismus'" bedingt eine „Zunahme" der „objektiven Sachverhalte", die vermehrt von „Betrieben aller Art: Schule, Buchhandel, Theater, Konzertsaal" geliefert werden (ebd., S. 226f.).

Wie stark soziale und funktionale Differenzierung bei Kunst und Kultur einander beförderten, sollte hier nur exemplarisch vorgestellt werden, um zu zeigen, dass soziale und funktionale Differenzierung miteinander interagieren, möglicherweise sogar einander bedingen. Die Verknüpfung beider Theoriestränge folgt nicht nur einem theoretischen Interesse, sie entspricht dem realen sozialen Geschehen. Aber in dem Beispiel wird nur die Herausbildung von sozialen Unterschieden und funktionalen Einrichtungen dargelegt; ob und unter welchen Bedingungen dieser Prozess ungleichheitsgenerierend oder -verstärkend wirkt, darüber sagt es nichts aus. Denn soziale Unterschiede werden erst dann ungleichheitsrelevant, wenn aus ihnen verminderte Chancen zur gesellschaftlichen Teilhabe und -nahme resultieren – also Unterschiede in Benachteiligungen oder Bevorzugungen umschlagen.

6.4   Ungleichheitssoziologische Fragen zur funktionalen Differenzierung

Am Schluss dieses Kapitels sollen aus der Perspektive der Ungleichheitstheorie einige Fragen an die Theorie funktionaler Differenzierung gestellt werden; aus der empirischen Forschung ergeben sich im Wesentlichen zwei:

---

103   Pierre Bourdieu hat in seiner Studie „Die feinen Unterschiede" soziale und funktionale Differenzierungsprozesse ähnlich in Beziehung zueinander gesetzt (Bourdieu 1984).

(1)   Kumulative Benachteiligungen
Wie bereits erwähnt, hat sich insbesondere die soziologische Armutsforschung kritisch mit der systemtheoretischen Unterscheidung von Inklusion und Exklusion auseinander gesetzt. Der wichtigste Kritikpunkt ist, dass sich in vielen Armutsstudien gezeigt hat, dass die Exklusion aus einem Teilsystem in der großen Mehrzahl mit der Exklusion aus anderen Teilsystemen einhergeht und es sich um einen sich selbst verstärkenden Mechanismus handelt. Exklusion bedeutet deshalb für die Betroffenen in der Regel ein kumulatives Phänomen. Der Grund dafür ist, dass zwischen den verschiedenen Lebensbereichen eine Interdependenz besteht. Dies widerspricht der Annahme der Theorien funktionaler Differenzierung, die eine weitgehende Autonomie der differenzierten Teilsysteme behaupten.

Auch Luhmann hat einige Beispiele von kumulativer Exklusion dargelegt. Allerdings deuten diese seiner Meinung nach nicht auf Grenzen der Ausdifferenzierung und Verselbstständigung der sozialen Funktionssysteme hin oder gar auf einen „unterirdischen" Verweisungszusammenhang zwischen den Teilsystemen. Vielmehr belegen sie einen unzulänglichen Grad der funktionalen Differenzierung, wobei das Primat dieses Differenzierungsmechanismus gegenüber der sozialen Differenzierung noch unzureichend durchgesetzt ist. Auch die Weiterentwicklungen der Unterscheidung von Inklusion und Exklusion wie die von Armin Nassehi können – sofern sie das Primat der funktionalen Differenzierung nicht relativieren – kumulative Exklusionen nicht erklären. Ließe sich dieses Phänomen nur in Gesellschaften beobachten, für die das Argument einer noch unvollständigen funktionalen Differenzierung berechtigt angeführt werden kann, dann wäre der Erklärungsgehalt nicht grundsätzlich in Frage gestellt. Da aber kumulative Benachteiligungen auch in westeuropäischen Gesellschaften zu beobachten sind, die von der Systemtheorie als funktional differenziert beschrieben werden, ist die Geltung dieser systemtheoretischen Grundannahme fragwürdig.

Dies legt die Vermutung nahe, dass entgegen den offiziellen Verlautbarungen der verschiedenen Teilsysteme – wie allgemeines Wahlrecht, schulische Chancengleichheit – die Inklusion in diese doch an das Vorhandensein anderer Voraussetzungen als nur die jeweils teilsystemspezifischen gebunden ist. Das würde bedeuten, dass die Inklusion erst ab einem bestimmten Niveau der Ressourcenausstattung als gesichert angesehen werden kann. Damit wäre jedoch aus der Perspektive der Individuen der Mechanismus der sozialen Differenzierung der Inklusion vorgelagert, weil eine erfolgreiche Teilhabe und -nahme an den Teilsystemen eine bestimmte Ausstattung der Individuen mit materiellen und immateriellen Ressourcen voraussetzt.

(2)   Soziale Hierarchien in den Funktionssystemen
Die Funktionssysteme sind hierarchisch aufgebaut. Dies ist unbestritten, fraglich ist jedoch erstens, ob sich daraus unterschiedliche Grade der Inklusion in die

Funktionssysteme ergeben, und zweitens, ob auf diese Weise soziale Ungleich-heiten reproduziert werden, die sich auf die Inklusionschancen in andere Funkti-onssysteme auswirken. Der Rechtspfleger am Amtsgericht ist ebenso Teil des Rechtssystems wie der Richter am Bundesverfassungsgericht. Aber nicht nur ihre Positionen und ihre Karrierewege im Rechtssystem unterscheiden sich gra-vierend, dies ist klassisch ungleichheitssoziologisch abzuhandeln. Unter sys-temtheoretischen Vorzeichen ist bedeutungsvoller, dass auch die Einflussmög-lichkeiten auf das gesamte Funktionssystem – speziell den Inklusionsmechanis-mus – extrem unterschiedlich sind und sich dies auch auf ihre Partizipations- und Gestaltungschancen in anderen Funktionssystemen auswirkt. Der hierarchische Aufbau der Funktionssysteme ist somit nicht nur Resultat der internen sozialen Differenzierung, er greift auch auf andere Funktionssysteme über bzw. wird von diesen mitgestaltet. Selbstverständlich muss der Bundesverfassungsrichter genau wie der Rechtspfleger seinen Alltag bewältigen, etwa in der Schlange oder im Stau stehen. Aber in der Mehlzahl jener sozialen Systeme, die ähnlich hierar-chisch gegliedert sind wie das Rechtssystem – beispielsweise das medizinische System, das Erziehungssystem, das System der Kunst etc. –, überall dort wird er in seinen Publikumsrollen gemäß seiner Leistungsrolle im Rechtssystem behan-delt. Dies belegen viele empirische Studien. Der Arzt wird ihm eher zuhören und sich mehr Zeit nehmen, die Lehrer werden bei seinen Kindern ein großes Leis-tungsvermögen vermuten und Einladungen zu den interessantesten Vernissagen sind ihm gewiss.

Wenn jedoch die Publikumsrollen in den je verschiedenen Teilsystemen entsprechend der Leistungsrolle ähnlich hierarchisch positioniert sind, dann zeigt dies, dass auch Publikumsrollen sozial differenziert und mit unterschiedlichen Inklusionschancen ausgestattet sind. Dies bedeutet jedoch, dass die hierarchische Gliederung der Funktionssysteme zwar intern als funktional erforderlich be-schrieben werden kann. Da sie aber in die Gliederung anderer Funktionssysteme hineinwirkt, zumindest aber mit dieser korrespondiert, entfaltet die systeminterne soziale Differenzierung eine ungleichheitsverstärkende Kraft, und zwar nicht quer – wie Nassehi behauptet –, sondern parallel zur funktionalen Differenzie-rung. Daran schließt sich direkt die Frage an, ob die interne hierarchische Gliede-rung einem funktionalen Erfordernis entspricht oder ob sie Ergebnis sozialer Ungleichheiten ist. Im ersten Fall werden die Hierarchien als notwendig für das Funktionieren der Systeme erachtet und die damit einhergehende soziale Diffe-renzierung wird nur als Nebenprodukt angesehen. Im zweiten Fall wird die Mo-nopolisierung von Aufgaben und Privilegien als Triebfeder des hierarchischen Aufbaus der Funktionssysteme und damit als Resultat von Macht- und Herr-schaftsprozessen interpretiert.

Damit ist ein weiterer zentraler Unterschied zwischen den Theorien funkti-onaler Differenzierung und den Ungleichheitstheorien angesprochen. Er besteht darin, wie sozialer und gesellschaftlicher Wandel erklärt wird. Die Systemtheorie verzichtet dabei weitgehend auf Erklärungen, die Interesse, Macht oder Herrschaft als Motor einführen. Dies hat verschiedene Gründe. Einer ist, dass diese Motive und Triebfedern nicht ohne die Vorstellungen eines handelnden Subjekts oder kollektiver, gesellschaftlicher Gruppen formuliert werden können. Damit fehlen auch Kategorien wie Benachteiligung, Bevorzugung und Un-(Gerechtigkeit), weil diese stets Verweise und Appelle an Subjekte implizieren.

Aus der theoretischen Perspektive der Ungleichheitssoziologie stellen sich zwei weitere Fragen:

(3) Inklusion und Integration – zwei Seiten des gleichen Phänomens?
Es ist zu fragen, ob Inklusion und soziale Integration tatsächlich zwei eigenständige Mechanismen sind oder ob sie nicht vielmehr zwei Seiten einer Medaille darstellen (vgl. Schimank 1998). Aus der Perspektive der Teilsysteme beschreibt Inklusion die Art und Weise, wie diese sich an die Gesellschaftsmitglieder richten – sie adressieren. Mittels formaler Unterscheidungen wie zahlen oder nicht zahlen, recht oder unrecht und für alle Adressaten gleich kodieren die Teilsysteme die legitimen Anrechte der Personen, an die sie sich wenden. Bei Inklusion und Exklusion gibt es keine graduellen Abstufungen, sondern nur ein Entweder/Oder. Und genau dieses entspricht der Sichtweise der Teilsysteme: Eine Person gehört dazu oder nicht.

Aus der Perspektive der Individuen stellt sich jedoch der Zugriff der Teilsysteme auf sie als soziale Integration dar, die graduell abgestuft sein kann. Zugehörigkeit meint nur die prinzipielle Möglichkeit der Teilhabe und -nahme, entscheidend für die Individuen ist jedoch, welche Verwirklichungschancen und Ressourcen sie aus der Integration ziehen können. Diese sind nicht von ihrer sozialen Lage und ihren sozialen Erwartungen und Forderungen an die Teilsysteme zu trennen. Damit wirkt sich die soziale Differenzierung auf die Art und den Grad der sozialen Integration aus. Kurz: Aus der Perspektive der Individuen bedeutet Inklusion ein eher passives Geschehen, bei denen ihnen formale Zugangsrechte und -chancen zugestanden werden. Soziale Integration meint dagegen eher die tatsächlich aktivierbaren Handlungs- und Teilhabemöglichkeiten, die sozial ungleich verteilt sind.

Inklusionsansprüche sowie Integrationschancen und -ambitionen repräsentieren somit zwei wechselseitig aufeinander Bezug nehmende Formen der Partizipation, wobei Gelingen und Misslingen nach unterschiedlichen Maßstäben bewertet werden, einmal nach systemspezifischen, funktional bestimmten Standards, das andere Mal nach sozial differenzierten Chancen und Vorstellungen von sozialer Gerechtigkeit. Beide sind Ergebnis sozialer Auseinandersetzungen, weshalb beide um das Vorrecht ringen, dominantes oder alleiniges Differenzierungsprinzip zu sein. Entsprechend konkurrieren sie auch auf der Ebene der sprachlichen Repräsentationen miteinander: als Semantik der Teilsysteme und als Semantik der sozialen Ungleichheit. Dies leitet zum nächsten Aspekt über.

(4) Systemische Differenzierung und semantische Repräsentation
Vorne wurde die Frage, ob systemische Differenzierung und semantische Repräsentation zusammenhängen, sich gegenseitig dynamisieren oder keine direkte Beziehung besteht, nicht weiter behandelt, weil damit das grundlegende Problem der Vermittlung von Struktur und Semantik angesprochen ist. Auch an dieser Stelle soll nicht der Versuch unternommen werden, eine eindeutige Antwort zu geben. Es soll jedoch auf die semantische Fassung des Exklusionsbegriffs in der französischen Debatte über „exclusion sociale" hingewiesen werden, weil sich darin eine Brücke zur systemtheoretischen Unterscheidung von Inklusion und Exklusion andeutet, und zwar auf der semantischen Ebene.[104]

„Exclusion sociale" ist stets in Bezug auf das gesellschaftliche Ganze gemeint, mit welchem die Exkludierten nicht mehr verbunden sind, weil sie mehr oder weniger von den zentralen Vergesellschaftungsinstanzen entkoppelt leben. Hauptsächlich in zweifacher Weise dokumentiert sich diese Entkopplung: erstens als Nichteingliederung in die zentralen Funktionssysteme und zweitens als Nichtvorkommen in den kollektiven Repräsentationen, sprich in der offiziellen Statistik, den sozialwissenschaftlichen Untersuchungen und den politischen Argumentationen. Die erste Form der Entkopplung, die für eine misslungene soziale Integration steht, interessiert hier nicht. Bei der zweiten Form manifestiert sich soziale Exklusion darin, dass die Betroffenen entweder durch die Pannen in ihren Lebensverläufen, durch Misslingen der üblichen „gesellschaftlichen Flugbahn", oder durch Negationen klassifiziert werden. So erscheinen sie als individualisiert, sozial entgrenzt und einzig auf ihr persönliches Schicksal zurückgeworfen, obgleich ihr gesellschaftliches Verhältnis keineswegs Ergebnis eines Individualisierungsprozesses ist. Vielmehr drückt sich in der offiziellen Repräsentation nur über Negationen aus, dass die bisherigen Kategorien und Klassifikationen nicht mehr greifen und angemessene neue noch nicht geschaffen wurden.[105] Jene Gruppen, die unangemessen oder gar nicht repräsentiert werden, fallen jedoch

---

104 Ich greife einige Aspekte der Debatte heraus, ausführlicher siehe Barlösius/Ludwig-Mayerhofer (2001).

105 Rosanvallon geht mit seiner Kritik sogar noch einen Schritt weiter: Die soziologisch beschriebene steigende soziale Unordnung, für die in der deutschen Soziologie die Begriffe Unübersichtlichkeit oder Individualisierung beinahe äquivalent verwendet werden, ist eigentlich eher eine Unordnung in den Sozialwissenschaften denn eine in der gesellschaftlichen Wirklichkeit. Sie entsteht daraus, dass in den Sozialwissenschaften noch immer mit veralteten Kategorien und Klassifikationen gearbeitet wird, wo längst neue notwendig wären, um die neu entstehende soziale Ordnung erkennen zu können (Rosanvallon 1995, S. 209).

aus den kollektiven Bildern, Vorstellungen und politischen Programmen heraus und geraten damit in Gefahr, neben der herabgesetzten öffentlichen Beachtung zusätzlich nicht mehr politisch repräsentiert zu werden. Beide Formen der Repräsentation, die kategorial-klassifikatorische und die politische, werden somit als gegenseitiges Bedingungsverhältnis gesehen.

Die Brücke von der systemtheoretischen Unterscheidung von Inklusion und Exklusion zu dem französischen Diskurs über „exclusion sociale" besteht darin, dass beide Konzepte die kommunikative Repräsentation für zentral halten und für beide kennzeichnet die Nichtansprache die Situation der Exklusion, in der Systemtheorie ausschließlich, in der Exklusionsdebatte wesentlich. Allerdings unterscheiden sie sich auch auf dieser Ebene: Für die geradezu „machtasketische" Systemtheorie ist die Nichtansprache Beleg dafür, dass extreme soziale Ungleichheiten legitimatorischen Beschränkungen unterliegen, innerhalb des Konzepts des „exclusion sociale" drücken sich darin die gesellschaftlichen Machtverhältnisse aus. Dies erklärt, dass die Frage nach der Vermittlung von Struktur und Semantik in der Systemtheorie weitgehend offen bleibt. Diskurse über soziale Gerechtigkeit und Gleichheit können – bis auf Fälle extremer Benachteiligung – nicht auf den Prozess der funktionalen Differenzierung bezogen werden. Es erklärt aber auch, weshalb die systemtheoretische Beschreibung von Inklusions- und Exklusionsprozessen keiner Thematisierung von Macht- und Herrschaftsverhältnissen bedarf. Und die Frage benennt sehr präzise bereits das grundlegende und theoretisch offenbar nicht schlüssig lösbare Problem der Vermittlung von Ungleichheitsstruktur auf der einen Seite und der Handlungs- und Wahrnehmungsweisen sowie der semantischen Repräsentation sozialer Ungleichheiten auf der anderen Seite.

Nicht für die Lösung, aber für einen forschungspraktischen Umgang mit diesem Problem hat Bourdieu – wie im fünften Kapitel vorgestellt – vorgeschlagen, eine Homologie des Raums der Positionen und des Raums der Perspektiven anzunehmen. Ob diese Lösung tragfähig ist, kann man kritisch diskutieren. Festzuhalten ist jedoch, dass sowohl die systemtheoretische Beschreibung als auch jene von Bourdieu die Repräsentation sozialer Ungleichheiten als Teil des Ungleichheitsphänomens auffassen. Für die Ungleichheitssoziologie – insbesondere in der deutschen Tradition – ist daraus die Aufforderung abzuleiten, sich mit der Repräsentation von Ungleichheiten expliziter als bisher üblich zu beschäftigen. Dabei kann man sowohl mit der Systemtheorie als auch mit Bourdieu davon ausgehen, dass die Repräsentation sozialer Ungleichheiten an den Prozessen der Herstellung sozialer Ungleichheit beteiligt ist und deshalb eine gewisse Eigenständigkeit gegenüber der Ungleichheitsstruktur gewinnt. Wie diese Eigenständigkeit selbst wieder ungleichheitsförmig gebrochen ist, nämlich nicht unmittelbar entlang der Ungleichheitsstruktur, wie beispielsweise die Klassen- und Schichttheorien vielfach unterstellten, muss deshalb eigens von der Ungleichheitssoziologie zum Forschungsgegenstand gemacht werden. Dies hat auch Kreckel mit seinem Plädoyer für eine politische Soziologie sozialer Ungleichheiten gefordert.

7 Alte und neue Fragen – Zwischenlösungen und „Eselsbrücken"

Zu Beginn des Buchs wurden einige theoretisch ungelöste Problembestände aufgezählt und erläutert, mit denen sich die Ungleichheitssoziologie überwiegend bereits seit ihren Anfängen auseinander setzt. Für die meisten gibt es mutmaßlich keine rundherum überzeugende Lösung. Mit der Präsentation der Theorien von Elias, Kreckel und Bourdieu sowie der systemtheoretischen Unterscheidung von Exklusion und Inklusion sollte keineswegs ein alternatives Theorieangebot unterbreitet werden. Dies hätte zudem der Behauptung widersprochen, dass es sich um weitgehend ungelöste Fragen handelt. Vielmehr war beabsichtigt, vorzustellen, wie diese vier Theorien mit den Problembeständen umgehen. Wie nicht anders zu erwarten, wird nicht jeder Problembestand gleichermaßen erschöpfend behandelt. Zum einen bieten die Theorien Zwischenlösungen bzw. „Eselsbrücken" an, auch wenn sie diese wie Elias als endgültige Lösungen verstanden wissen wollen. Kennzeichnend dafür ist, dass sie die ungelösten Fragen theoretisch wie empirisch „überbrücken" oder „umschiffen". Zum anderen stellt sich manches Problem weniger drängend oder gar nicht. Dies trifft insbesondere für die systemtheoretische Sicht auf soziale Ungleichheiten zu. Für sie ist beispielsweise die Frage nach dem Verhältnis von „objektiven" Lebensbedingungen und „subjektiven" Lebensweisen unerheblich, da sie nicht den Einzelnen bzw. die sozialen Gruppen zum Ausgangspunkt nimmt, sich von einer solchen Vorgehensweise gerade absetzt. Andere Fragen wie die nach dem Zusammenhang von sozialstruktureller Differenzierung und semantischer Repräsentation sind dagegen auch für die systemtheoretische Beobachtung sozialer Ungleichheiten bedeutungsvoll.

Im Folgenden sollen die Problembestände nicht Schritt für Schritt für jede Theorie nochmals gebündelt dargelegt werden. Dies wäre wenig instruktiv, zumal die wichtigsten Vorzüge und Grenzen bereits am Schluss jeder Theoriepräsentation diskutiert wurden. Hinzu kommt, dass manche „Lösung" defensiv vertreten wird – z.B. Kreckels „Durchgriff" von der sozialstrukturellen Ebene auf die der kollektiven Akteure –, während andere offensiv formuliert sind, etwa der Habitusbegriff bei Bourdieu oder der Figurationsbegriff bei Elias. Abgesehen davon hat sich im Laufe der Darstellung manche zunächst schlüssig erscheinende Problemlösung im weiteren Verlauf als wenig überzeugend herausgestellt.

Dies ist nicht in allen Fällen den vorgestellten Theorien anzurechnen, sondern teilweise auch der Präsentation. Sie wird insbesondere der Soziologie von Norbert Elias und der Systemtheorie von Niklas Luhmann nicht gerecht, denn in beiden Werke hat die Ungleichheitssoziologie keinen zentralen Stellenwert. Dass heißt nicht, dass sie keinen interessanten Beitrag zu diesem sozialen Phänomen geleistet haben.

Der Darstellung der Etablierten-Außenseiter-Figuration von Elias lag die Absicht zugrunde, mit einer Sicht auf soziale Ungleichheiten zu beginnen, die den üblichen ungleichheitssoziologischen Studien theoretisch wie auch thematisch fern ist. So sollte es möglich werden, soziale Ungleichheiten mit „anderen Augen" zu betrachten: ohne die gebräuchlichen Kategorien und begrifflichen Register im Hinterkopf – soweit dies überhaupt gelingen kann. Die Etablierten-Außenseiter-Figuration kann das soziologische Gespür schärfen, die ungleiche Verteilung von Machtchancen auf allen gesellschaftlichen Gebieten wahrzunehmen, auch auf solchen, welche die Ungleichheitssoziologie selten betritt. Mit der Erörterung der politischen Soziologie sozialer Ungleichheit von Reinhard Kreckel kehrte das Buch wieder in den inneren Kreis der Ungleichheitssoziologie zurück. Die benannten theoretischen Problembestände sind dort beinahe alle behandelt, aber – bis auf die Zentrum-Peripherie-Metapher – in einer Art und Weise, die stark an den etablierten ungleichheitssoziologischen Kategorien, Theorieelementen und Denkmodellen orientiert ist. Mit Kreckels Plädoyer für eine „politische Soziologie sozialer Ungleichheit" sollten die Problembestände aus der Sicht einer neueren ungleichheitstheoretischen Konzeption beleuchtet werden. Die Antworten von Pierre Bourdieu haben eine größere theoretische Reichweite: Sein Habitus- und Feldmodell greift über die Ungleichheitssoziologie hinaus. Sie bilden das Fundament seiner Gesellschaftstheorie. Auch jene Begriffe und Theorieelemente, die offenbar auf Ungleichheitsphänomene zugeschnitten sind, z.B. Kapital, Interesse oder sozialer Raum, haben gesellschaftstheoretischen Stellenwert. Allerdings weist er – im Gegensatz zu Luhmann – sozialen Ungleichheiten eine herausragende gesellschaftstheoretische Bedeutung zu.

Mit der Darstellung der neueren systemtheoretischen Arbeiten zu Exklusion und Inklusion sollte ein Kontrapunkt gesetzt werden, um die gegenseitige Ergänzung von Elias, Kreckel und Bourdieu und die scheinbar schlüssigen Erwiderungen auf die theoretischen Problembestände zu relativieren. Dies war weniger mit Blick auf die Vorrangstellung der sozialen gegenüber der funktionalen Differenzierung intendiert als vielmehr für die unterstellte weitgehende Homologie von Sozialstrukturen sowie deren Wahrnehmung und Repräsentation. Diese These sollte aus dem Refugium weitgehend unhinterfragter ungleichheitstheoretischer Ausgangshypothesen herausgeholt werden. Die Ungleichheitssoziologie setzt zumeist wie selbstverständlich voraus, dass sie die Prägung der Wahrnehmungs- und Erfahrungsweisen durch die materiellen Lebensbedingungen empirisch wie theoretisch zu erforschen hat. Die darin enthaltenen Grundannahmen überprüft sie jedoch selten vorweg auf ihre innere Stimmigkeit. Dies gilt insbesondere für den unterstellten Zusammenhang von Prägung und zeitlicher Dauer. Werden die Wahrnehmungs- und Erfahrungsweisen tatsächlich abhängig von der Einwirkungsdauer der materiellen Verhältnisse unterschiedlich tief greifend geprägt?

Weiterhin sollte durch die theoretische Kontrastierung mit der systemtheoretischen Unterscheidung von Inklusion und Exklusion eine andere Perspektive auf das Ungleichheitsgeschehen präsentiert werden. Gegenüber der gebräuchlichen und selten eigens begründeten Vorgehensweise, soziale Ungleichheiten auf die Ebene der Individuen und Gruppen herunterzubrechen und durch die Ermittlung verfügbarer Güter und sozialer Positionen zu erfassen, bedeutet der systemtheoretische Zugriff auf die Mechanismen der Teilsysteme, durch welche die Individuen inkludiert werden, eine grundsätzliche Verschiebung der soziologischen Beobachtungsperspektive. Inklusionen und Exklusionen können bereits auf der Ebene der Teilsysteme beobachtet werden und nicht erst ihre Folgewirkungen auf die Lebenslagen und -erfahrungen der Einzelnen.

Nachfolgend werden einige „Hilfskonstruktionen" und Lösungswege nochmals systematisch dargestellt. Damit ist die Absicht verbunden, die „alten und neuen Fragen" wie auch die Antworten grundsätzlicher zu fassen. Dabei lassen sich Wiederholungen, aber auch zuspitzende Vereinfachungen nicht ganz vermeiden. Überdies sollen die Problembestände, je nachdem, ob sie vorwiegend die Analyse sozialer Ungleichheiten – konkret die Sozialstrukturanalyse – betreffen oder der Repräsentation sozialer Ungleichheiten zuzurechnen sind, gebündelt dargestellt werden, um so ein höheres Syntheseniveau zu erreichen.[106] Erwartungsgemäß geht eine Zuordnung nicht für alle Punkte schlüssig auf, aber wohl doch für die Mehrzahl. Sicherlich hätte man diese Zuordnung sogleich mit der Darstellung der Fragen einführen können, aber dann wäre eine Abstraktionsebene vorgegeben worden, die nicht für jede der vier vorgestellten Theorien angemessen ist. Außerdem wäre die übergeordnete Frage nach der Vermittlung der zwei Komplexe Sozialstrukturanalyse und Repräsentation sozialer Ungleichheiten nicht so klar hervorgetreten.[107] Gerade dafür in Gegenwartsgesellschaften

---

106   Im Gegensatz zu den Begriffsbestimmungen auf den ersten Seiten dieses Buchs (S. 12f.) ist Sozialstrukturanalyse im Folgenden in Abgrenzung zu Repräsentation gemeint.

107   Man kann jedoch auch bezweifeln, dass es sich überhaupt um eine eigenständige oder übergeordnete Frage handelt. Schließlich könnte man die Vermittlung beider Komplexe als Variante der Vermittlung von Struktur und Handlung auffassen. Dies ist aber nur für bewusste, reflektierte Handlungen schlüssig. Bei diesen sind die „schöpferischen Elemente" des Erkennens und Denkens in den Handlungsvollzug eingelassen und damit ähnliche Elemente, wie sie für Repräsentationen kennzeichnend sind. Für die Mehrzahl der Handlungen, die aus Routinen und Gewohnheiten bestehen, gilt dies nicht. Insofern ist es berechtigt, von einer eigenständigen Frage zu sprechen.

eine geeignete Antwort zu finden stellt für die Ungleichheitssoziologie eine große theoretische Herausforderung dar.

In modernen Gesellschaften ist Verständigung über soziale Ungleichheiten und deren Rechtfertigung, die auf Repräsentationen rekurrieren, zu einem ständig mächtigeren und immer professioneller organisierten Teil der gesellschaftlichen und politischen Kommunikation geworden. Aus diesem Grund wurde bei der Vorstellung der vier Konzepte dem bislang von der Ungleichheitssoziologie wenig beachteten Themenbereich der Repräsentation sozialer Ungleichheiten mehr Aufmerksamkeit als üblich gewidmet. Eine intensive Auseinandersetzung mit diesem Thema gehörte deshalb zu den Auswahlkriterien: So beziehen sowohl Elias und Kreckel als auch Bourdieu und Luhmann Repräsentationen sozialer Ungleichheiten in ihre Analyse der Sozialstruktur mit ein. Sie machen deutlich, dass und weshalb die Repräsentation sozialer Ungleichheiten zukünftig neben der Sozialstrukturanalyse als zweiter großer Themenbereich der Ungleichheitssoziologie zu bearbeiten ist. Elias zeigt die Bedeutsamkeit auf, indem er Stigmatisierungsprozesse untersucht, also sprachliche Formen der Herabsetzung, und sie als ungleichheitsgenerierende und -verstärkende Machtressource analysiert. Kreckel hebt die verschiedenen Formen der Legitimierung sozialer Ungleichheiten wie Prestigeordnung, rechtliche Regelungen und politische Rechtfertigungen hervor, die allesamt auf der Ebene der Repräsentationen sozialer Ungleichheiten angesiedelt sind. Mit dem Begriff der symbolischen Macht, durch welche die jeweils machtvollen Kapitalsorten wie die sozial ungleiche Verteilung des Kapitalvolumens durchgesetzt und gerechtfertigt werden, betrachtet auch Bourdieu die Repräsentation sozialer Ungleichheiten als wichtigen Teil des Ungleichheitsgeschehens. Luhmann führt dagegen die semantische Repräsentation als eigenständige Ebene ein. Damit stellt er die in der Ungleichheitssoziologie verbreitete Kohärenzhypothese[108] zwischen sozialer Differenzierung – den verschiedenen Ausprägungen sozialer Bevorzugungen und Benachteiligungen – auf der einen Seite und den Formen der Vergegenwärtigung und Beschreibung sozialer Ungleichheiten auf der anderen Seite in Frage und präsentiert sie so als begründungsbedürftig.

7.1   Analyse sozialer Ungleichheiten – Sozialstrukturanalyse

Für die Analyse sozialer Ungleichheiten – die Sozialstrukturanalyse im engeren Sinn – sind aus dem vorne (S. 27ff.) präsentierten Bündel von offenen Fragen

---

108   Damit ist die unterstellte Homologie von Sozialstruktur und Repräsentationen sozialer Ungleichheit gemeint. Es gibt eine Reihe weiterer Kohärenzhypothesen, mit welchen die Ungleichheitssoziologie theoretisch wie empirisch argumentiert. Häufig weist sie diese nicht als Annahmen aus. Einige werden im Weiteren benannt.

hauptsächlich zwei bedeutsam: die nach dem Verhältnis zwischen den „objekti-ven" Lebensbedingungen und „subjektiven" Lebensweisen, welche die generelle Frage nach Struktur und Handlung in sich birgt (4),[109] und zweitens die nach den Differenzierungsachsen, welche den sozialen Raum strukturieren (7). Die Frage (5), ob und in welchem Umfang Kultur aus Sinnbedürftigkeit entsteht, ob und zu welchem Anteil sie an der Herstellung und Reproduktion sozialer Ungleichheiten beteiligt ist, bildet einen Unterpunkt. Die Einwirkungsdauer von Zeit (8) stellt für die Plausibilisierung der Thesen der Prägekraft zentraler Differenzierungs-achsen und der gegenseitigen Abstimmung von „objektiven" Lebensbedingun-gen und „subjektiven" Lebensweisen eine essenzielle Begründung dar. Der ge-samte sozialstrukturanalytische Komplex kann auf folgende Fragen zugespitzt werden: Von welchen empirischen Prämissen wird ausgegangen und welche theoretischen Konstruktionen werden eingeführt, um die wechselseitige Konsti-tution von ungleichheitsträchtigen Strukturen und Handlungs- und Wahrneh-mungsweisen zu verstehen?

Um diese Frage zu beantworten, ist es für die Ungleichheitssoziologie uner-lässlich, ein Modell zu entwickeln, mit welchem gezeigt werden kann, dass die gegenseitige Abgestimmtheit und Angepasstheit der Praktiken, Mentalitäten und Orientierungen durch die Prägekraft der ungleichheitsträchtigen Strukturen zu-stande kommt, durch welche je nach sozialer Lage ähnliche Handlungs-, Wahr-nehmungs- und Denkmuster hervorgebracht werden. Weiterhin müssen sich mit diesem Modell die unterschiedlichen sozialen Differenzierungsachsen unter ein Dach bringen lassen und auf eine gemeinsame Ursache zurückgeführt werden können – zumindest aber auf eine überschaubare Anzahl von Ursachen. Ansons-ten wird es nicht gelingen, überzeugend darzustellen, dass sich die verschiedenen Formen und Ausprägungen in einzelnen sozialen Feldern oder Systemen gleich-förmig und gleichartig auswirken und auf diese Weise einen Gesamtzusammen-hang konstituieren. Falls dies nicht glückt, büßt die Ungleichheitssoziologie ihre im Vergleich mit anderen Teilsoziologien herausgehobene Erklärungsposition ein. Sie kann nicht mehr glaubhaft machen, dass soziale Ungleichheiten die Ge-samtgesellschaft durchwirken und aus diesem Grund bei der Analyse jedes Teil-bereichs und jedes Lebenslaufs zu berücksichtigen sind.

Stellt sich jedoch die These der Theorien funktionaler Differenzierung, dass soziale Ungleichheiten nur noch eine unter- und nachgeordnete Differenzie-rungsform repräsentieren, als stimmig heraus, dann kann die Ungleichheitssozio-logie ihre akzentuierte Stellung nicht mehr wahren. Diese Stellung basiert dar-auf, soziale Ungleichheiten als den wichtigsten Motor der gesamten Gesell-schaftsentwicklung darstellen zu können. Aber auch das Argument der Theorien-

---

109   Die Zahlen in den Klammern beziehen sich auf die Nummerierung in Kapitel 2.

funktionaler Differenzierung, dass an die Stelle gesellschaftsübergreifender sozialer Differenzierungen je nach Teilsystem spezifische Differenzierungen getreten sind, grenzt die Reichweite der ungleichheitssoziologischen Erklärungskraft immens ein. Damit ist sie aufgerufen, für jedes einzelne Teilsystem die je spezifischen Konkurrenzmuster zwischen funktionaler und sozialer Differenzierung aufzuzeigen.

In Begründungsnot gerät sie weiterhin, wenn sich beispielsweise aufgrund hochgradiger Individualisierungsprozesse keine gruppenspezifischen – sprich sozialstrukturellen – Benachteiligungen und Bevorzugungen identifizieren lassen. Dadurch wird, sofern zwischen den Stilisierungsformen und der sozialstrukturellen Ausstattung kein eindeutiger Zusammenhang mehr nachgewiesen werden kann, die ungleichheitssoziologische Ausgangshypothese geschwächt, dass die Menschen unmittelbar durch ihre soziale Lage geprägt werden.[110] Die daraus resultierende Minderung der Erklärungskraft entsteht im inneren Kern der Ungleichheitssoziologie, weil einige ihrer zentralen theoretischen Grundsätze hinfällig werden. Eine solche „Implosion" ist sicherlich als dramatischer zu beurteilen als der Disput mit einem konkurrierenden Theoriemodell wie der Systemtheorie.

7.2   „Eselsbrücke", Hilfskonstruktion und theoretischer Durchgriff

Die wechselseitige Konstitution von ungleichheitsträchtigen Strukturen und Handlungs- und Wahrnehmungsweisen bildet, wie bereits mehrfach betont, die Ausgangshypothese der Ungleichheitssoziologie. Um nochmals mit Theodor Geiger zu sprechen: Die Mehrzahl der Ungleichheitstheorien geht davon aus, dass es eine „unmittelbare Prägung des Menschen durch seine Lebenswelt und die von ihr ausstrahlenden, an ihr gemachten Lebenserfahrungen" gibt (Geiger 1932, S. 77). So lässt sich immer wieder beobachten, dass Menschen unter ähnlichen Lebensbedingungen ähnliche Praktiken, Mentalitäten und Orientierungen entwickeln – also „Prägungsergebnisse". Wie aber diese Abgestimmtheit entsteht, lässt sich selten präzise empirisch nachzeichnen, da die ungleichheitsträchtigen Strukturen wie Einkommen oder Bildung zwar den Handlungsspielraum begrenzen, aber eben nicht direkt die einzelnen Handlungen „dirigieren". Noch vermittelter erfolgen mögliche Einwirkungen auf die Wahrnehmungen und Bewertungen. Um eine Verursachung durch soziale Strukturen nachzuweisen, wäre eine Rekonstruktion über viele Zwischenstufen notwendig, die schließlich doch scheitert, weil sich die individuelle Verarbeitung der äußeren Reize letztendlich nicht befriedigend erkennen lässt – jedenfalls nicht von der Soziologie alleine.

---

110   Daraus erklärt sich die Theorieabstinenz vieler lebensstilsoziologischer Analysen.

Oft wird diese Rekonstruktionslücke überbrückt, indem von klassen-, schicht-, generations- oder geschlechtstypischen Praktiken, Mentalitäten und Orientierungen gesprochen wird. So ist es möglich, den empirischen Befund der Ähnlichkeit und Abgestimmtheit darzulegen, ohne eine eindeutige und klare Zurechnung zu einem Individuum oder einer sozialen Gruppe vornehmen zu müssen. Die theoretische Frage nach dem Zustandekommen der Ähnlichkeiten und Abgestimmtheiten ist damit aber nicht aus dem Weg geräumt.

Auch in den vorgestellten Ungleichheitstheorien steht sie im Zentrum. Analysiert man Elias' Etablierten-Außenseiter-Figuration, Kreckels Zentrum-Peripherie-Metapher und Bourdieus Feld- und Habitustheorie danach, welche Lösungen sie zur Erklärung der Abgestimmtheit und Angepasstheit der Praktiken, Mentalitäten und Orientierungen anbieten, dann entdeckt man eine Gemeinsamkeit: Sie umgehen diese Frage mehr oder weniger, indem sie die Abgestimmtheit und Angepasstheit als „Regelfall" annehmen und darauf ihre theoretischen Grundannahmen aufbauen. Dementsprechend konzipieren sie Vermittlungswege oder -instanzen, die geeignet sind, die „Erklärungslücke" zwischen ungleichheitsträchtigen Strukturen und Handlungs- und Wahrnehmungsweisen zu überbrücken oder zumindest zu umschiffen. Das Problem der Vermittlung greifen Elias, Kreckel und Bourdieu auf verschiedenen Ebenen auf, Elias auf der Ebene der soziologischen Darstellung, Kreckel unmittelbar forschungspraktisch und Bourdieu auf der Ebene der soziologischen Theorien. Prinzipiell wollen sie dasselbe, nämlich praxisferne und künstliche Trennungen überwinden: Elias die von Individuum und Gesellschaft, Kreckel die von Struktur- und Verhaltensanalyse und Bourdieu die von Subjektivismus und Objektivismus. Erst aus den praxisfernen und künstlichen Unterscheidungen erwächst ihrer Meinung nach die Notwendigkeit, diese theoretisch und empirisch schlüssig zu vermitteln. Sie sind somit der Ansicht, dass sich die Soziologie mit diesen begrifflichen Unterscheidungen, die eigentlich zur Systematisierung des gesellschaftlichen Geschehens beitragen und dessen Erforschung erleichtern sollen, theoretische und empirische Schwierigkeiten einhandelt, die sie nicht überzeugend zu lösen vermag. Damit stellen sie jedoch weder die epistemologische und die methodologische Bedeutsamkeit der Unterscheidungen noch die Schwierigkeiten ihrer Bearbeitung in Frage. Für das soziologische „Alltagsgeschäft" erachten sie diese jedoch eher als irreführend und teilweise schlicht für falsch.

Die große Übereinstimmung in der Art und Weise, wie Elias, Kreckel und Bourdieu sich dem Vermittlungsproblem nähern, war ein wichtigstes Kriterium bei der Auswahl genau dieser drei Theorien. Der Auswahl lag die Überzeugung zugrunde, dass es für die Ungleichheitssoziologie wenig sinnvoll ist, die theoretische Frage nach der Vermittlung stets aufs Neue anzugehen, wenn sie empirisch überzeugend dargelegt ist und es zudem nicht vielversprechend ist, abermals den Versuch zu starten, eine eindeutige und rundum zufrieden stellende

Antwort zu finden. Stattdessen sollte einem entspannteren Umgang mit dem „soziologischen Werkzeugkasten" der Vorzug gegeben werden (vgl. Schimank 1999b). Die Lösung dieser Frage, die gewiss zum Kanon der besonders verzwickten Grundprobleme gehört, sollte zumindest vorübergehend der theoretischen Soziologie überlassen werden. Auch ohne ihre endgültige Lösung kann – sofern man einen direkten Zugang zur sozialen Praxis wählt – viel Wissen über soziale Ungleichheiten in den Gegenwartsgesellschaften gewonnen werden.

Elias, Bourdieu wie auch Kreckel lösen die Frage nach der Vermittlung von Handlung und Struktur, indem sie Vermittlungsinstanzen annehmen bzw. direkt von der Struktur- auf die Akteursebene durchgreifen. Für Elias und Bourdieu hat sie innerhalb ihrer Werke zentrale Bedeutung. Für Kreckel ist sie wichtig, hat aber nicht einen so herausgehobenen Stellenwert, da er eine pragmatische, eine empirische Lösung anstrebt und auf ein allgemeines Theoriemodell verzichtet. Schauen wir uns die drei Brückenvarianten nochmals kurz an, um die Konstruktionsweise zu betrachten und die Belastbarkeit für die Ungleichheitssoziologie zu begutachten.

Elias bietet als Vermittlungsinstanz die Figuration an – ein von Individuen gebildetes Interdependenzgeflecht – und Bourdieu entwirft mit dem Habitus eine „Hilfskonstruktion", um die Genese von Praktiken weder einzig strukturell noch ausschließlich handlungstheoretisch erklären zu müssen. Beide leiten die Existenz der Vermittlungsinstanz nicht aufwendig theoretisch her, sondern setzen sie mehr oder weniger voraus. Dass derartige Instanzen vorhanden sind, begründen sie mit Beobachtungen des gesellschaftlichen Geschehens. Weder die Figuration noch der Habitus sind als tatsächlich vorhandene Instanzen zu verstehen, real sind vielmehr die empirisch beobachtbaren Wirkungen, die Elias und Bourdieu den Vermittlungsinstanzen zurechnen.

Das heißt: Figuration und Habitus sind soziologische Konstruktionen, um empirische Einzelerscheinungen zusammenzufassen und soziale Prozesse zu erklären. Der Habitus ist als „Eselsbrücke" aufzufassen, mit welcher der Übergang von Struktur in Handlung und von Handlung in Struktur erklärt werden kann, ohne auf eine naive Determinierungsthese oder auf Bewusstsein und Diskurs als Generierungsinstanzen zurückgreifen zu müssen. Da Bewusstsein und Diskurs nur in wenigen Fällen für diesen Übergang verantwortlich gemacht werden können, muss eine Brücke existieren, auch wenn diese nicht empirisch in Erscheinung tritt und sich offen der soziologischen Beobachtung darbietet, sondern nur ihre Wirkung: die Angepasstheit und Abgestimmtheit der Praktiken. Mit der „figurationalen Betrachtungsweise" sozialer Beziehungen und Prozesse will Elias die nach seiner Meinung künstliche soziologische Trennung in Individuum und Gesellschaft überwinden und eine vermittelnde Instanz etablieren, die die Trennung in Mikrophänomene und Makrostrukturen sowie in Handlung und Struktur überflüssig macht. Die Handlungen laufen in einem Verflechtungsnetz menschlicher Interdependenzen ab, weshalb Gesellschaften aus Figurationen interdependenter Menschen bestehen. Elias – im Gegensatz zu Bourdieu – will die Figuration nicht als „Eselsbrücke" verstanden wissen, trotzdem wird doch in seinen Werken deutlich, dass es sich vornehmlich um einen beschreibenden Begriff handelt.

Auch Kreckel hält es für notwendig, die in der Soziologie übliche „Trennung von Strukturanalyse und Verhaltensanalyse" zu überwinden, weil sie nicht der sozialen Praxis entspricht. Er schlägt – ohne einen gesellschaftstheoretischen Anspruch zu erheben – eine praktische Lösung für die Ungleichheitssoziologie vor. Die Strukturanalyse kann nur die Handlungsspielräume bestimmen, von diesen aber nicht unmittelbar auf das tatsächliche Handeln schließen. Statt ein „Scharnier" zwischen Struktur und Handeln zu konstruieren, erfolgt ein direkter Wechsel auf die Ebene der kollektiven Akteure. Dies wurde vorne als „besonderer Kniff" bezeichnet. Um zu begründeten Aussagen darüber zu gelangen, wie die Spielräume genutzt werden, führt Kreckel die „Orientierungshypothese" ein, dass zwischen der sozialstrukturellen Lage und der Fähigkeit, sich kollektiv zu organisieren und seine Interessen in die einflussreichen Machtkonstellationen einzubringen, eine mehr oder weniger große Übereinstimmung – eine Homologie – besteht.

Kreckel und Bourdieu betrachten die Frage, wie die wechselseitige Konstitution von sozialem Handeln und sozialen Strukturen zustande kommt, als theoretische Barriere, die sie zwar nicht wegräumen, aber umgehen können, ohne ihre originären Forschungsfragen und -interessen einschränken oder modifizieren zu müssen. Genau dies ist der Vorzug eines instrumentellen Umgangs mit dem Theorieangebot. Die Problembestände sind zwar nicht aus dem Weg geschafft, aber mittels Zwischenlösungen vorläufig in den Hintergrund gedrängt. Allerdings sollte die Ungleichheitssoziologie stets prüfen, ob ihre Ergebnisse nicht dazu beitragen können, die darin enthaltene Grundfrage präziser zu fassen oder gar zu beantworten. Weiterhin sollte sie nicht aus dem Auge verlieren, dass sie sich auf nicht mehr als zweckdienliche, nur vorläufig zufrieden stellende „Hilfskonstruktionen" stützt, die zudem außerordentlich voraussetzungsvoll sind. Mit dieser pragmatischen Vorgehensweise handelt sich die Ungleichheitssoziologie auch neue Probleme und Fragen ein, jedoch solche, die näher an den Ungleichheitsphänomenen dran sind. Die letzten Sätze treffen nur mit Einschränkungen auf Elias zu, weil er seine Figurationssoziologie als einen theoretischen Gegenentwurf versteht, der zeigt, dass die Problembestände aus einen unrichtigen Verständnis gesellschaftlicher Prozesse resultieren. Für Luhmann stellen sich diese Fragen erst gar nicht, da er eine handlungstheoretische Sichtweise grundsätzlich verwirft und einzig eine systemtheoretische Erklärung zulässt. Das erste Resultat der Schlussbetrachtung lautet somit: Die Annahme von Vermittlungsinstanzen zwischen Struktur und Handlung befreit die Ungleichheitssoziologie von übergroßen Herausforderungen, die zumindest ihre gegenwärtigen theoretischen Möglichkeiten übersteigen. So wird die Voraussetzung dafür geschaffen, sich unmittelbarer der Analyse sozialer Ungleichheiten zuzuwenden.

7.2.1   Zeit als Prägekraft

Die drei Vermittlungsinstanzen bzw. „Kunstgriffe" helfen über die theoretische „Erklärungslücke", aber auch über die empirische Schwierigkeit hinweg, Schritt für Schritt nachzuweisen, wie die ungleichheitsträchtigen Strukturen und Handlungs- und Wahrnehmungsweisen zusammenhängen. Aber sie werfen auch neue „Rätsel" auf, so insbesondere das der Stabilität und Kohärenz der Vermittlungsinstanzen. Es ist notwendig, die Vermittlungsinstanzen als relativ stabil vorauszusetzen, weil sie ansonsten – wenn sie sich als unbeständig und beliebig variabel erweisen – nicht als spezielle Einheit wirksam werden könnten und damit keine Eigenständigkeit besäßen. Damit wären sie nicht mehr als eine bloße Durchgangsetappe. Das Zustandekommen der Abgestimmtheit ohne bewusste Abstimmung könnte nicht schlüssig erklärt werden. Mit Kohärenz ist gemeint, dass den Vermittlungsinstanzen eine Prägekraft innewohnt, die garantiert, dass die Handlungs- und Wahrnehmungsweisen auf den verschiedenen Lebensgebieten einem bestimmten Muster folgen bzw. die Vielfalt der beobachtbaren Praktiken auf ein bzw. einige wenige Muster zurückgeführt werden kann.

Aus den Aspekten der Stabilität und der Kohärenz ergibt sich eine Reihe von Fragen: Welche Veränderungen der „objektiven" Lebensbedingungen fangen die Vermittlungsinstanzen ab? Hängt dies von der Dauer, dem Ausmaß des Strukturwandels oder von den wahrgenommenen Zukunftsperspektiven ab? In welchen Lebensphasen verfestigen sich die Vermittlungsinstanzen und werden damit schwer veränderbar? Wie gewährleisten die Vermittlungsinstanzen, dass die Handlungs- und Wahrnehmungsweisen in sich kohärent erscheinen? Es ließen sich noch viele weitere Fragen anschließen. Sie alle weisen darauf hin, dass die Vermittlungsinstanzen bzw. die Orientierungshypothese von Kreckel die „Zeit" als eigenständige Dimension und unausgesprochene Vorbedingung für die Stabilität und Kohärenz der Vermittlungsinstanzen bzw. die Triftigkeit der Orientierungshypothese im Hintergrund mitführen.[111] Die „Zeit" wird als „Imprägnierkraft" und „Wirkungsmacht" verstanden, und zwar auf dreifache Weise: Erstens wird sie als Einwirkungsdauer aufgefasst, nach der Maßgabe, je länger soziale Verhältnisse auf den Einzelnen einwirken, umso tiefer dringen die darin

---

111 Dies gilt nicht nur für Elias, Kreckel und Bourdieu, sondern für die gesamte Ungleichheitssoziologie, mit Ausnahme jener Varianten, in denen gerade Zeitverläufe analysiert werden, etwa der „dynamischen Armutsforschung" (Leibfried et al. 1995).

enthaltenen Restriktionen und Begrenzungen in die Mentalitäten, Wahrnehmungs- und Denkweisen ein. Zweitens wird „Zeit" lebensphasenspezifisch gefasst und auf den Sozialisationsprozess konzentriert, nach der Maßgabe, je früher die Erfahrungen gemacht werden, umso dauer- und schicksalhafter prägen sie den Erfahrungshorizont. Drittens werden Einwirkungsdauer und frühzeitige Erfahrung als begünstigend für die Kohärenz der Praktiken, Wahrnehmungs- und Denkweisen angesehen.

Ein anschauliches Beispiel für die Hypothese, dass die Zeit stabilisierend und einschneidend wirkt, ist in der Etablierten-Außenseiter-Studie von Elias zu finden. Dort werden der Zeit – konkret der Dauer des Zusammenlebens – ohne weitere theoretische Begründung die Eigenschaften zugesprochen, die Gruppenkohäsion zu vergrößern und die soziale Kontrolle auszubauen. Im Laufe der Zeit bildet sich – wie Elias veranschaulicht – ein Zusammenspiel zwischen dem Erfahren von Stigmatisierung, dem Wahrnehmen und Verarbeiten dieser Erlebnisse und dem Sich-Einfügen in das daraus resultierende Machtgefälle heraus. Durch dieses Ineinandergreifen erscheint das Gesamtgeschehen als in sich kohärent. Insgesamt unterstellt Elias, dass langfristige und stetige Wandlungsprozesse sich in die gesellschaftlichen Strukturen eingraben und damit einen dauerhaften Wandel in Gang setzen, während kurzfristige Prozesse und einmalige Ereignisse oberflächlich bleiben und nur selten gesellschaftliche Spuren hinterlassen.

Auch Kreckel wertet die „Einwirkungsdauer" als entscheidend dafür, ob es zu nachhaltigen und verinnerlichten oder nur zu kurzzeitigen und oberflächlichen Veränderungen kommt. So steht für ihn fest, dass für den Umbau des Zentrum-Peripherie-Modells dauerhafte und tief greifende Veränderungen notwendig sind. Aber auch für die individuelle Ebene, auf welcher die vier Ungleichheitsdimensionen „materieller Reichtum", „symbolisches Wissen", „hierarchische Organisation" und „selektive Assoziation" zusammenwirken, gilt, dass dauerhafte Veränderungen der sozialstrukturellen Position der „Zeit" bedürfen. Dies gilt insbesondere für die relationalen Dimensionen der „hierarchischen Organisation" und „selektiven Assoziation". Diese ungleichheitsrelevanten Ressourcen können nicht kurzfristig angeeignet werden. Sie erfordern lang andauerndes Engagement – meist über mehrere Generationen hinweg.

Für Bourdieu benötigt die Herausbildung der spezifischen Disposition des Habitus ebenfalls eine gewisse Zeitdauer, weshalb seine Stabilität bzw. Instabilität nur im zeitlichen Verlauf analysiert werden kann. Für die Schlüssigkeit des Habitusmodells ist die Zeit als eigenständige Wirkungsmacht unabdingbar. Zwar hebt Bourdieu die Bedeutsamkeit der zeitlichen Dimension immer wieder hervor, worin diese genau besteht, welche sozialpsychologischen und sozialisationstheoretischen Annahmen darin enthalten sind, führt er jedoch nicht speziell aus. In seinem Modell des sozialen Raums bildet die Zeitdimension neben dem Kapitalvolumen und den Kapitalsorten die dritte den sozialen Raum strukturierende

Achse. Diese nutzt er dazu, soziale Auf- und Abstiege abzubilden und auf diese Weise sozialräumlich zu veranschaulichen. Hier setzt er die Zeitdimension als gesellschaftlich unabhängiges Maß und objektives Beobachtungsinstrument ein, um sozialen Wandel erfassen zu können.

Zusammenfassend und verallgemeinernd kann aus den Ausführungen über die Zeit die Schlussfolgerung gezogen werden, dass die ungleichheitssoziologischen Modelle insgesamt ohne die Voraussetzung der „Zeit als Prägekraft" an Schlüssigkeit und Triftigkeit einbüßen. Die „Zeit" stellt für sie eine geradezu unerlässliche Bedingung dar, was sie jedoch im Allgemeinen nicht eigens kundtun, schon gar nicht ausführlich begründen. Dass die „Zeit als Prägekraft" wirkt, scheint zu den soziologischen Grundannahmen zu gehören, über die man meint, sich nicht verständigen und noch weniger deren Triftigkeit prüfen zu müssen. Auch um soziale Kontinuitäten und Stabilitäten erfassen zu können, ist es unumgänglich, auf die Zeit als Maßstab zurückzugreifen. Dabei handelt es sich jedoch um mehr als eine Ausgangshypothese, die als Bemessungsgrundlage eingesetzt wird. Denn dem Gebrauch der Zeit scheint die Tendenz innezuwohnen, den Blick vornehmlich auf Gleichbleibendes zu richten und Abweichungen als Diskordanzen wahrzunehmen. Dies erklärt, weshalb sozialstrukturelle Veränderungen oftmals erst mit enormem zeitlichen Verzug bemerkt werden. Zeitliche Dauer wirkt sich hier auf die Wahrnehmung sozialer Ungleichheiten in der Form eingeprägter Beobachtungskategorien und Sichtweisen aus. Somit scheinen auch die Wahrnehmung und die Beobachtung einer gewissen Beständigkeit zu bedürfen, um sich überhaupt eventueller Wandlungen bewusst zu werden. Daraus ergibt sich die Frage, inwieweit die Beschreibung und die Repräsentation sozialer Ungleichheiten nicht auch von der Eigenart der Wahrnehmungs- und Bewertungsprozesse abhängen. Offenbar sind auch diese auf Langfristigkeit und Dauerhaftigkeit „geeicht".

Dies wirft erkenntnistheoretische Probleme auf, für deren Lösung hier nicht der Ort ist. Für die Ungleichheitssoziologie stellt sich jedoch die Frage, in welchem Maße die Formen der Vergegenwärtigung und Repräsentation von sozialen Ungleichheiten von der „Schulung und Eichung" auf Langfristigkeit und Dauerhaftigkeit geprägt sind. Führen wir uns ein Beispiel vor Augen. Es ist eingeübte Praxis, obwohl die Wiedervereinigung schon lange zurückliegt und bei vielen Aspekten die Ähnlichkeiten zwischen manchen Ost- und Westregionen größer sind als die Differenzen, Ost und West getrennt zu beschreiben. Den realen Entwicklungen hinkt die Vergegenwärtigungs- und Repräsentationsweise hinterher, weshalb teilweise Differenzen überbetont und Ähnlichkeiten unterschätzt werden. Das Beharrungsvermögen der nach Ost und West differenzierten Repräsentation hat viele Gründe: Seh- und Analysegewohnheiten, eine größere Aufmerksamkeit gegenüber Unterschieden als gegenüber Gemeinsamkeiten, politische Erwünschtheit, Bequemlichkeit etc. Diese Gründe sind allesamt nicht sozialstrukturellen Ursachen zuzurechnen; sie resultieren vielmehr aus der Kommunikation über Benachteiligungen und Bevorzugungen sowie darüber, wie diese zu präsentieren sind. Kurz: Sie sind dem Komplex der Repräsentation sozialer Ungleichheiten zuzuordnen. Somit besteht an dieser Stelle ein Übergang von der Ebene der Sozialstruktur zu jener der Repräsentation.

7.2.2   Strukturprinzipien „unter einem Dach"

Die Gegenseite zu den Vermittlungsinstanzen, welche für die Abgestimmtheit der „subjektiven" Praktiken und Handlungsweisen verantwortlich gemacht werden, bilden die sozialen Differenzierungsachsen, durch welche „objektive" Lebensbedingungen bestimmt werden. Sie zu bündeln und auf eine oder wenigstens eine überschaubare Anzahl von Ursachen zurückzuführen, ist für die Überzeugungskraft der Ungleichheitssoziologie außerordentlich wichtig. Davon hängt ihre Fähigkeit zur soziologischen Gegenwartsdiagnose ab, ebenso wie ihre gesellschaftstheoretische Interpretationskraft, die soziale Differenzierung als den „Motor der Gesellschaftsentwicklung" überzeugend darzustellen. Elias, Kreckel und Bourdieu teilen das Interesse, die verschiedenen Strukturprinzipien und Ungleichheitsformen unter einem gemeinsamen begrifflichen und theoretischen Dach zu vereinigen, und sie bringen diese alle unter dasselbe Dach: Machtungleichheiten, welche die verschiedenen Strukturprinzipien und Ungleichheitsformen typisieren. Demgemäß entwickeln die drei eine machttheoretische Konzeption sozialer Ungleichheiten. Davon unterscheidet sich die Luhmannsche Systemtheorie in mehrfacher Weise: Erstens nimmt sie einen Primat funktionaler gegenüber sozialer Differenzierungen an, weshalb soziale Ungleichheiten nicht mehr strukturbildend wirken, zweitens behauptet sie, dass jedem Teilsystem ein eigener binärer Kode zugrunde liegt, weshalb ein alle oder zumindest die wichtigsten Teilsysteme überspannendes Dach gar nicht existieren kann, und drittens geht sie davon aus, dass Macht im politischen System, sprich in der politischen Kommunikation konzentriert ist.

Für Elias sind alle sozialen Beziehungen zuvörderst Machtbeziehungen, auch alle Ungleichheitsbeziehungen. Jede andere Kennzeichnung sozialer Beziehungen wie rechtlich, ökonomisch, politisch oder familial gibt demnach nur eine Spezifizierung der Machtverhältnisse an und verweist auf besondere soziale Kontexte und Institutionen. Dies ändert aber nichts daran, dass ihnen stets Machtverhältnisse zugrunde liegen und es sich um verschiedene Ausprägungen von Machtbeziehungen handelt. Prinzipiell können nach Elias alle Ressourcen und Fähigkeiten zur Machtquelle werden; entscheidend ist lediglich, dass sie dazu genutzt werden, die sozialen Verhältnisse entsprechend den eigenen Ideen und Interessen einzurichten. Machtausübung wirkt ungleichheitsgenerierend und

-verstärkend, wenn durch sie Über- und Unterordnungsverhältnisse geschaffen und dadurch Menschen in bevorzugte oder benachteiligte soziale Positionen gedrängt werden.

Für Kreckel – dies entspricht Elias – sind alle asymmetrischen Beziehungen Machtbeziehungen. Die verschiedenen Ungleichheitsformen verbindet seiner Meinung nach miteinander, dass sie aus Machtverhältnissen resultieren und Ergebnis gesellschaftlicher „Kräftekonstellationen" sind. Auch bei Bourdieu – ähnlich ausgeprägt wie bei Elias – bildet Macht die zentrale Kategorie, mittels derer die verschiedenen Strukturierungsprinzipien zueinander in Beziehung gesetzt werden können. Um dies deutlich zu machen, hebt Bourdieu die Konvertierbarkeit der verschiedenen Kapitalsorten hervor und definiert Kapitalverhältnisse als Machtverhältnisse. Auch in der Feldtheorie bildet Macht die zentrale Kategorie, weil die Struktur der Felder und deren Anordnung im sozialen Raum vom Stand der Machtverhältnisse in den Feldern und der Machtungleichheiten zwischen den Feldern bestimmt wird.

Alle drei – Elias, Kreckel und Bourdieu – arbeiten mit einem polymorphen Machtbegriff, bei dem grundsätzlich jede Ressource und Fähigkeit zur Machtquelle werden kann: Bildungsabschlüsse, Einkommen, kulturelles Kapital, aber eben auch das Vermögen zur Stigmatisierung, die Fähigkeit, bestimmte Sichtweisen gesellschaftlich verbindlich zu machen, oder die Zugehörigkeit zu exklusiven Clubs und einflussreichen Beziehungsnetzen. Indem die verschiedenen Ressourcen und Fähigkeiten, die scheinbar in keinem Bedingungs- oder Abhängigkeitsverhältnis stehen, als Machtquellen beschrieben werden, wird es möglich, sie in Beziehung zueinander zu setzen und ihren Einfluss zu gewichten. Daraus ergeben sich zwei Unterfragen:

(1)   In welchem Verhältnis stehen die verschiedenen Benachteiligungs- bzw. Bevorzugungsformen zueinander? Gibt es allgemeine Regeln, die diesem Verhältnis zugrunde liegen?

(2)   Macht ist eine relationale Kategorie, welche soziale Beziehungen charakterisiert. Wie ist es trotzdem möglich, mit dieser Kategorie die substanziellen Eigenschaften sozialer Ungleichheiten zu erfassen?

Zur ersten Unterfrage: Elias zeigt in der „Etablierten-Außenseiter-Studie", dass die Fähigkeit, andere Menschengruppen zu stigmatisieren, zur dominanten Machtquelle werden kann. Stigmatisierung wird aber nur in jenen Fällen derartig machtvoll, wenn bei der Ausstattung mit existentielleren Machtquellen – speziell ökonomischen Ressourcen – zwischen den Etablierten und den Außenseitern kein großes Gefälle besteht. Empirisch ist dies selten der Fall. Üblich ist jedoch, dass es bei der Mehrzahl der Machtquellen Differenzen gibt, und zwar derart, dass erstens sich die einflussreichen Machtquellen bei den bevorzugten Gruppen bündeln, zweitens aber nicht für alle Machtquellen ein Übergewicht zu Gunsten nur einer Gruppe existiert und drittens bei einigen Ressourcen und Fähigkeiten gar keine Unterschiede bestehen. Dies macht es erforderlich, Konvertierungsregeln anzugeben, um das Verhältnis der verschiedenen Machtquellen zueinander gewichten zu können. Davon können die Machtquellen hergeleitet werden, die mehr als andere geeignet sind, soziale Beziehungen gemäß den eigenen Ideen und Interessen zu gestalten. Dazu gehört es auch anzugeben, ob bei großen und kleinen Ungleichheitsdifferenzen jeweils andere Ressourcen als Machtquellen eingesetzt werden. So ist bemerkenswert, dass die Fähigkeit zur Distinktion in relativ ausgeglichenen sozialen Beziehungen zu einer wirksamen Machtquelle werden kann, während dieses Vermögen in sehr ungleichen Beziehungen weitgehend folgenlos bleibt.

Ähnliche Fragen sind an Kreckels Machtdimensionen „hierarchische Organisation" und „selektive Assoziation" zu richten. Es ist nicht deutlich, in welchem Verhältnis diese zueinander stehen, ebenso wenig, ob und wie die ungleiche Verteilung von Gütern (distributive Ungleichheit) in relationale Ungleichheiten konvertiert werden kann. Um darüber Auskunft zu geben, wechselt Kreckel auf die Ebene der Repräsentation sozialer Ungleichheiten. In der Prestigeordnung und im Rechtssystem sind nämlich Konvertierungsregeln enthalten. So sind in der Berufsprestigeordnung die verschiedenen beruflichen Tätigkeiten zueinander in Beziehung gesetzt und nach bestimmten Kriterien hierarchisiert. Obwohl diese Kriterien wie akademische Qualifikation, Berufsethos, Gemeinwohlorientierung nicht unbedingt bewusst angewendet oder rational begründet werden, sind sie allgemein anerkannt und besitzen Benennungsmacht. Sie sind Ergebnis gesellschaftlicher und politischer Auseinandersetzungen darüber, welche Kriterien als bedeutsam und welche als unbedeutsam anzusehen sind.

Bei Bourdieu gehört die Festlegung der Konvertierungsregeln ebenfalls zum Ungleichheitsgeschehen. Die Konvertierungsregeln sind über das symbolische Kapital institutionalisiert. Es regelt „die Wechselkurse" der verschiedenen Kapitalsorten untereinander und bestimmt damit, in welchem Verhältnis sie zueinander stehen. Das symbolische Kapital – die Macht der Anerkennung und Legitimierung von Kapitalverhältnissen – gehört wie die Prestigeordnung und das Rechtssystem auf die Ebene der Repräsentation sozialer Ungleichheiten, weil es eine bestimmte Wahrnehmungs- und Bewertungsweise für verbindlich erklären kann. Damit repräsentiert das symbolische Kapital einen Beobachtungsmodus der Strukturprinzipien und Differenzierungsachsen, die das sozialstrukturelle Geschehen unmittelbar prägen.

Aus dem Vorangegangenen ergibt sich ein weiteres Zwischenresultat: Die machttheoretische Bündelung der verschiedenen Strukturprinzipien und Differenzierungsachsen ist mit einem Wechsel auf die Ebene der Repräsentation sozialer Ungleichheiten verbunden. Sie kann nicht aus der empirischen Beobachtung direkt erschlossen werden, weil es dazu notwendig ist, die verschiedenen Strukturprinzipien und Differenzierungsachsen zueinander in Beziehung zu setzen und Konvertierungsregeln zu bestimmen. Konvertierungsregeln, wie sie in Rechtfertigungen und Legitimierungen zur Sprache kommen, fußen aber stets auf Wahrnehmungen, Bewertungen und anderen Vergegenwärtigungsformen – also auf Repräsentationen. Erst auf der Ebene der Repräsentation wird es möglich, die verschiedenen Strukturprinzipien und Differenzierungsachsen auf gemeinsame Ursachen – Machtverhältnisse – zurückzuführen.

Zur zweiten Unterfrage: Macht drückt ein relationales und kein substanzielles Verhältnis aus. Die machttheoretische Konzeption sozialer Ungleichheiten steht damit vor der Aufgabe, die substanzielle Seite sozialer Benachteiligungen wie etwa eine schlechte Wohnung, mangelnde Gesundheit oder Arbeitslosigkeit in den Griff zu bekommen. Dies kann sie versuchen, indem sie auf die Ebene der Repräsentation wechselt und diese als Ergebnis von Machtkämpfen um die gerechte Verteilung von Ressourcen interpretiert. Aber die materielle Eigenart dieses Mangels geht dabei verloren. Schlechte Wohnung, mangelnde Gesundheit oder Arbeitslosigkeit mögen aus Machtdifferenzialen resultieren, aber diese Diagnose bleibt gegenüber dem Erleben von Mangel und den alltäglichen Arrangements mit substanziellen Benachteiligungen sehr distanziert. Ausschließlich relational lassen sich diese Erfahrungen nicht beschreiben, denn ihre Eigenart hängt insbesondere an der Materialität.

Kreckel unterscheidet bei den Ungleichheitsausprägungen asymmetrische soziale Beziehungen, die einen relationalen Charakter besitzen, und die ungleiche Verteilung von Gütern, die er als distributive Ungleichheit bezeichnet. Damit bezieht er eine mittlere Position zwischen den relationalen Theorien, die Ungleichheit als asymmetrisches Machtgefüge begreifen, und jenen Konzepten, die wie die Schichtmodelle sich darauf konzentrieren, die substanzielle Ausstattung der Lebensverhältnisse miteinander zu vergleichen. Trotzdem bleibt schlussendlich bei Kreckel offen, in welchem Verhältnis substanzielle und relationale Ungleichheiten zueinander stehen. Bourdieu löst die Frage für den Raum der sozialen Positionen, indem er dem soziologischen Beobachter die Aufgabe überantwortet, eine Analyse der substanziellen Ungleichheitsformen anzufertigen. Dafür sind die distributiven Verhältnisse in ein Mehr oder Weniger zu übersetzen. Es ist die Aufgabe der Soziologie, die dazu notwendigen Konvertierungsregeln festzulegen. Auf diese Weise kann ein Bild der Sozialstruktur erzeugt werden, jedoch teilt dieses wenig über das reale Ungleichheitsgeschehen mit. Es gibt Auskunft über die auf der Grundlage der substanziellen Analyse zu erwartenden Ungleichheitserfahrungen und -erlebnisse – also die ungleichheitssoziologischen Hypothesen.

Gleichwohl, das reale Ungleichheitsgeschehen ist relational organisiert und muss deshalb auch relational rekonstruiert werden. Damit ist aber – wie dargelegt – ein Wechsel auf die Ebene der Repräsentationen sozialer Ungleichheit verbunden und die Frage nach der Beziehung zwischen dem Raum der sozialen Positionen und dem der Repräsentation unausweichlich. Bourdieu geht von einer homologen Organisation beider Räume aus, weil Kapital, welches den Raum der Positionen strukturiert, und Macht, welche den Raum der Repräsentationen strukturiert, ineinander konvertierbar sind. Ob aber die Repräsentation sozialer Ungleichheit stets als Machtausübung zu verstehen ist oder nicht auch, wie Bourdieu selbst sagt, in den Dienst der Objektivierung und soziologischen Aufklärung gestellt werden kann und damit eine gewisse Eigendynamik gegenüber den ungleichen Machtverhältnissen entfalten kann, ist eine offene Frage. Darauf komme ich im nächsten Abschnitt zurück.

Vergegenwärtigen wir uns an dieser Stelle nochmals die systemtheoretische Konzeption dieses Aspekts. Dort wurde die Frage nach dem Verhältnis von Sozialstruktur und Repräsentation, soweit sich dies aus ungleichheitssoziologischer Sicht beurteilen lässt, weitgehend offen gehalten. Dies mindert einerseits die Reichweite soziologischer Erklärung, andererseits befreit es von der Dringlichkeit, das Verhältnis beider Ebenen durch die Einführung eines oder mehrerer vermittelnder Bindeglieder präzise bestimmen zu müssen. Elias, Kreckel und Bourdieu können sich dagegen der Aufforderung einer klaren und eindeutigen Bestimmung nicht entziehen, ohne die Erklärungs- und Überzeugungskraft ihrer Theorien zu mindern. Die machttheoretische Konzeption lässt andere soziale Motive oder Wirkungsmechanismen von Repräsentationen – z.B. Objektivierung und Aufklärung – in den Hintergrund treten, weil diese nicht sogleich auf die Sozialstruktur zurückgeführt werden können. Es sollte aber, wie die Systemtheorie dies offeriert, möglich sein, die Repräsentationen sozialer Ungleichheit ohne sofortigen direkten Rückbezug auf die Sozialstruktur zu analysieren und deren Genese und Durchsetzung als eigenständigen sozialen Prozess zu betrachten, um so deren immanente „soziale Logik" verstehen und erklären zu können. Dass die Repräsentationen sozialer Ungleichheiten eine potenzielle Machtquelle verkörpern, steht dabei außer Frage, sie können aber auch zu anderen Zwecken eingesetzt werden und entspringen nicht notwendig aus Machtverhältnissen.

Es gibt einige Indizien dafür, dass die Generierung und Durchsetzung der Repräsentationen sozialer Ungleichheit einer eigenen „sozialen Logik" folgen. Bereits auf den ersten Blick ist zu beobachten, dass die Wissenschaft – speziell die Sozialwissenschaft – auf die machtvollsten Repräsentationen wie die staatlich-administrative Statistik und Berichterstattung einen überaus großen Einfluss hat. Auf die Behebung sozialstruktureller Benachteiligungen und Bevorzugungen hat sie dagegen keine direkte Einwirkungsmacht – das mag man begrüßen oder bedauern. Weiterhin fällt sogleich auf, dass die Medien stark am Prozess der Hervorbringung und insbesondere der Popularisierung von Repräsentationen sozialer Ungleichheiten beteiligt sind, ohne dass dies klar und eindeutig mit den sozialstrukturellen Positionen der dort Tätigen oder der Platzierung des medialen Feldes im sozialen Raum korrespondiert. Ebenfalls ist das Bildungssystem sehr bedeutsam, weil dort jedem während der Schulzeit zentrale Begriffe und Kategorien zur Beschreibung sozialer Ungleichheiten vermittelt werden. Trotzdem ist unstrittig, dass das Bildungssystem nicht zu den machtvollen und beherrschenden sozialen Feldern gehört, sondern eher zu den machtschwachen und wenig einflussreichen. Die Liste mit Beispielen dafür, dass die Repräsentationsmacht anders verteilt und strukturiert ist, als es Ressourcen und Positionen sind – also die Sozialstruktur –, ließe sich schnell verlängern.

Zwei Merkposten sind über die Sozialstrukturanalyse festzuhalten: Erstens ist die „Zeit als Einprägekraft" für die sozialstrukturellen Erklärungsmodelle geradezu unerlässlich. Ohne sie kann weder die Angleichung und Anpassung der Praktiken und Handlungsweisen erklärt werden, noch eine Gewichtung von besonders wirksamen sozialen Strukturierungen und nur oberflächlichen Einflussnahmen vorgenommen werden, noch kann der Prozess der sozialstrukturellen Prägung auf den Lebenslauf des Einzelnen heruntergebrochen werden. Über die Grundannahmen der Zeit als sozialer Wirkungsfaktor wird jedoch in den vorgestellten Ungleichheitstheorien wie der Ungleichheitssoziologie insgesamt wenig ausgesagt. Ihre Wirkungsweise darzustellen wird gerne – dies gilt speziell für Bourdieu – der Psychologie überantwortet. Elias geht diesen Komplex dagegen offensiv an, indem er die soziologische Analyse mit der Psychoanalyse verbindet. Dies ist aber eine Ausnahme. Die Regel ist, dass die Zeit als Hintergrundannahme in den sozialstrukturellen Erklärungsmodellen zumeist unausgewiesen mitgeführt wird. Ohne Zeithorizont büßt die Sozialstrukturanalyse jedoch viel an Erklärungskraft ein.

Zweitens scheint es notwendig, um das Verhältnis der substanziellen zu den relationalen Ungleichheiten und umgekehrt zu bestimmen, auf die Ebene der Repräsentation sozialer Ungleichheiten zu wechseln, weil dort die Auseinandersetzungen um Verteilungen von Ressourcen und sozialen Positionen geführt, vergegenwärtigt und bezeichnet werden. Dies gilt in gleicher Weise für die wissenschaftliche Reflexion und damit für die Zusammenfassung der verschiedenen Strukturprinzipien und Differenzierungsachsen unter ein gemeinsames Dach. Dies belegt, dass die Repräsentationen sozialer Ungleichheiten nicht nur einen zentralen Teil des Ungleichheitsgeschehens bilden, welchen die Ungleichheitssoziologie genauso gründlich zu untersuchen hat wie die Sozialstruktur, sondern dass sie selbst an den Prozessen der Repräsentation beteiligt ist. Da es einige Hinweise dafür gibt, dass die Repräsentationen nach anderen Prinzipien strukturiert und organisiert sind als die Sozialstruktur, sollten sie einer eigenständigen Analyse unterzogen werden.

7.3   Repräsentationen sozialer Ungleichheiten

Von den im zweiten Kapitel behandelten offenen Fragen gehört zum Komplex der Repräsentation erstens die nach dem Zusammenhang zwischen den gesellschaftlichen Vorstellungen von Gerechtigkeit und der Ungleichheitsforschung, da soziale Ungleichheiten in der Öffentlichkeit vorwiegend als Gerechtigkeitsfragen diskutiert und problematisiert werden (1).[112] Soziale Gerechtigkeit bildet den Referenzpunkt, um nicht akzeptierte von tolerierten Ungleichheiten zu unterscheiden. Nicht alle Formen und Ausprägungen sozialer Ungleichheit gelangen jedoch als Gerechtigkeitsfragen auf die Agenda. Gegenwärtig werden beispielsweise territoriale Ungleichheiten zwischen peripheren ländlichen Regionen und großstädtischen Zentren kaum wahrgenommen und bis vor wenigen Jahrzehnten wurden geschlechtsspezifische Ungleichheiten schlicht übersehen. Daran schließt sich die zweite offene Frage an. Sie lautet: Wovon hängt die gesellschaftliche Aufmerksamkeit gegenüber Ungleichheiten ab und welcher Ressourcen und Fähigkeiten bedarf es, gesellschaftliche Beachtung zu erzeugen bzw. zu verhindern (2)? Dahinter steht die Vermutung, dass diese Ressourcen und Fähigkeiten nicht deckungsgleich mit jenen sind, welche die Sozialstrukturanalyse für die Erreichung einer privilegierten sozialen Position als entscheidend ansieht.

In die gleiche Richtung weisen zwei weitere Eigenschaften der Repräsentationen sozialer Ungleichheiten. Einerseits ist zu beachten, dass die sozialstrukturellen Begriffe, Bilder, Kategorien und Denkmodelle nicht nur analytisch-beschreibende Aufgaben haben, sondern selbst in den Prozess der Herstellung sozialer Ungleichheiten verstrickt sind (3). Sie stellen diese keineswegs nur dar, sondern präsentieren sie zumeist mit der Aufforderung, in das Ungleichheitsgeschehen einzugreifen, und legen damit vorbestimmte Bahnen des Reagierens und Handelns aus. Andererseits ist auffällig, dass die ungleichheitssoziologisch entworfenen gesellschaftlichen Großgruppen wie Klassen, Schichten oder Milieus selten deckungsgleich mit den realen Gruppenerfahrungen sind und schon gar nicht von der Klassifikation der gesellschaftlichen Akteure darauf geschlossen werden kann, welche Interessen und Ideen diese in die Debatte über soziale Gerechtigkeit einbringen (6).

An dieser Stelle soll eine weitere Eigenart der Repräsentationen angesprochen werden, die im zweiten Kapitel nicht eigens behandelt, aber immer mal wieder auftauchte und nach deren Ursache gefragt wurde. Sie besteht darin, dass bei der Repräsentation sozialer Ungleichheiten die sozialen Beziehungen und Verhältnisse zumeist als räumlich veranschaulicht werden. Die räumliche Versinnbildlichung entspricht ganz offensichtlich der Art und Weise, wie die soziale Welt sinnlich erfahren und alltagssprachlich vergegenwärtigt wird. Bei der

---

112   Die Zahlen in den Klammern beziehen sich wieder auf die Nummerierung in Kapitel 2.

Wahrnehmung räumlicher Strukturen und beim Gespür für soziale Positionen scheint es sich um zwei parallelisierte Orientierungsweisen zu handeln.[113] Diese Parallelisierung zeigt sich u.a. darin, dass soziale Ungleichheiten kaum anders als mit Gegensatzpaaren beschrieben werden können, die räumliche Relationen bestimmen wie „höher" oder „tiefer", „oben" oder „unten", „nah" oder „fern". Auf diese Weise entstehen sinnlich-räumliche Gebilde, bei denen soziale Ungleichheiten als räumliches Geschehen präsentiert werden.

Für die räumliche Präsentation der sozialen Welt hat Bourdieu den Begriff Sozialatlas vorgeschlagen, andere sprechen von einer „sozialen Topographie" oder Kartographie, weil auf diese Weise soziale Landkarten erzeugt werden (Desrosières 1993; Boltanski/Thévenot 1991, S. 12). Man mag über die Gründe spekulieren, weshalb ausgerechnet die räumlich-geographische Präsentationsweise die vielfältigen Anforderungen und Erwartungen an soziale Repräsentationen erfüllt.[114] Auch ohne genaue Kenntnis der Gründe kann festgehalten werden, dass in ähnlicher Weise, wie die Sozialstrukturanalyse zur Plausibilisierung ihrer Ergebnisse auf die „Zeit" als eigenständigem Wirkungsmechanismus angewiesen ist, die Repräsentation sozialer Ungleichheiten den „Raum" benötigt, um die Relationalität sozialer Ungleichheiten überzeugend wiedergeben zu können.

Die aufgezählten Fragen zum Komplex der Repräsentation sozialer Ungleichheiten können zu einer überordneten Frage zusammengefasst werden. Sie lautet: Besitzen die Repräsentationen gegenüber dem sozialstrukturellen Geschehen, das sie darstellen sollen bzw. wiederzugeben vorgeben, eine gewisse Eigendynamik – und wenn ja, inwieweit – und welchen sozialen Regeln folgt diese? Eine gewisse Eigendynamik ergibt sich schon daraus, dass soziale Ungleichheiten meistens räumlich vergegenwärtigt und präsentiert werden und damit die Einführung eigener Bezugspunkte und Kohärenzvorstellungen verbunden ist.

Elias, Kreckel und Bourdieu führen die Ebene der Repräsentation auf unterschiedliche Weise ein. In der Etablierten-Außenseiter-Studie gliedert Elias Repräsentationen, beispielsweise die herabsetzenden Stigmatisierungen, in den Fundus der Machtquellen ein. Derartige Repräsentationen sind für ihn fest in das

---

113 Das räumliche Orientierungsvermögen der Sinne scheint gesellschaftlich dazu genutzt zu werden, soziale Verhältnisse und Beziehungen zu verräumlichen (vgl. Barlösius 2000). Dies erklärt, weshalb Simmel den Exkurs über die Sinne in das große Kapitel über den „Raum und die räumliche Ordnung der Gesellschaft" seiner zentralen Schrift „Soziologie" eingebettet hat. Der Raum ist jedoch – wie bereits im Bourdieu-Kapitel dargelegt (S.163f.) – keineswegs gegeben, sondern entsteht erst durch „unsere synthetische Tätigkeit, durch die wir das Empfindungsmaterial formen" – also durch die Sinne (Simmel 1992, S. 694).

114 Diese mögen in der Eigenart der sinnlichen Wahrnehmung liegen, sie mögen aber auch darin begründet sein, dass selbst eine theoretisch ambitionierte Ungleichheitssoziologie zur Verdeutlichung ihrer Erklärungen auf eine räumliche Präsentation verwiesen ist, weil der „Raum" wie eine „notwendige Vorstellung a priori" (Kant) wirkt.

Machtgeschehen eingebunden. Sie besitzen gegenüber anderen Machtquellen –
Ökonomie oder Politik – keine eigenständige Qualität. Eine andere Qualität erhalten Repräsentationen erst dann, wenn sie es ermöglichen, Geschehensabläufe,
Sach- oder Tatsachenzusammenhänge unabhängiger und distanzierter zu beobachten. Stigmatisierungen, Mythen, Spruchweisheiten etc. zeichnen sich dagegen durch eine hohe Affektivität und ein großes Engagement aus. Repräsentationen, bei denen der affektive Anteil zurückgedrängt ist und die ein großes Distan-
zierungspotenzial beinhalten, sind dagegen besser geeignet, Wissen und Denken
mit dem „Tatsachenbereich" in Übereinstimmung zu bringen (vgl. Elias 1970, S.
56). Elias unterscheidet somit Repräsentationen danach, ob in sie Emotionen
eingelassen und sie der Alltagswelt verfangen sind oder ob sie aus letzterer he-
raustreten und damit eine gelassenere und objektivere Sicht der Sach- oder Tatsachenzusammenhänge befördern. Es ist nach Elias Aufgabe der Soziologie,
Wissen bzw. Repräsentationen zu generieren, welche es ermöglichen, die gesellschaftlichen Interdependenzen zu durchschauen, einen sachgerechteren Umgang
mit diesen zu erlernen und die darin enthaltenen Machtdifferenziale freizulegen.
Solches Wissen tritt aus der Bindung durch Machtverhältnisse heraus und ist
einzig der soziologischen Aufklärung unterstellt (vgl. Barlösius 2003). Sachge-
rechteres Wissen entfernt sich von emotional gefangenen Beschreibungen, allerdings ohne diese jemals ganz abzulegen. Deshalb lehnt es Elias ab, sich Repräsentationen als eigenständige und nur der Reflexion verpflichtete Ebene vorzustellen.

Kreckel nimmt Repräsentationen vorwiegend unter dem Aspekt der Legitimierung sozialer Ungleichheiten in den Blick. So dienen beispielsweise die Ungleichheitssemantiken, wie sie in der Prestige- und der Rechtsordnung enthalten
sind, der Rechtfertigung und Legitimierung sozialer Ungleichheiten. Jedoch
unterliegen diese, obwohl sie direkt auf die realen Ungleichheitsausprägungen
Bezug nehmen, keinem „Automatismus" im Sinne einer „unmittelbaren Widerspiegelung". In den Klassifikationsakten sind Menschen „autonom". Da aber die
machtstärkeren Gruppen ihre Kategorien und Klassifikationen gegenüber den
machtschwächeren Gruppen weitgehend durchsetzen können, gelangen diese
übergewichtig in die „offiziellen" Repräsentationen, wodurch ein enger Konnex
zwischen sozialstruktureller Position und Repräsentation entsteht.

Aus diesem Grund fasst Kreckel die Repräsentationen als „sekundäre ideologische Realitätsebene" auf, gegenüber der die Soziologie eine kritische Distanz
zu entwickeln hat. Auf keinen Fall kann sie diese ohne Prüfung für ihre Beschreibungen, Kategorisierungen und Klassifizierungen übernehmen. Vielmehr
hat sie die darin enthaltenen Einschnitte und Barrieren als Ausdruck sozialstruktureller Brüche und Grenzen zu analysieren. Als probate Distanzierungsmethode
schlägt er einen weiteren Schritt der Abstrahierung vor, durch welchen die in den
Repräsentationen enthaltenen „ideologischen Legitimierungen" freigelegt und als

gewichtiger Bestandteil des Ungleichheitsgeschehens deutlich charakterisiert werden können. Um diese Vorgehensweise zu erläutern, orientiert sich Kreckel an dem Prozess einer „sekundären Objektivation von Sinn" (Berger/Luckmann). Er selbst bevorzugt jedoch den Begriff der „Abstraktion der Abstraktion". Ob durch die eingeforderten Abstraktionsschritte eine eigenständige Ebene der Repräsentation sozialer Ungleichheiten entsteht oder jede Ungleichheitssemantik – auch die soziologisch reflektierte – über eine größere Distanz mit der Sozialstruktur verbunden bleibt, erörtert er nicht. Darüber, dass zwischen der sozialen Lage, in der sich jemand befindet, der Fähigkeit, sich kollektiv zu organisieren, um eine machtstarke Position im ungleichheitsbegründenden Kräftefeld zu erringen, und dem Vermögen, bestimmte Repräsentationen sozialer Ungleichheit durchzusetzen, eine hochgradige Wechselbeziehung existiert, lässt Kreckel keinen Zweifel aufkommen.

Bourdieu räumt den Repräsentationen sozialer Ungleichheit in seiner Theorie einen der sozialstrukturellen Analyse des Raums der sozialen Positionen vergleichbar großen Stellenwert ein. Der Raum der Repräsentationen ist relational aufgebaut, da sich die Kategorien und Klassifikationen wechselseitig bestimmen – Reichtum durch Armut und umgekehrt, die Mittelschicht in Abgrenzung zur Ober- und Unterschicht etc. Mit den Begriffen „symbolisches Kapital" und „Benennungsmacht" führt er eine Perspektive ein, mit der es möglich ist, die Genese und Durchsetzung von Repräsentationen mit den Akteuren zu verknüpfen. Da „symbolisches Kapital" und „Benennungsmacht" zugleich als sozialstrukturelle Ressourcen fungieren, um erfolgreich in den sozialen Feldern zu wirken, ist die Verbindung zum Raum der Positionen hergestellt.

Wie bei der Bündelung der Strukturprinzipien „unter einem Dach" bilden auch hier Machtformen, konkret Benennungsmacht und symbolisches Kapital, die Scharniere für den Raum- bzw. Ebenenwechsel. Mittels dieser Scharniere kann Bourdieu die Homologie der beiden Räume in der sozialen Praxis schlüssig erklären. Er gerät damit jedoch in die „Falle" einer mehr oder weniger ausgeprägten gegenseitigen Determinierung. Dieser versucht er zu entgehen, indem er immer wieder darauf hinweist, dass die Wahrnehmung der sozialen Welt einen „Konstruktionsakt" impliziert und sich daraus die „schöpferischen Elemente" des Habitus ergeben. Die Konstruktionsarbeit folgt einer eigenen „Logik", was aber in der sozialen Praxis selten bewusst geschieht, da sie zumeist jenseits expliziter Vorstellung und verbalem Ausdruck erfolgt. Aber sie entfaltet keine ausgeprägte Eigendynamik, durch welche drohen könnte, dass sich der Raum der Positionen und der Raum der Repräsentationen grundsätzlich voneinander entfernen.

Ähnlich wie bei der Vermittlung von Struktur und Handlung geht Bourdieu auch bei der Vermittlung des Raums der Positionen und des Raums der Repräsentationen von einer Homologie – einem Verhältnis der Vielfalt in Homogenität

– aus. Dies entspricht der sozialen Praxis, wo „mehr oder weniger stillschweigend" vorausgesetzt wird, „dass beide Sphären analog organisiert sind" (Schneider 1998, S. 28). Damit greift Bourdieu zum zweiten Mal auf die „Eselsbrücke" des Habitus und der analogen Übertragung von Schemata zurück – dieses Mal, um die Abgestimmtheit der Repräsentationen mit den sozialen Strukturen zu begründen. Man kann den zweiten Gebrauch der „Eselsbrücke" für ähnlich überzeugend halten wie den ersten oder auch nicht. Entscheidend ist dabei, ob und inwieweit die Schaffung und Durchsetzung von Repräsentationen als eigenständiger Prozess begriffen werden. Wenngleich Bourdieu die Kritik eines „Zirkelschlusses" immer wieder zu entkräften versucht hat, bleibt er in diesem dennoch gefangen. Den Zirkel von Struktur-Praxis-Habitus-Repräsentation und wieder zurück zur Struktur stellt er nicht grundsätzlich in Frage. Einzig die kritischen und in der gesellschaftlichen Aufklärung engagierten soziologischen Beobachter können ihn durchbrechen, sofern sie Repräsentationsarbeit als bewussten Prozess gestalten. Was sie dazu privilegiert, bleibt jedoch weitgehend im Unklaren. Die gesellschaftliche Verstrickung der soziologischen Beobachtung lässt dagegen vermuten, dass sich vorreflexive und nichtintentionale Elemente oft verdeckt in die theoretischen Reflexionen und Diskurse einschreiben (vgl. ebd., S. 246).

Die Annahme einer Homologie lässt zu wenig Spielraum für die These, dass der Repräsentation sozialer Ungleichheiten andere soziale Differenzierungsmuster zugrunde liegen als der Sozialstruktur. Es spricht deshalb einiges dafür, diese Repräsentationen möglichst ohne Vorannahmen darüber, in welchem Verhältnis sie zur Sozialstruktur stehen, zu betrachten. Für eine solche Analyse sprechen beispielsweise drei empirische Beobachtungen:

- Die Repräsentationen sozialer Ungleichheiten bilden eine wichtige Machtquelle, aber eine ausschließlich machttheoretische Analyse greift zu kurz, da mit ihnen weitere soziale Motive verbunden sind, z.B. Aufklärung, Verbesserung der sozialen Integration.
- Nicht alle sozialen Gruppen können gleichermaßen auf den Prozess der Generierung und Durchsetzung von Repräsentationen einwirken. Die Sozialstrukturanalyse ist jedoch nicht geeignet, die sozial differenzierte Beteiligung der verschiedenen Akteure am Prozess des Repräsentierens zu ermitteln.
- Gerade besonders machtschwache und sozialstrukturell benachteiligte Gruppen werden sowohl in amtlichen als auch in nichtamtlichen Repräsentationen besonders oft dargestellt, z.B. Arme, Sozialhilfeempfänger, Jugendliche. Diese sozialen Gruppen besitzen freilich nicht die Ressourcen, sich selbst zu repräsentieren. Stattdessen werden sie in einem Klientelverhältnis präsentiert – aber zumindest wird ihre soziale Lage öffentlich gemacht. Umgekehrt kann es ein Ausdruck eines besonderen Privilegs sein,

dass bestimmte soziale Gruppen und ihre Ressourcenausstattungen in den „offiziellen Repräsentationen" nicht benannt werden oder zumindest unterrepräsentiert sind. Dies trifft beispielsweise für die Vermögensstatistik und den Reichtumsbericht zu.

Diese empirischen Beobachtungen, denen noch weitere hinzugefügt werden könnten, und die zu großen theoretischen Prämissen, welche mit der Hypothese der Homologie verbunden sind, liefern die Argumente dafür, die Repräsentation sozialer Ungleichheit als eigenständiges ungleichheitssoziologisches Forschungsthema zu betrachten. Die Annahme einer Homologie ist so schwergewichtig, dass sie dazu führt, die Unterschiede zwischen den Differenzierungsmustern zu unterschätzen. Sie ist und bleibt ein Angriffspunkt für Kritik. Zwar kann sie die Vorwürfe, eine „Widerspiegelung" oder „Deckungsgleichheit" von Sozialstruktur und Repräsentation zu vertreten, zurückweisen, trotzdem mündet sie stets in eine „weiche Variante" der Identitätstheorie.

Veranschaulichen wir uns dies am Beispiel des Begriffs der sozialen Klassen, an welchem sich sowohl Kreckel als auch Bourdieu abgearbeitet haben. Kreckels Antwort lautet: Klassengesellschaft ohne Klassen, was meint, dass sich sozialstrukturell soziale Klassen bestimmen lassen, diese aber nicht als „reale Klassen" auftreten, weshalb das Klassenverhältnis ein „abstraktes" ist. Bourdieu differenziert auf ähnliche Weise „konstruierte und reale soziale Klassen". Für ihn steht aber außer Zweifel, dass, wenn sich „reale soziale Klassen" formieren sollten, diese weitgehend mit den soziologisch konstruierten übereinstimmen würden. Diese Kongruenz will er auch als Beleg für die empirische Richtigkeit seiner sozialstrukturellen Analyse gewertet wissen. Die konstruierten wie die realen sozialen Klassen verweisen somit auf einen identischen Referenzpunkt.

Die Hypothese der Homologie unterstellt damit einen Dualismus. Dies meint, dass es sich um zwei Seiten eines einzigen Vorgangs handelt, konkret um zwei Ausdrucksformen ein und derselben sozialen Strukturierung, z.B. bei der habituellen Abgestimmtheit von sozialer Lage, Praktiken, Handlungs-, Wahrnehmungs- und Denkmustern oder der Angleichung des Raums der sozialen Positionen an den Raum der Repräsentation und selbstverständlich auch umgekehrt. Weniger voraussetzungsvoll wäre es, das Verhältnis nicht als homolog anzunehmen, sondern dieses als Parallelismus zu interpretieren, was auch zum alltäglichen Umgang mit dem Phänomen passen würde (vgl. Plauen 2001). Über die Genese der Ähnlichkeiten und Abgestimmtheiten wäre damit nichts ausgesagt. Die Kosten für die Ungleichheitssoziologie wären freilich hoch: Ihre Erklärungsfähigkeit würde stark eingeschränkt und sie büßte einen Großteil ihrer Faszination ein. Diese speiste sich gerade daraus, dass sie so viele Facetten der Sozialwelt unter dem Paradigma der sozialen Ungleichheit zusammenfassen konnte: ungleichheitsgenerierende Strukturen, ungleichheitswirksames Handeln und die Vergegenwärtigungen und Repräsentationen sozialer Ungleichheiten. Lässt sie diesen umfassenden Erklärungsanspruch fallen, dann reduziert die Ungleichheitssoziologie ihre Kompetenz, wie Theodor Geiger bereits zu Beginn des 20. Jahrhunderts moniert hat, auf eine „Soziographie", die sich mit sozialstatistischen Beschreibungen zufrieden gibt und fast vollständig auf gesellschaftstheoretische Ambitionen verzichtet. Oder aber sie orientiert sich an einer theoretischen Konzeption, wie sie beispielsweise Luhmann vorgelegt hat, und begreift die Repräsentation sozialer Ungleichheiten als eigenständige Ebene. Damit könnte sie die theoretische Erklärungslücke des Verhältnisses von Sozialstruktur und Repräsentation umgehen. Ihre ungleichheitssoziologische Erklärungskraft würde sie aber auch auf diese Weise nicht wieder zurückgewinnen, da sich bei dieser Konzeption die Strukturierungskraft sozialer Ungleichheiten nicht mehr auf die Ebene der Repräsentation erstrecken würde. Und schließlich kann sie versuchen – ähnlich wie beim Problem der Vermittlung von Struktur und Handlung –, einerseits ihren Erklärungsanspruch nicht allzu stark einzuschränken und andererseits ohne rigide und voraussetzungsvolle Vorannahmen auszukommen. Der dritte Weg soll im Weiteren verfolgt werden.

8 Repräsentationsbeziehung und Repräsentationsmacht – ein Ausblick

Bei der Beziehung von Ungleichheit zu repräsentierter Ungleichheit stellt sich das Problem, dass einerseits beide aufeinander abgestimmt zu sein scheinen, wovon im Allgemeinen in der Alltagspraxis wie selbstverständlich ausgegangen wird, und andererseits die Repräsentationen eine gewisse Eigendynamik besitzen, wie unzählige ungleichheitssoziologische Studien belegen. Im Folgenden soll ein Vorschlag dafür unterbreitet werden, wie die Ungleichheitssoziologie mit dieser Erklärungslücke verfahren kann, ohne jedoch dem Ehrgeiz nachzugeben, für alle im vorherigen Kapitel aufgezählten Fragen eine gleichermaßen überzeugende Antwort parat zu haben.

Bei dem Verhältnis von Struktur und Handlung stellte sich die Frage nach dem Zustandekommen der gegenseitigen Bedingung. Beim Repräsentationskomplex drängt sich die Frage auf, ob und inwieweit die Repräsentationen mit den repräsentierten Sachverhalten und Objekten als treffend oder sogar übereinstimmend wahrgenommen werden und was der scheinbaren Abgestimmtheit zugrunde liegt. Diese Frage erstreckt sich sowohl auf die mehr oder weniger unmittelbaren alltäglichen Vergegenwärtigungen und praktischen Erfahrungen als auch auf die von der Soziologie erzeugten Repräsentationen und benutzten Formen und Verfahren des Repräsentierens.[115] Sie unterscheiden sich nur graduell, nämlich danach, ob der Prozess des Repräsentierens mehr oder weniger bewusst erfolgt und demgemäß absichtsvoll oder unbewusst Regeln des Repräsentierens eingehalten werden. Dass zwischen beiden Arten des Repräsentierens nur eine graduelle Differenz und kein grundsätzlicher Bruch besteht, hat die Wissenssoziologie überzeugend aufgezeigt (z.B. Schütz, Berger/Luckmann).

Wie bei der gegenseitigen Bedingung von Struktur und Handlung ist auch beim Verhältnis von Repräsentation und Repräsentiertem nach der Vermittlung beider Seiten zu fragen. Im ersten Fall offerierte die Annahme einer Vermittlungsinstanz eine praktikable Antwort. Der zweite Fragenkomplex kann in vergleichbarer Weise behandelt werden, indem die Existenz einer Repräsentations-

---

115 Vorwiegend auf folgende Literatur wird Bezug genommen: Hacking (1993); Haller (1992); Hofmann (1998); Laupies (2001); Lynch/Woolgar (1988); Rheinberger et al. (1997); Seca (2001).

beziehung unterstellt wird. Dafür spricht, dass wir im Allgemeinen die Existenz einer Beziehung zwischen dem repräsentierten Sachverhalt und der Repräsentation nicht bezweifeln und dementsprechend handeln (vgl. Schneider 1998, S. 30). Dies gilt insbesondere für die vorwiegend sinnlich vermittelten Vergegenwärtigungen – jene ohne ausgeprägten Kognitionsanteil. Je mehr sich die Repräsentationen von den sinnlichen Wahrnehmungen entfernen und im Gegenzug bewusst konstruiert werden, wird die Repräsentationsbeziehung Gegenstand des Nachdenkens und damit Nachfragen ausgesetzt, etwa bei der Erhebung der offiziellen Arbeitslosenzahl oder der statistischen Erfassung der Familien- und Haushaltsformen. Aus diesem Grund begegnen nach wissenschaftlichen Regeln generierte Repräsentationen im Allgemeinen einer stärkeren Skepsis und sind mehr kritischen Erkundigungen ausgesetzt als alltägliche, gebräuchliche Vergegenwärtigungen. Bei letzteren wird zumeist ohne ausdrückliches Reflektieren von einer gegebenen Abgestimmtheit von Repräsentation und Repräsentiertem ausgegangen.

Diese Ausführungen sprechen dafür, von einer wie auch immer gearteten Repräsentationsbeziehung auszugehen und diese als Brücke zwischen dem Repräsentierten und der Repräsentation aufzufassen. Ob eine solche Beziehung tatsächlich existiert und wie diese zustande kommt, sind Fragen, die an die philosophische Erkenntnistheorie und neuerdings verstärkt an die Gehirnforschung zu richten sind. Für die Soziologie, insbesondere für die Ungleichheitssoziologie, kann es genügen – so wie in der sozialen Praxis üblich –, eine solche Beziehung zu unterstellen. Die Hypothese einer Repräsentationsbeziehung von Michael Plauen kann übernommen werden, der sie folgendermaßen charakterisiert:

> „Eine Repräsentationsbeziehung ist eine asymmetrische Relation zwischen mindestens zwei Entitäten: dem Repräsentanten bzw. der Repräsentation auf der einen Seite und dem repräsentierten Sachverhalt oder Objekt, also dem Repräsentandum, auf der anderen. Aufgrund dieser Beziehung kann der Repräsentant (oder die Repräsentation, E.B.) die repräsentierte Entität 'vertreten' oder 'für sie stehen'. Asymmetrisch ist die Beziehung, weil das Umgekehrte nicht gilt: Die repräsentierte Einheit kann nicht gleichzeitig für ihren Repräsentanten bzw. die Repräsentation stehen." (Plauen 2001, S. 218)

Charakteristisch für die Repräsentationsbeziehung sind somit zwei Dinge: Erstens sind in der Repräsentation Einzelerscheinungen zusammengefasst und auf einen Begriff oder eine Kategorie gebracht.[116] Zweitens ist die Beziehung asymmetrisch, weil zwar die Repräsentation für die Einzelerscheinungen steht, dieses aber nicht umgekehrt gilt. Auch jene Repräsentationsbeziehungen, welche die Ungleichheitssoziologie nutzt bzw. selbst generiert, unterliegen dieser Cha-

---

116 Der Einfachheit halber werden im Folgenden die Repräsentanten weggelassen; prinzipiell gilt für sie dasselbe wie für die Repräsentation.

rakteristik. So können mit der Kategorie Armut viele Notlagen erfasst werden. Was es aber konkret bedeutet, in einer so extrem benachteiligten Lebenslage ausharren zu müssen – die Vielgestaltigkeit der Lebenserfahrungen und -schicksale –, kann mit diesem Begriff nicht ergründet werden. Individualisierung – als sprachlich resümierende Repräsentation eines Geflechts vieler sozialer Veränderungen – drückt anschaulich aus, welche Gestaltungsaufgaben sich heutzutage im Lebenslauf des Einzelnen stellen. Keineswegs ist jedoch das Phänomen der Individualisierung im praktischen Lebenslauf darin wiedergegeben. Somit informiert die begriffliche Repräsentation Individualisierung über allerhand Eigenarten gegenwärtiger Lebensverläufe; würde man aber nur einen Lebenslauf betrachten, dann könnte man daraus nicht den facettenreichen Begriff der Individualisierung gewinnen. Ein drittes Beispiel: Die monatlich publizierten Graphiken über die Arbeitslosenquote repräsentieren das Ausmaß der Unterbeschäftigung. Jeder gemeldete Arbeitslose ist darin enthalten – sprich repräsentiert –, aber eben nicht als Individuum. Mit einer statistischen Repräsentation lässt sich das Einzelschicksal nicht darstellen. Diese Differenz hat Bourdieu als Konstruktions- bzw. Repräsentationsarbeit bezeichnet. Sie ist dem Prozess des Repräsentierens immanent, der nicht nur aus Abstrahierungs- und Intellektualisierungsvorgängen besteht. Es ist ein Wesensmerkmal der Repräsentation, dass sie eben nicht unmittelbar an die soziale Wirklichkeit zurückverwiesen werden kann. Daraus lässt sich ableiten, dass die Repräsentationen eine gewisse Eigendynamik entfalten und deshalb als eigener Bereich zu betrachten sind.

Wie die obigen Beispiele demonstrieren, muss man die „Regeln" kennen, welche den Repräsentationsbeziehungen zugrunde liegen, um die Repräsentationen verstehen und neue generieren zu können. Nur wenn die Regeln bekannt sind, nach denen „arm sein" in Armut übersetzt wird, anhand derer die vielfältigen Einzelphänomene unter dem Begriff Individualisierung vereinigt werden und die festlegen, welche Klassifikationen und Berechnungen in die Arbeitslosenstatistik eingehen, können sie interpretiert werden. So grundsätzlich formuliert stimmt dies vermutlich nur für wissenschaftlich generierte Repräsentationen. Für die alltagsgebräuchlichen Repräsentationen trifft es weniger zu, weil bei diesen die Regeln habituell geläufig sind und deshalb zumeist unterhalb der Bewusstseinsschwelle angewendet werden. Und manche Repräsentationsregel, die zunächst vorwiegend zu wissenschaftlichen Zwecken geschaffen wurde, ist mittlerweile allgemein bekannt und wird ohne großes Nachdenken angewandt. Dazu gehört sicherlich die Bilderstatistik, die in jeder Tageszeitung und allen elektronischen Medien zu finden ist.

So wie beim Habitus als Vermittlungsinstanz das Augenmerk auf den Schemata der Wahrnehmungen, Handlungen und des Denkens liegt, sollten bei den Repräsentationen primär die Regeln des Repräsentierens analysiert werden. Wenn nicht zu vermuten ist, dass bei der Genese Regeln eingehalten wurden, bleibt ungewiss, wie die Repräsentationen zu verstehen sind und ob sie überhaupt verständlich sind. Da zudem die Generierungs- und die Rezeptionsregeln voneinander abweichen können, sind unterschiedliche Auffassungen – selbst Missverständnisse – wahrscheinlich. Regeln sind besonders wichtig, wenn die Repräsentationen, wie in der Mehrzahl der Fälle, mehrere Transformationen durchlaufen – wenn also zunächst zur Bezeichnung eines sozialen Phänomens Begriffe geschaffen, anschließend daraus abstrahierende und verallgemeinerungsfähige Kategorien entwickelt und schließlich mittels sozialstatistischer Verfahren den Kategorien quantitative Werte zugewiesen werden, um die Häufigkeit und das Ausmaß der Phänomens zu erfassen.

Ähnlich argumentiert Bruno Latour. Er weist darauf hin, dass die Nachvollziehbarkeit der Repräsentationsschritte – Latour spricht von einer Transformationskette – unerlässlich ist, weil nur dann die Kette reversibel ist und von beiden Enden her verstanden werden kann. So soll einerseits gewährleistet sein, von dem sozialen Phänomen auszugehen und zu den sozialstatistischen Repräsentationen zu gelangen, wie es andererseits möglich sein soll, von den sozialstatistischen Daten auf das konkrete Phänomen zu schließen. Dies bleibt jedoch nur so lange durchführbar, wie die Vermittlungen zwischen den einzelnen Schritten präsent sind. Werden sie vergessen, dann erscheint der Übergang von einer Repräsentation zu anderen wie ein „Bruch", der „die fehlenden Vermittlungen ersetzen soll" (Latour 1997, S. 258). Welcher Art die Vermittlung ist, lässt Latour allerdings offen, weshalb er nicht die Bedingungen für die Nachvollziehbarkeit angeben kann. Der von mir eingeführte Begriff der Repräsentationsregeln soll diese „Lücke" überbrücken. Allerdings darf – wie bereits angemerkt – nicht unterstellt werden, dass beim Nachvollzug notwendigerweise die gleichen Regeln wie bei der Generierung der Repräsentationen angewandt werden: Oftmals differieren die Regeln. Dies kann verschiedene Gründe haben: Die Regeln haben sich im historischen Verlauf gewandelt, die Rezipienten wenden andere Regeln an als die Schöpfer der Repräsentationen etc. Eine Folge davon kann sein, dass die Repräsentationen unterschiedlich und anders als ursprünglich intendiert wahrgenommen werden.

Im Weiteren sollen nur einige Schlaglichter gesetzt werden, um zu erhellen, was die Konzentration auf die Repräsentationsregeln für die Analyse der Repräsentationen sozialer Ungleichheiten bedeutet. Um dies zu veranschaulichen, sollen einige von der Ungleichheitssoziologie selbst erzeugte Repräsentationen genauer betrachtet werden. Dazu gehören typischerweise Bilder und Graphiken der Sozialstruktur, ungleichheitsbedeutsame Klassifikationen wie soziale Klassen und Schichten, Sozialstatistiken oder -berichte, zu deren Erstellung feste, teilweise ausgewiesene Regeln des Repräsentierens wie sozialstatistische Verfahren angewendet werden. An der Genese solcher Repräsentationen ist die Ungleichheitssoziologie federführend oder auch bloß als Lieferant des empirischen

Materials beteiligt. Typisch für Repräsentationen ist, dass sie sich nicht nur an die fachinterne Öffentlichkeit, sondern an ein breiteres Publikum richten.

Zu den graphischen Repräsentationen gehören beispielsweise die bildlichen Veranschaulichungen der Sozialstruktur wie die „Bolte-Zwiebel", das Haus von Dahrendorf oder das Schaubild der „Sinus-Milieus". Bei diesen Repräsentationen – ihrer Gestaltung wie ihrer Rezeption – ist viel Unbewusstes im Spiel, da die graphischen Regeln oft aus „ungeschriebenen Gesetzen" bestehen. Selten handelt es sich um ausdrücklich formulierte Vorschriften, meist überwiegen Konventionen, kulturelle Erfahrungswerte und Gepflogenheiten (vgl. Liebig 1999). So ist es eine Konvention, in den oberen Teil der Graphiken und Bilderstatistiken[117] einzutragen, was als wichtig und machtvoll gewertet wird, und in den unteren, was als unwichtig und machtlos herausgestellt werden soll. Eine weitere graphische Gestaltungsregel lautet, dass helle Flächen und Schraffierungen für geringe und dunkle für starke Ausprägungen von sozialen Problemen stehen sollen. Neben solchen zeichnerischen Prämissen existieren zwei Hauptregeln für graphische Präsentation: Erstens soll die Präsentation ästhetischen Kriterien genügen, was nicht folgenlos für die Inhalte bleibt, wenn soziale Benachteiligungen, Machtkämpfe oder Ungleichheitsverteilungen ausgesprochen ansprechend dargestellt werden. Zweitens hat sie konventionelle Veranschaulichungen – Bilder und Symbole – zu verwenden, um sogleich als einleuchtend – als „self-evident" – wahrgenommen zu werden. Dies bedeutet jedoch, dass die in die Graphik eingegangene soziologische Interpretation nicht eigens akzentuiert wird und die graphischen Repräsentationen als bloße bildliche Illustrationen auftreten, die sich jeglicher Kommentierung der dargestellten Fakten enthalten. Tatsächlich ist der darin enthaltene soziologische Gehalt nur verdeckter als bei einem ausformulierten Text. So legt die Zeichnung der Sozialstruktur als Zwiebel den Eindruck nahe, dass soziale Ungleichheiten auf natürliche Weise entstünden, was Bolte keineswegs mitteilen wollte. Die locker gesponnenen Lebensstilgraphiken unterstreichen die Hypothese einer weitgehend entstrukturierten Gesellschaft dagegen sehr anschaulich.

Die Repräsentationsregeln, die der Kategorisierung und Klassifizierung zugrunde liegen, sollen garantieren, dass nur Ein- und Unterteilungen vorgenommen werden, bei denen die Kategorien und Klassifikationen in einem eindeutigen, kohärenten und widerspruchslosen Verhältnis zueinander stehen.[118]

---

117   Unter Bilderstatistik wird die graphische Darstellung statistisch beschriebener Zusammenhänge verstanden. Das bekannteste Beispiel der Bilderstatistik ist sicherlich die so genannte Bevölkerungspyramide, der die Geburts- und die Sterbestatistik zugrunde liegt; siehe dazu Neurath (1936, 1991); Pinto (1987); Pedersen (1988); Tufte (1983).

118   Siehe das Sonderheft von „Current Sociology" zum Thema „The Sociological Conundrum of the Category", herausgegeben von Jenkins (2000).

Dazu ist es notwendig, Unterscheidungsmerkmale zu bestimmen, die prinzipiellen Charakter besitzen, damit sie auf das gesamte Gebiet und die dort existierenden Erscheinungen angewendet werden können und zudem mit den ungleichheitssoziologischen Bestimmungen der wichtigsten sozialen Differenzierungsachsen übereinstimmen. So fußt die Klassifizierung der Berufe des Statistischen Bundesamts auf zwei Differenzierungsachsen: der Einteilung nach Wirtschaftsbereichen und nach der Stellung im Beruf (vgl. Statistisches Bundesamt 1968, 1997, 1992).[119] Andere Unterscheidungsmerkmale, die für eine moderne Gesellschaft aussagefähiger sind, z.b. die Differenzierung nach Ausbildungsgängen und -abschlüssen, werden nachgeordnet.

Zu den Regeln des statistischen Repräsentierens gehören neben der Kategorisierung und Klassifizierung zwei weitere große Regelkomplexe: die Methoden der Statistik und, da der größte Teil der Sozialstatistiken auf amtlichen Daten basiert, die rechtliche Regelung der staatlichen Statistik. Die statistischen Methoden werden aufgrund ihrer wissenschaftlichen Herleitung, speziell ihrer mathematischen Fundierung, als die am besten geeignete „Objektivierungsmethode" beurteilt, um zu unvoreingenommenen und repräsentativen Darlegungen zu gelangen (vgl. Desrosières 1993; Porter 1995). Die statistischen Regeln, die nach wissenschaftlichen Kriterien ihre Gültigkeit und Zuverlässigkeit unter Beweis zu stellen haben, werden um rechtliche Regeln – teilweise um Gesetze, teilweise um Verträge – ergänzt.[120] In diesen sind der formale Rahmen, die Durchführung und die Auswertung der amtlichen Statistik festgelegt.

In der Sozialberichterstattung werden sowohl graphische, kategoriale und klassifikatorische als auch statistische Repräsentationen und die entsprechenden Regeln eingesetzt. Die berichtsspezifischen Regeln bestehen vor allem aus formalen Verfahrensregeln wie die Form der Erstellung, Veröffentlichung, Regelmäßigkeit. Die Verfahrensregeln sind graduell unterschiedlich institutionalisiert. Der Grad der Institutionalisierung reicht von Gesetzesvorschriften bis hin zu wenig reglementierten Vereinbarungen. Diese Spannbreite ist nicht sonderlich beachtenswert. Dagegen ist bemerkenswert, dass die Form der Berichterstattung im Laufe der Jahre Institutionencharakter angenommen hat. So steht weitgehend fest, was in einen Bericht gehört, wie die Inhalte zu präsentieren sind, welche äußere Form angemessen ist (vgl. Barlösius/Köhler 1999).

Schon diese kleine Übersicht zeigt, dass es ein ganzes Bündel von Repräsentationsregeln gibt, die ganz unterschiedliche Eigenschaften besitzen. Einige

---

119 Für Frankreich siehe insbesondere Desrosières/Thevenot (1988); Thévenot (1990); Topalov (2001).

120 Auch für das Sozio-ökonomische Panel (SOEP), das zur Wissenschaftsgemeinschaft Gottfried Wilhelm Leibniz e.V. (WGL) gehört, existieren rechtliche Verfahrensregeln, allerdings nur solche, die eine Nutzung zu Forschungszwecken garantieren sollen.

Regeln werden vorbewusst angewendet und bestehen aus Gewohnheiten, andere werden in der Ausbildung vermittelt und explizit eingeübt, weitere sind genauesten kodifiziert und rechtlich festgeschrieben. Gemeinsam ist ihnen, dass sie mit einem hohen Grad an Verbindlichkeit ausgestattet sind. Weiterhin demonstriert die kleine Skizze, dass sich die Repräsentationsregeln jeweils auf verschiedenste Quellen und Begründungen stützen, mit anderen Worten einem je eigenen Begründungszusammenhang entstammen: der Graphik, der Statistik, dem Recht etc. Schließlich wird deutlich, dass die verschiedenen Repräsentationsregeln mit unterschiedlichen Zustimmungspotenzialen ausgestattet sind: graphische Regeln gelten zumeist ohne bewusste Anerkennung, während viele Verfahrensregeln rechtliche Legitimität besitzen.

Der Vermittlungscharakter der Repräsentationsregeln ist dann garantiert, wenn die Existenz mehr oder weniger stillschweigend vorausgesetzt wird. Sowohl bei der Erzeugung als auch der Interpretation wird das Vorhandensein von Regeln und damit eine fixierte Beziehung zwischen dem Repräsentierten und der Repräsentation als selbstverständlich betrachtet. Es versteht sich von selbst, dass die Generierungs- und Interpretationsregeln nicht notwendig identisch sind. Würde eine generelle Identität vorausgesetzt, dann wäre damit erneut die Behauptung einer Homologie eingeführt. Dass die Generierungs- sich von den Interpretationsregeln mit großer Wahrscheinlichkeit unterscheiden, hat der Überblick über die Repräsentationsformen sozialer Ungleichheit nochmals gezeigt und auf eine weitere Ursache der vermutlichen Deckungsungleichheit aufmerksam gemacht: Während die Repräsentationen zumeist von Experten auf der Basis von Fachwissen erstellt werden, stehen auf der Seite der Rezeption oftmals Laien des jeweiligen Fachgebiets.

Mit der Konzentration auf die Regeln des Repräsentierens kann den Problemen ausgewichen werden, die üblicherweise entlang des Streitens für oder auch gegen die These einer weitgehenden Deckungsgleichheit oder Homologie von sozialer Wirklichkeit und Repräsentation auftreten. Stattdessen rücken Aufgaben ins Zentrum, die ohne derartig voraussetzungsvolle Annahmen in Angriff genommen werden können. Die erste besteht darin, die Regeln des Repräsentierens zu identifizieren, und die zweite in deren Darlegung, wovon das Zustimmungspotenzial zu den Repräsentationen als „realitätshaltige Darstellung" der Ungleichheitsverhältnisse abhängt. Dies ist wichtig, weil Repräsentationen mit einem großen Zustimmungspotenzial ausgestattet sind und ihnen commonsense- und konsensgenerierende Eigenschaften innewohnen. Diese entstehen daraus, dass die Repräsentationen sozialer Ungleichheit in die gesellschaftlichen und politischen Sicht- und Bewertungsweisen eingehen und auf diese Weise die Bahnen für das Einwirken auf das Ungleichheitsgeschehen auslegen.

Die Frage, wie sich die Ungleichheitssoziologie dem Komplex der Repräsentationen zu nähern hat, ist nicht nur von theoretischem Interesse, wie die obigen Ausführungen vermuten lassen. Es ist vor allem eine empirische Frage, da dieser Teil des Ungleichheitsgeschehens zunehmend mehr Gewicht erhält. In modernen Gesellschaften finden Debatten und Verhandlungen über legitime und illegitime Ungleichheiten immer häufiger mittels wissenschaftlich generierter Repräsentation statt (vgl. Barlösius 2001, 2002). So werden Kommissionen gegründet und Berichte erstellt, Statistiken vorgetragen oder skandalisierende Sozialstrukturbilder wie die „Zweiklassenmedizin" popularisiert. Andere Formen der sozialen Auseinandersetzung und des Kampfes scheinen dagegen an Bedeutung abzunehmen. Zu den zurückgedrängten Formen gehören revolutionäre Klassenkämpfe, lang anhaltende Streiks und Blockaden ebenso wie gewalttätige Konflikte und Demonstrationen (vgl. Spode/Volkmann 1992). Selbst neue soziale Bewegungen, die häufig in ihrer Geburtsstunde rabiate Auseinandersetzungen nicht scheuen und diese zu ihren Waffen zählen, beginnen sich zumeist nach einer Zeit des Straßenkampfes zu zivilisieren und ihren Forderungen vermehrt mittels Streitgesprächen, Disputen und Debatten Gehör zu verschaffen.

In demokratischen Staaten werden Auseinandersetzungen, die nicht wenigstens ein gewisses Streben nach Anerkennung und Legitimierung ihrer Forderungen erkennen lassen, in der Mehrzahl der Fälle als weitgehend unstatthaft und unberechtigt beurteilt und ohne eingehendere Prüfung zurückgewiesen. Aus diesem Grund trachtet auch Repräsentationsmacht danach, als legitim anerkannt zu werden. Dieses Streben bringt es mit sich, Ansprüche und Forderungen als uneigennützig darzustellen, auf gesellschaftliche Übereinkünfte zu verweisen und diese zur Rechtfertigung für den eigenen Standpunkt vorzutragen. Damit werden Common Sense und Konsensfähigkeit zu unerlässlichen Referenzpunkten, um öffentliche Aufmerksamkeit und Zustimmung zu erlangen. Nur wenn sich die Anspruchsteller darauf berufen können, dass sie sich im Einklang mit gesellschaftlichen Übereinkünften befinden, haben sie eine Chance auf Anerkennung ihrer Ansprüche.[121]

Forderungen nach mehr sozialer Gleichheit und Gerechtigkeit lassen sich heutzutage immer weniger mit dem Verweis auf religiöse, ethische, moralische oder andere Rechtfertigungssysteme begründen. Es scheint das Privileg von wissenschaftlicher Expertise zu sein, jene Voraussetzungen zu erfüllen, die für die Erzeugung einer konsensfähigen Sicht sozialer Ungleichheiten erforderlich sind. Dies Privileg resultiert daraus, dass einzig der Wissenschaft eine „objektive" und „standortunabhängige" Darstellung zugetraut wird, obwohl die politische und gesellschaftliche Verwendung von wissenschaftlicher Expertise mit ihrer Delegitimierung einhergehen kann. Dies begründet die herausgehobene Rolle der Wissenschaft bei der Generierung von Repräsentationen sozialer Un-

---

121 Zum Common Sense siehe Geertz (1987); Kleger (1988, 1989); Lübbe (1987); Holthoon/Olson (1987); Barlösius (2002).

gleichheiten und die Verstrickung der Ungleichheitssoziologie in das Repräsentationsgeschehen, das ein Teil des Ungleichheitsgeschehens ist. Neben der wissenschaftlichen Expertise gelten die formalen Regeln und Verfahren wie bei der Sozialberichterstattung als Gewähr dafür, dass die Repräsentationen eine gewisse Allgemeingültigkeit und Objektivität besitzen. Das heißt nicht im Geringsten, dass die Repräsentationen tatsächlich, wie es ihre wissenschaftliche Generierung und ihre Form versprechen, „unabhängig" und „allgemein gültig" informieren. Es handelt sich um ein Ideal, das in der Praxis selten eingelöst wird. Trotzdem sind sie besonders geeignet, die Rechtmäßigkeit und Angemessenheit sozialer Forderungen zu bekräftigen.

Diese wenigen Erläuterungen zum Phänomen der Repräsentationen sozialer Ungleichheiten als Teil der Ungleichheitspraxis legen dar, dass es nicht genügt, die Inhalte der Repräsentationen zu analysieren und die Prozesse der Erstellung zu rekonstruieren, sondern dass vor allem die Frage nach der Generierung der Repräsentationsregeln zu stellen ist. Konkret ist zu fragen, welche Akteure und Institutionen über die Ressourcen und Fähigkeiten verfügen, Repräsentationsregeln zu entwickeln, durchzusetzen und verbindlich werden zu lassen. Zu diesem Komplex gehört auch die Prüfung, ob die Repräsentationsregeln, insbesondere die formalen, überhaupt von allen Akteuren und Institutionen angewendet werden können und welche Kompetenzen und Mittel dazu notwendig sind. Dies zeigt, dass Repräsentationsmacht mehr als der Bourdieu'sche Begriff der Benennungsmacht meint. Unter *Benennungsmacht* versteht Bourdieu – wie in Kapitel 5.5.2 ausführlich dargelegt – die Fähigkeit, soziale Erfahrungen und Beobachtungen in Worte zu fassen, die eigene Sichtweise der sozialen Welt öffentlich kundzutun und ihr möglichst breite Anerkennung zu verschaffen. *Repräsentationsmacht* umfasst zusätzlich das Vermögen, Regeln des Repräsentierens zu erarbeiten und zu etablieren und damit Repräsentationsformen zu schaffen, die mit besonderer Überzeugungskraft ausgestattet sind.

Der Kreis der Akteure und Institutionen, die sich daran beteiligen können, Maßstäbe und Anforderungen für die Repräsentationsregeln aufzustellen, ist wesentlich kleiner als jener, der diese anwenden oder ihnen entsprechende Repräsentationen in Auftrag geben kann. Aus diesem Grund reicht eine klassische Akteurs- und Institutionenanalyse an dieser Stelle nicht aus. Vielmehr ist es erforderlich, auch die Prozesse der Verfahrensentwicklung zu betrachten. Diese laufen nicht immer bewusst und geplant ab, so beispielsweise bei der graphischen Repräsentation. In anderen Fällen sind sie jedoch Gegenstand einer gezielten Auseinandersetzung, z.B. bei den Gesetzgebungsverfahren. Gerade derartige Regelsetzungsprozesse sind gesellschaftlich und politisch besonders umkämpft, weil sie oftmals erst Voraussetzungen für die öffentliche Debatte und Verhandlung über soziale Ungleichheiten schaffen. So liegt der Institutionalisierung einer nationalen Armuts- und Reichtumsberichterstattung ein solches Verfahren zugrunde und ohne dieses gäbe es kein entsprechendes Berichtsystem und damit weniger Aufmerksamkeit gegenüber Verarmungs- und Ausgrenzungsprozessen. Die Sozialforschung ist in den meisten Fällen an der Hervorbringung der Repräsentationsregeln beteiligt. So berät sie die Politik, macht Vorschläge, wird im Gesetzgebungsverfahren angehört oder hat in der Forschung Verfahren entwickelt, die als Vorbild dienen und übernommen werden. Auch auf dieser Ebene ist die Ungleichheitssoziologie somit nicht nur als Beobachterin tätig.

Mit der Konzentration auf die Regeln des Repräsentierens gelingt es zwar nicht, die Erklärungslücke zwischen „Sozialstruktur und Repräsentation" zu schließen, aber für die Ungleichheitssoziologie ergeben sich daraus brauchbare Hinweise, so etwa die Empfehlung die Hervorbringung von Repräsentationen sozialer Ungleichheit als eigenständigen sozialen Prozess zu begreifen und die Repräsentationsarbeit direkt in den Blick zu nehmen. Zudem wird deutlich, dass unter Repräsentationsmacht nicht nur die Durchsetzung von Sichtweisen zu verstehen ist, sondern insbesondere auch die Macht, Regeln des Repräsentierens aufzustellen und verbindlich durchzusetzen. Allerdings ist von der Repräsentationsmacht kein unmittelbarer Rückschluss auf die Sozialstruktur oder umgekehrt möglich. Es kann lediglich darum gehen, die Repräsentation sozialer Ungleichheiten als Teil des Ungleichheitsgeschehens aufzufassen und darzustellen. Da dies bislang von Ungleichheitssoziologie kaum geleistet wird, ist damit eine Erweiterung ihrer Perspektive und Vergrößerung ihrer Zuständigkeit verbunden.

9 Literaturverzeichnis

Barlösius, Eva 1998: Abschied von der Mitte. Anmerkungen zur sozialen Ungleichheit. In: Schmidt, Susanne/Marcus Hawel, Vom Nutzen der Kritik. Perspektiven der Studierenden und ihrer Proteste, Hannover: Offizin, S. 105-119.

Barlösius, Eva 1999: „Das Elend der Welt". Bourdieus Modell für die „Pluralität der Perspektiven" und seine Gegenwartsdiagnose über die „neoliberale Invasion". In: BIOS, Jg. 12, H. 1, S. 1-25.

Barlösius, Eva 2000: Über den gesellschaftlichen Sinn der Sinne. In: Koppetsch, Cornelia (Hrsg.), Körper und Status. Zur Soziologie der Attraktivität, Konstanz: UVK, S. 17-39.

Barlösius, Eva 2001: Die Macht der Repräsentation. In: Barlösius, Eva/Hans-Peter Müller/Steffen Sigmund (Hrsg.), Gesellschaftsbilder im Umbruch. Soziologische Perspektiven in Deutschland, Opladen: Leske + Budrich, S. 181-203.

Barlösius, Eva 2002: Common Sense über Gemeinwohl – der Beitrag der Statistik. In: Neidhardt, Friedhelm/Gunnar F. Schuppert (Hrsg.), Gemeinwohl – auf der Suche nach Substanz. WZB-Jahrbuch, Berlin: edition sigma, S. 219-238.

Barlösius, Eva 2003: Weitgehend ungeplant und doch erwünscht: Figurationen und Habitus. Über den Stellenwert von nicht intendiertem Handeln bei Norbert Elias und Pierre Bourdieu. In: Greshoff, Rainer/Georg Kneer/Uwe Schimank (Hrsg.), Transintentionalität des Sozialen. Eine vergleichende Betrachtung klassischer und moderner Sozialtheorien, Wiesbaden: Westdeutscher Verlag, S.155-177.

Barlösius, Eva/Barbara Maria Köhler 1999: Öffentlich Bericht erstatten – Repräsentationen gesellschaftlich umkämpfter Sachverhalte. In: Berliner Journal für Soziologie, Jg. 9, H. 4, S. 549-565.

Barlösius, Eva/Wolfgang Ludwig-Mayerhofer (Hrsg.) 2001: Die Armut der Gesellschaft. Sozialstrukturanalyse, Band 15, Opladen: Leske + Budrich.

Beck, Ulrich 1983: Jenseits von Stand und Klasse? Soziale Ungleichheiten, gesellschaftliche Individualisierungsprozesse und die Entstehung neuer Formationen und Identitäten. In: Kreckel, Reinhard (Hrsg.), Soziale Ungleichheiten, Göttingen: Schwartz.

Beck, Ulrich 1986: Risikogesellschaft. Auf dem Weg in eine andere Moderne, Frankfurt/M.: Suhrkamp.

Berger, Peter A. 1988: Die Herstellung sozialer Klassifikationen: Methodische Probleme der Ungleichheitsforschung. In: Leviathan, Jg. 15, S. 501-520.

Berger, Peter A. 1988/89: Ungleichheitssemantiken. Graduelle Unterschiede und kategoriale Exklusivitäten. In: Archives Européennes de Sociologie 30, S. 48-60.

Berger, Peter A. 1994: „Lebensstile" – strukturelle oder personenbezogene Kategorie? Zum Zusammenhang von Lebensstilen und sozialer Ungleichheit. In: Dangschat,

Jens/Jörg Blasius (Hrsg.), Lebensstile in den Städten. Konzepte und Methoden, Opladen: Leske + Budrich, S. 137-149.

Berger, Peter A. 1997: Individualisierung und sozialstrukturelle Dynamik. In: Beck, Ulrich/Peter Sopp (Hrsg.), Individualisierung und Integration. Neue Konfliktlinien und neuer Integrationsmodus?, Opladen: Leske + Budrich.

Bermann, Joachim/Erwin Bürckmann/Hartmut Dabrowski 1997: Reform des Flächentarifvertrages? Berichte aus Betrieben. Ergebnisse einer Befragung von Betriebsräten und Vertrauensleuten im Bildungszentrum der IG Metall Sprockhövel, Februar 1997 (unveröffentlichtes Manuskript).

Bieling, Hans-Jürgen 2000: Dynamiken sozialer Spaltung und Ausgrenzung – Gesellschaftstheorien und Zeitdiagnosen, Münster: Westfälisches Dampfboot.

Boltanski, Luc/Laurent Thévenot 1991: De la justification. Les économies de la grandeur, Paris: Éditions Gallimard.

Bourdieu, Pierre 1976: Entwurf einer Theorie der Praxis auf der ethnologischen Grundlage der kabylischen Gesellschaft, Frankfurt/M.: Suhrkamp.

Bourdieu, Pierre 1984: Die feinen Unterschiede. Kritik der gesellschaftlichen Urteilskraft, Frankfurt/M.: Suhrkamp. (orig.: La distinction. Critique sociale du jugement, Paris 1979).

Bourdieu, Pierre 1985: Sozialer Raum und „Klassen". Leçon sur la leçon, Frankfurt/M.: Suhrkamp.

Bourdieu, Pierre 1988: Homo academicus, Frankfurt/M.: Suhrkamp.

Bourdieu, Pierre 1989: Antworten auf einige Einwände. In: Eder, Klaus (Hrsg.), Klassenlage, Lebensstil und kulturelle Praxis, Frankfurt/M.: Suhrkamp, S. 395-410.

Bourdieu, Pierre 1992a: Die verborgenen Mechanismen der Macht, Hamburg: VSA.

Bourdieu, Pierre 1992b: Rede und Antwort, Frankfurt/M.: Suhrkamp.

Bourdieu, Pierre 1993a: Sozialer Sinn. Kritik der theoretischen Vernunft, Frankfurt/M.: Suhrkamp.

Bourdieu, Pierre 1993b: Soziologische Fragen, Frankfurt/M.: Suhrkamp.

Bourdieu, Pierre 1994: Zur Soziologie der symbolischen Formen, Frankfurt/M.: Suhrkamp.

Bourdieu, Pierre 1997a: Der Tote packt die Lebenden, Hamburg: VSA.

Bourdieu, Pierre 1997b: Männliche Herrschaft. In: Dölling, Irene/Beate Krais (Hrsg.), Ein alltägliches Spiel. Geschlechterkonstruktion in der sozialen Praxis, Frankfurt/M.: Suhrkamp, S. 153-217.

Bourdieu, Pierre 1997c: Méditations pascaliennes, Paris: Seuil.

Bourdieu, Pierre 1998: Praktische Vernunft. Zur Theorie des Handelns, Frankfurt/M.: Suhrkamp.

Bourdieu, Pierre 2000: Die zwei Gesichter der Arbeit, Konstanz: UVK.

Bourdieu, Pierre/Loïc J.D. Wacquant 1996: Reflexive Anthropologie, Frankfurt/M.: Suhrkamp.

Bourdieu, Pierre, et al. 1997: Das Elend der Welt. Zeugnisse und Diagnosen alltäglichen Leidens an der Gesellschaft, Konstanz: UVK (orig.: Bourdieu, Pierre et al.: La misère du monde, Paris: Seuil 1993).

Burzan, Nicole 2004: Soziale Ungleichheit. Eine Einführung in die zentralen Theorien. Hagener Studientexte zur Soziologie, Wiesbaden: VS Verlag für Sozialwissenschaften.

Burzan, Nicole/Uwe Schimank 2000: Inklusionsprofile. Bericht über ein Forschungspraktikum, Fernuniversität Hagen, Institut für Soziologie. Oktober.

Cassirer, Ernst 1969: Wesen und Wirkung des Symbolbegriffs, Darmstadt: Wissenschaftliche Buchgesellschaft.

Chenu, Alain 1994: Les Employés, Paris: Éditions La Decouverte.

Coser, Lewis 1992: Soziologie der Armut: Georg Simmel zum Gedächtnis. In: Armut im modernen Wohlfahrtsstaat, KZfSS Sonderheft 32/1992, S. 34-47.

Desrosières, Alain 1993: La politique des grands nombres. Histoire de la raison statistique, Paris: Éditions la Découverte.

Desrosières, Alain/Laurant Thevenot 1988: Les catégories socio-professionnelles, Paris: Éditions la Découverte.

Döring, Diether/Walter Hanesch/Ernst-Ulrich Huster (Hrsg.) 1992: Armut im Wohlstand, Frankfurt/M.: Suhrkamp.

Durkheim, Émile 1984: Die Regeln der soziologischen Methode, Frankfurt/M.: Suhrkamp.

Durkheim, Émile/Marcel Mauss 1993: Über einige primitive Formen von Klassifikation. Ein Beitrag zur Erforschung der kollektiven Vorstellungen. In: Durkheim, Émile (Hrsg.), Schriften zur Soziologie der Erkenntnis, Frankfurt/M.: Suhrkamp, S. 169-256.

Eder, Klaus (Hrsg.) 1989: Klassenlage, Lebensstil und kulturelle Praxis. Theoretische und empirische Beiträge zur Auseinandersetzung mit Pierre Bourdieus Klassentheorie, Frankfurt/M.: Suhrkamp.

Elias, Norbert 1978: Was ist Soziologie?, München: Juventa Verlag.

Elias, Norbert 1981: Über den Prozeß der Zivilisation. Soziogenetische und psychogenetische Untersuchungen, Bd.1, Frankfurt/M.: Suhrkamp.

Elias, Norbert 1982: Über den Prozeß der Zivilisation. Soziogenetische und psychogenetische Untersuchungen, Bd. 2, Frankfurt/M.: Suhrkamp.

Elias, Norbert 1983: Die höfische Gesellschaft, Frankfurt/M.: Suhrkamp.

Elias, Norbert 1986: Wandlungen der Machtbalance zwischen den Geschlechtern. Eine prozeßsoziologische Untersuchung am Beispiel des antiken Römerstaats. In: KZfSS, Jg. 38, S. 425-449.

Elias, Norbert 1987a: Engagement und Distanzierung. Arbeiten zur Wissenssoziologie I, Frankfurt/M.: Suhrkamp.

Elias, Norbert 1987b: Gesellschaft der Individuen, Frankfurt/M.: Suhrkamp.

Elias, Norbert 1990: Studien über die Deutschen, Frankfurt/M.: Suhrkamp.

Elias, Norbert/John L. Scotson 1992: Etablierte und Außenseiter, Frankfurt/M.: Suhrkamp.

Engler, Wolfgang 1989: Gespräch mit Norbert Elias. In: Sinn und Form, Jg. 41, S. 742-758.

Fuchs, Peter 1997: Adressabilität als Grundbegriff der soziologischen Systemtheorie. In: Soziale Systeme, Jg. 3, S. 57-79.

Garhammer, Manfred 2001: Wie Europäer ihre Zeit nutzen. Zeitstrukturen und Zeitkulturen im Zeichen der Globalisierung, Berlin: edition sigma.

Geertz, Clifford 1987: Common Sense als kulturelles System. In: Geertz, Clifford (Hrsg.), Dichte Beschreibung. Beiträge zum Verstehen kultureller Systeme, Frankfurt/M.: Suhrkamp, S. 261-288.

Geiger, Theodor 1932: Die soziale Schichtung des deutschen Volkes, Stuttgart: Enke.

Gerhardt, Uta 1991: Gesellschaft und Gesundheit. Begründung der Medizinsoziologie, Frankfurt/M.: Suhrkamp.

Gerhardt, Uta 1999: Herz und Handlungsrationalität, Frankfurt/M.: Suhrkamp.

Giddens, Anthony 1979: Die Klassenstruktur fortgeschrittener Gesellschaften, Frankfurt/M.: Suhrkamp.

Gluchowski, Peter 1988: Freizeit und Lebensstile. Plädoyer für eine integrierte Analyse von Freizeitverhalten, Erkrat: EGF.

Göbel, Markus/Johannes F.K. Schmidt 1998: Inklusion/Exklusion: Karriere, Probleme und Differenzierungen eines systemtheoretischen Begriffspaars. In: Soziale Systeme, Zeitschrift für Soziologische Theorie, Jg. 4, H. 1, S. 87-118.

Goffman, Erving 1990: Stigma. Über Techniken der Bewältigung beschädigter Identitäten, Frankfurt/M.: Suhrkamp.

Gross, Peter 1996: Die Multioptionsgesellschaft, Frankfurt/M.: Suhrkamp.

Gueroult, Martial 1967: Leibniz: Dynamique et métaphysique. Suivi d'une Note sur le principe de la moindre action chez Maupertuis, 2. éd., Paris: Aubier-Montaigne.

Hacking, Ian 1993: Representing and Interventing, Cambridge: Cambridge University Press.

Hacking, Ian 1999: Was heißt „soziale Konstruktion"? Zur Konjunktur einer Kampfvokabel in den Wissenschaften, Frankfurt/M.: Fischer.

Haller, Benedikt 1992: 3. Neuzeit. In: Stichwort Repräsentation. Historisches Wörterbuch der Philosophie, Bd. 8, Basel: Schwabe & Co Verlag, S. 816-826.

Hammer, Heike 1997: Figuration, Zivilisation und Geschlecht. Eine Einführung in die Soziologie von Norbert Elias. In: Klein, Gabriele/Katharina Liebsch (Hrsg.), Zivilisierung des weiblichen Ich, Frankfurt/M.: Suhrkamp, S. 39-76.

Heitmeyer, Wilhelm (Hrsg.) 1997: Bundesrepublik Deutschland. Auf dem Weg von der Konsens- zur Konfliktgesellschaft, Bde. 1-2., Frankfurt/M.: Suhrkamp.

Hitzler, Ronald 1994: Radikalisierte Praktiken der Distinktion. Zur Politisierung des Lebens in der Stadt. In: Dangschat, Jens/Jörg Blasius (Hrsg.), Lebensstile in den Städten. Konzepte und Methoden, Opladen: Leske + Budrich, S. 47-58.

Hofmann, Hasso 1998: Repräsentation. Studien zur Wort- und Begriffsgeschichte von der Antike bis ins 19. Jahrhundert. Schriften zur Verfassungsgeschichte, Bd. 22, 3. Aufl., Berlin: Duncker & Humblot.

Holthoon, Frits van/David R. Olson (Hrsg.) 1987: Common Sense. The Foundation for Social Science, Lanham/London: University Press of America.

Hradil, Stefan 1987: Sozialstrukturanalyse in einer fortgeschrittenen Gesellschaft. Von Klassen und Schichten zu Lagen und Milieus, Opladen: Leske + Budrich.

Hradil, Stefan 1992: Alte Begriffe und neue Strukturen. Die Milieu-, Subkultur- und Lebensstilforschung der 80er Jahre. In: Hradil, Stefan (Hrsg.), Zwischen Bewußtsein und Sein. Die Vermittlung „objektiver" Lebensbedingungen und „subjektiver" Lebensweisen, Opladen: Leske + Budrich, S. 15-56.

Hradil, Stefan 1999: Soziale Ungleichheit in Deutschland, 7. Aufl., Opladen: Leske + Budrich.

Jenkins, Richard (ed.) 2000: The Sociological Conundrum of the Category. In: Current Sociology, Jg. 48, H. 3. S. 7-26.

Kleger, Heinz 1988: Common Sense als Argument. Zu einem Schlüsselbegriff der Weltorientierung und politischen Philosophie. In: Archiv für Begriffsgeschichte, Jg. 30, H. 4, S. 192-223.

Kleger, Heinz 1989: Common Sense als Argument. Zu einem Schlüsselbegriff der Weltorientierung und politischen Philosophie. In: Archiv für Begriffsgeschichte, Jg. 31, H. 1, S. 22-59.

Klein, Gabriele/Katharina Liebsch 1997: Zivilisierung des weiblichen Ich, Frankfurt/M.: Suhrkamp.

Kohli, Martin 1985: Die Institutionalisierung des Lebenslaufs. Historische Befunde und theoretische Argumente. In: KZfSS, Jg. 37, H. 1, S. 1-29.

Kohli, Martin 1986: Gesellschaftszeit und Lebenszeit. Der Lebenslauf im Strukturwandel der Moderne. In: Berger, Johannes (Hrsg.), Die Moderne – Kontinuitäten und Zäsuren. Soziale Welt, Sonderband 4, Göttingen: Schwarz, S. 186-208.

Kommission für Zukunftsfragen der Freistaaten Bayern und Sachsen 1996/1997: Erwerbstätigkeit und Arbeitslosigkeit in Deutschland. Entwicklung, Ursachen und Maßnahmen. Bde. 1-3, Bonn.

Krais, Beate/Gunter Gebauer 2002: Habitus. Themen der Soziologie, Bielefeld: transkript Verlag.

Krebs, Angelika (Hrsg.) 2000: Gleichheit und Gerechtigkeit. Texte der neuen Egalitarismuskritik, Frankfurt/M.: Suhrkamp.

Krebs, Angelika 2002: Arbeit und Liebe. Die philosophischen Grundlagen sozialer Gerechtigkeit, Frankfurt/M.: Suhrkamp.

Kreckel, Reinhard 1982: Class, Status, Power. Begriffliche Grundlagen für eine politische Soziologie der sozialen Ungleichheit. In: KZfSS, Jg. 34, H. 4, S. 617-648.

Kreckel, Reinhard (Hrsg.) 1983: Soziale Ungleichheiten. Soziale Welt, Sonderband 2, Göttingen:: Schwartz.

Kreckel, Reinhard 1987: Neue Ungleichheiten und alte Deutungsmuster. Über Kritikpersistenz des vertikalen Gesellschaftsmodells in der Soziologie. In: Giesen, Bernhard/Hans Haferkamp (Hrsg.), Soziologie der sozialen Ungleichheit, Opladen: Westdeutscher Verlag, S. 93-114.

Kreckel, Reinhard 1990: Klassenbegriff und Ungleichheitsforschung. In: Berger, Peter A./Stefan Hradil (Hrsg.), Lebenslagen, Lebensläufe, Lebensstile. Soziale Welt, Sonderband 7, Göttingen: Schwartz, S. 51-79.

Kreckel, Reinhard 1991: Geschlechtssensibilisierte Soziologie. Können askriptive Merkmale eine vernünftige Gesellschaftstheorie begründen? In: Zapf, Wolfgang (Hrsg.), Modernisierung moderner Gesellschaften, Frankfurt/M.: Campus, S. 370-382.

Kreckel, Reinhard 1992: Politische Soziologie der sozialen Ungleichheit, Frankfurt/M.: Campus.

Kreckel, Reinhard 1994: Soziale Integration und nationale Identität. In: Berliner Journal für Soziologie, Jg. 4, H. 1, S. 13-20.

Kreckel, Reinhard 1998: Klassentheorie am Ende der Klassengesellschaft. In: Berger, Peter A./Michael Vester (Hrsg.), Alte Ungleichheiten – Neue Spaltungen, Opladen: Leske + Budrich, S. 31-47.

Kronauer, Martin 1997: „Soziale Ausgrenzung" und „Underclass": Über neue Formen der gesellschaftlichen Spaltung. In: Leviathan, Jg. 25, S. 28-49.

Kronauer, Martin 1998: „Exklusion" in der Systemtheorie und in der Armutsforschung. Anmerkungen zu einer problematischen Beziehung. In: Zeitschrift für Sozialreform, Jg. 44, H. 11/12, S. 755-768.

Kronauer, Martin 1999: Die Innen-Außen-Spaltung der Gesellschaft. Eine Verteidigung des Exklusionsbegriffs gegen seinen mystifizierenden Gebrauch. In: SOFI-Mitteilungen 27, S. 14.

Kronauer, Martin 2002: Exklusion. Die Gefährdung des Sozialen im hoch entwickelten Kapitalismus, Frankfurt/M.: Campus.

Lamont, Michèle/Marcel Fournier (Hrsg.) 1992: Cultivating Differences. Symbolic Boundaries and the Making of Inequality, Chicago: Chicago University Press.

Laupies, Frédéric 2001: Leçon philosophique sur la représentation, Paris: PUF.

Latour, Bruno 1997 : Der Pedologenfaden von Boa Vista. Eine photo-philosophische Montage. In: Rheinberger, Hans-Jörg/Michael Hagner/Bettina Wahrig-Schmidt: Räume des Wissens. Repräsentation, Codierung, Spur, Berlin: Akademie-Verlag, S. 213-263.

Leibfried, Stephan/Lutz Leisering/Petra Buhr/Monika Ludwig 1995: Zeit der Armut. Lebensläufe im Sozialstaat, Frankfurt/M.: Suhrkamp.

Leibniz, Gottfried Wilhelm 1966: Hauptschriften zur Grundlegung der Philosophie (hrsg. v. Ernst Cassirer), 2 Bde., Meiner: Hamburg.

Lepsius, Rainer M. 1990: Interessen, Ideen und Institutionen, Opladen: Westdeutscher Verlag.

Liebig, Martin 1999: Infographik, Konstanz: UVK.

Lübbe, Hermann 1987: Die Wissenschaften und ihre kulturellen Folgen: Über die Zukunft des common sense, Opladen: Westdeutscher Verlag.

Ludwig, Monika 1996: Armutskarrieren. Zwischen Abstieg und Aufstieg im Sozialstaat, Opladen: Westdeutscher Verlag.

Luhmann, Niklas 1980: Gesellschaftliche Struktur und semantische Tradition. In: Luhmann, Niklas, Gesellschaftsstruktur und Semantik, Bd. 1, Frankfurt/M.: Suhrkamp, S. 9-71.

Luhmann, Niklas 1994: Die Gesellschaft und ihre Organisation. In: Derlien, Hans-Ulrich/Uta Gerhardt/Fritz W. Scharpf (Hrsg.), Systemrationalität und Partialinteressen, Baden-Baden: Nomos, S. 189-201.

Luhmann, Niklas 1995a: Jenseits von Barbarei. In: Gesellschaftsstruktur und Semantik. Studien zur Wissenssoziologie der modernen Gesellschaft, Bd. 4, Frankfurt/M.: Suhrkamp.

Luhmann, Niklas 1995b: Inklusion und Exklusion. In: Soziologische Aufklärung 6. Die Soziologie und der Mensch, Opladen: Westdeutscher Verlag, S. 247-264.

Luhmann, Niklas 1997: Die Gesellschaft der Gesellschaft. Zweiter Teilband, Frankfurt/M.: Suhrkamp.

Lynch, Michael/Steve Woolgar (Hrsg.) 1988: Representation in Scientific Practice, Cambridge/London: MIT Press.

Mädje, Eva/Claudia Neusüß 1996: Frauen im Sozialstaat. Zur Lebenssituation alleinerziehender Sozialhilfeempfängerinnen, Frankfurt/M.: Campus.

Mannheim, Karl 1928: Das Problem der Generation. In: Kölner Vierteljahreshefte für Soziologie, Jg. 16, S. 157-185.

Marshall, Thomas H. 1992: Bürgerrechte und soziale Klassen. Zur Soziologie des Wohlfahrtsstaates, Frankfurt/M.: Campus.

Marx, Karl 1972: Der achtzehnte Brumaire des Louis Bonaparte. MEW, Bd. 8, Berlin: Dietz Verlag.

Marx, Karl 1974: Manifest der Kommunistischen Partei. MEW, Bd. 4, Berlin: Dietz Verlag.

Marx, Karl 1981: Zur Kritik der Politischen Ökonomie. MEW, Bd. 13, Berlin: Dietz Verlag.

Maschewsky-Schneider, Ulrike 1997: Frauen sind anders krank. Zur gesundheitlichen Lage der Frauen in Deutschland, Weinheim: Juventa.

Mauss, Marcel 1978: Die Gabe. Form und Funktion des Austauschs in archaischen Gesellschaften. In: Mauss, Marcel, Soziologie und Anthropologie, Bd. 2, Frankfurt/M.: Ullstein.

Michalow, Mathias 1994: Lebensstil und soziale Klassifizierung. Zur Operationalisierung einer Praxis sozialer Untersuchung. In: Dangschat, Jens/Jörg Blasius (Hrsg.), Lebensstile in den Städten. Konzepte und Methoden, Opladen: Leske + Budrich.

Müller, Hans-Peter 1989: Lebensstile. Ein neues Paradigma der Differenzierungs- und Ungleichheitsforschung. In: KZfSS, Jg. 41, H. 1, S. 53-70.

Müller, Hans-Peter 1992: Sozialstruktur und Lebensstile. Der neuere theoretische Diskurs über soziale Ungleichheit, Frankfurt/M.: Suhrkamp.

Müller, Hans-Peter 1994: Kultur und soziale Ungleichheit. Von der klassischen zur neueren Kultursoziologie. In: Mörth, Ingo/Gerhard Fröhlich (Hrsg.), Das symbolische Kapital der Lebensstile. Zur Kultursoziologie der Moderne nach Pierre Bourdieu, Frankfurt/M.: Campus, S. 54-71.

Müller, Hans-Peter/Bernd Wegener (Hrsg.) 1995: Soziale Ungleichheit und soziale Gerechtigkeit. Sozialstrukturanalyse, Bd. 4, Opladen: Leske + Budrich.

Nassehi, Armin 1997: Inklusion, ExklusionIntegration, Desintegration. Die Theorie funktionaler Differenzierung und die Desintegrationsthese. In: Heitmeyer, Wilhelm (Hrsg.), Was hält die Gesellschaft zusammen?, Frankfurt/M.: Suhrkamp, S. 113-148.

Nassehi, Armin 2000: „Exklusion" als soziologischer oder sozialpolitischer Begriff? In: Mittelweg, Jg. 36, H. 5, S. 18-25.

Nassehi, Armin 2001: Funktionale Differenzierung – revisited. Vom Setzkasten zur Echzeitmaschine. In: Barlösius, Eva/Hans-Peter Müller/Steffen Sigmund (Hrsg.), Gesellschaftsbilder im Umbruch. Soziologische Perspektiven in Deutschland, Opladen: Leske + Budrich, S. 155-176.

Neckel, Sighard 1997: Die ethische Konkurrenz um das Gleiche. Erfahrungen aus den USA. In: Heitmeyer, Wilhelm (Hrsg.), Was hält die Gesellschaft zusammen? Frankfurt/M.: Suhrkamp, S. 255-274

Neurath, Otto 1936: International Picture Language. The First Rules of Isotype, London: Kegan Paul.

Neurath, Otto 1991: Gesammelte bildpädagogische Schriften. Hrsg. v. Rudolf Haller und Robin Konross, Wien: Hölder-Pichler-Tempsky.

Novak, Horst/Becker, Ulrich 1985: Es kommt der neue Konsument. Werte im Wandel. In: Form. Zeitschrift für Gestaltung, Jg. 16, Nr. 111, S. 153-188

Offe, Claus 2001: Wessen Wohl ist das Gemeinwohl. In: Wingert, Lutz/Klaus Günther (Hrsg.), Die Öffentlichkeit der Vernunft und die Vernunft der Öffentlichkeit. Festschrift für Jürgen Habermas, Frankfurt/M.: Suhrkamp, S. 459-488.

Paris, Rainer 1993: Dreierlei Schimpfklatsch. In: Leviathan, Jg. 21, S. 584-591.

Pedersen, B. Martin (Hrsg.) 1988: The Graphic Visualization of Quantitative Information. Procedures, and Data, Zürich: Graphics Press.

Pinto, Louis 1987: Graphique et science d'entreprise. In: Actes de la recherche en sciences sociales, H. 69, S. 93-97.

Plauen, Michael 2001: Grundprobleme der Philosophie des Geistes, Frankfurt/M.: Fischer.

Porter, Theodore 1995: Trust in numbers. The Pursuit of Objectivity in Science and Public Life, Princeton: Princeton University Press.

Rinderspacher, Jürgen (Hrsg.) 2003: Zeit für alles, Zeit für nichts. Die Bürgergesellschaft und ihr Zeitverbrauch, Bochum: SWI Verlag.

Rheinberger, Hans-Jörg/Michael Hagner/Bettina Wahrig-Schmidt (Hrsg.) 1997: Räume des Wissens. Repräsentation, Codierung, Spur, Berlin: Akademie Verlag.

Rosanvallon, Pierre 1995: La nouvelle question sociale. Repenser l'État-providence, Paris: Seuil.

Schäfers, Bernhard 1995: Ungleichheit. In: Schäfers, Bernhard (Hrsg.), Grundbegriffe der Soziologie, Opladen: Leske + Budrich, S. 367-370.

Schelsky, Helmut 1961: Die Bedeutung des Klassenbegriffs für die Analyse unserer Gesellschaft. In: Jahrbuch für Sozialwissenschaft, Jg. 12, S. 237-269.

Schimank, Uwe 1998: Funktionale Differenzierung und soziale Ungleichheit: die zwei Gesellschaftstheorien und ihre konflikttheoretische Verknüpfung. In: Giegel, Hans-Jürgen (Hrsg.), Konflikte in modernen Gesellschaften, Frankfurt/M.: Suhrkamp, S. 61-88.

Schimank, Uwe 1999a: Funktionale Differenzierung und Systemintegration in modernen Gesellschaften. In: KZfSS, Sonderheft 39, S. 47-65.

Schimank, Uwe 1999b: Was ist Soziologie? In: Soziologie, H. 2, S. 9-22.

Schimank, Uwe/Ute Volkmann 1999: Gesellschaftliche Differenzierung, Bielefeld: transcript Verlag.

Schneider, Norbert 1998: Erkenntnistheorie im 20. Jahrhundert. Klassische Positionen, Stuttgart: Reclam.

Schultheis, Franz 1997: Deutsche Zustände im Spiegel französischer Verhältnisse. In: Bourdieu, Pierre, et al.: Das Elend der Welt. Zeugnisse und Diagnosen alltäglichen Leidens an der Gesellschaft, Konstanz: UVK, S. 827-838.

Schultheis, Franz, et al. 1996: Repräsentationen des sozialen Raums im interkulturellen Vergleich. Zur Kritik der soziologischen Urteilskraft. In: Berliner Journal für Soziologie. Jg. 6, S. 43-68.

Schulze, Gerhard 1992: Die Erlebnisgesellschaft, Frankfurt/M.: Campus.

Schwingel, Markus 1995: Pierre Bourdieu zur Einführung, Hamburg: Junius.

Schwinn, Thomas 1998: Soziale Ungleichheit und funktionale Differenzierung. Wiederaufnahme einer Diskussion. In: Zeitschrift für Soziologie, Jg. 27, S. 3-17.

Schwinn, Thomas 2000: Inklusion und soziale Ungleichheit. In: Berliner Journal für Soziologie, Jg. 10, H. 4, S. 471-483.

Seca, Jean-Marie 2001: Les représentations sociales. Cursus: Sociologie, Paris.

Sen, Amartya 1992: Inequality re-examined, New York: Clarendon Press.

Spode, Hasso/Heinrich Volkmann 1992: Statistik der Arbeitskämpfe in Deutschland: Deutsches Reich 1936/37. Westzonen und Berlin 1945-1948. Bundesrepublik Deutschland 1949-1980, St. Katharinen: Scripta-Mercaturae-Verlag.

Statistisches Bundesamt 1968: Internationale Standardklassifikation der Berufe. Ausgabe 1968, Stuttgart: Kohlhammer.

Statistisches Bundesamt 1975: Klassifizierung der Berufe. Systematisches und alphabetisches Verzeichnis der Berufsbenennungen. Ausgabe 1975, Stuttgart/Mainz: Kohlhammer.

Statistisches Bundesamt 1992: Klassifizierung der Berufe. Systematisches und alphabetisches Verzeichnis der Berufsbenennungen. Ausgabe 1992, Stuttgart: Metzler, Poeschel.

Stichweh, Rudolf 1997: Inklusion/Exklusion, funktionale Differenzierung und die Theorie der Weltgesellschaft. In: Soziale Systeme, Jg. 3, H. 1, S. 124-136.

Stichweh, Rudolf 1998: Zur Theorie der politischen Inklusion. In: Berliner Journal für Soziologie, Jg. 8, H. 4, S. 539-547.

Stolk, Bram van/Cas Wouters 1987: Frauen im Zwiespalt. Beziehungsprobleme im Wohlfahrtsstaat. Eine Modellstudie, Frankfurt/M.: Suhrkamp.

Thévenot, Laurant 1990: La politique des statistiques: les origines sociales des enquêtes de mobilité sociale. In: Annales ESC, H. 6, S. 1275-1300.

Thunert, Martin 1999: Think Tanks als Ressourcen der Politikberatung. In: Forschungsjournal Neue Soziale Bewegungen, Jg. 12, H. 3, S. 10-19.

Topalov, Christian 2001: A Revolution in Representations of Work. In: Revue française sociologie 42, S. 79-106.

Treibel, Annette 1990: Migration in modernen Gesellschaften. Soziale Folgen von Einwanderung und Gastarbeit, Weinheim: Juventa.

Treibel, Annette 1993a: Etablierte und Außenseiter, Einheimische und Fremde, Macht und Ohnmacht im neuen Europa: Zur Aktualität der Soziologie von Norbert Elias. In: Nowotny, Helga/Klaus Taschwer (Hrsg.): Macht und Ohnmacht im neuen Europa. Zur Aktualität der Soziologie von Norbert Elias, Wien: WUV, S. 139-146.

Treibel, Annette 1993b: Einführung in soziologische Theorien der Gegenwart. Einführungskurs Soziologie, Bd. 3, Opladen: Leske + Budrich.

Tufte, Edward R. 1983: The Visual Display of Quantitative Information, Cheshire: Graphics Press.

Vester, Michael 1997: Kapitalistische Modernisierung und gesellschaftliche (Des-) Integration. Kulturelle und soziale Ungleichheit als Problem von „Milieus" und „Eliten". In: Heitmeyer, Wilhelm (Hrsg.), Was hält die Gesellschaft zusammen?, Frankfurt/M.: Suhrkamp.

Vester, Michael/Peter von Oertzen/Heiko Geilung 1993: Soziale Milieus im gesellschaftlichen Strukturwandel. Zwischen Integration und Ausgrenzung, Köln: Bund.

Waldhoff, Hans-Peter 1993: Der internationale Migrations- als Zivilisierungsprozeß? Ein asymmetrisches Verflechtungs- und Abwehrmodell auf mehreren Ebenen. In: Nowotny, Helga/Klaus Taschwer (Hrsg.), Macht und Ohnmacht im neuen Europa. Zur Aktualität der Soziologie von Norbert Elias, Wien: WUV, S. 167-188.

Waldhoff, Hans-Peter 1995: Fremde und Zivilisierung. Über das Verarbeiten von Gefühlen der Fremdheit. Probleme der modernen Peripherie-Zentrums-Migration am türkisch-deutschen Beispiel, Frankfurt/M.: Suhrkamp.

Weber, Max 1980: Wirtschaft und Gesellschaft, Tübingen: Mohr.

Weber, Max 1988: Gesammelte Aufsätze zur Religionssoziologie I, Tübingen: Mohr.

www.destatis.de/basis/d/erwerb/erwerbtab1.htm. v. 18.10.2002.

Neu im Lehrbuch-Programm